ÍSIS SEM VÉU

VOLUME II – CIÊNCIA

ÍSIS SEM VÉU

UMA CHAVE-MESTRA PARA OS MISTÉRIOS DA CIÊNCIA E DA TEOLOGIA ANTIGAS E MODERNAS

de
H. P. BLAVATSKY
FUNDADORA DA SOCIEDADE TEOSÓFICA

VOLUME II – CIÊNCIA

Tradução
MÁRIO MUNIZ FERREIRA
CARLOS ALBERTO FELTRE

Revisão Técnica
JOAQUIM GERVÁSIO DE FIGUEIREDO

Editora
Pensamento
SÃO PAULO

Título original: *Isis Unveiled*.

Originalmente publicada pela The Theosophical Publishing House, Adyar, Madras, Índia.

Plano desta Edição:

Vol. I – Ciência
Vol. II – Ciência
Vol. III – Teologia
Vol. IV – Teologia

Copyright da edição brasileira © 1991 Editora Pensamento-Cultrix Ltda.

1ª edição 1991.

15ª reimpressão 2023.

Todos os direitos reservados. Nenhuma parte deste livro pode ser reproduzida ou usada de qualquer forma ou por qualquer meio, eletrônico ou mecânico, inclusive fotocópias, gravações ou sistema de armazenamento em banco de dados, sem permissão por escrito, exceto nos casos de trechos curtos citados em resenhas críticas ou artigos de revistas.

Obs.: As Notas do Organizador aparecem ao longo do texto, marcadas com asteriscos entre colchetes, para se diferenciarem das notas de rodapé alocadas no fim de cada capítulo.

Direitos reservados
EDITORA PENSAMENTO-CULTRIX LTDA.
Rua Dr. Mário Vicente, 368 – 04270-000 – São Paulo, SP – Fone: (11) 2066-9000
E-mail: atendimento@editorapensamento.com.br
http://www.editorapensamento.com.br
Foi feito o depósito legal.

A AUTORA
DEDICA ESTA OBRA
À
SOCIEDADE TEOSÓFICA,
QUE FOI FUNDADA EM NOVA YORK, NO ANO DE 1875,
A FIM DE ESTUDAR OS ASSUNTOS NELA ABORDADOS.

SUMÁRIO

VOLUME I
TOMO II

CAPÍTULO IX. FENÔMENOS CÍCLICOS — 11

O sentido da expressão "túnicas de pele"
A seleção natural e as suas conseqüências
O "círculo da necessidade" egípcio
As raças pré-adâmicas
A queda do espírito na matéria
A natureza trina do homem
As criaturas mais inferiores na escala dos seres
Os elementais descritos pormenorizadamente
Proclus e a doutrina dos seres aéreos
Os diversos nomes dos elementais
As concepções de Swedenborg sobre a morte da alma
As almas humanas terrestres
Os médiuns impuros e os seus "guias"
A psicometria, um auxiliar para a pesquisa científica

CAPÍTULO X. O HOMEM INTERIOR E EXTERIOR — 47

Père Félix acusa os cientistas
O "Incognoscível"
O perigo das evocações feitas por inexperientes
Lares e Lêmures
Os segredos dos templos hindus
A reencarnação
Feitiçaria e feiticeiros
O transe sagrado do soma
A vulnerabilidade de algumas "sombras"
A expèriência de Clearchus com um menino adormecido
A autora testemunha uma prova de magia na Índia
O caso de Cevennes

CAPÍTULO XI. MARAVILHAS PSICOLÓGICAS E FÍSICAS 83

A invulnerabilidade que o homem pode atingir
Projetar a força da vontade
Insensibilidade ao veneno da serpente
Serpentes encantadas pela música
Os fenômenos teratológicos discutidos
O domínio psicológico reconhecidamente inexplorado
Os lamentos desesperançados de Berzelius
Transformar um rio em sangue – um fenômeno vegetal

CAPÍTULO XII. O "ABISMO IMPENETRÁVEL" 116

Confissões de ignorância dos homens de ciência
O Panteão do niilismo
A tripla composição do fogo
Instituto e razão definidos
A filosofia dos jainas hindus
As deturpações deliberadas de Lemprière
A alma astral não-imortal do homem
A reencarnação de Buddha
Os desenhos mágicos do sol e da lua do Tibete
Vampirismo – os seus fenômenos explicados
A prestidigitação bengalesa

CAPÍTULO XIII. REALIDADES E ILUSÕES 154

O fundamento lógico dos talismãs
Mistérios inexplicados
Uma experiência mágica em Bengala
As façanhas surpreendentes de Chibh Chondor
O truque indiano de escalar a corda – uma ilusão
A ressurreição de faquires sepultados
Os limites da animação suspensa
A qualidade de médium totalmente oposta à qualidade de adepto
O que são os "espíritos materializados"?
O *Shudâla-Mâdan*
A filosofia da levitação
O elixir e o alkahest

CAPÍTULO XIV. SABEDORIA EGÍPCIA 198

Origem dos egípcios
Suas pujantes obras de engenharia
A antiga nação dos faraós

Antiguidade dos monumentos nilóticos
Artes da guerra e da paz
Mitos e ruínas mexicanos
Semelhanças com os egípcios
Moisés, um sacerdote de Osíris
As lições ensinadas pelas ruínas de Sião
O Tau egípcio de Palenque

CAPÍTULO XV. ÍNDIA , O BERÇO DA RAÇA   249

A aquisição das "doutrinas secretas"
Duas relíquias pertencentes a um erudito páli
A exclusividade ciosa dos hindus
Lydia Maria Child e o simbolismo fálico
A antiguidade dos *Vedas* e de *Manu*
Tradições das raças pré-diluvianas
A Atlântida e os seus povos
Relíquias peruanas
O deserto de Gobi e os seus segredos
Lendas tibetanas e chinesas
O mágico auxilia, não estorva, a Natureza
Filosofia, religião, artes e ciências legadas pela Mãe Índia à posteridade

CAPÍTULO IX

"Não qualifiques de loucura aquilo de que nada sabes."
TERTULIANO: *Apologia*, cap. I.

"Isto não é assunto de hoje,
nem de ontem, mas de sempre;
e ninguém nos disse de onde veio ou como veio!"
SÓFOCLES.

"A crença no sobrenatural é um fato natural, primitivo, universal e constante na vida e na história da raça humana. A descrença no sobrenatural conduz ao materialismo, o materialismo, à sensualidade, a sensualidade, às convulsões sociais, no meio de cujas tempestades o homem aprende a crer e a orar."
GUIZOT.

"Se alguém achar estas coisas incríveis, que guarde suas opiniões para si, e não contradiga aqueles que, por causa destes acontecimentos, são incitados ao estudo da virtude."
JOSEFO.

Das idéias platônicas e pitagóricas relativas à matéria e à força, passaremos agora à Filosofia Cabalística concernente à origem do homem, e compará-la-emos com a teoria da seleção natural enunciada por Darwin e Wallace. Talvez encontremos tantas razões para atribuir aos antigos a originalidade neste ponto como nos assuntos que até aqui temos considerado. A nosso ver, não existe prova mais vigorosa da teoria da progressão cíclica do que o cotejo entre os ensinamentos antigos e os da Igreja patrística a propósito da forma da Terra e dos movimentos do sistema planetário. Mesmo se faltassem outras evidências, a ignorância nestas matérias de Agostinho e Lactâncio, que induziu a cristandade ao erro até o período de Galileu, assinalaria os eclipses por que passa o conhecimento humano de uma época a outra.

Afirmam alguns filósofos antigos que as "túnicas de pele" que, segundo o terceiro capítulo do *Gênese*, foram dadas a Adão e Eva significam os corpos carnais com que os progenitores da raça humana foram vestidos na evolução dos ciclos. Sustentam eles que a forma física criada à semelhança de Deus tornou-se cada vez mais e mais grosseira, até atingir o fundo do que se pode chamar de último ciclo espiritual, e a Humanidade penetrou no arco ascendente do primeiro ciclo humano. Começou, então, uma série ininterrupta de ciclos ou *yugas*, permanecendo a duração precisa de cada um deles um mistério inviolável conservado nos recintos dos santuários e revelado unicamente aos iniciados. Assim que a Humanidade entrou num novo ciclo, a idade da pedra, com a qual o ciclo precedente teve fim, começou gradualmente a se transformar numa idade superior. A cada sucessiva idade, ou época, os homens se refinaram mais e mais, até que o cume da perfeição possível em cada ciclo particular foi atingido. Então a onda em refluxo do tempo trouxe consigo os vestígios do progresso humano, social e intelectual. Os ciclos se sucederam aos ciclos por transições imperceptíveis; nações florescentes e altamente civilizadas cresceram em poder, atingiram o clímax do desenvolvimento, declinaram e extinguiram-se; e a Humanidade, quando o fim do arco cíclico mais baixo foi atingido, remergulhou na barbárie como no princípio. Reinos desmoronaram e as nações se sucederam às nações, do princípio até os nossos dias, as raças subindo alternadamente aos graus de desenvolvimento mais elevados e descendo até os mais baixos. Draper observa que não há nenhuma razão para supor que um ciclo se aplique a toda a raça humana. Ao contrário, enquanto o homem numa parte do planeta está em estado de retrogressão, na outra ele pode estar progredindo em conhecimentos e em civilização.

Quanto se assemelha a esta teoria a lei do movimento planetário, que força os astros a rodarem sobre seus eixos; os diversos corpos a girarem em torno dos respectivos sóis; e todo o cortejo estelar a seguir um caminho comum em redor de um centro comum. Vida e morte, luz e trevas, dia e noite sucedem-se no planeta, enquanto este gira sobre seu eixo e percorre o círculo zodiacal, que representa os ciclos menores e maiores[1]. Lembrai-vos do axioma hermético: "Em cima como embaixo; no céu como na terra".

O Sr. Alfred Wallace demonstra com profunda lógica que o desenvolvimento do homem se reflete antes na sua organização mental do que na física. O homem, na concepção desse autor, difere do animal por se capaz de sofrer grandes transformações nas condições de vida e de todo o meio ambiente, sem maiores alterações da estrutura e da forma corporal. Ele faz face às modificações de clima com uma alteração correspondente em suas vestes, suas habitações, suas armas e suas ferramentas. Seu corpo pode tornar-se menos cabeludo, mais ereto e de cores e proporções diferentes; "o crânio e o rosto estão intimamente associados ao cérebro, e, por serem o seu intérprete e expressarem os movimentos mais refinados de sua natureza", só se modificam com o desenvolvimento do intelecto humano. Houve um tempo em que "ele ainda não havia adquirido este cérebro maravilhosamente desenvolvido, o órgão da mente, que agora, mesmo nos espécimes inferiores, o eleva muito acima dos animais superiores, uma época em que ele tinha a forma mas não a natureza humana, em que não possuía a linguagem humana nem os sentimentos de simpatia ou morais". Mais adiante, o Sr. Wallace diz que "O homem pode ter sido – ou melhor, eu creio que *deve ter sido* – outrora uma raça homogênea (...) no homem os pêlos que lhe cobrem o corpo desapareceram quase inteiramente". A propósito dos homens da caverna de Les Eyzies, Wallace assinala mais adiante: "(...) a grande extensão da face, o enorme desenvolvimento do ramo ascendente da mandíbula inferior (...) indicam um enorme poder muscular e os hábitos de uma raça brutal e selvagem".

Tais são os vestígios que a Antropologia nos fornece dos homens, quando estes chegaram ao término de um ciclo ou começaram outro. Vejamos até que ponto eles são confirmados pela psicometria clarividente. O Prof. Denton submeteu, ao exame de sua esposa, um fragmento de osso fossilizado sem dar à Sra. Denton qualquer indicação do que era o objeto. Este suscitou-lhe imediatamente retratos do povo e cenas que o Prof. Denton acredita pertencerem à idade da pedra. Ela viu homens extremamente semelhantes a macacos, com corpos muito peludos, e "como se o cabelo natural fizesse as vezes de roupas". "Duvido que eles possam ficar perfeitamente eretos; as articulações do quadril parecem indicar que não", disse ela. "Vejo ocasionalmente uma parte do corpo de um desses seres que parece comparativamente lisa. Posso ver a pele, que é mais branca (...) Não sei se ele pertence ao mesmo período. (...) à distância a face parece achatada; a parte inferior é proeminente; eles têm o que suponho que se chamam mandíbulas prognatas. A região frontal da cabeça é baixa, e a parte mais baixa é muito proeminente, formando uma saliência redonda em torno da fronte, imediatamente acima das sobrancelhas. (...) Vejo agora um rosto que se parece ao de um ser humano, embora ainda tenha uma aparência simiesca. Todos parecem pertencer à mesma espécie, pois têm braços longos e corpos cabeludos."[2]

Aceitem ou não os cientistas a teoria hermética da evolução do homem a partir de naturezas superiores e mais espirituais, eles próprios nos mostram como a raça progrediu do ponto mais baixo observado ao atual desenvolvimento. E, como toda a natureza parece ser feita de analogias, será desarrazoado afirmar que o mesmo desenvolvimento progressivo das formas individuais ocorreu entre os habitantes do universo *invisível*? Se esses maravilhosos efeitos foram causados pela evolução sobre o nosso pequeno planeta insignificante, produzindo homens pensantes e intuitivos a partir dos tipos superiores da família dos macacos, por que supor que os ilimitados reinos do espaço são habitados apenas por duplicatas espirituais desses ancestrais cabeludos, de braços longos e semipensantes, seus predecessores, e por seus sucessores até a nossa época? Naturalmente, as partes espirituais desses membros primitivos da família humana deveriam ser tão bárbaras e tão pouco desenvolvidas quanto os seus corpos físicos. Embora não tenham feito nenhuma tentativa de calcular a duração do "grande ciclo", os filósofos herméticos sustentavam que, de acordo com a lei cíclica, a raça humana viva deve inevitável e coletivamente retornar um dia ao ponto de partida em que o homem foi vestido com "túnicas de pele"; ou, para expressá-lo mais claramente, a raça humana deverá ser finalmente, de acordo com a lei da evolução, *fisicamente* espiritualizada. A menos que Darwin e Huxley estejam preparados para provar que o homem de nosso século atingiu, enquanto animal moral e físico, o cume da perfeição, e que a evolução, por ter atingido o seu ápice, deve deter todo progresso posterior do gênero moderno, o *Homo*, não vemos como eles possam refutar uma dedução tão lógica.

Em sua conferência sobre *A ação da seleção natural sobre o homem*, Alfred R. Wallace conclui as suas demonstrações a propósito do desenvolvimento das raças humanas sob esta lei de seleção dizendo que, se as suas conclusões são corretas, "deve-se então supor que as raças superiores – as mais intelectuais e morais – devem substituir as raças inferiores e mais degradadas; e o poder da 'seleção natural', agindo ainda sobre sua organização mental, deve conduzir à perfeita adaptação das faculdades superiores do homem às condições da natureza ambiente, e às exigências do estado social. Enquanto a sua forma externa deverá provavelmente permanecer inalterada, exceto no desenvolvimento da beleza perfeita (...) refinada e enobrecida pelas faculdades intelectuais superiores e pelas emoções simpáticas, a sua constituição mental deverá continuar a avançar e a aperfeiçoar-se, até que o mundo seja novamente habitado por uma única raça homogênea, na qual nenhum indivíduo será inferior *aos mais nobres espécimes da atual Humanidade*". Métodos científicos e sóbrios e cautela quanto às possibilidades hipotéticas têm evidentemente seu quinhão na expressão das idéias do grande antropólogo. No entanto, o que ele diz acima não discorda de maneira alguma de nossas afirmações cabalísticas. Acrescentemos à Natureza sempre progressiva, à grande lei da "sobrevivência dos mais aptos", um passo a mais além das deduções do Sr. Wallace, e teremos, no futuro, a possibilidade – não, a certeza – de uma raça que, como a *Vril-ya* do *Coming Race* de Bulwer-Lytton, estará apenas a um grau dos primitivos "Filhos de Deus".

Observe-se que esta filosofia dos ciclos, que foi alegorizada pelos hierofantes egípcios no "círculo de necessidade", explica, ao mesmo tempo, a alegoria da "queda do homem". Segundo as descrições árabes, cada uma das sete câmaras das pirâmides – os maiores de todos os símbolos cósmicos – era conhecida pelo nome de um planeta. A arquitetura peculiar das pirâmides mostra por si só a intenção do pensamento metafísico de seus construtores. O ápice perde-se no claro céu azul da terra dos faraós, e representa o ponto primordial perdido no universo invisível de onde proveio a primeira raça dos protótipos espirituais do homem. Toda múmia, a partir do momento em que era embalsamada, perdia, em certo sentido, a sua individualidade física; ela simbolizava a raça humana. Situada de modo a permitir facilmente a saída da "alma", esta deveria passar pelas sete câmaras planetárias antes de sair pelo ápice simbólico. Cada câmara simbolizava, ao mesmo tempo, uma das sete esferas, e um dos sete tipos superiores de Humanidade físico-espiritual que, como se pensava, estão acima da nossa própria. A cada 3.000 anos, a alma, representante de sua raça, tinha que retornar ao seu ponto de partida inicial antes de empreender outra evolução numa transformação espiritual e física mais perfeita[3]. Devemos mergulhar deveras na metafísica abstrusa do misticismo oriental antes de podermos compreender totalmente a infinidade de assuntos que o majestoso pensamento de seus expoentes abarcava de um só golpe.

Começando como um ser espiritual puro e perfeito, o Adão do segundo capítulo do *Gênese*, não satisfeito com a posição a ele conferida pelo Demiurgo (que é o primogênito mais antigo, o Adão-Cadmo), este segundo Adão, o "homem de pó", conspira em seu orgulho para, por sua vez, tornar-se Criador. Emanado do Cadmo andrógino, este Adão é ele também andrógino, pois, de acordo com as antigas crenças apresentadas alegoricamente no *Timeu* de Platão, os protótipos de nossas raças foram todos encerrados na árvore microcósmica que cresceu e se desenvolveu dentro e sob a grande árvore cósmica ou macrocósmica. Por se considerar que o Espírito Divino é uma unidade, não obstante os numerosos raios do grande sol espiritual, o homem tinha sua origem, como todas as outras formas, orgânicas ou inorgânicas, nesta Fonte de Luz Eterna. Ainda que rejeitássemos a hipótese de um homem andrógino, no que concerne à evolução física, o significado da alegoria em seu sentido espiritual permaneceria inalterado. Uma vez que o primeiro homem-deus, que simboliza os dois princípios da criação, o elemento dual masculino e feminino, não tinha noção do bem e do mal, ele não podia hipostasiar "a mulher", pois ela estava nele como ele nela. Foi apenas quando, como resultado dos maus conselhos da serpente, a *matéria* se condensou e arrefeceu no homem espiritual em seu contato com os elementos, que os frutos da árvore humana – que é ela própria a árvore do conhecimento – se mostraram aos seus olhos. Desde esse momento, a união andrógina cessou, o homem emanou de si a mulher como uma entidade separada. Eles quebraram o elo entre o espírito puro e a matéria pura. A partir de então, eles não mais criarão *espiritualmente*, e apenas pelo poder de sua vontade; o homem tornou-se um criador físico, e o reino do espírito só pode ser conquistado por um longo aprisionamento na matéria. O sentido de Gogard, a árvore da vida helênica, o carvalho sagrado entre cujos ramos luxuriantes repousa uma serpente, que *não pode ser desalojada*[4], torna-se assim claro. Escapando do *ilus* primordial, a serpente cósmica torna-se mais material e cresce em força e poder a cada nova evolução.

O Primeiro Adão, ou Cadmo, o Logos dos místicos judeus, é idêntico ao Prometeu grego, que procura rivalizar com a sabedoria divina; e também ao Primander[*] de Hermes, ou o PODER DO PENSAMENTO DIVINO, em seu aspecto mais espiritual, pois ele foi menos hipostasiado pelos egípcios do que pelos dois primeiros. Eles criam todos os homens, mas falham em seu objetivo final. Desejando dotar o homem de um espírito imortal, a fim de que, inserindo a trindade no um, ele pudesse gradualmente retornar ao seu primitivo estado primordial sem perder a individualidade, Prometeu falha em sua tentativa de roubar o fogo *divino*, e é condenado a expiar o crime no Monte Kazbeck. Prometeu é também o *Logos* dos antigos gregos, assim como Hércules. No *Codex nazaraeus*[5] vemos Bahak-Zivo desertando do céu de seu pai e confessando que, embora seja o pai dos genii, é incapaz de "construir criaturas", pois ele é tão pouco versado no que concerne a Orco como no que respeita ao "fogo consumidor desprovido de luz". E Fetahil, uma das "potestades", senta-se no "barro" (matéria) e espanta-se com o fato de o fogo vivo ter mudado tanto.

Todos esses *Logoi* que procuram dotar o homem de espírito imortal falham, e quase todos são representados sofrendo as mais diversas punições pela tentativa. Os primeiros padres cristãos, que, como Orígenes e Clemente de Alexandria, eram bastante versados na simbologia pagã e começaram suas carreiras como filósofos, sentiram-se muito embaraçados. Eles não podiam negar a antecipação de suas doutrinas nos mitos antiquíssimos. O último *Logos*, de acordo com os seus ensinamentos, também surgiu para mostrar à Humanidade o caminho da imortalidade; e em seu desejo de dotar o mundo de uma vida eterna através do fogo pentecostal, perdeu a vida de acordo com o programa tradicional. Assim se originou a desajeitadíssima explicação de que o nosso clero moderno se aproveita livremente, segundo a qual todos esses tipos míticos mostram o espírito profético que, pela graça de Deus, foi concedido até mesmo aos idólatras pagãos! Os pagãos, afirmam, representaram, em suas imagens, o grande drama do Calvário – daí a semelhança. Por outro lado, os filósofos sustentavam, com uma lógica impecável, que os padres piedosos simplesmente se serviram de uma base já pronta, seja porque acharam mais fácil utilizá-la do que usar a própria imaginação, ou por causa do grande número de prosélitos ignorantes que tinham sido atraídos pela nova doutrina devido à extraordinária

---

* Termo que tem sido grafado como Poimandres, Poemander, Poemandre, Pymander, Pimandre, Pimandro, etc., e que deriva da palavra grega ποιμήν, que significa *pastor e chefe ou líder* do povo. (N. do Org.)

semelhança com as suas mitologias, pelo menos no que concerne à aparência das doutrinas mais fundamentais.

A alegoria da queda do homem e do fogo de Prometeu é também outra versão do mito da rebelião do orgulhoso Lúcifer, precipitado no poço sem fundo – o Orco. Na religião dos brâmanes, Mahâsura, o Lúcifer hindu, torna-se invejoso da luz resplandecente do Criador, e à testa de uma legião de espíritos inferiores rebela-se contra Brahmâ, e lhe declara guerra. Como Hércules, o fiel Titã, que ajuda Júpiter e lhe devolve o trono, Śiva, a terceira pessoa da trindade hindu, os precipita a todos da morada celestial no Honderah, a região das trevas eternas. Mas aqui os anjos caídos se arrependem de sua má ação, e na doutrina hindu eles obtêm a oportunidade de progredir. Na história grega, Hércules, o deus do Sol, desce ao Hades para livrar as vítimas de suas torturas; e a Igreja cristã também faz o seu deus encarnado descer às sombrias regiões plutônicas e vencer o ex-arcanjo rebelde. Por sua vez os cabalistas explicam a alegoria de um modo semicientífico. O segundo Adão, ou a primeira raça criada que Platão chama de deuses, e a Bíblia de Elohim, não era de natureza tríplice como o homem terrestre: *i. e.*, ele não era composto de alma, espírito e corpo, mas era um composto de elementos astrais sublimados em que o "Pai" soprou um espírito divino imortal. Este, devido à sua essência divina, lutou sempre para livrar-se dos liames dessa frágil prisão; eis por que os "filhos de Deus", em seus imprudentes esforços, foram os primeiros a traçar um modelo futuro para a lei cíclica. Mas o homem não deve ser "como um de nós", diz a Divindade Criadora, um dos Elohim "encarregados da fabricação do animal inferior"[6]. Foi assim que, quando os homens da primeira raça atingiram o cume do primeiro ciclo, eles perderam o equilíbrio, e seu segundo invólucro, as vestes grosseiras (o corpo astral), os arrojou ao arco oposto.

Esta versão cabalística dos filhos de Deus (ou da luz) figura no *Codex nazaraeus*. Bahak-Zivo, o "pai dos genii", recebeu ordens de "construir criaturas". Mas, porque "ignorava o Orco", ele fracassa e chama em seguida Fetahil, um espírito ainda mais puro, que fracassa de maneira ainda pior[7].

Surge então no palco da criação o "espírito"[8] (que se deveria traduzir mais propriamente por "alma", pois é a *anima mundi*, (que para os nazarenos e os gnósticos era *feminina*), e percebendo que o esplendor de Fetahil[9], o *homem mais novo* (o último), havia "mudado", e que nesse esplendor havia "abatimento e dano", desperta Karabtanos[10], "que era desvairado e *desprovido de senso e de julgamento*", e lhe diz: "Levanta; vê, o esplendor (a luz) do homem *mais novo* (Fetahil) falhou [em produzir ou criar os homens], o abatimento de seu esplendor é visível. Levanta, vai com tua MÃE [o *espírito*] e liberta-te dos limites que te sustêm, e que são maiores do que todo o mundo". Depois disso, segue-se a união da matéria desvairada e cega, guiada pelas insinuações do espírito (não o sopro *Divino*, mas o espírito *Astral* que, por sua dupla essência, já se manchou com a matéria) e após a oferenda da MÃE ser aceita, o Espírito concebe "Sete Figuras", que Irineu[11] está disposto a tomar pelos sete *estelares* (planetas), mas que representam os sete *pecados capitais*, a progênie de uma alma astral separada de sua fonte divina (espírito) e da *matéria*, o demônio cego da concupiscência. Vendo isso, Fetahil estende suas mãos para o abismo da matéria, e diz: "Que a Terra exista como a morada dos poderes existiu". Mergulhando as mãos no caos, que condensa, ele cria o nosso planeta[12].

O *Codex* prossegue narrando como Bahak-Zivo foi separado do *Spiritus*, e os genii, ou anjos, dos rebeldes[13]. Então, Mano (o maior)[14], que reside com *o maior* FERHO, chama Kebar-Zivo (conhecido também pelo nome de Nebat-Iavar bar Iufin-Ifafin), Leme e *Vinha* do alimento da vida[15], sendo ele a *terceira vida*, e, compadecendo-se dos gênios rebeldes e insensatos, devido à magnitude de sua ambição, diz: "Senhor dos genii[16] (Aeôns), vê o que fazem os genii [os anjos rebeldes], e o que pedem eles. Eles dizem: 'Criemos o mundo (*provocemus*), e chamemos os 'Poderes' à vida. Os genii são os *Princípios*, os 'filhos da Luz', mas tu és o 'Mensageiro da Vida' "[17].

E para contrabalançar a influência dos sete princípios "mal-intencionados", a progênie do *Spiritus*, CABAR ZIO, o poderoso Senhor do Esplendor, procria *sete outras vidas* (as virtudes cardeais) que brilham com sua própria forma e luz "das alturas"[18] e assim restabelece o equilíbrio entre bem e mal, luz e trevas.

Mas esta criação de seres, sem o necessário influxo do puro sopro divino sobre eles, que era conhecido entre os cabalistas como o "Fogo Vivo", produziu apenas criaturas de matéria e luz astral[19]. Assim foram gerados os animais que precederam o homem sobre esta Terra. Os seres espirituais, os "filhos da luz", que permaneceram fiéis ao grande *Ferho* (a Primeira Causa de tudo) constituem a hierarquia celeste ou angélica, os Adonim, e as legiões dos homens espirituais *que nunca se encarnaram*. Os seguidores dos gênios rebeldes e insensatos, e os descendentes dos sete espíritos "ignorantes" criados por "Karabtanos" e o "spiritus", tornaram-se, com o correr do tempo, os "homens de nosso planeta"[20], após terem passado por toda a "criação" de cada um dos elementos. A partir dessa fase, nossas formas *superiores* evoluíram das *inferiores*. A Antropologia não ousa seguir o cabalista em seus vôos metafísicos *além* deste planeta, e é duvidoso que os seus mestres tenham a coragem de procurar o *elo perdido* nos velhos manuscritos cabalistas.

Foi assim, então, posto em movimento o *primeiro ciclo*, que em suas rotações *descendentes* trouxe uma parte infinitesimal das vidas criadas ao nosso planeta de *barro*. Chegando ao ponto mais baixo do arco do ciclo, que precedeu diretamente a vida sobre esta terra, a pura centelha divina que ainda restava em Adão fez um esforço para se separar do espírito astral, pois "o homem caía gradualmente na geração", e a camada carnal tornava-se mais e mais densa a cada ação.

E aqui começa um mistério, um *Sod*[21]; um segredo que o rabino Simeão[22] não comunicava senão a pouquíssimos iniciados. Ele era representado uma vez a cada sete anos durante os mistérios da Samotrácia, e os seus registros se encontram auto-impressos nas folhas da árvore sagrada tibetana, a misteriosa KOUNBOUM, na Lamaseria dos santos adeptos[23].

No oceano sem limites do espaço brilha o sol central, espiritual e *invisível*. O universo é seu corpo, espírito e alma; e TODAS AS COISAS são criadas de acordo com este modelo ideal. Estas três emanações são as três vidas, os três degraus do *Pleroma* gnóstico, as três "Faces Cabalísticas", pois o ANTIGO dos antigos, o santo dos idosos, o grande En-Soph, "tem uma forma e em seguida não tem forma alguma". O invisível "assumiu uma forma quando chamou o universo à vida", diz o *Zohar*, o Livro do Esplendor[24]. A *primeira* luz é a Sua alma, o sopro Infinito, Ilimitado e Imortal, sob cujo esforço o universo ergue o seu poderoso seio, para infundir vida *inteligente* à criação. A *segunda* emanação condensa matéria cometária e produz formas no círculo cósmico; põe os incontáveis mundos flutuando no espaço elétrico, e infunde o princípio de vida cego e *ininteligente* em cada forma. A terceira produz todo o universo da matéria física; e, como se afasta gradualmente da Luz Central Divina, seu fulgor se enfraquece e se transforma nas TREVAS e no MAL – a matéria pura, as "grosseiras purgações do fogo celestial" dos hermetistas.

Quando o Invisível Central (o Senhor Ferho) viu os esforços para libertar-se da *Scintilla* divina, que não desejava ser lançada na degradação da matéria, ele lhe permitiu tirar de si própria uma *Mônada*, pela qual, ligada a ela pelo fio mais fino, a Scintilla divina (a alma) tinha que velar durante as suas incessantes peregrinações de uma forma a outra. Assim a Mônada foi lançada na primeira forma da matéria e foi encerrada em pedra; depois, no decorrer do tempo, através dos esforços combinados do *fogo vivo* e da *água viva*, ambos os quais brilhavam seu *reflexo* sobre a pedra, a Mônada escapou à prisão e surgiu à luz do Sol como um líquen. De modificação em modificação ela foi mais e mais alto; a Mônada, a cada nova transformação, tomou emprestado um pouco mais da radiação de sua mãe, *Scintilla*, de que se aproximava a cada transmigração. Pois "a Causa Primeira quis que ela procedesse desse modo"; e destinou-a a subir mais e mais até que sua forma física se tornasse novamente o Adão *de pó*, formado à imagem de Adão-Cadmo. Antes de sofrer a sua última transformação terrestre, a cobertura externa da Mônada, a partir do momento de sua concepção como embrião, passa, novamente, pelas fases dos vários reinos. Em sua prisão fluídica ela conserva uma vaga semelhança com os vários períodos de gestação como planta, réptil, pássaro e animal, até se tornar um embrião humano[25]. No nascimento do futuro homem, a Mônada, radiando com toda a glória de sua mãe imortal que a vigia da sétima esfera, torna-se *sem sentido*[26]. Ela perde todas as lembranças do passado, e só retorna gradualmente à consciência quando o instinto da infância dá lugar à razão e à inteligência. E quando a separação entre o princípio de vida (espírito astral) e o corpo tem lugar, a alma liberada – a Mônada – reencontra exultantemente o espírito paterno e materno, o radiante augoeides, e os dois, fundidos em um, formam para sempre, com uma glória proporcional à pureza espiritual da vida terrestre passada, o Adão que completou o círculo de necessidade, e está livre do último vestígio de seu envoltório físico. A partir desse momento, tornando-se mais e mais radiante a cada passo de seu progresso ascendente, ele sobe pelo caminho brilhante que termina no ponto do qual ela partira em torno do GRANDE CICLO.

Toda a teoria darwiniana da seleção natural está resumida nos primeiros seis capítulos no *Gênese*. O "Homem" do cap. I é radicalmente diferente do "Adão" do cap. II, pois o primeiro foi criado "macho e fêmea" – isto é, bissexuado – e à imagem de Deus; ao passo que o último, de acordo com o sétimo versículo, foi formado com o pó da terra, e tornou-se "uma alma vivente", depois que o Senhor Deus "soprou em suas narinas o sopro da vida". Contudo, *este Adão* era um ser masculino, e no vigésimo versículo somos informados de que "não se encontrou a auxiliar que lhe correspondesse". Os adonais, por serem puras entidades espirituais, não tinham sexo, ou melhor, tinham ambos os sexos reunidos em si, como seu Criador; e os antigos compreendiam isso tão bem que representaram muitas de suas divindades como bissexuais. O estudioso da Bíblia deve aceitar esta interpretação, sob pena de tornar as passagens dos dois capítulos mencionados absurdamente contraditórias. Foi uma tal aceitação literal da passagem que permitiu aos materialistas cobrirem de ridículo o relato mosaico, e é a letra morta do texto antigo que engendrou o materialismo de nossa época. Não apenas estas duas raças de seres são claramente indicadas no *Gênese*, mas mesmo uma terceira e uma quarta se apresentam ao leitor no cap. IV, quando se fala dos "filhos de Deus" e da raça de "gigantes".

Enquanto escrevemos, um jornal americano, *The Kansas City Times*, publicou o relato de importantes descobertas dos vestígios de uma raça pré-histórica de gigantes, que corroboram simultaneamente as declarações dos cabalistas e as alegorias bíblicas. Vale a pena transcrevê-lo:

"Em suas pesquisas nas florestas do Missouri Ocidental, o juiz E. P. West descobriu vários túmulos de forma cônica, de construção similar à daqueles encontrados em Ohio e Kentucky. Esses túmulos foram encontrados nas altas colinas que dominam o rio Missouri, e os maiores e mais proeminentes foram encontrados em Tennessee, Mississippi e Louisiana. Até três semanas atrás não se suspeitava que construções tumulares tivessem feito dessa região a sua pátria nos dias pré-históricos; mas agora se descobriu que essa raça estranha e extinta ocupou outrora esta região, e deixou uma grande necrópole formada de vários túmulos elevados sobre o penhasco do condado de Clay.

"Até agora, apenas um desses túmulos foi aberto. O juiz West descobriu um esqueleto há cerca de duas semanas atrás, e fez um relato aos outros membros da sociedade. Eles o acompanharam ao túmulo, e não muito longe da superfície escavada encontraram os restos de dois esqueletos. Os ossos eram muito grandes – tão grandes, de fato, se comparados com um esqueleto comum moderno, que parecem ter pertencido a um gigante. Os ossos da cabeça, que não se desintegrou, são monstruosos em tamanho. A mandíbula inferior de um esqueleto preservou-se, e tem o dobro do tamanho da mandíbula de uma pessoa civilizada. Os dentes desta maxila são grandes, e ao que parece encaixavam-se e gastaram-se no contato com raízes e alimentos carnívoros. A maxila indica uma imensa força muscular. O fêmur, quando comparado ao de um esqueleto moderno comum, assemelha-se ao de um cavalo. O comprimento, a espessura e o desenvolvimento muscular são notáveis. Mas a parte mais singular do esqueleto é o osso frontal. Ele é muito baixo, e difere radicalmente de tudo que já se viu antes nesta seção. Forma uma espessa protuberância óssea de cerca de uma polegada, que se estende ao lado dos olhos. É uma estreita mas sólida protuberância óssea que, em vez de se estender para cima, como agora em nossos dias civilizados, se dirige para trás desde as sobrancelhas, formando a cabeça chata de uma ordem muito inferior de humanos. Opinam os senhores cientistas responsáveis por estas descobertas que estes ossos são os vestígios de uma raça pré-histórica de homens. Eles não se assemelham à atual raça existente dos índios, nem os túmulos foram construídos em qualquer padrão ou modelo que tenha sido utilizado por qualquer raça de homens atualmente existente na América. Os corpos foram descobertos sentados nos túmulos, e entre os ossos descobriram-se armas de pedra, como facas e raspadores de sílex, cuja forma difere dos dardos de flechas, machados de guerra e outras ferramentas de pedra e armas que eram utilizadas pelos índios aborígines desta terra quando foram descobertos pelos brancos. Os cavalheiros que têm a guarda destes ossos curiosos deixaram-nos com o Dr. Foe, na Main Street. É sua intenção fazer pesquisas mais amplas e mais sérias nos túmulos sobre os penhascos do lado oposto da cidade. Eles farão um relato de seus trabalhos na próxima reunião da Academia de Ciências, ocasião em que esperam poder fazer um relato definitivo a respeito de suas opiniões. Já está definitivamente assentado, contudo, que os esqueletos são de uma raça de homens que já não existem mais".

O autor de uma recente e muito minuciosa obra[27] vê um motivo de riso na união dos filhos de Deus com as "filhas dos homens", que *eram belas*, a que se alude no *Gênese*, e que é descrita com grande extensão nessa extraordinária lenda, o *Livro de Henoc*[28]. É uma pena que nossos muito sábios e liberais homens não empreguem sua implacável e impiedosa lógica para reparar a sua parcialidade em procurar o verdadeiro espírito que ditou as antigas alegorias. Esse espírito foi certamente mais *científico* do que os céticos estão preparados a admitir. Mas a cada ano alguma nova descoberta vem corroborar suas afirmações, até que toda a Antiguidade seja reabilitada.

Uma coisa, pelo menos, ficou demonstrada no texto hebraico, a saber: que houve uma raça de criaturas puramente físicas; outra, de criaturas puramente espirituais. A evolução e a "transformação das espécies" necessárias para preencher a lacuna entre as duas foram deixadas a antropólogos mais capazes. Podemos apenas repetir a filosofia dos homens da Antiguidade, a qual diz que a união dessas duas raças produziu uma terceira – a raça adamita. Partilhando das naturezas de ambos os pais, ela se adaptou igualmente a uma existência nos mundos material e espiritual. Aliada da metade física da natureza do homem está a razão, que lhe permite manter a supremacia sobre os animais inferiores, e subjugar a natureza para seus fins. Aliada da sua parte espiritual está a sua *consciência*, que lhe serve de guia infalível, não obstante as fraquezas dos sentidos; pois a consciência é essa percepção instantânea entre certo e errado, que só pode ser exercitada pelo espírito, que, por ser uma porção da Sabedoria Divina e da Pureza, é absolutamente pura e sábia. Suas inspirações são independentes da razão, e só podem manifestar-se claramente quando desembaraçadas pelas atrações inferiores de nossa natureza dual.

Sendo a razão uma faculdade de nosso cérebro físico, faculdade que é justamente definida como a de deduzir inferências de premissas, e sendo totalmente dependente da evidência de outros sentidos, não pode ser uma qualidade diretamente pertinente ao nosso espírito divino. Este espírito *sabe* – portanto, que todo raciocínio que implica discussão e argumento seria inútil. Assim, uma entidade, se deve ser considerada como uma emanação direta do eterno Espírito da sabedoria, só pode sê-lo dotada dos mesmos atributos que a essência ou o todo de que faz parte. Portanto, é com um certo grau de lógica que os antigos teurgistas sustentavam que a parte racional da alma do homem (espírito) nunca entra inteiramente no corpo do homem, mas apenas o cobre mais ou menos com a sua sombra através da alma *irracional* ou astral, que serve como um agente intermediário, ou como um médium entre espírito e corpo. O homem que conquistou a matéria o suficiente para suavizar a luz direta que emana de seu *augoeides* brilhante sente a Verdade intuitivamente; ele não pode errar em seu julgamento, não obstante todos os sofismas sugeridos pela fria razão, pois está ILUMINADO. Portanto, a profecia, a predição e a chamada inspiração Divina são simplesmente os efeitos dessa iluminação proveniente do alto e causada pelo nosso próprio espírito imortal.

Swedenborg, seguindo as doutrinas místicas dos filósofos herméticos, dedicou vários volumes à elucidação do "sentido interno" do *Gênese*. Swedenborg era indubitavelmente um "mágico nato", um vidente; *não* era um *adepto*. Portanto, embora intimamente possa ter seguido o aparente método de interpretação utilizado pelos alquimistas e autores místicos, ele falhou em parte; ainda mais que o modelo por ele escolhido neste método foi alguém que, embora um grande alquimista, não era mais adepto do que o próprio vidente sueco, no sentido pleno da palavra. Eugênio Filaletes jamais atingiu "a pirotecnia superior", para empregar a expressão dos filósofos místicos. Mas, embora os dois não tenham compreendido toda a verdade em seus detalhes, Swedenborg deu a mesma interpretação do primeiro capítulo do *Gênese* que os filósofos herméticos. O vidente, assim como os iniciados, não obstante a sua fraseologia velada, mostra claramente que os primeiros capítulos se reportam à *regeneração*, ou a um novo nascimento do homem, não à criação de nosso universo e de sua obra-prima – o HOMEM. O fato de os termos alquimistas, como *sal, enxofre* e *mercúrio*, serem transformados por Swedenborg em *ente, causa* ou *efeito*[29] não modifica a idéia subjacente de resolver os problemas dos livros mosaicos pelo único método possível – utilizado pelos hermetistas – o das correspondências.

Sua doutrina da correspondência, ou simbolismo hermético, é a de Pitágoras e dos cabalistas – "em cima como embaixo". É também a dos filósofos budistas, que, em sua metafísica ainda mais abstrata, invertendo a maneira usual de definição dada pelos nossos *eruditos*, consideram os tipos invisíveis como a única realidade, e todos os outros efeitos das causas, ou protótipos visíveis – como *ilusões*. Embora as suas várias explicações do *Pentateuco* possam parecer contraditórias *na superfície*, cada uma delas propende a mostrar que a literatura sagrada de todos os países, a Bíblia assim como os *Vedas* ou as *Escrituras* budistas, só podem ser entendidas e completamente esmiuçadas à luz da Filosofia Hermética. Os grandes sábios da Antiguidade, os da época medieval, e os autores místicos de nossos tempos modernos também foram todos *hermetistas*. Quer a luz da verdade os tenha iluminado graças à sua faculdade de intuição, quer como uma correspondência do estudo e da iniciação regular, virtualmente, eles aceitaram o método e seguiram o caminho traçado para eles por homens como Moisés, Gautama Buddha e Jesus. A Verdade, simbolizada por alguns alquimistas como *bálsamo do céu*, desceu em seus corações, e todos a colheram nos *picos das montanhas*, depois de estenderem *panos* IMACULADOS *de linho* para recebê-la; e assim, num sentido, eles obtiveram, cada um para si, e em seu próprio caminho, o *solvente universal*. Em que medida lhes foi permitido dividi-la com o público é outra questão. O véu, que cobria o rosto de Moisés, quando, depois de descer do Sinai, ele ensinava ao seu povo a Palavra de Deus, não pode ser recolhido apenas pela vontade do mestre. É preciso que os discípulos também removam o véu que "está sobre seus corações". Paulo di-lo claramente; e suas palavras dirigidas aos coríntios[30] podem aplicar-se a todo homem e mulher, e em todas as épocas da história do mundo. Se "suas mentes se tornaram obscurecidas" pela túnica brilhante da verdade divina, que o véu hermético seja retirado ou não do rosto do mestre, ele não pode ser retirado de seus corações, a menos que "eles se convertam ao Senhor". Mas esta última designação não deve ser aplicada a uma ou a outra das três pessoas antropomorfizadas na Trindade, mas ao "Senhor", tal como o entendem Swedenborg e os filósofos herméticos – o Senhor, que é Vida e HOMEM.

O eterno conflito entre as religiões do mundo – Cristianismo, Judaísmo, Bramanismo, Budismo – provém exclusivamente desta razão: apenas uns poucos conhecem a Verdade; os demais, não desejando retirar o véu de seus corações, imaginam que ela cega os olhos de seu vizinho. O deus de toda religião exotérica, incluindo o Cristianismo, não obstante as suas pretensões ao mistério, é um ídolo, uma ficção, e não pode ser outra coisa. Moisés, *cuidadosamente velado*, fala às multidões obstinadas de Jehovah, a divindade cruel, antropomórfica, como do altíssimo

Deus, que oculta no fundo de seu coração a Verdade que "não pode ser dita ou revelada". Kapila golpeia com a espada afiada de seu sarcasmo os iogues bramânicos que em suas visões místicas pretendiam ver o ALTÍSSIMO. Gautama Buddha oculta, sob um manto impenetrável de sutilezas metafísicas, a Verdade, e é visto pela posteridade como *um ateu*. Pitágoras, com seu misticismo alegórico e sua metempsicose, é tido como um hábil impostor, e outros filósofos têm essa mesma reputação, como Apolônio e Plotino, dos quais se diz geralmente que são visionários, senão charlatães. Platão, cujos escritos não foram lidos pela maioria de nossos *grandes* eruditos senão de maneira superficial, é acusado por muitos de seus tradutores de absurdos e puerilidades, e mesmo de ignorância no que respeita à sua própria língua; muito provavelmente porque diz, no que toca ao Supremo, que "um assunto dessa espécie não pode ser expresso em palavras, como as outras coisas que podem ser aprendidas"[31]; e porque faz Protágoras exagerar o uso dos "véus". Poderíamos preencher todo um volume com os nomes de sábios malcompreendidos, cujos escritos – apenas porque os nossos críticos materialistas se sentem incapazes de levantar o véu que os cobre – passam geralmente por absurdos místicos. A característica mais importante deste mistério aparentemente incompreensível reside talvez no hábito inveterado da maioria dos leitores de julgar uma obra por suas palavras e pelas idéias insuficientemente expressas, deixando seu espírito fora de questão. Filósofos que pertencem a escolas diametralmente opostas empregam freqüentemente uma quantidade enorme de expressões diferentes, algumas obscuras e metafóricas – todas figurativas, embora tratando do mesmo assunto. Como os milhares de raios divergentes de nosso globo de fogo, em que cada um deles conduz, não obstante, ao ponto central, assim todo filósofo místico, seja ele um entusiasta devotadamente piedoso como Henry More; um irascível alquimista que use expressões vulgares, como seu adversário, Eugênio Filaletes; ou um *ateu* (?) como Spinoza, todos têm um único e mesmo objetivo em vista – o HOMEM. É Spinoza, contudo, quem talvez forneça a chave mais certa para uma porção desse segredo não revelado. Enquanto Moisés proíbe "imagens esculpidas" DELE, cujo nome não deve ser tomado em vão, Spinoza vai mais longe. Ele infere claramente que Deus não deve ser *descrito*. A linguagem humana é totalmente insuficiente para dar uma idéia deste "Ser" que é absolutamente único. Deixamos ao leitor julgar por si se é Spinoza ou a teologia cristã o que está mais certo em suas premissas e conclusões. Toda tentativa em contrário conduz uma nação a antropomorfizar a divindade em que acredita, e o resultado é aquele indicado por Swedenborg. Em lugar de estabelecer que Deus faz o homem segundo a sua própria imagem, deveríamos em verdade dizer que "o homem *imagina* Deus de acordo com a sua imagem"[32], esquecendo que ele erigiu o seu próprio reflexo para adoração.

Onde está então o segredo real, verdadeiro, de que tanto falam os hermetistas? Que houve e que há um segredo, nenhum verdadeiro estudante da literatura esotérica jamais duvidará. Homens de talento – como muitos dos filósofos herméticos inegavelmente o foram – não se enganariam tentando enganar os outros durante milhares de anos consecutivos. Que este grande segredo, chamado comumente de "pedra filosofal", tinha um sentido intrínseco tanto espiritual como físico, isso se suspeitou em todas as épocas. O autor de *Remarks upon Alchemy and the Alchemists* observa acertadamente que o assunto da arte hermética é o HOMEM, e o objetivo da arte é a perfeição do homem[33]. Mas não podemos concordar com ele quando afirma que aqueles a quem chama de "imbecis ávidos de dinheiro" jamais procuraram transportar um desígnio (dos alquimistas) puramente *moral* ao campo da ciência física. Só o fato de que o homem, a seus olhos, é uma trindade, que eles dividem em *Sol*, água de *mercúrio* e *enxofre*, que é o *fogo secreto*, ou, para falar mais claramente, em *corpo, alma* e *espírito*, mostra que há um lado físico na questão. O homem é a pedra filosofal espiritualmente – "*uma trindade na unidade*", como diz Filaletes. Mas ele é também esta pedra fisicamente. Esta é apenas o efeito da causa, e a causa é o solvente de tudo – o espírito divino. O homem é uma correlação de forças físico-químicas, assim como uma correlação de poderes espirituais. Estes reagem sobre os poderes físicos do homem na proporção do desenvolvimento do homem terrestre. "A obra é levada à perfeição de acordo com a virtude do corpo, da alma e do espírito", diz um alquimista; "pois o corpo jamais seria penetrante, se não o fosse pelo *espírito*, nem o espírito seria permanente em sua superperfeita *tintura*, se não o fosse pelo corpo; nem poderiam os dois agir um sobre o outro sem a alma, *pois o espírito é uma coisa invisível*, e jamais aparece sem uma outra ROUPA, que é a ALMA."[34]

Os "filósofos do fogo" afirmavam, por intermédio de seu chefe, Robert Fludd, que a simpatia é a prole da luz, e que "a antipatia surgiu das trevas". Além disso, eles ensinaram, com outros cabalistas, que "os contrastes na Natureza nascem de uma essência eterna, ou da raiz de todas as coisas". Assim, a Causa primeira é a fonte-mãe do bem, assim como do mal. O criador – que *não* é o Deus Superior – é o pai da matéria, que é *má*, assim como do espírito, que, emanando da causa invisível superior, passa por ele como por um veículo, e se difunde por todo o universo. "É mais provável", observa Robertus de Fluctibus (Robert Fludd), "que, por existir uma multidão de criaturas de naturezas diversas, na máquina universal, cada uma delas foi criada no princípio de maneira vária, e, portanto, gerada e mantida depois da geração (...) E este foi o precioso nome de Deus, que *Moisés* tanto desejava ouvir e conhecer, quando recebeu dele esta resposta. יהוה, *Hoc est nomen meum in aeternum, JEHOVA é o meu nome eterno*, o qual nome é tão puro e simples que não pode ser articulado, ou composto, ou verdadeiramente expresso pela voz humana (...) todos os outros dez nomes (...) estão inteiramente compreendidos nele, pois ele contém a propriedade não só do *querer* como do *não-querer*, da privação como da afirmação, da morte como da vida, da maldição como da bênção, do mal, em relação às criaturas, como do bem (embora nada seja idealmente mal, nele), do ódio e da discórdia, do amor e da comédia, e conseqüentemente da Simpatia e da Antipatia (...)"[35]"

As criaturas inferiores na escala dos seres são as criaturas invisíveis que os cabalistas chamam de "elementares". Existem três classes distintas de tais seres. A mais elevada, em inteligência e em discernimento, é a dos chamados espíritos terrestres, de que falaremos mais detalhadamente em outras partes desta obra. Basta dizer, por enquanto, que eles são as *larvas*, as sombras dos que viveram sobre a Terra, recusaram toda luz espiritual, permaneceram e morreram profundamente imersos no barro da matéria, e de cujas almas pecaminosas o espírito imortal gradualmente se afastou. A segunda classe é composta dos antitipos invisíveis dos homens *a nascer*. Nenhuma forma pode vir à existência objetiva – da mais alta à mais baixa – antes que o ideal abstrato desta forma – ou, como Aristóteles a chamaria, a *privação* desta forma[36] – seja evocado. Antes que um artista pinte um quadro, todos os traços deste já estão em sua imaginação; e para que sejamos capazes de discernir um relógio, este relógio particular deve ter existido em sua forma abstrata na mente do relojoeiro. Dá-se o mesmo com os futuros homens.

Segundo a doutrina aristotélica, existem três princípios de corpos naturais: privação, matéria e forma[37]. Estes princípios podem aplicar-se neste caso particular. A ideação da criança que vai nascer localiza-se na mente individual do grande Arquiteto do universo – pois na doutrina aristotélica não se considera a ideação como um princípio na composição dos corpos, mas como uma propriedade externa em sua produção; pois a produção é uma modificação pela qual a matéria passa da forma que não tem para aquela que assume. Embora a ideação da forma futura de um relógio ainda não construído não seja uma substância, nem uma extensão, nem uma qualidade, nem qualquer espécie de existência, mesmo assim é algo que *é*, embora seus contornos, para existir, devam adquirir uma forma objetiva – em suma, o abstrato deve tornar-se concreto. Assim, logo que esta ideação da matéria é transmitida pela energia ao éter universal, ela se torna uma forma material, ainda que sublimada. Se a ciência moderna ensina que o pensamento *humano* "afeta simultaneamente outro universo simultâneo a este", como pode aquele que acredita numa Causa Primeira Inteligente negar que o pensamento divino seja igualmente transmitido, pela mesma lei da energia, ao nosso mediador comum, o éter universal – a alma do mundo? E, sendo assim, segue-se que, uma vez lá, o pensamento divino se manifesta objetivamente, com a energia reproduzindo fielmente os contornos daquilo cuja "ideação" nasceu em primeiro lugar na mente divina. Apenas não se deve entender que este *pensamento* cria matéria. Não; ele cria apenas o plano da forma futura, uma vez que a matéria que serve para fazer este plano sempre existiu, e foi preparada para formar um corpo humano, através de uma série de transformações progressivas, como resultado da evolução. As formas passam; as idéias que as criaram e o material que lhes deu objetividade ficam. Estes modelos, ainda desprovidos de espíritos imortais, são "elementais" – *embriões psíquicos*, propriamente dito – que, quando chega seu tempo, morrem no mundo invisível, e nascem no mundo visível como crianças humanas, recebendo *in transitu* o sopro divino chamado espírito que completa o homem perfeito. Esta classe não pode comunicar-se *objetivamente* com os homens.

A terceira classe são os "elementais", que jamais se transformam em seres humanos, mas ocupam um grau específico na escala de seres, e, em comparação com os outros, podem ser justamente chamados de espíritos da Natureza, ou agentes cósmicos da Natureza, uma vez que cada ser se acha confinado ao seu próprio elemento e nunca transgride os limites dos outros. São aqueles que Tertuliano chamava de "príncipes das potestades do ar".

Crê-se que esta classe possui apenas um dos três atributos do homem. Não tem espíritos imortais nem corpos tangíveis; apenas formas astrais, que participam, num grau notável, do elemento ao qual pertencem e também do éter. Eles são uma combinação da matéria sublimada e de uma mente rudimentar. Alguns são imutáveis, mas ainda não têm individualidade distinta, agindo coletivamente, por assim dizer. Outros, de alguns elementos e espécies, alteram-se sob uma lei fixa que os cabalistas explicam. O mais sólido de seus corpos é imaterial o bastante para escapar à percepção de nossa visão física, mas não tão insubstancial que não possa ser perfeitamente reconhecido pela nossa visão interna ou clarividente. Eles não apenas existem e podem viver no éter, mas podem manejá-lo e dirigi-lo para a produção de efeitos físicos, tão facilmente quanto podemos comprimir o ar ou a água para o mesmo propósito com aparelhos pneumáticos e hidráulicos; e nessa ocupação eles são de bom grado ajudados pelos "elementares humanos". Mais do que isso; eles podem condensá-lo ao ponto de fazer corpos tangíveis para si, que, pelos seus poderes protéicos, podem fazer assumir a forma que desejarem, tomando como modelo os retratos que encontram estampados na memória das pessoas presentes. Não é necessário que o circunstante esteja pensando no momento na pessoa cujo retrato é apresentado. Sua imagem pode ter desaparecido muitos anos antes. A mente recebe impressões indeléveis mesmo de relações casuais ou de pessoas encontradas apenas uma vez. Assim como alguns segundos de exposição de uma chapa fotográfica sensível bastam para preservar indefinidamente a imagem do circunstante, o mesmo ocorre com a mente.

De acordo com a doutrina de Proclo, as regiões superiores, do zênite do universo à Lua, pertenciam aos deuses ou aos espíritos planetários, segundo suas hierarquias e classes. Os mais elevados dentre eles eram os doze *hyper-ouranioi*, ou deuses celestiais, que têm legiões inteiras de demônios subordinados ao seu comando. Eles são seguidos em ordem e poder pelos *egkosmioi*, os deuses intercósmicos, cada um dos quais preside um grande número de demônios, aos quais comunicam seu poder, transformando-o de um a outro à vontade. São evidentemente as forças personificadas da Natureza em sua correlação mútua, e estas últimas são representadas pela terceira classe ou os "elementais" que descrevemos.

Mais adiante ele mostra, de acordo com o princípio do axioma hermético dos tipos e protótipos, que as esferas inferiores têm suas subdivisões e classes de seres como as esferas celestiais superiores, as primeiras estando sempre subordinadas às últimas. Ele afirma que os quatro elementos estão repletos de *demônios*, sustentando com Aristóteles que o universo é pleno e que não existe vácuo na Natureza. Os demônios da Terra, do ar, do fogo e da água são de uma essência fluida, etérea, semicorpórea. São estas classes que atuam como agentes intermediários entre os deuses e os homens. Embora inferiores em inteligência à *sexta* ordem dos demônios mais elevados, estes seres governam diretamente sobre os elementais e a vida orgânica. Eles dirigem o crescimento, o florescimento, as propriedades e as diversas transformações das plantas. Eles são as idéias ou virtudes personificadas derramadas do *hylê* celeste na matéria inorgânica; e, como o reino vegetal é um grau mais elevado que o reino mineral, estas emanações dos deuses celestiais tomam forma e existência na planta, e tornam-se *sua alma*. Isto é o que a doutrina aristotélica chama de *forma* nos três princípios dos corpos naturais, classificados por ele como privação, matéria e forma. Sua filosofia ensina que, além da matéria original, outro princípio é necessário para completar a natureza trina de toda partícula, e esse é a forma; um ser invisível, mas ainda, no sentido antológico da palavra, substancial, realmente distinto da matéria propriamente dita. Portanto, num animal ou numa planta, além dos ossos, a carne, os nervos, o cérebro e o sangue no primeiro, e além da matéria polposa, tecidos, fibras e seiva no segundo, sangue e seiva que, circulando pelas veias e fibras, nutrem todas as partes do animal e da planta; e além dos espíritos animais, que são os princípios de movimento; e da energia química que se transforma em força vital na folha verde, deve haver uma forma substancial, que Aristóteles chamava, no cavalo, a *alma do cavalo*, Proclo, o *demônio* de todo mineral, planta ou animal, e os filósofos medievais, os *espíritos elementares* dos quatro reinos.

Tudo isso é tido em nosso século como Metafísica e grosseira superstição. No entanto, segundo princípios estritamente ontológicos, há, nestas antigas hipóteses, alguma sombra de possibilidade, algum índice para os desconcertantes "elos perdidos" da ciência exata. Esta se tornou tão dogmática nos últimos tempos que tudo que está além do alcance da ciência *indutiva* é tachado de imaginário; e vemos o Prof. Joseph Le Conte afirmando que alguns dos maiores cientistas "ridicularizam a utilização do termo força vital, ou vitalidade, como um vestígio de superstição"[38]. De Candolle sugere o termo "movimento vital", em lugar de força vital[39], preparando assim o salto científico final que transformará o homem imortal e pensante num autômato com um mecanismo de relógio em seu interior. "Mas", objeta Le Conte, "podemos conceber movimento sem força? E, se o movimento é peculiar, também o é a *forma da força*."

Na *Cabala* judaica os espíritos da Natureza eram conhecidos sob o nome geral de *shedim*, e divididos em quatro classes. Os persas chamavam-nos de *daêvas*; os gregos designavam-nos indistintamente como *demônios*; os egípcios conheciam-nos como *afrits*. Os antigos mexicanos, diz Kaiser, acreditavam em numerosas moradas de espíritos, numa das quais os espectros de crianças inocentes eram colocados até a sua distribuição final; em outra, situada no Sol, subiam as almas valentes dos heróis; enquanto os espectros odiosos dos pecadores incorrigíveis eram sentenciados a errar e a desesperar em cavernas subterrâneas, retidos no limite da atmosfera terrestre, desejando libertar-se mas sendo incapazes disso. Passavam seu tempo em comunicação com os mortais, e aterrorizando aqueles que os vêem. Algumas das tribos africanas os conhecem como *yowahoos*. No Panteão hindu há nada menos do que 330.000.000 de várias espécies de espíritos, incluindo os elementais, que os brâmanes chamavam de *daityas*. Sabem os adeptos que estes seres são atraídos a certos quadrantes dos céus por algo dessa mesma propriedade misteriosa que faz a agulha magnética orientar-se para o norte, e certas plantas a obedecer à mesma atração. Acreditava-se também que as diversas raças têm uma simpatia especial por certos temperamentos humanos, e que exercem mais facilmente o poder sobre uns do que sobre outros. Assim, uma pessoa biliosa, linfática, nervosa ou sanguínea é afetada favoravelmente ou não pelas condições da luz astral, que resulta de diferentes aspectos dos corpos planetários. Tendo estabelecido este princípio geral, depois de registrar observações cuja duração se estende por uma série infinita de anos, ou séculos, o adepto astrólogo precisaria apenas saber quais eram os aspectos planetários numa dada época anterior, e aplicar seu conhecimento das alterações subseqüentes dos corpos celestes, para ser capaz de traçar, com uma exatidão aproximada, os destinos variáveis da pessoa cujo horóscopo foi pedido, e mesmo predizer o futuro. A exatidão do horóscopo dependeria, naturalmente, tanto do conhecimento do astrólogo a respeito das forças ocultas e dos movimentos da Natureza como de sua erudição astronômica.

Éliphas Lévi expõe com grande clareza, em seu *Dogme et rituel de la haute magie*, a lei das influências recíprocas entre os planetas e o seu efeito combinado sobre os reinos mineral, vegetal e animal, assim como sobre nós mesmos. Ele afirma que a atmosfera astral se modifica tão constantemente de dia para dia e de hora para hora, como o ar que respiramos. Ele cita aprobativamente a doutrina de Paracelso, segundo a qual todo homem, animal e planta traz evidências externas e internas das influências dominantes no momento do desenvolvimento germinal. Ele repete a antiga doutrina cabalística de que nada é insignificante na Natureza, e que mesmo uma coisa tão pequena como o nascimento de uma criança sobre o nosso insignificante planeta tem o seu efeito sobre o universo, como todo o universo tem a sua própria influência reativa sobre ela.

"Os astros", assinala ele, "estão ligados uns aos outros por atrações que os mantêm em equilíbrio e os fazem mover-se com regularidade pelo espaço. Esta rede de luz estende-se entre as esferas, e não há um ponto em qualquer planeta ao qual não esteja ligada por um destes fios indestrutíveis. O local preciso, assim como a hora do nascimento, poderiam então ser calculados pelo verdadeiro adepto da Astrologia; assim, quando ele quiser fazer o cálculo exato das influências dos astros, bastar-lhe-á calcular as modificações de sua posição na vida, as ajudas ou obstáculos que ele deverá igualmente encontrar (...) e seus impulsos naturais para a realização de seu destino."[40] Ele afirma também que a força individual da pessoa, por indicar a sua habilidade para vencer dificuldades e enfrentar circunstâncias desfavoráveis, e assim amealhar sua fortuna, ou esperar passivamente que o destino cego a possa trazer, deve ser levada em consideração.

Um exame dessa questão do ponto de vista dos antigos proporciona-nos, como se vê, uma visão bastante diferente daquela expressa pelo Prof. Tyndall em seu famoso discurso de Belfast. "Aos seres super-sensitivos", diz ele, "que, 'embora potentes e invisíveis, não passavam de *criaturas humanas*, talvez mais destacadas do que o resto da Humanidade, e que conservaram todas as paixões humanas e os apetites', foram confiados o império e o governo dos fenômenos naturais."

Para confirmar seu ponto, o Sr. Tyndall cita, convenientemente, a conhecida passagem de Eurípedes, mencionada por Hume: "Os deuses lançam tudo em confusão; misturam todas as coisas com o seu inverso, para que todos nós, por ignorância e indecisão, lhes rendamos mais adoração e reverência"[41]. Embora enunciando várias doutrinas pitagóricas no *Chrysippos*, Eurípedes é considerado por todos os autores antigos como heterodoxo[*], e portanto a citação tirada deste filósofo não corrobora o argumento do Sr. Tyndall.

Quanto ao espírito *humano*, as idéias dos mais antigos filósofos e cabalistas medievais, mesmo divergindo em alguns aspectos, concordam no conjunto; de modo que a doutrina de um pode ser considerada como a doutrina de outro. A diferença mais importante consiste na localização do espírito divino ou imortal do homem. Enquanto os antigos neoplatônicos sustentavam que o *augoeides* jamais desce hipostaticamente até o homem vivo, mas apenas projeta mais ou menos o seu fulgor sobre o homem interno – a alma astral –, os cabalistas medievais afirmavam que o espírito, desligando-se do oceano de luz e do espírito, entrava na alma humana, onde permanecia durante a vida aprisionado na cápsula astral. Esta diferença resultou da crença maior ou menor dos cabalistas cristãos na letra morta da alegoria da queda do homem. A alma, disseram eles, devido à queda de Adão, contaminou-se com o mundo da matéria ou Satã. Antes que ela pudesse comparecer com o espírito divino aprisionado à presença do Eterno, era preciso que ela se purificasse da impureza das trevas. Eles comparavam "o espírito aprisionado na alma a uma gota d'água encer-

---

* *Chrysippos* só é conhecido na forma de fragmentos de uma trilogia: *Phoenicians – Oinomaos – Chrysippos*, que não chegou até nós. (N. do Org.)

rada numa cápsula de gelatina e lançada ao oceano; enquanto a cápsula permanece intacta, a gota d'água permanece isolada; destruído o invólucro, a gota torna-se uma parte do oceano – sua existência individual cessou. Ocorre o mesmo com o espírito. Enquanto está encerrado em seu mediador plástico, a alma, ele tem uma existência individual. Destruída a cápsula, o que pode ocorrer devido às agonias de uma consciência atormentada, ao crime e à doença moral, o espírito retorna à sua morada original. A sua individualidade cessou de existir".

Por outro lado, os filósofos que explicavam, à sua maneira, a "queda da geração", encaravam o espírito como algo totalmente distinto da alma. Eles admitiam a sua presença na cápsula astral exclusivamente no que concerne às emanações ou aos raios espirituais do "ser luminoso". O homem e a alma deviam conquistar a imortalidade ascendendo à unidade com a qual, em caso de sucesso, ambos finalmente se unem, e na qual se absorvem, por assim dizer. A individualização do homem após a morte dependia do espírito e não da alma e do corpo. Embora a palavra "personalidade", no sentido que se lhe dá comumente, seja um disparate, se aplicada literalmente à nossa essência imortal, esta, no entanto, é uma entidade distinta, imortal e eterna *per se*; e, como no caso dos criminosos sem remissão, em que o fio luminoso que une o espírito à alma desde o instante do nascimento de uma criança é violentamente cortado, e a entidade desencarnada é condenada a partilhar do destino dos animais inferiores, a dissolver-se gradualmente no éter, e a ter a sua individualidade aniquilada – mesmo assim o espírito permanece um ser distinto. Ele se torna um espírito planetário, um anjo, pois *os deuses dos pagãos ou os arcanjos dos cristãos*, emanações diretas da Causa primeira, não obstante a afirmação arriscada de Swedenborg, *jamais foram ou serão homens*, pelo menos em nosso planeta.

Essa questão foi, em todos os tempos, o tropeço dos metafísicos. Todo o esoterismo da Filosofia Budista baseia-se neste misterioso ensinamento, compreendido por tão poucas pessoas e deturpado, completamente, por muitos dos mais sábios eruditos. Mesmo os metafísicos estão por demais propensos a confundir o efeito com a causa. Uma pessoa pode ter conquistado a sua vida imortal, e permanecer o mesmo *eu interior* que era sobre a Terra, por toda a eternidade; mas isto não implica necessariamente que ela deva permanecer o Sr. Fulano ou Beltrano que era na Terra, ou perder a sua individualidade. Portanto, a alma astral e o corpo terrestre do homem podem, no sombrio Além, ser absorvidos no oceano cósmico dos elementos sublimados, e cessar de sentir o seu *ego*, se este *ego* não mereceu elevar-se mais alto; e o espírito divino permanecer ainda uma entidade inalterada, embora a experiência terrestre de suas emanações possa ser totalmente obliterada no instante da separação de um veículo indigno.

Se o "espírito", ou a parte divina da alma, preexiste como um ser distinto por toda a eternidade, como Orígenes, Sinésio e outros padres cristãos ensinaram, e se é idêntico à alma metafisicamente objetiva, como poderia ele não ser eterno? Assim sendo, o que importa um homem levar uma vida animal ou uma vida pura se, faça o que fizer, nunca pode perder a sua individualidade? Esta doutrina é tão perniciosa em suas conseqüências como a da expiação vicária. Tivesse este último dogma sido demonstrado ao mundo sob a sua verdadeira luz, juntamente com a falsa idéia de que somos todos imortais, e a Humanidade tornar-se-ia melhor com a sua propagação. O crime e o pecado teriam sido evitados, não por medo ao castigo da Terra, ou a um inferno ridículo, mas em consideração àquilo que está enraizado profundamente em nossa natureza interior – o desejo de uma vida individual e distinta no Além, a certeza positiva de que não podemos alcançá-la se não nos "aproximamos do reino do céu pela força", e a convicção de que nem as preces humanas nem o sangue de um outro homem nos salvarão da destruição individual após a morte, a menos que estejamos firmemente unidos durante a nossa vida terrestre com o nosso próprio espírito imortal – nosso DEUS.

Pitágoras, Platão, Timeu de Locris e toda a escola alexandrina derivavam a alma da alma do mundo, e esta era, segundo os seus próprios ensinamentos – o éter; algo de uma natureza tão pura que só podia ser percebido pela nossa visão interior. Portanto, ela não pode ser a essência da Mônada, ou a *causa*, pois a *anima mundi* é apenas o efeito, a emanação objetiva daquela. O espírito humano e a alma são ambos preexistentes. Mas, enquanto o primeiro existe como uma entidade distinta, uma individualização, a alma existe como matéria preexistente, uma parte insciente de um todo inteligente. Ambos foram formados originalmente a partir do oceano eterno de Luz; mas, como já o disseram os teósofos, há no fogo tanto um espírito visível como um invisível. Eles faziam uma distinção entre a *anima bruta* e a *anima divina*. Empédocles acreditava firmemente que todos os homens e animais possuem duas almas; e em Aristóteles descobrimos que ele chama uma de alma raciocinante – $νοῦς$, – e a outra de alma animal – $ψυχή$. De acordo com esses filósofos, a alma raciocinante provém de *fora* da alma universal, e a outra, de *dentro*. Essa região divina e superior, na qual localizaram a divindade suprema e invisível, consideravam-na eles (o próprio Aristóteles, inclusive) como um quinto elemento, puramente espiritual e divino, ao passo que à *anima mundi* propriamente dita como composta de uma natureza pura, ígnea e etérea difundida por todo o universo, em suma – o éter. Os estóicos, os maiores materialistas da Antiguidade, excetuavam o Deus Invisível e a Alma Divina (Espírito) de uma tal natureza corpórea. Os seus comentadores e admiradores modernos, agarrando sofregamente a oportunidade, edificaram, baseados neste particular, a suposição de que os estóicos não acreditavam nem em Deus, nem na alma. Mas Epicuro, cuja doutrina, militando diretamente contra a intervenção de um Ser Supremo e dos deuses na formação ou governo do mundo, o colocava muito acima dos estóicos no que respeita ao ateísmo e ao materialismo, ensinava, não obstante, que a alma é de essência pura e sensível, formada dos átomos mais suaves, mais refinados e mais puros, cuja descrição ainda nos conduz ao mesmo éter sublimado. Arnóbio, Tertuliano, Ireneu e Orígenes, não obstante suas crenças cristãs, acreditavam, com os mais modernos Spinoza e Hobbes, que a alma era corpórea, embora de uma natureza muito pura.

Essa doutrina da possibilidade de se perder a alma e, em conseqüência, a individualidade, é contrária às teorias ideais e às idéias progressivas de alguns espiritualistas, embora Swedenborg a aceite plenamente. Eles jamais aceitarão a doutrina cabalística que ensina que apenas pela observância da lei da harmonia essa vida individual futura pode ser obtida; e que quanto mais o homem interior e exterior se desvia desta fonte de harmonia, cujo manancial reside em nosso espírito divino, mais difícil é para ele retomar o terreno perdido.

Mas, enquanto os espiritualistas e outros partidários do Cristianismo têm pouca ou nenhuma idéia dessa possível morte e obliteração da personalidade humana, devido à separação da parte imortal da perecível, os swedenborguianos a compreendem plenamente. Um dos mais respeitados ministros da Nova Igreja, o Rev. Chauncey Giles, Doutor em Teologia, de Nova York, elucidou recentemente o assunto num discurso público, da seguinte maneira: a morte física, ou a morte do corpo, é uma disposição da organização divina para o benefício do homem, por cujo intermédio ele atinge os fins mais elevados de seu ser. Mas existe uma outra morte que é a interrupção da ordem divina e a destruição de todos os elementos humanos na natureza do homem, e de todas as possibilidades da felicidade humana. Trata-se dessa morte que ocorre antes da dissolução do corpo. "Pode haver um vasto desenvolvimento da mente natural do homem sem que esse desenvolvimento seja acompanhado por uma partícula de amor a Deus ou de amor desinteressado ao homem." Quando alguém recai no amor a si mesmo e no amor ao mundo, com os seus prazeres, perdendo o amor divino a Deus e o amor aos semelhantes, cai da vida na morte. Os princípios superiores que constituem os elementos essenciais dessa Humanidade perecem, e ele vive apenas no plano natural de suas faculdades. Fisicamente ele existe, espiritualmente ele está morto. Ele está tão morto a tudo que pertence à fase de existência superior e exclusivamente duradoura quanto o seu corpo, que fica morto a todas as atividades, prazeres e sensações do mundo quando o espírito o deixa. Essa morte espiritual resulta da desobediência às leis da vida natural. Mas os mortos espiritualmente ainda têm seus prazeres; eles têm suas qualidades e poderes intelectuais, e atividades intensas. Todos os prazeres animais lhes pertencem, e para milhares de homens e mulheres estes constituem o ideal superior da felicidade humana. A busca incansável de riquezas, de divertimentos e distrações da vida social; o cultivo de boas maneiras, do gosto por roupas, do destaque social, da distinção científica intoxicam e arrebatam esses mortos-vivos; mas, assinala o eloqüente pregador, "essas criaturas, com todas as suas graças, seus ricos trajes e seus brilhantes talentos estão mortos aos olhos do Senhor e dos anjos, e quando são pesadas pela única balança verdadeira e imutável têm tanta vida genuína quanto esqueletos cuja carne voltou ao pó". Um desenvolvimento superior das faculdades intelectuais não implica uma vida espiritual e verdadeira. Muitos de nossos maiores cientistas não passam de cadáveres animados – eles não têm qualquer visão espiritual pois os seus espíritos os abandonaram. Poderíamos percorrer os séculos, examinar todas as profissões, pesar todos os conhecimentos humanos e investigar todas as formas de sociedade, e encontraríamos esses *mortos espiritualmente* por toda parte.

Pitágoras ensinava que todo o universo é um vasto sistema de combinações matematicamente corretas. Platão mostra a divindade *geometrizando*. O mundo é sustentado pela mesma lei de equilíbrio e de harmonia sobre a qual foi erigido. A força centrípeta não se poderia manifestar sem a força centrífuga nas revoluções harmoniosas das esferas; todas as formas são o produto dessa força dual da Natureza. Assim, para ilustrar o nosso exemplo, podemos designar o espírito como a força centrífuga, e a alma como as energias centrípetas e espirituais. Quando em perfeita harmonia, ambas as forças produzem um resultado; quebrai ou entravai o movimento centrípeto da alma terrestre que tende para o centro que a atrai; impedi-lhe a marcha bloqueando-a com uma quantidade de matéria mais pesada do que a que ela pode suportar, e a harmonia do todo, que era a sua vida, se destrói. A vida individual só pode prosseguir quando sustentada por esta força dupla. O menor desvio da harmonia a prejudica; quando ela está irremediavelmente destruída, as forças se separam e a forma gradualmente se aniquila. Após a morte do depravado e do perverso, chega o momento crítico. Se, durante a vida, o último e desesperado esforço do eu interior para reunir-se com o raio debilmente bruxuleante de seu pai divino é negligenciado; se esse raio é mais e mais ocultado pela espessa crosta da matéria, a alma, uma vez livre do corpo, segue as suas atrações terrestres, e é magneticamente atraída e retida pelo denso nevoeiro da atmosfera material. Ela começa, então, a cair cada vez mais baixo, até se encontrar, voltando à consciência, no que os antigos chamavam de *Hadês*. A aniquilação de uma tal alma nunca é instantânea; pode durar séculos, talvez, pois a Natureza nunca age aos saltos e arrancos, e, visto que a alma astral é formada de elementos, a lei da evolução deve seguir seu curso. Começa então a terrível lei da compensação, o Yin-yuan dos budistas.

Esta categoria de espíritos chama-se "elementar *terrestre*" ou "material", em oposição às outras classes, como mostramos no capítulo introdutório. No Oriente, eles são conhecidos como os "Irmãos das Trevas". Velhacos, abjetos, vingativos e desejosos de desforrar os seus sofrimentos sobre a Humanidade, eles se transformam, até a aniquilação final, em vampiros, em espíritos necrófagos e em refinados atores. Eles são as "estrelas" principais no grande palco espiritual da "materialização", cujos fenômenos eles desempenham com a ajuda das criaturas genuínas "elementais" mais inteligentes, que flutuam em redor e os acolhem com prazer em suas próprias esferas. Henry Khunrath, o grande cabalista alemão, representa, numa gravura de sua rara obra *Amphitheatrum Sapientiae Aeternae*, as quatro classes desses "espíritos elementares" humanos[*]. Uma vez transposto o limiar do santuário de iniciação, uma vez que um adepto tenha erguido o "Véu de Ísis", a deusa misteriosa e ciumenta, ele nada deve temer; mas saber que estará em constante perigo.

Embora o próprio Aristóteles, antecipando os fisiólogos modernos, considerasse a mente humana como uma substância material, e ridicularizasse os hilozoístas, ele acreditava plenamente na existência de uma alma "dupla", ou espírito e alma[42]. Ele zombava de Estrabão por acreditar que qualquer partícula de matéria, *per se*, podia ter vida e inteligência suficiente para moldar gradualmente um mundo tão multiforme como o nosso[43]. Aristóteles deve a sublime moralidade de sua Ética Nicomaquéia a um estudo profundo dos *Fragmentos Éticos de Pitágoras*, pois se pode facilmente provar que estes foram a fonte da qual o filósofo retirou suas idéias, embora ele não tenha podido jurar "por aquele que descobriu a Tetraktys"[44]. De resto, o que sabemos de certo a respeito de Aristóteles? Sua filosofia é tão

---

* Henry Khunrath (ou Klinrath) foi um alquimista alemão que nasceu em Leipzig por volta de 1560; graduou-se na Universidade de Medicina de Basel e praticou em Hamburgo e Dresden, onde parece ter morrido na pobreza em 1601 ou 1605. Era seguidor de Paracelso e dos herméticos. A sua obra mais importante é *Amphitheatrum sapientiae aeternae solius verae*, etc., uma obra inacabada que apareceu muito provavelmente após a sua morte, se ele morreu em 1601. Essa primeira edição é de 1602; o texto em alemão, com um frontispício e quatro ilustrações. As edições latinas que apareceram posteriormente são de Magdeburgo (1608), Hanover (1609) e Hamburgo (1611), com as mesmas ilustrações. Em 1619, Erasmus Wohlfahrt publicou a primeira edição com doze ilustrações (Hanoviae: Guglielmus Antonius, fol. 2 p. trad. francesa, Paris: Chacornac, 1898; 2 vols. 8 vo.). As doze ilustrações do vol. II são de particular importância. A obra é muito rara e as chapas das ilustrações estão desaparecidas. Trata-se de um tratado ocultista que descreve os sete passos que levam ao conhecimento universal. H. P. B. fala de Khunrath como "um cabalista muito culto e a maior autoridade entre os ocultistas medievais" (art. "Kabalistic Views on 'Spirits' as Propagated by the Theosophical Society", no *Religio-Philosophical Journal*, Chicago, vol. XXIII, 26 de janeiro de 1878, p. 2; cf. vol. I das *Collected Writings*). A obra de Khunrath pode ser consultada nas estantes do Museu Britânico. (N. do Org.)

abstrusa que ele deixa constantemente ao leitor a tarefa de preencher com a imaginação as lacunas de suas deduções lógicas. Além disso, sabemos que antes de as suas obras chegarem aos nossos eruditos, que se comprazem com seus argumentos aparentemente ateístas em apoio da doutrina do destino, essas obras passaram por mãos demais para não terem sido adulteradas. De Teofrasto, seu legatário, elas passaram a Neleu, cujos herdeiros as deixaram mofar em cavernas subterrâneas por quase 150 anos[45]; depois disso, sabemos que seus manuscritos foram copiados e muito aumentados por Apelicão de Teos, que substituiu os parágrafos que se tinham tornado ilegíveis por suas próprias conjecturas, muitas das quais provavelmente retiradas das profundezas de sua consciência interior[*]. Nossos eruditos do século XIX poderiam, certamente, tirar bom proveito do exemplo de Aristóteles, estivessem eles tão ansiosos para imitá-lo praticamente como estão para lançar o seu método indutivo e as teorias materialistas ao rosto dos platônicos. Convidamo-los a reunir os *fatos* tão cuidadosamente como ele o fez, em lugar de negar aqueles de que nada sabem.

O que dissemos no capítulo introdutório e alhures a respeito dos médiuns e da tendência de sua mediunidade não se baseia em conjecturas, mas em experiências e observações reais. Dificilmente haverá uma fase da mediunidade, de qualquer outra espécie, de que não tenhamos visto exemplos durante os últimos vinte e cinco anos, em vários países. Índia, Tibete, Bornéu, Sião, Egito, Ásia Menor, América (Norte e Sul) e outras partes do mundo mostraram-nos as suas fases peculiares de fenômenos mediúnicos e de poder mágico. Nossas variadas experiências ensinaram-nos duas importantes verdades, a saber, que para o exercício do poder mágico a pureza pessoal e o adestramento de uma força de vontade treinada e indômita são indispensáveis; e que os espiritistas jamais se podem assegurar da realidade das manifestações mediúnicas, a menos que elas se produzam à luz do dia e sob condições de controle tais que toda tentativa de fraude seja imediatamente descoberta.

---

* Essa tradição relativa aos escritos de Aristóteles deriva de Estrabão (*Geografia*, XIII, p. 608), a principal autoridade nesse assunto. De acordo com ele, Aristóteles legou a sua biblioteca e os manuscritos originais ao seu sucessor Teofrasto. Após a morte deste, esses tesouros literários, junto com a própria biblioteca de Teofrasto, vieram às mãos de seu parente e discípulo Neleus de Scepsis. Este Neleus vendeu ambas as coleções por um alto preço a Ptolomeu II, rei do Egito, para a biblioteca de Alexandria; mas reteve para si, como herança usufruária, os manuscritos originais das obras dos dois filósofos. Os descendentes de Neleus, que eram súditos do rei de Pérgamo, não descobriram uma outra maneira de os abrigar na busca dos Attali, que rivalizavam com os Ptolomeu na formação de uma grande biblioteca, senão escondê-los num porão, onde permaneceram durante um par de séculos, expostos aos ataques da umidade e dos vermes. Foi só no começo do século que antecedeu o nascimento de Cristo que um rico coletor de livros, o ateniense Apelicão de Teos, descobriu essas relíquias valiosas, comprou-as dos ignorantes herdeiros e preparou com elas uma nova edição das obras de Aristóteles, copiando os manuscritos, preenchendo as lacunas e fazendo emendas, mas sem conhecimento suficiente do que estava fazendo. Após a captura de Atenas, Sulla, em 84 a. C., confiscou a coleção de Apelicão e a levou a Roma.

Alguns eruditos, todavia, têm afirmado recentemente que essa tradição diz respeito apenas a *alguns* dos escritos de Aristóteles e que uma generalização poderia levar a erro. O testemunho direto de muitos escritores antigos contradizem a afirmação feita acima. Grande número deles estudou alguns dos escritos de Aristóteles durante o período de duzentos anos em que se supõe estivessem apodrecendo num porão. Estamos aqui em face de uma tradição ou de um boato que devem ter um fundo de verdade, porém, que Estrabão aceitou prontamente. Cícero, bem como um grande número de comentadores gregos, não faz menção alguma a essa tradição, embora tivessem razão em assim proceder se a aceitavam como verdade. (N. do Org.)

Devido ao medo de sermos malcompreendidos, assinalaremos que enquanto, em regra, os fenômenos físicos são produzidos pelos espíritos da Natureza, por seu próprio movimento e para satisfazer a sua própria fantasia, alguns bons espíritos humanos desencarnados podem, não obstante, sob circunstâncias *excepcionais*, como a aspiração de um coração puro ou a ocorrência de alguma emergência favorável, manifestar a sua presença por qualquer um dos fenômenos, *exceto a materialização pessoal*. Mas é preciso que haja uma atração deveras poderosa para arrancar um espírito puro e desencarnado de sua morada radiante e arrojá-lo na atmosfera viciada de que escapou ao deixar o corpo terreno.

Os magos e os filósofos teúrgicos opunham-se energicamente à "evocação das almas". "Não a evoqueis [à alma], para que ao partir ela não retenha alguma coisa", diz Pselo[46].

"Cumpre-vos não olhá-las *antes que o vosso corpo seja iniciado*,
pois, sempre encantando, elas seduzem a alma do [não] iniciado",

diz outro filósofo[47].

Eles se opunham por várias e boas razões. 1) "É extremamente difícil distinguir um bom demônio de um mau", diz Jâmblico. 2) Se uma alma humana consegue penetrar a densidade da atmosfera terrestre – sempre opressiva para ela e muitas vezes odiosa –, não pode ela, contudo, evitar incorrer num perigo que resulta da proximidade do mundo material; "ao partir, ela *retém* alguma coisa", vale dizer, contamina a sua pureza, o que a fará sofrer mais ou menos após a sua partida. Por isso, o verdadeiro teurgista evitará causar qualquer sofrimento a esse puro cidadão da esfera superior que não seja absolutamente necessário aos interesses da Humanidade. Somente o praticante da magia negra compele a presença, mediante os poderosos encantamentos da necromancia, das almas maculadas daqueles que levaram más vidas e estão prontos a secundar-lhes os objetivos egoístas. Falaremos em outro lugar das relações com o *augoeides*, por meio dos poderes mediúnicos de médiuns *subjetivos*. Os teurgistas empregavam substâncias químicas e minerais para afugentar os maus espíritos. O mais poderoso desses agentes era uma pedra chamada Μνίζουριν.

"Quando vires um demônio *terrestre* aproximando-se,
Gritai, e sacrificai a pedra Mnízourin",

exclama um oráculo zoroastriano[48].

E agora, para descer da eminência da poesia mágico-teúrgica à magia "inconsciente" de nosso século atual, e à prosa de um cabalista moderno, passaremos revista aos seguintes documentos:

No *Journal de magnétisme* do Dr. Morin, publicado há poucos anos em Paris, quando as "mesas girantes" faziam furor na França, uma curiosa carta foi publicada.

"Acreditai-me, senhor", escrevia o correspondente anônimo, "que não existem espíritos, fantasmas, anjos ou demônios *encerrados numa mesa*; mas todos esses podem nela se encontrar, pois isso depende de *nossa própria vontade* e imaginação. (...) Tal MENSAbulismo[49] é um antigo fenômeno (...) malcompreendido por nós modernos, mas natural, e que diz respeito à Física e à Psicologia; infelizmente, ele teve que permanecer incompreensível até a descoberta da eletricidade e da heliografia, pois, para explicar um fato de natureza espiritual, somos obrigados a nos basear num fato correspondente de ordem material. (...)

"Como todos sabemos, a chapa daguerreótipa deve ser impressionada não apenas pelos objetos mas também por seus reflexos. Ora, o fenômeno em questão, que se poderia chamar de *fotografia mental*, produz, além das *realidades*, os sonhos de nossa imaginação, com tal fidelidade que com muita freqüência somos incapazes de distinguir uma cópia tirada de *alguém presente*, de um negativo obtido de uma *imagem*. (...)

"A *magnetização* de uma mesa ou de uma pessoa é absolutamente idêntica em seus resultados; é a saturação de um corpo estranho pela eletricidade vital *inteligente* ou pelo pensamento do magnetizador e dos presentes."

Nada pode dar uma melhor ou uma mais justa idéia dela do que a bateria elétrica que acumula o fluido e seus condutores para obter uma força *bruta* que se manifesta em centelhas de luz, etc. Assim, a eletricidade acumulada num corpo isolado adquire um poder de reação igual à ação, seja para carregar, magnetizar, decompor, inflamar ou descarregar as suas vibrações a grande distância. Tais são os efeitos visíveis da eletricidade *cega* ou rude produzida por elementos cegos – empregando-se a palavra cega pela própria mesa, por oposição à eletricidade *inteligente*. Mas existe evidentemente uma eletricidade correspondente produzida pela pilha cerebral do homem; esta *eletricidade da alma*, este éter universal e espiritual que é a *natureza ambiente, intermediária do universo metafísico*, ou antes do universo *incorpóreo*, deve ser estudada antes de ser admitida pela ciência, que, nada sabendo sobre ela, jamais conhecerá qualquer coisa do grande fenômeno da vida antes que o faça.

"Parece que, para manifestar-se, a eletricidade cerebral requer a ajuda da eletricidade estática ordinária; quando esta última está ausente da atmosfera – quando o ar está muito úmido, por exemplo – obtém-se muito pouco ou nada, seja das mesas, seja dos médiuns. (...)

"Não é necessário que as idéias sejam formuladas com grande precisão no cérebro das pessas presentes; a *mesa* as descobre e as formula por *si mesma*, em prosa ou verso, mas sempre corretamente; a mesa precisa de tempo para compor um verso; ela começa, depois rasura uma palavra, corrige-a, e às vezes envia um epigrama ao nosso discurso (...) se as pessoas presentes são amáveis umas com as outras *ela* brinca e ri conosco como o faria qualquer pessoa viva. Quanto às coisas do mundo exterior, ela deve contentar-se com conjecturas, tanto como nós mesmos; *ela* [a mesa] formula pequenos sistemas filosóficos, discute-os e defende-os como o faria o retórico mais hábil. Em suma, ela cria para si uma consciência e uma razão que pertencem propriamente a ela, mas com os materiais que encontra em nós. (...)

"Os americanos estão convencidos de que conversam com os mortos; alguns pensam [mais acertadamente] que estes são *espíritos*; outros os tomam por anjos; outros ainda, por demônios (...) assumindo [a *inteligência*] a forma que convém à convicção e à opinião preconcebida de qualquer um; assim faziam os iniciados dos templos de Serápis, de Delfos e outros estabelecimentos da mesma espécie. Eles estavam convencidos, de antemão, que podiam comunicar-se com seus deuses; e *eles* nunca falharam.

"Nós, que conhecemos bem o valor do fenômeno (...) estamos perfeitamente seguros de que, após ter carregado a mesa com o nosso *efluxo* magnético, chamamos à vida, ou criamos, uma inteligência análoga à nossa, que como nós é dotada de uma vontade livre, pode falar e discutir conosco, com um grau de lucidez superior, considerando-se que a resultante é mais forte que os componentes, ou antes, o todo é maior que uma de suas partes. (...) Não devemos acusar Heródoto de nos contar mentiras quando lembra os fatos mais extraordinários, pois devemos considerá-los como tão verdadeiros e corretos quanto os demais fatos históricos que se encontram em todos os escritores pagãos da Antiguidade. (...)

"O fenômeno é tão velho quanto o mundo. (...) Os sacerdotes da Índia e da China praticavam-no antes dos egípcios e gregos. Os selvagens e os esquimós conhecem-no bem. Trata-se do fenômeno da fé, a única fonte de todo prodígio. 'Servos-á concedido de acordo com a *vossa fé*.' Aquele que enunciou esta profunda doutrina era verdadeiramente o verbo encarnado da Verdade; ele não se enganava, nem procurava enganar os demais; ele expunha um axioma que hoje repetimos, sem muita esperança de vê-lo aceito.

"O homem é um microcosmos, ou um pequeno mundo; ele carrega consigo um fragmento do grande *Todo*, num estado caótico. A tarefa de nossos semideuses é desembaraçar dele a parte que lhes pertence por um incessante trabalho mental e material. Eles têm sua tarefa a cumprir, a invenção perpétua de novos produtos, de novas moralidades, e o arranjo conveniente do material rude e informe fornecido a eles pelo Criador, que os criou à Sua imagem, para que eles o criassem por sua vez e assim completassem aqui a obra da Criação; um imenso trabalho que só terminará quando o *todo* estiver tão perfeito que será como o Próprio Deus, e assim capaz de sobreviver-lhe. Estamos muito longe ainda desse momento final, pois podemos dizer que tudo ainda está por fazer, por desfazer e por aperfeiçoar em nosso globo, instituições, maquinaria e produtos.

'Mens non solum agitat sed creat molem.'

"Vivemos, nesta vida, num centro intelectual ambiente, que mantém entre os seres humanos e as coisas uma solidariedade necessária e perpétua; todo cérebro é um gânglio, uma estação de um telégrafo *neurológico* universal em constante relação com a estação central e as outras através das vibrações do pensamento.

"O sol espiritual brilha para as almas assim como o Sol material brilha para os corpos, pois o universo *é duplo* e segue a lei dos pares. O operador ignorante interpreta erroneamente os despachos divinos, e os transmite, com freqüência, de maneira falsa e ridícula. Assim, apenas o estudo e a ciência pura podem destruir as superstições e os absurdos difundidos pelos intérpretes ignorantes sediados nas *estações de ensino* entre todos os povos deste mundo. Esses intérpretes cegos do *Verbum*, a PALAVRA, sempre tentaram impor aos seus pupilos a obrigação de afirmarem todas as coisas sem exame, *in verba magistri*.

"Ai de nós! Não desejaríamos outra coisa do que vê-los traduzir corretamente as vozes *interiores*, as quais nunca enganam senão aqueles que têm *falsos espíritos* em si. 'É nosso dever', dizem eles, 'interpretar os oráculos; somos nós que recebemos a missão exclusiva para isso, do céu, *spiritus flat ubi vult*, e só sobre nós ele sopra.'

"Ele sopra sobre todos, e os raios da luz espiritual iluminam todas as consciências (...) e, quando todos os corpos e todas as mentes refletirem igualmente essa dupla luz, as pessoas verão muito mais claro do que agora."

Traduzimos e citamos os fragmentos acima por causa de sua grande originalidade e veracidade. Conhecemos o escritor; o renome proclama-o um grande cabalista, e uns poucos amigos o conhecem como um homem sincero e honesto.

A carta mostra, ademais, que o autor estudou conscienciosa e cuidadosamente a natureza camaleônica das inteligências que governam os círculos espirituais. Que admite que elas são da mesma espécie e raça que aquelas tão freqüentemente mencionadas na Antiguidade, assim como a presente geração de homens é da mesma natureza que os seres humanos dos dias de Moisés. As manifestações subjetivas procedem, sob condições harmônicas, daqueles seres que foram conhecidos como os "bons demônios" de outrora. Às vezes, mas raramente, os espíritos planetários – seres de uma raça diferente da nossa – os produzem; às vezes, os espíritos de nossos amigos queridos e mortos; às vezes, os espíritos da Natureza de uma ou mais das incontáveis tribos; mas mais freqüentemente de todos os espíritos elementares terrestres, homens maus desencarnados, o *diakka* de A. Jackson Davis[50].

Não nos esquecemos do que escrevemos noutra parte sobre os fenômenos *subjetivos* e *objetivos*. Temos sempre tal distinção em mente. Há bons e maus em ambas as classes. Um médium impuro atrairá, ao seu eu interno impuro, as influências viciosas, depravadas e malignas tão inevitavelmente como um que é puro chamará apenas as que são boas e puras. Podemos encontrar um exemplo mais nobre deste último gênero de médiuns do que a encantadora Baronesa Adelma von Vay da Áustria (nascida Condessa Wurmbrandt), que nos é descrita por um correspondente como "a Providência de sua comunidade"? Ela utiliza o seu poder mediúnico para curar os doentes e consolar os aflitos. Para os ricos ela é um fenômeno; e para o pobre, um anjo consolador. Por muitos anos ela viu e reconheceu os espíritos da Natureza e os elementares cósmicos, e sempre os encontrou amistosamente. Mas isso porque ela era uma mulher pura e boa. Outros correspondentes da Sociedade Teosófica não passaram tão bem nas mãos desses seres frívolos e travessos. O caso de Havana, descrito alhures, é um exemplo.

Embora os espiritualistas procurem desacreditá-los tanto quanto possível, esses espíritos da Natureza são realidades. Se os gnomos, silfos, salamandras e ondinas dos rosa-cruzes existiram em seus dias, eles devem existir agora. O *Dweller of the Threshold*, de Bulwer-Lytton, é uma concepção moderna, modelada sobre o tipo do *Sulanuth* dos hebreus e dos egípcios, que é mencionado no *Livro de Jasher*[51].

Os cristãos chamam-nos "demônios", "diabinhos de Satã" e outros nomes igualmente característicos. Eles não são nada do gênero, mas simplesmente criaturas de matéria etérea, irresponsáveis, nem bons nem maus, a não ser quando influenciados por uma inteligência superior. É realmente extraordinário ouvir os devotos católicos injuriarem e desfigurarem os espíritos da Natureza, quando uma de suas maiores autoridades, Clemente de Alexandria, deles se serviu, descrevendo tais criaturas como elas realmente são. Clemente, que foi talvez tanto um teurgista quanto um neoplatônico, e que se apoiava portato em boas autoridades, assinala que é absurdo chamá-los de demônios[52], pois eles não passam de anjos *inferiores*, "cujos poderes residem nos elementos, movem os ventos e distribuem as chuvas e como tais são os agentes e sujeitos de Deus"[53]. Orígenes, que antes de se tornar um cristão pertenceu também à escola platônica, é da mesma opinião. Porfírio descreve esses demônios mais cuidadosamente do que qualquer outro.

Quando a possível natureza das inteligências manifestantes, que a ciência acredita ser uma "força psíquica", e os espiritualistas acreditam ser os espíritos análogos dos mortos, for mais bem-conhecida, os acadêmicos e os crentes voltar-se-ão aos antigos filósofos em busca de informação.

Imaginemos, por um instante, um orangotango ou algum macaco antropóide inteligente desencarnado, *i. e.*, privado de seu corpo físico e em possessão de um corpo astral, se não imortal. Descobrimos em jornais espiritistas muitos exemplos de aparições de cachorros domésticos e outros animais mortos. Em conseqüência, com base no testemunho dos espiritistas, pensamos que os "espíritos" de tais animais podem aparecer, embora reservemos o direito de concordar com os antigos que as formas não passam de travessuras dos elementais. Uma vez aberta a porta de comunicação entre o mundo terrestre e o espiritual, o que impede o macaco de produzir fenômenos físicos tais como os que ele vê os espíritos humanos produzirem? E por que não superariam aqueles em habilidade e engenhosidade muitos dos que foram testemunhados nos círculos espirituais? Que os espiritualistas respondam. O orangotango de Bornéu é um pouco inferior, se tanto, em inteligência ao homem selvagem. O Sr. Wallace e outros grandes naturalistas dão exemplos de sua extraordinária acuidade, embora o seu cérebro tenha uma capacidade cúbica inferior ao dos selvagens menos desenvolvidos. Esses macacos precisam apenas falar para ser homens de um grau inferior. As sentinelas colocadas pelos macacos, os dormitórios escolhidos e selecionados pelos orangotangos, a sua previsão de perigos e os seus cálculos –, que mostram mais do que instinto, a sua escolha de líderes a quem obedecem; e o exercício de muitas de suas faculdades lhes dão direito a um lugar no mesmo nível que muitos aborígines australianos de cabeça achatada. Diz o Sr. Wallace: "As habilidades mentais dos selvagens, e as faculdades atualmente exercidas por eles são muito pouco superiores às dos animais".

Ora, as pessoas asseveram que não existem macacos no outro mundo, porque os macacos não têm "alma". Mas os macacos têm tanta inteligência, ao que parece, quanto muitos homens; por que, então, teriam estes homens – de maneira alguma superiores aos macacos, espíritos imortais – e os macacos, não? Os materialistas responderão que nem um nem outro têm espírito, mas que a aniquilação alcança a todos na morte física. Mas os filósofos espiritistas de todos os tempos concordam em que o homem ocupa um lugar um degrau acima que o animal, e possui este algo que falta a este último, seja ele o mais ignorante dos selvagens ou o mais sábio dos filósofos. Os antigos, como vimos, ensinavam que enquanto o homem é uma trindade de corpo, espírito astral e alma imortal, o animal é apenas uma dualidade – um ser que tem um corpo físico e um espírito astral que o anima. Os cientistas não reconhecem qualquer diferença entre os elementos que compõem os corpos dos homens e dos animais; e os cabalistas concordam com eles quando sustentam que os corpos astrais (ou, como os físicos os chamariam, "o princípio de vida") dos animais e dos homens são *idênticos* em essência. O homem físico é apenas o desenvolvimento mais elevado da vida animal. Se, como nos dizem os cientistas, até mesmo o *pensamento* é matéria, e toda sensação de dor ou prazer, todo desejo transitório é acompanhado por uma perturbação do éter; e os profundos especuladores que escreveram *The Unseen Universe* acreditam que o pensamento é concebido "para agir sobre a

37

matéria de outro universo simultaneamente a este"[54]; por que, então, o pensamento grosseiro e brutal de um orangotango, ou um cão, imprimindo-se nas correntes etéreas da luz astral, da mesma maneira que o do homem, não asseguraria ao animal uma continuidade da vida após a morte, ou "um estado futuro"?

Os cabalistas sustentavam e ainda sustentam que não é filosófico admitir que o corpo astral do homem pode sobreviver à morte corporal, e, ao mesmo tempo, afirmar que o corpo astral do macaco se dissolve em moléculas independentes. O que sobrevive como uma *personalidade* após a morte do corpo é a *alma astral*, que Platão, no *Timeu* e no *Górgias*, chama de alma *mortal*, pois, de acordo com a doutrina hermética, ela rejeita as suas partículas mais materiais a cada modificação progressiva para uma esfera superior. Sócrates relata a Calicles[55] que essa alma *mortal* conserva todas as características do corpo após a morte deste; ao ponto que um homem marcado de chicotadas terá o seu corpo astral "cheio de marcas e cicatrizes". O espírito astral é uma duplicata fiel do corpo, tanto no sentido físico como no espiritual. O Divino, o espírito mais elevado e *imortal*, não pode ser punido nem recompensado. Sustentar uma tal doutrina seria, ao mesmo tempo, absurdo e blasfemo, pois o espírito não é apenas uma chama alumiada na fonte central e inextinguível de luz, mas, na verdade, uma parte dela, e da mesma essência. Ele assegura a imortalidade do ser astral individual na proporção do grau de interesse que este último tem em recebê-la. Desde que o homem *duplo, i. e.*, o homem de carne e espírito, se mantém nos limites da lei da continuidade espiritual; desde que a centelha divina nele se conserva, ainda que fragilmente, ele está no caminho de uma imortalidade num estado futuro. Mas aqueles que se resignam a uma existência materialista, ocultando o fulgor divino irradiado por seus espíritos, no início da peregrinação terrestre, e emudecendo a voz acauteladora dessa sentinela fiel, a consciência, que serve de foco para a luz na alma – seres como esses, que abandonaram a consciência e o espírito, e cruzaram os limites da matéria, deverão naturalmente seguir-lhe as leis.

A matéria é tão indestrutível e eterna quanto o próprio espírito imortal, mas apenas em suas partículas, e não em suas formas organizadas. O corpo de uma pessoa tão grosseiramente materialista como a descrita acima, tendo sido abandonado por seu espírito antes da morte física, quando este evento ocorre, a matéria plástica, a alma astral, seguindo as leis da matéria cega, conforma-se de acordo com o molde que o vício gradualmente preparou para ela durante a vida terrena do indivíduo. Então, como diz Platão, ela assume a forma do "animal a que se assemelhou nos seus descaminhos"[56] durante a vida. "É uma antiga máxima", diz-nos ele, "que as almas que deixam a Terra vivem no Hades e retornam novamente e *são geradas dos mortos*[57] (...) Mas aqueles que levaram uma vida eminentemente santa, esses atingem uma MORADA superior e HABITAM AS PARTES MAIS ELEVADAS da Terra"[58] (a região etérea). No *Fedro*, novamente, ele diz que quando os homens terminam as suas *primeiras* vidas (sobre a Terra), alguns vão para lugares de castigo *sob* a Terra[59]. Essa região *abaixo* da Terra, os cabalistas não a entendem como um lugar no interior da Terra, mas sustentam que ela é uma esfera muito inferior em perfeição à Terra, e muito mais material.

De todos os especuladores que se ocuparam das aparentes incongruências do *Novo Testamento*, apenas os autores de *The Unseen Universe* parecem ter entrevisto as suas verdades cabalistas, a respeito do *Geheenna* do universo[60]. O *Geheenna*, que os ocultistas chamam de *oitava* esfera (contando ao contrário), é apenas um planeta como o nosso, *que se vincula a este e que o segue em sua penumbra*; uma espécie de urna funerária, um "lugar em que todas as suas sujeiras e imundícias se consomem", para emprestar uma expressão dos autores acima mencionados, e em que todas os refugos da matéria cósmica que pertence ao nosso planeta estão num contínuo estado de remodelagem.

A doutrina secreta ensina que se o homem atinge a imortalidade, permanecerá para sempre a trindade que é em vida, e assim continuará por todas as esferas. O corpo astral, que nesta vida está recoberto por um grosseiro invólucro físico, torna-se – quando se livra dessa cobertura pelo processo da morte corporal – por sua vez o invólucro de um outro corpo mais etéreo. Este começa a se desenvolver a partir do instante da morte, e torna-se perfeito quando o corpo astral da forma terrestre finalmente se separa dele. Este processo, dizem eles, repete-se a cada nova transição de uma esfera a outra. Mas a alma imortal, "a centelha prateada", observada pelo Dr. Fenwick no cérebro de Margrave[61], e não encontrada por ele nos animais, jamais se modifica, mas permanece "indestrutível pelo que quer que seja que vem bater ao seu tabernáculo". As descrições que Porfírio, Jâmblico e outros fazem dos espíritos dos animais, que habitam a luz astral, são corroboradas pelas de muitos dos mais fidedignos e inteligentes clarividentes. Às vezes, as formas animais se tornam mesmo visíveis às pessoas presentes num círculo espiritual, materializando-se. Na obra *People from the Other World*, o Cel. H. S. Olcott descreve um esquilo materializado que seguiu o espírito de uma mulher à vista dos espectadores, desapareceu e reapareceu várias vezes diante de seus olhos, e finalmente seguiu o espírito no gabinete.

Adiantemos mais um passo em nossa argumentação. Se, após a morte corporal, existe uma outra existência no mundo espiritual, ela deve ocorrer de acordo com a lei da evolução. Ela toma o homem de seu lugar no ápice da pirâmide de matéria, e o deixa numa esfera de existência em que a mesma lei inexorável o acompanha. E se ela o acompanha, por que não o fariam todas as coisas da Natureza? Por que não os animais e plantas, que têm um princípio de vida, e cujas formas grosseiras se decompõem como a sua, quando esse princípio de vida os abandona? E se o seu corpo astral se torna mais etéreo ao chegar a outra esfera, por que não o deles? Eles, tanto quanto o homem, evoluíram da matéria cósmica condensada, e nossos físicos não vêem a menor diferença entre as moléculas dos quatro reinos da Natureza, que são assim especificados pelo Prof. Le Conte[62]:

4. *Reino Animal.*
3. *Reino Vegetal.*
2. *Reino Mineral.*
1. *Elementos.*

O progresso da matéria de cada um desses planos ao plano superior é contínuo; e, segundo Le Conte, "não há nenhuma força na Natureza capaz de elevar a matéria de um só golpe do nº 1 ao nº 3, ou do nº 2 ao nº 4, sem se deter e receber um suplemento de força, de uma espécie diferente, no plano intermediário"[63].

Ora, arriscará alguém dizer que de um dado número de moléculas, *original e constantemente homogêneas, e todas energizadas pelo mesmo princípio de evolução*, uma certa parte pode ser transportada através desses quatro reinos até o resultado final de um homem imortal que evolui, e as demais partes não podem progredir além dos planos 1, 2 e 3? Por que não teriam *todas* essas moléculas um futuro igual diante de si; o mineral tornando-se planta, a planta animal, e o animal homem – se não *nesta* Terra, pelo menos em alguma parte dos incontáveis reinos do espaço? A harmonia que a Geometria e a Matemática – as únicas ciências exatas – demonstram ser a lei do universo seria destruída se a lei da evolução só se exemplificasse perfeitamente no homem e se detivesse nos reinos secundários. O que a lógica sugere, a psicometria prova; e, como dissemos antes, não é impossível que um monumento seja um dia erigido pelos cientistas a Joseph R. Buchanan, o seu descobridor moderno. Se um fragmento de mineral, uma planta fossilizada ou uma forma animal dá ao psicômetro retratos tão vívidos e precisos de seus estados anteriores, assim como um fragmento de osso humano dá os do indivíduo a qual pertenceu, isto parece indicar que o mesmo espírito sutil penetrou por toda a Natureza e que é inseparável das substâncias orgânicas e inorgânicas. Se os antropólogos, os fisiólogos e os psicólogos estão igualmente perplexos com as causas primeiras e últimas, e por descobrirem na matéria tantas semelhanças em todas as suas formas, e no espírito, abismos tão profundos de diferenças, isto se deve, talvez, ao fato de que suas indagações se limitam ao nosso globo visível, e eles não podem, ou não ousam, ir além. O espírito de um mineral, de uma planta ou de um animal pode começar a se formar aqui, e atingir o seu desenvolvimento final milhões de séculos depois, em outros planetas, conhecidos ou desconhecidos, visíveis ou invisíveis aos astrônomos. Pois, quem é capaz de contradizer a teoria acima sugerida de que a própria Terra, como as outras criaturas vivas a que deu origem, se tornará, ao final, e depois de passar por todos os seus estágios de morte e dissolução, um planeta astral eterificado? "Em cima como embaixo"; a harmonia é a grande lei da Natureza.

A harmonia no mundo físico e matemático dos sentidos é justiça no mundo espiritual. A justiça produz harmonia, e a injustiça, discórdia; e a discórdia, na escala cósmica, significa caos – aniquilação. .

Se há um espírito imortal desenvolvido no homem, deve haver um em todas as coisas, pelo menos em estado latente ou germinal, e é apenas uma questão de tempo que todos esses germes se desenvolvam completamente. Não seria uma grosseira injustiça um criminoso impenitente, que perpetrou um assassínio brutal no exercício de seu livre-arbítrio, possuir um espírito imortal que, com o tempo, poderá purificar-se do pecado e gozar de uma perfeita felicidade, e um pobre cavalo, inocente de qualquer crime, trabalhar e sofrer sob as torturas impiedosas do chicote de seu dono durante toda a vida e então aniquilar-se com a morte? Uma tal crença implica uma brutal injustiça, e só é possível entre as pessoas educadas no dogma de que tudo é criado para o homem, e de que só ele é soberano do universo; um soberano tão poderoso que para salvá-lo das conseqüências de suas más ações o Deus do universo precisou morrer para aplacar a sua própria cólera.

Se o selvagem mais abjeto, com um cérebro "extremamente inferior ao de um filósofo"[64] (este último desenvolvido fisicamente por séculos de civilização), ainda é, no que concerne ao exercício real de suas faculdades mentais, muito pouco superior a um animal, é lícito inferir que ele e o macaco não terão a oportunidade de se tornarem filósofos; o macaco neste mundo, o homem em algum outro planeta povoado igualmente de seres criados a *alguma outra imagem* de Deus?

Diz o Prof. Denton, ao falar do futuro da psicometria: "A Astronomia não desdenhará do concurso deste poder. Assim como novas formas de seres orgânicos se revelam, quando remontamos aos primeiros períodos geológicos, novos agrupamentos de estrelas, novas constelações serão descobertas, quando os céus desses períodos primitivos forem examinados pela visão penetrante dos futuros psicômetros. Um mapa acurado do firmamento durante o período siluriano pode revelar-nos muitos segredos que temos sido incapazes de descobrir. (...) Por que não seríamos capazes de ler a história dos diversos corpos celestes (...) a sua história geológica, natural e, porventura, humana? (...) Tenho boas razões para crer que psicômetros treinados serão capazes de viajar de planeta em planeta, e verificar minuciosamente a sua condição atual e a sua história passada"[65].

Heródoto conta-nos que na oitava das torres de Belo, na Babilônia, utilizada pelos sacerdotes astrólogos, havia uma câmara superior, um santuário, em que as sacerdotisas profetizantes dormiam para receber comunicações do deus. Ao lado do leito ficava uma mesa de ouro, sobre a qual se colocavam várias pedras, que Maneto nos informa terem sido todas aerólitos. As sacerdotisas desenvolviam a visão profética pressionando uma dessas pedras sagradas contra a cabeça e os seios. O mesmo ocorria em Tebas, e em Patara, na Lícia[66].

Isto parece indicar que a psicometria era conhecida e grandemente praticada pelos antigos. Lemos em algum lugar que o profundo conhecimento que, segundo Draper, os antigos astrólogos caldeus possuíam sobre os planetas e as suas relações, foi obtido mais pela adivinhação com o betylos, a pedra meteórica, do que pelos instrumentos astronômicos. Estrabão, Plínio e Helânico – todos falam do poder elétrico ou eletromagnético dos betyli. Eles eram reverenciados desde a mais remota Antiguidade no Egito e na Samotrácia, como pedras magnéticas "que continham almas que caíram do céu"; e os sacerdotes de Cibele usavam um pequeno betylos sobre seus corpos. Que curiosa coincidência entre a prática dos sacerdotes de Belo e as experiências do Prof. Denton!

Como assinala acertadamente o Prof. Buchanan a respeito da psicometria, ela nos tornará capazes "(...) de descobrir o vício e o crime. Nenhum ato criminoso (...) pode escapar da detecção da psicometria, quando os seus poderes são convenientemente desenvolvidos (...) e a certeza de descobrir o culpado (por mais secreto que possa ser o ato) tornará nulas todas as tentativas de ocultá-lo"[67].

Falando sobre os elementares, diz Porfírio: "Estes seres receberam honras dos homens como se fossem deuses (...) uma crença universal torna-os capazes de se tornar deveras malévolos: isto mostra que sua cólera se dirige contra aqueles que negligenciaram oferecer-lhes um culto legítimo"[68].

Homero descreve-os nos seguintes termos: "Nossos *deuses* nos aparecem quando lhes oferecemos sacrifício (...) *sentando-se em nossas mesas, eles partilham de nossos repastos festivos*. Sempre que encontram um solitário fenício em viagem, eles *lhe servem como guias*, e manifestam a sua presença de outras maneiras. Podemos dizer que *nossa piedade* nos aproxima deles, assim como o crime e o derramamento de sangue unem os cíclopes e a feroz raça de gigantes"[69]. Isto prova que esses deuses eram afáveis e benéficos, e que, fossem eles espíritos desencarnados ou seres elementares, não eram *diabos*.

A linguagem de Porfírio, que era um discípulo direto de Plotino, é ainda mais explícita no que toca à natureza desses espíritos. "Os demônios", diz ele, "são invi-

41

síveis; mas eles sabem *como vestir-se* com formas e configurações sujeitas a numerosas variações, que podem ser explicadas pelo fato de que sua natureza *tem muitos elementos corporais em si.* Sua morada está nas cercanias da Terra (...) e, *quando escapam à vigilância dos bons demônios, não há nenhuma maldade que não ousem cometer.* Um dia eles empregarão a força bruta; no outro, a *astúcia*"[70]. Mais adiante, ele comenta: "Para eles é um jogo infantil excitar em nós as paixões desprezíveis, inculcar doutrinas turbulentas às sociedades e às nações, provocar guerras, sedições e outras calamidades públicas, e dizer-nos em seguida 'que tudo isso é obra dos deuses'. (...) Esses espíritos passam o tempo enganando e iludindo os mortais, criando ilusões e prodígios ao seu redor; *a sua maior ambição é* fazer as vezes de *deuses* e *almas* [espíritos desencarnados]"[71].

Jâmblico, o grande teurgista da escola neoplatônica, um homem versado na Magia sagrada, ensina que "os bons demônios nos aparecem *realmente*, ao passo que os maus demônios se manifestam apenas sob as *formas ilusórias de fantasmas*". Mais adiante, ele corrobora Porfírio, e afirma que "(...) *os demônios bons não temem a luz*, ao passo que os *perversos necessitam das trevas.* (...) As sensações que eles excitam em nós fazem-nos acreditar na presença e na realidade das coisas que eles mostram, embora estas coisas não existam"[72].

Mesmo os teurgistas mais práticos encontraram, às vezes, algum perigo em suas relações com certos elementares, e Jâmblico afirma que "Os deuses, os anjos e os demônios, assim como as *almas*, podem ser convocados através da evocação e das preces. (...) Mas quando, durante as operações teúrgicas, um erro é cometido, cuidado! Não imagineis que estais em comunicação com divindades benéficas, que responderam à vossa fervorosa prece; não, pois eles são maus demônios, apenas sob a forma de bons! Pois os elementares freqüentemente se apresentam com a aparência de bons, e assumem uma posição muitíssimo superior àquela que realmente ocupam. Suas fanfarronices os traem"[73].

Há cerca de vinte anos, o Barão Du Potet, descontente com a indiferença dos cientistas, que persistiam em ver nos maiores fenômenos psíquicos apenas o resultado de hábil prestidigitação, deu curso à sua indignação nos seguintes termos:

"Eis-me aqui, posso dizê-lo em verdade, a caminho da terra das maravilhas! Estou me preparando para chocar as opiniões e provocar o riso em nossos cientistas mais ilustres (...) pois estou convencido de que *agentes de um imenso poder existem fora de nós*; que eles podem *entrar em nós*; mover nossos lábios e órgãos; e usar-nos à sua vontade. Tal era, de resto, a crença de nossos pais e de toda a Antiguidade. Toda religião admitia a realidade de *seres espirituais.* (...) Lembrando os inumeráveis fenômenos que produzi à vista de milhares de pessoas, vendo a *estúpida indiferença* da ciência *oficial* ante uma descoberta que eleva a mente a regiões desconhecidas, não sei se não teria sido melhor eu participar da ignorância comum, pois já me sinto velho, precisamente na época em que devia ter nascido.

"Suportei que me caluniassem por escrito sem refutar às calúnias. (...) Às vezes, é simplesmente a ignorância que fala, e eu me calo; em outras, a superficialidade, elevando a voz, produz um alvoroço, e eu hesito entre falar ou não. É indiferença ou apatia? Tem o medo o poder de paralisar meu espírito? Não; nenhuma dessas causas me afeta; sei simplesmente que é necessário provar o que se afirma, e isso me detém. Pois, ao justificar minhas asserções, ao mostrar o FATO vivo, que prova minha sinceridade e a verdade, eu transporto PARA FORA DOS RECINTOS

DO TEMPLO a inscrição sagrada QUE NENHUM OLHO PROFANO DEVERIA JAMAIS LER.
"Duvidais da feitiçaria e da magia? Ó verdade! possuir-te é um pesado fardo!"[74]

Com um fanatismo que se procuraria, em vão, fora da Igreja no interesse da qual escreve, des Mousseaux cita a passagem acima como uma prova positiva de que esse sábio devotado, e todos os que partilham sua crença, se puseram sob o domínio do *Demônio*!

A autocomplacência é o mais sério obstáculo para o esclarecimento dos modernos espiritistas. A sua experiência de trinta anos com os fenômenos parece-lhes suficiente para ter estabelecido a relação entre os mundos em bases inexpugnáveis. Os seus trinta anos não apenas lhe deram a convicção de que os mortos se comunicam e em conseqüência provam a imortalidade do espírito, mas também inculcaram em sua mente a idéia de que pouco ou nada pode ser aprendido do outro mundo, a não ser através dos médiuns.

Para os espiritistas, as lembranças do passado ou não existem, ou estão eles tão familiarizados com os seus tesouros acumulados que as consideram como se não tivessem nenhuma relação com as suas próprias experiências. E, no entanto, os problemas que tanto os embaraçam foram resolvidos há milhares de anos pelos teurgistas, que deixaram as chaves para aqueles que as procuram da maneira certa e com sabedoria. É possível que a Natureza tenha alterado a sua obra, e que encontremos espíritos diferentes e leis diferentes dos de outrora? Ou pode um espiritista imaginar que sabe mais, ou mesmo tanto, a propósito dos fenômenos mediúnicos ou da natureza dos diversos espíritos, quanto uma casta de sacerdotes que passaram a vida em práticas teúrgicas, que foram conhecidas e estudadas por séculos incontáveis? Se as narrativas de Owen e Hare, de Edmonds e Crookes, e Wallace são dignas de crédito, por que não as de Heródoto, o "Pai da História", de Jâmblico e Porfírio, e centenas de outros autores antigos? Se os espiritistas têm seus fenômenos sob condições de controle, também os tinham os antigos teurgistas, cujos registros mostram, ademais, que eles podiam produzi-los e variá-los à vontade. O dia em que este fato for reconhecido e em que as especulações sem proveito dos investigadores modernos derem lugar ao paciente estudo das obras dos teurgistas marcará a aurora de novas e importantes descobertas no campo da Psicologia.

NOTAS

1. Orfeu passa por ter atribuído 120.000 anos de duração ao ciclo máximo, e Cassandro, 136.000. Ver Censorino, *De die natali*, cap. XVIII.
2. W. e E. Denton, *The Soul of Things*, vol. I, p. 204-11.
3. [Heródoto, *History*, II, §123.]
4. Ver a Cosmogonia de Ferecides. Cf. F. Lenormant, *Les premières civilizations*, 1874, Apêndice 3.
5. Ver nas páginas seguintes as citações do *Codex nazaraeus*.
6. Ver Platão, *Timeu*, 41, 42, 69.

7. *Codex nazaraeus*, I, p. 177.

8. Baseando-se na autoridade de Irineu [*Adv. Haer.*, II, xxxiv, §4], Justino, o Mártir [*2ª Apol.*, cap. V], e o próprio *Codex*, Dunlap mostra que os nazarenos consideravam seu "Espírito", ou, antes, alma, como um *Poder Maligno* e feminino (cf. Dunlap, *Sōd, the Son of the Man*, p. 52, rodapé). Irineu, ao acusar os gnósticos de heresia, disse que eles chamavam Cristo e o Espírito Santo de outro "*par conjugal*" que completava o número de Aeôns [*Adv. Haer.*, I, ii, §5].

9. *Pthahil* era para os nazarenos o rei da luz, e o *Criador*; mas neste caso ele é o infeliz Prometeu, que falha em arrebatar o *Fogo Vivo*, necessário para a formação da alma divina, pois desconhece o nome *secreto* (o nome inefável ou incomunicável dos cabalistas).

10. O espírito da matéria e da concupiscência.

11. [*Adv. Haer.*, I, xxx, 9].

12. Ver Norberg, *Codex nazaraeus*, I, 178-79, e Dunlap, *Sōd, the Son of the Man*, p. 51-2.

13. *Codex nazaraeus*, II, 233.

14. Este Mano dos nazarenos assemelha-se estranhamente ao Manu hindu, o homem celestial do *Rig-Veda*.

15. "Eu sou a *verdadeira vinha*, e meu Pai é o agricultor" (João, XV, 1).

16. Para os gnósticos, Cristo, assim como Miguel, que em alguns aspectos se lhe assemelha, era o "Chefe dos Aeôns".

17. *Codex nazaraeus*, I, 135.

18. *Codex nazaraeus*, III, 61.

19. A luz astral, ou *anima mundi*, é dual e bissexual. A sua parte masculina é puramente divina e espiritual: é a *Sabedoria*, ao passo que a porção feminina (o spiritus dos nazarenos) é maculada, em certo sentido, pela matéria, e, portanto, é maligna. É o princípio de vida de toda criatura viva, e fornece a alma astral, o *perispírito* fluídico, aos homens, aos animais, aos pássaros no ar e a tudo que vive. Os animais têm apenas o germe da alma imortal superior como um terceiro princípio. Este germe desenvolver-se-á somente através de uma série de inumeráveis evoluções, cuja doutrina está contida no axioma cabalístico: "Uma pedra transforma-se numa planta; a planta, num animal; o animal, num *homem*; o homem, num *espírito*; e o espírito, em deus".

20. Ver o Comentário ao *Idrah-Zutah*, do rabino Eleazar.

21. *Sod* significa um mistério religioso. Cícero declara que o *Sod* constituía uma parte dos mistérios do monte Ida [*De senectute*, §XIII]. "Os membros dos *Colégios de Sacerdotes* chamavam-se *Sodales*", diz Dunlap, citando o *Latin lexicon* de Freund, IV, 448 [em *Sōd, Myst. of Adoni*, p. XII].

22. O autor do *Zohar*, a grande obra cabalística do século I d.C.

23. Ver Abbé Huc, *Travels in Tartary, Thibet*, etc., II, ii.

24. *Zohar*, III, p. 288 [Amst., ed. 1714].

25. Evérard, *Mystères Physiologiques*, p. 132.

26. Ver Platão, *Timeu*, 44 B.

27. *Supernatural Religion; and Inquiry into the Reality of Divine Revelation*, 5ª ed., Londres, 1875, vol. I, Parte I, cap. IV, p. 103 e segs.

28. [Cap. VI-XI].

29. Ver *Arcana coelestia*.

30. *II Corínt.*, III, 14, 16.

31. *Sétima epístola*, 341 C.

32. *The True Christian Religion*.

33. E. A. Hitchcock, *Remarks upon Alchemy and the Alchemists*.

34. Eirenaeus Philalethes, *Ripley Reviv'd*, etc., 1678, p. 7-8.

35. *Philosophia Mosaica*, livro II, 2ª seção, cap. 2, p. 171-73; trad. inglesa, Londres, 1659.
36. *Metaphysics*, V, xxii, VII, vii, etc.
37. *Ibid.*, VII, iii; XII, iv.
38. "Correlation of Vital with Chemical and Physical Forces", em *The Popular Science Monthly*, Nova York, vol. IV, dezembro, 1873, p. 168.
39. *Archives des Sciences*, vol. XLV, dezembro, 1872, p. 345.
40. [É. Lévi, *op. cit.*, I, cap. XVII.]
41. ["Belfast Address", em *Fragments of Science*.]
42. Aristóteles, *De generat. et corrupt.*, livro II.
43. *De partibus animalium*, I, i.
44. Um juramento pitagórico. Os pitagóricos juravam por seu mestre.
45. Ver Lemprière, *Classical Dictionary*, Paris, 1788.
46. "Chaldean Oracles", 3; cf. Cory, *Anc. Fragm.*, p. 270; ed. 1832.
47. Proclus, *On the I Alcib.*; cf. Cory, *op. cit.*, p. 270.
48. Psellus, 40; cf. Cory, *op. cit.*, p. 279.
49. Da palavra latina *mensa* – mesa. Esta curiosa carta é reproduzida integralmente em *La Science des esprits*, parte III, cap. I, de Éliphas Lévi.
50. [Cf. *Collected Writings*, vol. IV, "Seeming Discrepancies", para maiores explicações.]
51. "E quando os egípcios se esconderam por causa do enxame" (uma das pragas que teriam sido infligidas por Moisés) "(. . .) eles trancaram as portas, e Deus ordenou a *Sulanuth* (. . .)" (um *monstro-marinho*, explica ingenuamente o tradutor, em nota de rodapé) "que estava então no mar, que se levantasse e fosse ao Egito (. . .) e ela tinha braços longos, e dez côvados de comprimento (. . .) e ela subiu ao teto das casas e retirou os telhados e destruiu-os (. . .) e mergulhou o braço nas casas e removeu as fechaduras e os ferrolhos e abriu as casas do Egito (. . .) e o enxame de animais destruiu os egípcios, e os atormentou duramente." *Livro de Jasher*, LXXX, 19-22.
52. *Stromata*, VI, xvii.
53. *Ibid.*, VI, iii.
54. [Cap. VII, §199.]
55. *Górgias*, 524.
56. *Timeu*, 42 C.
57. *Fédon*, 70 C.
58. *Ibid.*, 114 B, C.
59. *Fedro*, 249 B.
60. *The Unseen Universe*, 1876, cap. VII, §253.
61. Ver Bulwer-Lytton: *A Strange Story*, vol. I, cap. 32. Não sabemos onde se pode encontrar na literatura uma descrição mais vívida e bela dessa diferença entre o princípio de vida do homem e o dos animais do que nas passagens aqui rapidamente mencionadas.
62. *Pop. Sc. Monthly*, IV, dezembro., 1873, p. 157.
63. [*Op. cit.*, p. 158.]
64. A. R. Wallace, *Contributions to the Theory of Natural Selection*.
65. W. Denton, *The Soul of Things*, vol. I, p. 273.
66. *History*, livro I, §§ 181-82.
67. *Outlines of Lectures on the Neurological System of Anthropology*, p. 125.

68. Porfírio, *De abstinentia*, II, §37.
69. *Odisséia*, livro VII, 199-206.
70. Porfírio, *op. cit.*, §39.
71. Porfírio, *op. cit.*, II, §§ 40 e 42.
72. Jâmblico, *De myst, aegypt.*, II, iv, x.
73. *Ibid.*, II, x.
74. Du Potet, *La magie dévoilée*.

CAPÍTULO X

Τῆς δὲ γὰρ ἐκ τριάδος πᾶν πνεῦμα πατὴρ ἐκέρασε.

JOANNES LYDUS, *De mensibus*, 20, em Cory, p. 245.

"As almas mais potentes percebem intuitivamente a verdade e são de natureza mais inventiva. Tais almas se salvam por seu próprio esforço, segundo o oráculo."

PROCLO, *On the lst Alcibiad*, em Cory, p. 257.

"Dado que a alma evolui perpetuamente e *passa por todas as coisas*, em determinado tempo, vê-se logo necessitada de retroceder pelo mesmo caminho e proceder pela mesma ordem de geração no mundo, porque quantas vezes se repetem as causas, outras tantas têm de se repetir os efeitos."

M. FICINO, *Theol. Plat. de immort. anim.*, 129, em Cory, p. 259.

"Sem um objetivo peculiar, o estudo é apenas uma frivolidade artificiosa da mente."

YOUNG.

A partir do momento em que o embrião do feto é formado e até que ele se transforme num homem idoso, exale o seu último suspiro e desça para o túmulo, nem o começo e nem o fim são compreendidos pela ciência escolástica; tudo que está diante de nós é um branco, tudo que está atrás de nós é um caos. Por isso não há nenhuma prova que se refira às relações entre o espírito, a alma e o corpo, seja antes, seja depois da morte. O simples princípio vital em si apresenta um enigma intrincado, em cujo estudo o materialismo tem em vão esgotado os seus poderes intelectuais. Diante dum cadáver, o fisiólogo cético permanece mudo quando o seu discípulo lhe pergunta de onde veio esse algo que antes habitava essa caixa vazia e para onde ele foi. O discípulo deve, como o seu mestre, contentar-se com a explicação de que é o protoplasma que fez o homem e de que a força o vitalizou e agora consumirá o seu corpo, ou então deve abandonar a escola, livros e mestres e procurar, fora daí, uma explicação para o mistério.

Às vezes é tão interessante quanto instrutivo seguir esses dois grandes rivais, a Ciência e a Teologia, em suas freqüentes escaramuças. Nem todos dentre os filhos da Igreja são tão malsucedidos em suas tentativas de defesa quanto o pobre Abade Moigno de Paris. Esse padre respeitável, e certamente bem-intencionado, em suas tentativas infrutíferas de refutar os argumentos dos livre-pensadores Huxley, Tyndall, Du Bois-Raymond e muitos outros, incorreu em um triste fracasso. Nos seus argumentos antidotais, o seu sucesso foi mais do que duvidoso e, como recompensa de seu sofrimento, a "Congregação do Índex" proíbe a circulação da sua obra entre os fiéis.

É sempre uma experiência perigosa travar sozinho um duelo com os cientistas sobre tópicos que foram bem-elucidados pela pesquisa experimental. Nas coisas que *conhecem*, eles são invulneráveis como Aquiles, até que a velha fórmula seja destruída por suas próprias mãos e substituída por uma outra recentemente descoberta, – a menos, todavia, que se seja suficientemente afortunado para atingir o seu calcanhar. Este calcanhar é – o que eles confessam que não sabem!

Foi a esse hábil expediente que recorreu um certo pregador, bastante conhecido, para atingir a parte vulnerável em questão. Antes de procedermos à narração dos fatos extraordinários, mas absolutamente autênticos, que apresentaremos neste capítulo, será de bom alvitre mostrar, uma vez mais, quão falível é a ciência moderna no que diz respeito a todo fato da Natureza que não possa ser testado nem com a retorta, nem com o cadinho. O que segue são alguns fragmentos de uma série de sermões pregados pelo Père Félix de Notre-Dame, intitulados *Le mystère et la science*. Eles merecem ser traduzidos e citados numa obra que é escrita precisamente com o mesmo espírito que pareceu animar o pregador. Pelo menos por uma única vez, a Igreja silenciou, por algum tempo, a arrogância da sua inimiga tradicional, em presença dos acadêmicos eruditos.

Sabia-se que o grande pregador, em resposta ao desejo geral dos fiéis, e talvez obedecendo a ordens de seus superiores eclesiásticos, preparara-se para um grande esforço oratório, e a catedral histórica estava superlotada por uma congregação monstruosa. Em meio a um profundo silêncio, ele iniciou a sua prédica, cujos parágrafos seguintes são suficientes para o objetivo que temos em mente:

"Uma palavra portentosa foi pronunciada contra nós, a fim de confrontar o progresso e o Cristianismo – CIÊNCIA. Essa é a formidável evocação com que pretendem nos assustar. A tudo que podemos dizer para basear o progresso no Cristianismo, eles têm sempre uma resposta pronta: isso não é *científico*. Nós dizemos revelação; uma revelação não é científica. Dizemos milagre; um milagre não é científico.

"Assim, o anticristianismo, fiel à sua tradição, agora mais do que nunca pretende matar-nos pela ciência. Princípio de *trevas*, ele nos ameaça com a luz. Proclama-se a luz. (...)

"Cem vezes me perguntei: Qual é, então, essa terrível ciência que se prepara para nos devorar? (...) É a ciência matemática? (...) mas também nós temos os nossos matemáticos. É a Física? A Astronomia? A Fisiologia? A Geologia? Mas contamos no catolicismo com astrônomos, físicos, geólogos e fisiólogos, que fazem boa figura no mundo científico[1], que têm seu lugar na Academia e os seus nomes inscritos na História. Poderia parecer que o que nos deve esmagar não seja essa ou aquela ciência em particular, mas a ciência em geral.

"E por que predizem eles a deposição do Cristianismo pela ciência? Ouvi: (...) devemos ser mortos pela ciência porque ensinamos mistérios e porque os mistérios cristãos estão em antagonismo radical com a ciência moderna. (...) O mistério é a negação do senso comum; a ciência o rejeita; a ciência o condena; ela disse – anátema!

"Ah, vós tendes razão; se o mistério cristão é isso que proclamais, então em nome da ciência deveis proferir o anátema contra ele. Nada é tão antipático à ciência quanto o que é absurdo e o que é contraditório. Mas, glória seja dada à vitória! esse não é o mistério do Cristianismo. Se o fosse, deveríamos explicar o mais inexplicável dos mistérios: como é que, durante aproximadamente dois mil anos, tantas mentes superiores e raros gênios aceitaram os nossos mistérios, sem pensar em repudiar a ciência ou abdicar da razão?[2] Falai o que quiserdes de vossa ciência moderna, do pensamento moderno e do gênio moderno, havia cientistas antes de 1789. Se os nossos mistérios são tão manifestamente absurdos e contraditórios, como é que gênios tão poderosos os aceitaram sem a menor dúvida? (...) Mas Deus me preserve de insistir em demonstrar que o mistério não implica nenhuma contradição com a ciência! (...) De que serviria provar, por abstrações metafísicas, que a ciência pode ser conciliada com o mistério, quando todas as realidades da criação mostram, de maneira incontestável, que o mistério frustra por toda parte os esforços da ciência? Pedis que vos provemos que a ciência exata, quando necessário, pode admitir o mistério; respondo-vos com convicção que ela não pode escapar a ele. O mistério é a FATALIDADE da ciência.

"Podemos escolher as nossas provas? Em primeiro lugar, então, olhai ao redor, para o mundo material, desde o átomo mais minúsculo até o Sol mais majestoso. Pois bem, se tentardes abarcar na unidade de uma simples lei todos esses corpos e os seus movimentos, se procurardes a palavra que explique, neste vasto panorama do universo, essa prodigiosa harmonia, em que tudo parece obedecer ao império de uma força única, pronunciareis uma palavra que o expresse, e direis: *Atração!* (...) Sim, atração, este é o epítome sublime da ciência dos corpos celestiais. Dizeis que, através do espaço, esses corpos se reconhecem e se atraem mutuamente; dizeis que eles se atraem proporcionalmente às suas massas e em razão inversa dos quadrados das suas distâncias. E, de fato, até este momento, nada veio contradizer esta asserção, mas tudo, ao contrário, confirmou uma fórmula que agora reina soberana no IMPÉRIO DA HIPÓTESE, e por isso ela deve doravante desfrutar a glória de ser um truísmo incontestável.

"Senhores, de todo o meu coração presto minha obediência científica à soberania da atração. Não sou eu que desejo obscurecer uma luz no mundo da matéria que se reflete no mundo dos espíritos. O império da atração é, então, palpável; soberano; salta às nossas vistas!

"Mas o que é esta atração? quem viu a atração? quem foi apresentado à atração? quem tocou a atração? Como esses corpos mudos, *inteligentes*, insensíveis, exercem uns sobre os outros inconscientemente essa reciprocidade de ação e de reação que os mantém num equilíbrio comum e numa harmonia unânime? *É esta força* que atira sol contra Sol, e átomo contra átomo, um mediador invisível que vai de um a outro? E, nesse caso, o que é esse mediador? donde lhe vem esta força que serve de intermediário, e esse poder que cerca, de que o Sol não pode escapar mais do que o átomo? Mas esta força, é ela qualquer coisa que difere dos próprios elementos que se atraem entre si? (...) Mistério! Mistério!

"Sim, senhores, esta atração que resplandece com tal brilho no mundo material continua para vós no centro de um mistério impenetrável. (...) Bem! por causa desse mistério, negareis vós a sua realidade, que vos toca, e a sua dominação, que vos subjuga? (...) E, ainda, observai, por favor, que o mistério se encontra tão na base de toda ciência, que, se desejardes excluir o mistério, sereis compelidos a suprimir a própria ciência. *Imaginai a ciência que quiserdes*, segui o encadeamento magnífico de suas deduções (...) quando chegardes à sua fonte, ali estareis face a face com o *desconhecido*[3].

"Quem foi capaz de penetrar no segredo da formação de um corpo, da geração de um simples átomo? O que existe aí, não direi no centro de um Sol, mas no centro de um átomo? quem sondou até as profundezas o abismo que existe num grão de areia? O grão de areia, senhores, foi estudado durante milhares de anos pela ciência, ela se voltou várias vezes para ele; ela o divide e o subdivide; ela o atormenta com toda sorte de experimentos; ela o irrita com questões que visam extrair dele a palavra final relativa ao segredo da sua constituição; ela lhe pergunta com uma curiosidade insaciável: 'Posso dividir-te infinitesimalmente?'. E, suspensa sobre esse abismo, a ciência então hesita, cambaleia, deslumbra-se, entontece e diz em desespero: EU NÃO SEI!

"Mas, se sois fatalmente ignorantes da gênese e da natureza oculta de um grão de areia, como podeis ter uma intuição quanto à geração de um simples ser vivo? Donde vem a vida desse ser vivo? Onde ela começa? Qual é o princípio vital?"[4]

Têm os cientistas uma resposta a dar ao eloqüente monge? Podem eles escapar da sua lógica impiedosa? O mistério certamente os espreita por todos os lados; e a *ultima Thule* de Herbert Spencer, de Tyndall ou de Huxley, traz escrita nos frontispícios dos portais fechados as palavras INCOMPREENSÍVEL, INCOGNOSCÍVEL. Para o amante das metáforas, a ciência pode ser comparada a uma estrela que cintila com um brilho resplandecente através das fendas de uma fileira de nuvens densamente negras. Se os seus adeptos não podem definir essa misteriosa atração que reúne em massas compactas as partículas materiais que formam o menor seixo de uma praia oceânica, como podem eles definir os limites em que o possível acaba e o impossível se inicia?

Por que existiria uma atração entre as moléculas da matéria, e não entre as do espírito? Se, em virtude da mobilidade inerente às suas partículas, as formas dos mundos e das suas espécies de plantas e de animais construídas com a parte material do éter podem desenvolver-se, por que as raças sucessivas de seres não poderiam se desenvolver, do estágio de Mônada ao de homem, da parte espiritual do éter; cada forma inferior transformando-se numa superior até que o trabalho de evolução seja completado sobre a nossa Terra, na produção do homem imortal? Vê-se que, no momento, deixamos completamente de lado os fatos acumulados que demonstram o caso e o submetemos ao arbítrio da lógica.

Pouco importa o nome que os físicos dêem ao princípio de energia da matéria; ele é algo sutil, está fora da matéria em si e, como escapa à sua análise, deve ser algo distinto da matéria. Se se admite que a lei de atração governa o uno, por que excluir um da influência do outro? Deixando à lógica a oportunidade de responder a essa questão, voltamos à experiência comum da Humanidade e aí encontramos uma massa de testemunhos que confirmam a imortalidade da alma, se julgarmos a partir de analogias. Mas temos mais do que isso – temos o testemunho irrecusável de milhares e milhares de pensadores de que há uma ciência regular da alma que, não obstante lhe seja agora negado o direito de um lugar entre as outras ciências, *é* uma ciência. Esta ciência, penetrando os arcanos da Natureza tão profundamente quanto a nossa filosofia moderna jamais sonhou ser possível, nos ensina como forçar o *invisível* a se tornar visível; a existência de espíritos elementares; a natureza e as propriedades mágicas da luz astral; e o poder dos homens vivos de se colocarem em comunicação com aqueles por meio desta. Que eles examinem as provas com a lâmpada da experiência, e nem a Academia, nem a Igreja, por quem o Père Félix falou tão eloqüentemente, podem negá-las.

A ciência moderna está num dilema; ela deve reconhecer as nossas hipóteses como corretas, ou admitir a possibilidade do milagre. Fazê-lo é dizer que existe uma infração à lei natural. Se for este o caso, que certeza temos nós de que isso não se reproduzirá indefinidamente, destruindo assim a fixidez da lei, aquele equilíbrio perfeito pelo qual o universo é governado? Este é um argumento muito antigo e irrefutável. Negar o aparecimento, entre nós, de seres sobrenaturais, quando eles foram vistos, por várias vezes e em vários países, não apenas por milhares, mas por milhões de pessoas, é uma obstinação imperdoável; e dizer que, em qualquer exemplo, a aparição foi produzida por um milagre, é fatal ao princípio fundamental da ciência. O que farão eles? O que poderão eles fazer, quando tiverem despertado do estupor paralisante do seu orgulho, senão recolher fatos e tentar ampliar os limites do seu campo de investigações?

A existência do espírito no mediador comum, o éter, é negada pelo materialismo; ao passo que a Teologia faz dele um deus pessoal, os cabalistas sustentam que ambos estão errados, dizendo que no éter os elementos representam apenas a matéria, as forças cósmicas da Natureza, e o Espírito, a inteligência que os dirige. As doutrinas cosmogônicas hermética, órfica e pitagórica, assim como as de Sanchoniathon e Berosus, baseiam-se todas elas numa fórmula irrefutável, a saber: que o éter e o caos, ou, na linguagem platônica, a mente e a matéria, eram os dois princípios primordiais e eternos do universo, perfeitamente independentes de todo o resto. O primeiro era o princípio intelectual vivificador de todas as coisas; o caos, um princípio líquido informe, sem "forma ou sentido"; da união desses dois princípios veio a existir o universo, ou antes o mundo universal, a primeira divindade andrógina – cujo corpo é formado de matéria caótica – e a alma, feita de éter. De acordo com a fraseologia de um *Fragmento* de Herméias, "o caos, com esta união com o espírito, dotando-se de *sentido*, resplandeceu com prazer, e assim se produziu a luz *Protogonos* (que-nasceu-primeiro)"[5]. Esta é a trindade universal, baseada nas concepções metafísicas dos antigos, que, raciocinando por analogia, fizeram do homem, que é um composto de intelecto e de matéria, o microcosmo do macrocosmo, ou o grande universo.

Se, agora, compararmos essa doutrina com as especulações da ciência, que fazem ponto final na fronteira do desconhecido, e embora não sejamos capazes de solucionar o mistério, isso não permitirá a ninguém especular sobre o assunto; ou, com o grande dogma teológico de que o mundo veio a existir por um jogo celeste de prestidigitação, não hesitaremos em acreditar que, na ausência de prova melhor, a doutrina hermética é de longe a mais razoável, tão altamente metafísica quanto possa parecer. O universo está aqui, e sabemos que existimos; mas como surgiu, e como aparecemos nele? Negada uma resposta pelos representantes da erudição física, e excomungados e anatematizados por nossa curiosidade blasfema pelos usurpadores do sólio espiritual, o que podemos fazer a não ser nos voltarmos para a informação dos sábios que meditaram sobre o assunto séculos antes que as moléculas de nossos filósofos se agregassem no espaço etéreo?

Este universo visível de espírito e de matéria, dizem eles, é apenas a imagem concreta da abstração ideal; foi construído com base no modelo da primeira IDÉIA divina. Assim, o nosso universo existiu desde a eternidade em estado latente. A alma que anima esse universo puramente espiritual é o sol central, a mais elevada Divindade em si mesma. Não foi esta Divindade que construiu a forma concreta da idéia, mas o Seu primogênito; e, assim como ela foi construída com base na figura geométrica do dodecaedro[6], o primogênito "agradou-se em empregar doze mil anos na sua criação". Este número está indicado na cosmogonia tirrena[7], que mostra que o homem foi criado no sexto milênio. Isto está de acordo com a teoria egípcia de 6.000 "anos"[8], e com o cômputo hebraico. Sanchoniathon, na sua *Cosmogonia*, afirma que quando o vento (espírito) se torna enamorado dos seus próprios princípios (o caos), uma união íntima se estabelece, cuja conexão foi chamada *Pothos*, e da qual surgiu a semente de todas as coisas. E ó caos não conheceu a sua própria produção, pois era *desprovido de sentido*; mas de seu abraço com o vento foi engendrado *Môt*, ou o *Ilus* (o lodo). É dele que procedem os esporos da criação e da geração do universo[9].

Os antigos, que contavam apenas quatro elementos, fizeram do éter o quinto. Em virtude de a sua essência ter-se tornado divina pela presença inobservada, foi ele considerado um intermediário entre este mundo e o próximo. Eles afirmaram que, quando as inteligências diretoras se retiraram de uma porção qualquer do éter – um dos nossos quatro reinos que eles superintendem –, o espaço assim abandonado foi ocupado pelo *mal*. Um adepto que se preparasse para entrar em contato com os "invisíveis", devia conhecer muito bem esse ritual e estar perfeitamente familiarizado com as condições exigidas para o equilíbrio perfeito dos quatro elementos na luz astral. Antes de tudo, ele deve purificar a essência e, no círculo ao qual espera atrair os espíritos puros, equilibrar os elementos, de maneira a impedir o ingresso de elementares nas suas esferas respectivas. Mas, desgraça ao pesquisador imprudente que ultrapasse por ignorância o terreno proibido; o perigo o ameaçará a cada passo. Ele evoca poderes que não pode controlar; desperta sentinelas que só permitirão a passagem dos seus mestres. Pois, nas palavras do rosa-cruz famoso, "Uma vez que tenhas resolvido te tornares um cooperador do espírito do Deus *vivo*, cuida de não O atrapalhar na Sua obra; pois, se teu calor excede a proporção natural, tu provocarás a fúria das *naturezas úmidas*[10], e elas se chocarão contra o *fogo central*, e o fogo central contra elas, e haverá uma terrível divisão no *caos*"[11]. O espírito de harmonia e de união se separará dos elementos, perturbado por mão imprudente; e as correntes de forças cegas se tornarão imediatamente infestadas de incontáveis criaturas de matéria e de instinto – os maus demônios dos teurgos, os diabos da Teologia; os gnomos, as salamandras, as sílfides e as ondinas assaltarão o temerário operador sob as formas aéreas mais variadas. Incapazes de inventar coisa alguma, eles rebuscarão vossas memórias até as suas profundezas; donde a exaustão nervosa e a opressão mental de certas naturezas sensitivas em círculos espiritistas. Os elementais trarão à luz lembranças há muito esquecidas no passado; formas, imagens, doces momentos e frases familiares há muito tempo apagados da nossa lembrança, mas vividamente preservados nas profundezas insondáveis da nossa memória e nos tabletes astrais do imperecível "LIVRO DA VIDA".

Tudo o que há de organizado neste mundo, as coisas visíveis como as invisíveis, tem um elemento que lhe é próprio. O peixe vive e respira na água; a planta consome o gás carbônico, que nos animais e nos homens produz a morte; alguns seres foram feitos para viver em camadas rarefeitas de ar, outros existem apenas nas mais densas. A vida, para alguns, depende da luz do Sol; para outros, da escuridão; e é assim que a sábia economia da Natureza adapta uma forma viva a cada condição de existência. Essas analogias permitem concluir não só que não existe uma porção desocupada na Natureza universal, mas também que para cada coisa que tem vida são fornecidas condições especiais, e, tendo sido fornecidas, elas são necessárias. Assim, admitindo-se que há um lado invisível no universo, as condições fixas da Natureza autorizam a conclusão de que essa metade está ocupada, como também a outra; e de que cada grupo de seus ocupantes está provido das condições indispensáveis de existência. É tão ilógico imaginar que condições idênticas fossem fornecidas a todos, como o seria defender essa teoria a respeito dos habitantes do domínio da natureza visível. O fato de que há espíritos implica que haja uma diversidade de espíritos; pois os homens diferem, e os espíritos humanos são apenas homens desencarnados.

Dizer que todos os espíritos são semelhantes, ou foram feitos para viver na mesma atmosfera, ou que possuem poderes iguais, ou são governados pelas mesmas atrações – elétricas, magnéticas, ódicas, astrais, não importa quais –, é tão absurdo quanto dizer que todos os planetas têm a mesma natureza, ou que todos os animais são anfíbios, ou que todos os homens podem ser alimentados com a mesma comida. Muitíssimo mais razoável é supor que, dentre os espíritos, as naturezas mais grosseiras descerão às alturas mais profundas da atmosfera espiritual – em outras palavras, estarão mais próximas da Terra. Ao contrário, as mais puras estarão mais longe. Naquilo que, se cunharmos uma palavra, chamaríamos de *Psicomática* do ocultismo, é tão indefensável pretender que cada um desses graus dos espíritos possa ocupar o lugar, ou subsistir nas condições de outro, quanto na Hidráulica seria esperar que dois líquidos de densidades diferentes pudessem fazer uma troca na escala do hidrômetro de Baumé.

Görres, ao descrever uma conversa que manteve com alguns indígenas da costa do Malabar, narra que, ao lhes indagar sobre o fato de lhes aparecem fantasmas, eles lhe responderam: "Sim, mas nós os conhecemos como *espíritos maus* (...) espíritos dos *suicidas* e dos *assassinos*, ou daqueles que morreram de mortes violentas. Eles flutuam constantemente e aparecem como fantasmas. A noite lhes é favorável, eles seduzem os de mentalidade débil e tentam os outros de mil maneiras diferentes"[12].

Porfírio apresenta-nos alguns fatos repugnantes cuja veracidade está consubstanciada na experiência de todo estudioso de Magia. "Tendo a *alma*",[13] diz ele, "mesmo após a morte, uma certa afeição pelo seu corpo, uma afinidade proporcional à violência com que a sua união foi rompida, vemos muitos espíritos errando em desespero em torno dos seus restos terrestres; vemo-los até mesmo procurando ansiosamente os restos pútridos de outros cadáveres e se recreiam no sangue recentemente vertido que parece infundir-lhes, por um momento, vida material[14].

Que os espiritistas que duvidam dos teurgos tentem o efeito que meio litro de sangue humano recém-derramado possa produzir em sua próxima *sessão* de materialização!

"Os deuses e os anjos", diz Jâmblico, "aparecem-nos na paz e na harmonia; os demônios maus fazem com que tudo se agite em confusão. (...) Quanto às almas *comuns*, nos aparecem mais raramente, etc."[15].

"A alma humana (o corpo astral) é um demônio que a nossa linguagem pode chamar gênio", diz Apuleio. "E um *deus imortal*, embora, em certo sentido, tenha nascido ao mesmo tempo que o corpo em que ela se encontra. Em conseqüência, podemos dizer que morre no mesmo sentido que dizemos que nasce".

"A alma nasce neste mundo depois de deixar *outro mundo (anima mundi)*, em que a sua existência precede aquela que conhecemos (na Terra). Assim, os deuses que consideram a sua conduta em todas as fases das várias existências e em seu conjunto punem-na às vezes por pecados cometidos durante uma vida anterior. Ela morre quando se separa de um corpo em que atravessou a sua vida como num barco frágil. E este é, se não me engano, o significado secreto da inscrição tumular, tão simples para o iniciado: '*Aos deuses manes que viveram*'. Mas essa espécie de morte não aniquila a alma; apenas a transforma num *lêmure*. Os *lêmures* são os *manes* ou fantasmas, que conhecemos sob o nome de *lares*. Quando eles se distanciam e *nos propiciam uma proteção benéfica*, nós honramos nelas as divindades protetoras do fogo doméstico; mas, se os seus crimes as sentenciam a errar, chamamo-los então *larvas*. Eles se tornam uma praga para o perverso e o *vão terror* dos bons."[16][*]

Seria difícil tachar de ambigüidade essa linguagem, e, apesar disso, os reencarnacionistas citam Apuleio em apoio de sua teoria de que o homem passa por uma sucessão de nascimentos humanos físicos nesse planeta até que finalmente seja purgado das impurezas da sua natureza. Mas Apuleio diz muito claramente que chegamos a este mundo vindos de um outro, onde tivemos uma existência cuja lembrança perdemos. Da mesma maneira que um relógio passa de mão em mão e de sala em sala na fábrica, uma parte sendo acrescentada aqui e outra ali, até que a delicada máquina esteja perfeita, de acordo com o plano concebido na mente do mestre antes que a obra fosse iniciada – assim também, de acordo com a Filosofia antiga, a primeira concepção divina do homem toma forma pouco a pouco, nos muitos departamentos do ateliê universal, e o ser humano perfeito finalmente aparece em nossa paisagem.

Esta filosofia ensina que a Natureza nunca deixa inacabada a sua obra; se se frustra na primeira tentativa, ela tenta novamente. Quando ela faz evoluir um embrião humano, a intenção é que o homem se torne perfeito – física, intelectual e espiritualmente. O seu corpo deve crescer, amadurecer, desgastar-se e morrer; a sua

---

* Existe grande incerteza em relação a esta passagem citada de Apuleio. H. P. B. parece citar da edição de Désiré Nisard (1806-1888), intitulada: *Pétrone, Apulée, Aulu-Gelle. Oeuvres complètes*, etc., que faz parte de uma *Collection des auteurs latins*, etc., Paris, 1842, 8 vol.; há também uma edição de 1850 e uma outra de 1882. Esta obra contém o texto latino e uma tradução francesa desses clássicos. Ela parece traduzir para o inglês certas passagens de *De Deo Socratis Liber* (Sobre o Deus de Sócrates), de Apuleio. No entanto, uma pesquisa cuidadosa falhou em focalizar tais passagens tanto no texto latino quanto no francês. As páginas indicadas por H. P. B. contêm aproximadamente esses ensinamentos, dos quais H. P. B. muito provavelmente deduziu certos fatos, resumindo o seu conteúdo e introduzindo algumas idéias próprias. Com pequenas variações, principalmente de pontuação e de grifos, a mesma passagem ocorre no artigo de H. P. B. intitulado "Theories about Reincarnation and Spirits", publicado em *The Path*, vol. I, novembro de 1886, e que pode ser encontrado no vol. VII dos *Collected Writings*. (N. do Org.)

mente deve expandir-se, amadurecer e ser harmoniosamente equilibrada; o seu espírito divino deve iluminar e confundir-se facilmente com o homem *interior*. Nenhum ser humano completa o seu grande círculo, ou o "círculo da necessidade", até que tudo isso não tenha sido feito. Assim como os retardatários de uma corrida lutam e se fatigam logo no início enquanto o vitorioso atinge o seu objetivo, assim também, na corrida da imortalidade, algumas almas ultrapassam em velocidade todas as outras e chegam ao fim, enquanto as miríades de seus competidores lutam sob o fardo da matéria, próximos da reta de partida. Algumas, desafortunadas, caem, abandonam a corrida e perdem toda oportunidade de ganhar o prêmio; outras levantam-se e empenham-se de novo na corrida. É isso o que o hindu teme sobre todas as coisas – a *transmigração* e a *reencarnação* em formas inferiores[17], mas contra esta contingência lhes deu Buddha remédio no menosprezo dos bens terrenos, a restrição dos sentidos, o domínio das paixões e a contemplação espiritual ou freqüente comunhão com Atma ou a alma. A causa da reencarnação é a concupiscência e a ilusão que nos leva a ter como reais as coisas do mundo. Dos sentidos provém a "alucinação", que chamamos contato; "do contato, o desejo; do desejo, a sensação (também ilusória) da sensação, a concupiscência e da concupiscência a enfermidade, a decrepitude e a morte".

"Assim, como as voltas de uma roda, há uma sucessão regular de morte e nascimento, cuja causa moral é o apego aos objetos existentes, enquanto a causa instrumental é o *karma* [o poder que controla o universo, imprimindo-lhe atividade, mérito e demérito]. Portanto, o grande objetivo de todos os seres que se querem desembaraçar *dos sofrimentos do nascimento sucessivo* é encontrar a destruição da causa moral (...) o apego aos objetos existentes, ou o desejo do mal. (...) Aqueles em quem o desejo do mal está completamente destruído são chamados *Arhats*, que, em virtude de sua libertação, possuem faculdades taumatúrgicas. Em sua morte, o *Arhat* não se reencarna e invariavelmente atinge o Nirvâna"[18] – uma palavra, vale salientar, falsamente interpretada pelos eruditos cristãos e pelos comentadores céticos. Nirvâna é o mundo das *causas*, em que todos os efeitos enganadores ou as ilusões de nossos sentidos desaparecem. Nirvâna é a esfera mais elevada que se possa atingir. Os *pitris* (os espíritos pré-adâmicos) são considerados como *reencarnados*, pelo filósofo budista, se bem que num grau superior ao do homem da terra. Eles não morrem, por sua vez? Os seus corpos astrais não sofrem nem gozam, e não sentem a mesma maldição dos sentimentos ilusórios, como durante a encarnação?

Aquilo que o Buddha ensinou no século VI a. C., na Índia, foi ensinado por Pitágoras depois na Grécia e na Itália. Gibbon mostra quão profundamente os fariseus estavam impressionados com essa crença na transmigração das almas[19]. O círculo de necessidade egípcio está gravado de maneira indelével nos vetustos monumentos da Antiguidade. E Jesus, quando curava um doente, invariavelmente utilizava a seguinte expressão: "Teus pecados te são perdoados". Isso é pura doutrina budista. "Os judeus disseram ao cego: 'Tu *nasceste completamente no pecado*, e queres nos instruir'. A doutrina dos discípulos [de Cristo] é análoga à do 'Mérito e Demérito' dos budistas; pois os doentes se curavam *se os seus pecados fossem perdoados*."[20] Mas essa *vida anterior* em que os budistas acreditavam não é uma vida *neste planeta*[21], pois, mais do que qualquer outra pessoa, o filósofo budista apreciava a grande doutrina dos ciclos.

As especulações de Dupuis, Volney e Godfrey Higgins sobre a significação secreta dos ciclos, ou dos *kalpas* e dos *yugas* dos bramânicos e dos budistas, pouco significaram, pois não possuíam a chave da doutrina espiritual esotérica neles contida. Nenhuma filosofia jamais especulou sobre Deus como uma *abstração* mas considerou-O sob as Suas várias manifestações. A "Causa Primeira" da Bíblia dos hebreus, as "Monas" pitagóricas, a "Existência Una" do filósofo hindu e o "Ain-Soph" cabalístico – o *Ilimitado* – são idênticos. O *Bhagavat* hindu não cria; ele entra no ovo do mundo e emana dele como Brahmâ, da mesma maneira que a Díada pitagórica se desenvolve das Monas mais elevadas e solitárias[22]. A Monas do filósofo de Samos é o Monas hindu (mente), "que não tem primeira causa (*apûrva*) ou causa material, nem está sujeito à destruição"[23]. Brahmâ, como Prajâpati, manifesta-se antes de tudo como "doze corpos", ou atributos, representados pelos doze deuses, que simbolizam: 1) o Fogo; 2) o Sol; 3) o Soma, que dá a onisciência; 4) todos os Seres vivos; 5) Vâyu, ou o éter material; 6) a Morte, ou o corpo de destruição – Śiva; 7) a Terra; 8) o Céu; 9) Agni, o Fogo Imaterial; 10) Âditya, o Sol imaterial e feminino invisível; 11) a Mente; 12) o grande Ciclo Infinito, "que não pode ser interrompido"[24]. Depois disso, Brahmâ se dissolve no universo visível, de que cada átomo é ele mesmo. Feito isto, a Monas não-manifesta, indivisível e indefinida, retira-se para a solidão imperturbada e majestosa da sua unidade. A divindade manifesta, uma Díada em princípio, torna-se agora uma Tríada; a sua qualidade trina emana incessantemente poderes espirituais, que se tornam deuses imortais (almas). Cada uma dessas almas deve unir-se por sua vez a um ser humano e, a partir do momento em que surge a sua consciência, iniciar uma série de nascimentos e mortes. Um artista oriental tentou dar expressão pictórica à doutrina cabalista dos ciclos. O quadro cobre toda uma parede interior de um templo subterrâneo situado na proximidade de um grande pagode budista e é extremamente sugestivo. Tentemos fornecer uma idéia do seu plano, tal como nos lembramos dele.

Imaginai um ponto no espaço como o ponto primordial; depois, com um compasso, traçai um círculo ao redor desse ponto; onde o começo e o fim da circunferência se unem, a emanação e a reabsorção também se encontram. O próprio círculo é composto de inumeráveis círculos menores, como os elos de um bracelete, e cada um desses elos menores forma o cinto da deusa que representa aquela esfera. Onde a curva do arco se aproxima do ponto extremo do semicírculo – o nadir do grande ciclo – em que o pintor místico situou o nosso planeta, a face de cada deusa sucessiva torna-se mais sombria e horripilante do que a imaginação européia possa conceber. Cada cinto está coberto de representações de plantas, animais e seres humanos, pertencentes à flora, à fauna e à antropologia dessa esfera em particular. Há uma certa distância entre cada uma dessas esferas, marcada propositalmente; pois, após o cumprimento dos círculos, através das diversas transmigrações, é atribuído à alma um templo de Nirvâna temporário, um espaço de tempo em que o *âtman* perde toda lembrança das penas passadas. O espaço etéreo intermediário é então preenchido com seres estranhos. Aqueles que se encontram entre o éter mais elevado e a Terra são as criaturas de "natureza mediana", espíritos da Natureza ou, como os cabalistas às vezes os chamam, elementais.

Este quadro é ou uma cópia de um quadro descrito para a posteridade por Berosus, o sacerdote do templo de Belo, na Babilônia, ou o original. Que os arqueólogos modernos, com a sua sagacidade, elucidem esta questão. Mas a parede está coberta precisamente de criaturas análogas àquelas que foram descritas pelo semidemônio, ou semideus, Oannes, o homem-peixe caldeu[25], "(...) seres horripilantes, produzidos por um princípio duplo" – a luz astral e a matéria grosseira.

Os antiquários negligenciaram, até agora, os restos das relíquias arquiteturais das raças primitivas. As cavernas de Ajanta, situadas a cerca de 320 quilômetros de Bombaim, nos montes Chandor, e as ruínas da antiga cidade de Aurangâbâd, cujos palácios em desintegração e os curiosos túmulos foram abandonados em desoladora solidão por muitos séculos, só muito recentemente atraíram a atenção. Mementos de uma civilização há muito desaparecida, tornaram-se por muito tempo o abrigo de bestas ferozes antes que fossem consideradas dignas de uma exploração científica, e só foi recentemente que o jornal *The Observer* forneceu uma descrição entusiástica desses ancestrais arcaicos de Herculano e de Pompéia. Depois de censurar com razão o governo local, que "forneceu um bangalô em que o viajante pode encontrar abrigo e segurança, mas nada mais do que isso", ele narra as maravilhas que podem ser vistas nesse recanto isolado:

"Num estreito vale profundo situado no alto das montanhas há um grupo de templos escavados em grutas que são as cavernas mais maravilhosas que existem sobre a face da Terra. Não se sabe, até o momento, quantas delas existem nos recessos profundos das montanhas; mas 27 foram exploradas, examinadas e, em certa medida, tiveram o entulho removido. Há, sem dúvida, muitas outras. É difícil fazer uma idéia do afã infatigável com que essas cavernas maravilhosas foram esculpidas na sólida rocha amigdalóide. Dizem que eram budistas em sua origem e foram utilizadas com a intenção de adoração e ascetismo. Elas se alinham perfeitamente entre as mais sublimes obras de arte. Estendem-se por cerca de 150 metros ao longo de um penhasco escarpado e foram cavadas da maneira mais curiosa, exibindo, num grau assombroso, o gosto, o talento e o esforço perseverante dos escultores hindus.

"Esses templos subterrâneos são também magnificamente cortados e esculpidos no lado exterior; mas, interiormente, eles foram concluídos com mais requintes e decorados com uma profusão de esculturas e pinturas. Esses templos, há tanto tempo desertados, sofreram com a umidade e o abandono, e as pinturas e os afrescos não são mais o que eram há centenas de anos. Mas as cores ainda estão brilhantes, e as cenas representadas, joviais e festivas, ainda se distinguem perfeitamente sobre as paredes. Algumas das figuras esculpidas na rocha representam, de maneira deleitosa, um cortejo nupcial e cenas da vida doméstica. As figuras femininas são belas, delicadas e louras como as européias. Cada uma dessas representações é artística, e nenhuma delas está poluída por qualquer grosseria ou obscenidade geralmente tão comuns nas representações bramânicas do mesmo gênero.

"Essas cavernas são visitadas por grande número de antiquários, que estão tentando decifrar os hieróglifos inscritos nas paredes e determinar a idade desses curiosos templos.

"As ruínas da antiga cidade de Aurangâbâd não estão muito longe dessas cavernas. Trata-se de uma cidade fortificada, de grande reputação, que agora está deserta. Não só existem paredes caídas, mas também palácios se desmoronando aos pedaços. Foram construídos com extrema solidez, e alguns dos muros parecem tão sólidos quanto as colinas perenes.

"Existem muitos lugares na vizinhança onde há vestígios hindus, que consistem de grutas profundas e de templos escavados na rocha. Muitos desses templos estão cercados por um muro circular, freqüentemente adornado com estátuas e colunas. A figura de um elefante é muito comum, colocada diante ou ao lado da entrada de um templo, como uma espécie de sentinela. Centenas e milhares de nichos mostram-se admiravelmente talhados na rocha sólida, e, quando esses templos estavam cheios de adoradores fiéis, cada nicho possuía uma estátua ou imagem, geralmente no estilo floreado dessas esculturas orientais. É triste constatar que quase todas as imagens estão vergonhosamente desfiguradas e mutiladas. Diz-se, freqüentemente, que nenhum hindu se inclina diante de uma imagem imperfeita e que os maometanos, sabendo disso, mutilaram propositalmente todas essas imagens para evitar que os hindus as adorassem. Isso é visto pelos hindus como sacrílego e blasfemo e desperta neles as animosidades mais ardentes, que todo hindu herda do seu pai e que os séculos não têm sido capazes de apagar.

"Aqui também se podem ver os restos de cidades encobertas – tristes ruínas – geralmente sem um único habitante. Nos grandes palácios em que a realeza outrora se reunia e promovia festivais, feras selvagens agora se refugiam. Longos trechos dos trilhos da estrada de ferro foram colocados sobre essas ruínas, ou por entre elas, e o seu material foi utilizado para a construção do leito da estrada. (...) Pedras enormes descansam em seus lugares após milhares de anos, e provavelmente aí ficarão ainda por outros milhares de anos. Esses templos talhados na rocha, bem como essas estátuas mutiladas, exibem uma habilidade que não pode ser igualada por nenhuma obra que esteja sendo agora elaborada pelos nativos[26][*]. É evidente que há alguns séculos essas colinas eram animadas pela presença de uma multidão de fiéis que se comprimiam onde agora reina a desolação, sem cultivo ou habitantes, domínio exclusivo das bestas ferozes.

"É um bom terreno para a caça, e, como os ingleses são caçadores fervorosos, eles preferem que essas montanhas e essas ruínas continuem como estão, sem qualquer alteração".

Esperamos ardentemente que elas continuem assim. Muito vandalismo já foi perpetrado em épocas anteriores para que nos fosse permitido alimentar a esperança de que pelo menos neste século de exploração e de erudição a ciência, nos seus ramos da Arqueologia e da Filologia, não seja privada desses registros tão preciosos, escritos sobre tabletes imperecíveis de granito e de pedra.

Apresentaremos, agora, alguns fragmentos dessa misteriosa doutrina da reencarnação – tão distinta da metempsicose –, tal como nos foi dada por uma autoridade no assunto. A reencarnação, isto é, o aparecimento do mesmo indivíduo, ou antes, da sua Mônada astral, duas vezes no mesmo planeta, não é uma regra da Natureza[**]; trata-se de uma exceção, como o fenômeno teratológico de uma criança de duas cabeças. É precedida por uma violação das leis de harmonia da Natureza e só

---

*   O autor dessas palavras é o teólogo inglês Reginald Heber (1783-1826), que se tornou Bispo de Calcutá em janeiro de 1823 e que morreu em Trichinopoly. Além de um grande número de livros bastante conhecidos, ele escreveu *Narratives of a Journey through the Upper Provinces of India, from Calcutta to Bombay, 1824-1825*, etc., Londres, 1828. Esta obra, em dois volumes, apresenta magnificamente belas e interessantes crônicas da Índia e da sua grandeza passada. As palavras citadas por H. P. B. estão nas páginas 564-65 do vol. I e fazem referência a diversas ruínas próximas a Delhi, tais como o Qutb-Minâr e outras. (N. do Org.)

** Neste ponto, o leitor poderia consultar nossa Introdução histórica, p. [47,8], Tomo I, Vol. I, em que se pode ver a própria explicação de H. P. B. em relação a todo este parágrafo. (N. do Org.)

ocorre quando esta, tentando restaurar o seu equilíbrio perturbado, atira violentamente de volta à vida terrena a Mônada astral que foi expelida do círculo de necessidade por crime ou por acidente. Assim, em casos de aborto, de crianças que morrem antes de uma determinada idade e de idiotismo congênito e incurável, o plano original da Natureza de produzir um ser humano perfeito foi interrompido. Visto que a matéria grosseira de cada uma dessas muitas entidades se desagrega na morte, pelo vasto reino do ser, o espírito imortal e a Mônada astral do indivíduo – posta esta última em reserva para animar um outro arcabouço; e a primeira, para projetar a sua luz divina sobre a organização corpórea – devem tentar, uma segunda vez, levar adiante o propósito da inteligência criadora.

Se a razão tanto se desenvolveu a ponto de se tornar ativa e discriminadora, não há reencarnação nesta Terra, pois as três partes do homem trino se reuniram e ele é capaz de continuar o seu caminho. Mas quando o novo ser não passou da condição de uma Mônada, ou quando, como no caso de um idiota, a trindade não foi completada, a centelha imortal que o ilumina deve entrar novamente no plano terreste porque ela falhou na sua primeira tentativa[*]. De outra maneira as almas mortais ou astrais, e as imortais e divinas, não poderiam progredir em uníssono e passar a uma esfera superior. O espírito segue uma linha paralela à da matéria; e a evolução espiritual se efetua conjunta e simultaneamente com a evolução física. Como no caso citado pelo Prof. Le Conte (*vide supra*, p. 29-30, "não há nenhuma força na Natureza" – e a regra se aplica tanto à evolução espiritual quanto à física – "que seja capaz de levar subitamente [o espírito ou] a matéria do nº 1 ao nº 3, ou do nº 2 ao nº 4, sem parar e receber um acréscimo de força, de espécie diferente, *no plano intermediário*"[27]. Isto quer dizer que a Mônada que foi aprisionada no ser elementar – a forma astral rudimentar ou mais baixa do homem futuro –, depois de ter passado pela forma física *mais elevada* de um animal mudo – como um orangotango ou um elefante, um dos animais mais inteligentes –, aquela Mônada, dizemos, não pode saltar por sobre a esfera física e intelectual do homem terrestre e ser imediatamente introduzida na esfera espiritual superior. Que recompensa ou punição pode haver nessa esfera de entidades humanas desencarnadas para um feto ou para um embrião humano que ainda não teve tempo de respirar neste mundo, e ainda menos uma oportunidade de excercer as faculdades divinas do espírito? Ora, de uma criança irresponsável, cuja Mônada insensível permanece adormecida no escrínio astral e físico, poder-se-ia evitar que ela perecesse nas chamas, e mesmo que uma outra pessoa morresse? Ou um idiota de nascença, cujo número de circunvoluções cerebrais não é mais do que vinte ou trinta por cento do das pessoas sãs[28], e que, por conseguinte, não é responsável por seus gostos, seus atos ou pelas imperfeições do seu intelecto vagabundo e semidesenvolvido?

Parece inútil observar que, mesmo hipotética, essa teoria não é mais ridícula do que muitas outras consideradas estritamente ortodoxas. Não devemos esquecer

---

* É óbvio, conforme a própria explicação de H. P. B. (ver nossa Introdução), que a "reencarnação imediata" é negada e que a matéria do indivíduo é a personalidade astral, ou o complexo pessoal astro-mental, que também pode ser chamado de ego astral, e não a individualidade ou Ego Reencarnante. O leitor deve prestar muita atenção a essa diferença. (N. do Org.)

que, pela inépcia dos especialistas ou por outra razão, a própria Fisiologia é a menos avançada ou compreendida das ciências e que alguns médicos franceses, de acordo com o Dr. Fournié, simplesmente desesperam-se por não poderem ir para além do terreno da pura hipótese.

Além disso, a mesma doutrina oculta reconhece uma outra possibilidade; não obstante ela seja tão rara e tão vaga, que realmente não valha a pena mencioná-la. Mesmo os ocultistas ocidentais modernos a negam, embora seja universalmente aceita nos países orientais. Quando, por meio dos vícios, de crimes medonhos e das paixões animais, um espírito desencarnado cai na oitava esfera – o Hades alegórico, e o *Gehenna* da Bíblia –, a mais próxima da nossa Terra, ele pode, com o auxílio do vislumbre de razão e de consciência que lhe restou, arrepender-se; isto quer dizer que ele pode, exercendo o resto de seu poder de vontade, esforçar-se por se elevar e, como um homem que se afoga, voltar uma vez mais à superfície. Nos *Oráculos caldaicos* de Zoroastro encontramos este, que diz, como advertência à Humanidade:

"Não olheis para baixo, pois um precipício existe abaixo da Terra
Que se estende *por uma descida de* SETE *degraus*, sob os quais
Está o trono da horrenda necessidade"[29].

Uma ardente aspiração para se libertar dos seus males, um desejo bastante pronunciado hão de levá-lo uma vez mais à atmosfera da Terra. Aí ele vagueará e sofrerá mais ou menos numa solidão dolorosa. Os seus instintos hão de fazê-lo procurar com avidez o estabelecimento de contato com pessoas vivas. (...) Esses espíritos são os invisíveis, mas muito tangíveis, vampiros magnéticos; os demônios *subjetivos* tão bem conhecidos dos extáticos medievais, monjas e monges, e das "feiticeiras" tornadas tão famosas pelo *The Witches' Hammer*[30]; e de determinados clarividentes sensitivos, segundo as suas próprias confissões. Eles são os demônios sanguinários de Porfírio, as *larvas* e as *lêmures* dos antigos; os instrumentos diabólicos que enviaram tantas vítimas desafortunadas e fracas para a roda denteada e para a morte na fogueira. Orígenes afirma que todos os demônios que possuíram os endemoninhados mencionados no *Novo Testamento* são "espíritos" *humanos*. É porque Moisés sabia tão bem o que eles eram, e quão terríveis eram as conseqüências para as pessoas fracas que se submetiam às suas influências, que ele editou a lei cruel e sanguinária contra as pretensas "feiticeiras"; mas Jesus, pleno de justiça e de amor divino pela Humanidade, *curou*-as em vez de as *matar*. Mais tarde, o nosso clero, pretendendo ser o modelo dos princípios cristãos, seguiu a lei de Moisés e ignorou completamente a lei d'Aquele a quem chamavam seu "Deus vivo", queimando dezenas de milhares dessas pretensas "feiticeiras".

Feiticeira! Nome poderoso, que continha, no passado, a promessa da morte ignominiosa; e deve ser pronunciado, no presente, apenas para provar uma explosão de ridículo, uma avalanche de sarcasmos! Como é, então, que sempre existiram homens de inteligência e de erudição que nunca julgaram ser contrário à sua reputação de eruditos, ou à sua dignidade, afirmar publicamente a possibilidade de existência de algo como as "feiticeiras", na correta acepção da palavra? Um desses intrépidos campeões foi Henry More, o erudito de Cambridge, do século XVII. Vale a pena examinar com que habilidade ele considerava essa questão.

Parece que por volta de 1677 um certo teólogo, chamado John Webster, escreveu o livro *The Saints Guide. Displaying of supposed Witchcraft*, etc. contra a existência de feiticeiras e outras "superstições". Considerando a obra "uma peça fraca e inoportuna", o Dr. More criticou-a numa carta a Glanvill, o autor de *Sadducismus Triumphatus* e, em apêndice, anexou um tratado sobre feitiçaria e explicações da própria palavra *witch*. São raríssimos exemplares desse documento, mas o possuímos numa forma fragmentária num velho manuscrito, e já o vimos mencionado, além de numa obra insignificante de 1820, apenas em *Apparitions*[31], pois parece que o próprio documento se esgotou há muito tempo.

As palavras *witch* ["feiticeira"] e *wizard* ["mágico"], segundo o Dr. More, significam nada mais do que homem sábio [*wise man*] ou mulher sábia [*wise woman*]. Na palavra *wizard*, isso fica claro desde o primeiro momento; e "a dedução mais simples e menos laboriosa do nome *witch* provém de *wit*, cujo adjetivo derivado seria *wittigh* ou *wittich*, e, por contração, mais tarde, *witch*; da mesma maneira, o substantivo *wit* deriva do verbo *to weet*, 'saber'. De modo que uma *witch* nada mais é do que uma mulher sábia; o que corresponde exatamente à palavra latina *saga*, na expressão *sagae dictae anus quae multa sciunt* de Festo"[32].

Essa definição da palavra parece-nos a mais plausível, pois corresponde exatamente ao significado dos nomes eslavo-russos para as feiticeiras e para os mágicos. Aquelas chamam-se *vyed'ma*, e estes, *vyed'mak*, termos derivados do verbo *vedat'* ou *vyedat'*, "saber"; a raiz, ademais, deve provir indubitavelmente do sânscrito. "Veda", diz Max Müller, em sua "Lecture on the *Vedas*", "significa originalmente saber ou conhecimento. (...) Veda é a mesma palavra que aparece no grego οἶδα, 'eu sei' [omissão feita do digama *vau*], e no inglês *wise, wisdom, to wit*"[33]. Além disso, a palavra sânscrita *vidma*, que corresponde ao alemão *wir wissen*, significa literalmente "*nós sabemos*". É uma pena que este filólogo eminente, ao fornecer as raízes comparadas do sânscrito, do grego, do gótico, do anglo-saxão e do alemão, não tenha mencionado o eslavo.

Outros termos russos para *feiticeira* e *mágico* – os termos que demos acima são eslavo puro – são *znahar'* e *znaharka* (feminino), derivados do mesmo verbo *znat'*, "saber". Assim, a definição dada à palavra pelo Dr. More em 1681 está absolutamente correta e coincide, em todos os detalhes, com a Filologia moderna.

"O uso", diz esse estudioso, "tornou a palavra própria a uma espécie de habilidade e de conhecimento que não se enquadra ao caminho comum. *E esta particularização não implicou qualquer delito*. Mas, mais tarde, foi feita uma restrição (...) que deu às palavras (...) *witch* e *wizard* esta única interpretação usada hoje em dia, qual seja, a de indicar uma pessoa que tem o conhecimento ou a habilidade de poder fazer ou dizer coisas de uma maneira extraordinária em virtude de uma associação ou de um pacto expresso ou implícito, com algum *Espírito mau*"[34]. Na cláusula da severa lei de Moisés, dão-se tantos nomes para designar uma feiticeira, que é tão difícil quanto inútil fornecer aqui a definição de cada um deles, tal como se pode ver no admirável tratado do Dr. More. "Não se encontrará entre vós quem (...) tenha feito uso da adivinhação, ou de um observador do tempo, ou de um encantador, ou de uma feiticeira, ou de um enfeitiçador, ou de quem consulte os espíritos familiares, ou de um mágico, ou de um necromante", diz o texto[35]. Mostraremos, mais abaixo, o objetivo real dessa severidade. Para o momento, observaremos que o Dr. More, depois de dar uma douta definição de cada uma dessas denominações e de apontar o valor do seu significado real na época de Moisés, prova que existe uma grande diferença entre os "encantadores", os "observadores do tempo", etc. e uma feiticeira. "Tantos nomes estão elencados nesta cláusula da Lei de Moisés que, como na nossa Lei comum, o sentido pode ser mais bem-esclarecido, sem que deixe lugar para equívoco algum. E que aqui [a designação de 'feiticeira'] não provém de nenhum artifício de escamoteação, tais como aqueles que são produzidos por prestidigitadores comuns que iludem a visão das pessoas num mercado ou numa feira, mas, sim, trata-se do nome que deve ser reservado àqueles que evocam os Espectros Mágicos para enganar a visão dos homens; esses são realmente feiticeiros, como se pode ver no *Êxodo*, XXII, 18: 'Tu não obrigarás' מכשפה *mekhashephah*, isto é, 'uma feiticeira a viver'. Esta Lei seria duma severidade extrema, ou antes de crueldade, contra os truques dos artifícios de escamoteação."[36]

Assim, é apenas sobre a sexta denominação – a que corresponde aos consultadores de espíritos familiares, ou feiticeiros – que devem incorrer as piores penas da lei de Moisés, pois só um *feiticeiro não* seria constrangido a viver, ao passo que todos os outros são simplesmente enumerados como pessoas com quem o povo de Israel estava proibido de entrar em comunicação, principalmente devido à sua idolatria, ou antes por causa das suas opiniões religiosas e de sua erudição. Esta sexta palavra é שאל אוב, *shoel ob*, que se traduz por "um consultador dos espíritos familiares", mas que a Vulgata dos Setenta traduz como ἐγγαστρίμυθος, "aquele que tem um espírito familiar *dentro* de si, alguém que tem o espírito da adivinhação", que os gregos denominavam python e os hebreus, *ob*, a velha serpente; no seu sentido esotérico, o espírito da concupiscência é a *matéria*; que, segundo os cabalistas, é sempre um espírito elementar *humano* da oitava esfera.

"*Shoel ob*, acredito", diz Henry More, "deve ser dito do feiticeiro que pede conselhos ao seu espírito familiar. (...) A razão do nome *ob* (...) provém, em primeiro lugar, daquele Espírito que estava no corpo da pessoa e inflou a ponto de formar uma protuberância", a voz parecendo sempre sair de uma garrafa, razão pela qual eram chamados de *ventríloquos*. *Ob* significa o mesmo que *pytho*, que recebeu o seu nome dos *pythii vates*, um espírito que diz coisas ocultas, ou coisas que estão por vir. Nos *Atos*, XVI, 16, 18, πνεῦμα πύθωνος, quando "Paulo, indignando-se já, voltou-se para ela e disse àquele espírito: Eu te mando, em nome de Jesus Cristo, que saias desta mulher. E ele na mesma hora saiu"[37]. Por conseguinte, as palavras obsedado e *possuído* são sinônimos da palavra *feiticeiro*; pois esse *pytho* da oitava esfera não poderia ter saído dela, a menos que fosse um espírito distinto dela. E é assim que vemos em *Levítico*, XX, 27: "Qualquer homem ou mulher que tenha um espírito familiar, ou que seja um mágico [um *yiddeoni* irresponsável], serão punidos de *morte*; ambos sejam apedrejados, e o *seu sangue recaia* sobre eles".

Uma lei cruel e injusta, sem dúvida, e que contradiz uma declaração recente dos "espíritos", feita por um dos mais populares médiuns *inspirados* da época, no sentido de que a pesquisa filológica moderna prova que a lei mosaica nunca apoiou a matança dos pobres "médiuns" ou *feiticeiros* do *Velho Testamento*, mas que as palavras "tu não obrigarás um feiticeiro *a viver*" significam viver por sua mediunidade, isto é, prover a sua subsistência! Uma interpretação menos engenhosa do que nova. Certamente, em nenhum lugar dessa fonte de *inspiração* encontraremos uma profundidade filológica tão grande![38]

"Fecha a porta na cara do demônio", diz a *Cabala*, "e ele fugirá de ti, como se o perseguisses" – o que significa que não deveis dar guarida a esses espíritos de obsessão por atraí-los a uma atmosfera de pecado da mesma natureza.

Esses demônios tentam introduzir-se nos corpos dos simples de espírito e dos idiotas e aí permanecer até que sejam desalojados por uma vontade poderosa e *pura*. Jesus, Apolônio e alguns dos seus apóstolos tinham o poder de afastar os *demônios* purificando a atmosfera *interna* e *externa* ao paciente, bem como de forçar o hóspede indesejável a se retirar. Certos sais voláteis lhes são particularmente desagradáveis; e o efeito de certas substâncias químicas vertidas num pires, colocado sob a cama pelo Sr. Varley, de Londres[39], com o objetivo de manter à distância, à noite, alguns fenômenos físicos, confirma esta grande verdade. Os espíritos humanos puros ou mesmo simplesmente inofensivos nada temem, pois, desembaraçados da matéria *terrestre*, os compostos terrestres não os podem afetar; tais espíritos são como um *sopro*. Não acontece a mesma coisa com as almas presas à Terra e aos espíritos da Natureza.

Isto se refere àquelas *larvas* terrestres carnais, espíritos humanos degradados, com que os antigos cabalistas alimentavam a esperança de *reencarnação*. Mas quando, ou como? Num momento conveniente, e se auxiliados por um sincero desejo de correção e de arrependimento, inspirado por uma pessoa forte e simpática, ou pela vontade de um adepto, ou mesmo um desejo que emana de um espírito pecador, contanto que seja poderoso o suficiente para fazê-lo romper o jugo da matéria pecaminosa. Perdendo toda a consciência, esta Mônada uma vez brilhante é apanhada uma outra vez no turbilhão de nossa evolução terrestre, e atravessa novamente os reinos subordinados e de novo respira na qualidade de uma criança. Seria impossível computar o tempo necessário para que se cumpra esse processo. Dado que não existe percepção do tempo na eternidade, qualquer tentativa seria apenas um trabalho inútil.

Como dissemos, pouquíssimos cabalistas acreditam nela, e esta doutrina originou-se com determinados astrólogos. Enquanto pesquisavam os nascimentos de algumas personagens históricas famosas por algumas peculiaridades de índole, descobriram que a conjunção dos planetas correspondia perfeitamente a oráculos e profecias notáveis sobre outras pessoas nascidas séculos depois. A observação, e aquilo que agora chamamos de "coincidências curiosas", acrescentadas à revelação durante o "sono sagrado" do neófito, desvendaram uma verdade apavorante. Esse pensamento é tão horrível, que mesmo aqueles que deveriam estar convencidos preferem ignorá-lo, ou pelo menos evitar falar sobre o assunto.

Esta maneira de obter oráculos foi praticada desde a mais alta Antiguidade. Na Índia, essa sublime letargia é chamada "o sono sagrado de * * *". Trata-se de um esquecimento em que o paciente é dirigido por determinados processos mágicos, suplementados por goles de suco de soma. O corpo do que dorme permanece durante muitos dias num estado que se assemelha à morte, e pelo poder do adepto é purificado da sua terrenalidade e preparado para tornar-se o receptáculo do esplendor do augoeides imortal. Nesse estado, o corpo dormente reflete a glória das esferas superiores, como um espelho reflete os raios do Sol. O que dorme não tem consciência do tempo que passa, mas, ao despertar, após quatro ou cinco dias de transe, imagina que dormiu apenas alguns momentos. Ele não se lembrará jamais do que os seus lábios proferiram; mas, como é o espírito que os dirige, eles só podem pronunciar a verdade divina. Durante um lapso de tempo, essa pobreza impotente se faz o escrínio da presença sagrada e converte-se num oráculo mil vezes mais infalível do que a pitonisa asfixiada de Delfos; e, diferentemente do seu frenesi mântico, que foi exibido à multidão, este sono sagrado é testemunhado apenas no recinto sagrado por aqueles poucos adeptos que são dignos de comparecer à presença do ADONAI.

A descrição que faz Isaías da purificação necessária a um profeta para que ele se torne digno de ser o porta-voz do céu aplica-se perfeitamente ao caso de que tratamos. Empregando uma metáfora que lhe era familiar, ele diz: "Um dos serafins voou para mim trazendo na sua mão uma brasa viva, que tirara do altar com uma tenaz; e com ela tocou a minha boca e disse: Eis que isto tocou os teus lábios; e a tua iniqüidade foi tirada e purificado o teu pecado"[40].

A invocação do seu próprio augoeides, pelo adepto purificado, é descrita em palavras de beleza sem igual por Bulwer-Lytton em *Zanoni*[41], e ele ali nos dá a entender que o mínimo toque de paixão mortal torna o hierofante indigno de manter comunicação com a alma sem mácula. Não só são poucos os que podem realizar, com êxito, esta cerimônia, mas mesmo esses raros indivíduos recorrem a ela apenas para a instrução de alguns neófitos e para obter um conhecimento da mais alta importância.

E, no entanto, quão pouco o conhecimento armazenado por esses hierofantes é compreendido ou apreciado pelo público em geral! "Há uma outra coleção de escritos e de tradições que traz o título de *Cabbala*, atribuída a eruditos orientais", diz o autor de *Art Magic*; "mas, como esta obra notável tem pouco ou nenhum valor sem uma chave, que *só pode ser fornecida pelas fraternidades orientais*, a sua transcrição não teria nenhum valor para o leitor comum"[42]. E como elas são ridicularizadas por todo caixeiro-viajante que vagueia pela Índia à cata de "pedidos", e que envia ao *Times* os seus relatos de viagem, e deturpadas por todo trapaceiro de dedos ágeis que pretende mostrar por prestidigitação, à multidão estupefata, as façanhas dos verdadeiros mágicos orientais!

Mas, apesar da sua falsidade no seu caso argelino, Robert Houdin, uma autoridade na arte da prestidigitação, e Moreau-Cinti, um outro, testemunharam honestamente a favor dos médiuns franceses. Ambos testificaram, quando interrogados pelos Acadêmicos, que só os "médiuns" podiam produzir os fenômenos de golpes dados nas mesas e de levitação sem uma preparação prévia e sem móveis adaptados para esse objetivo. Eles também reconheceram que as chamadas "levitações sem contato" eram façanhas que estavam fora do alcance do prestidigitador *profissional*; que, para eles, tais levitações, a menos que fossem produzidas numa sala provida de um aparato secreto e de espelhos côncavos, eram *impossíveis*. Acrescentaram, além disso, que a simples aparição de uma mão diáfana num local em que seria impossível fazer-se auxiliar por confrades, tendo-se escolhido previamente o médium, constituiria uma prova de que ela *não era obra de um agente humano*, seja lá o que pudesse ser esse agente. O *Le Siècle* e outros jornais parisienses publicaram imediatamente as suas suspeitas de que esses dois profissionais e cavalheiros muito hábeis se haviam tornado aliados dos espiritistas!

O Prof. Pepper, Diretor do Instituto Politécnico de Londres, inventou um aparelho engenhoso para produzir aparições espectrais ao público e vendeu a sua patente em 1863, em Paris, pela soma de 20.000 francos. Os fantasmas pareciam reais e eram evanescentes, mas não eram mais do que um efeito produzido pelo reflexo de um objeto extremamente bem-iluminado sobre a superfície de uma placa de vidro. Eles pareciam aparecer e desaparecer, andar pelo palco e representar os seus papéis com perfeição. Às vezes um dos fantasmas sentava-se sobre um banco; em seguida, um dos atores vivos punha-se a discutir com ele e, brandindo um pesado machado, partia a cabeça e o corpo do fantasma em duas partes. Mas, quando se reuniam novamente as duas partes, o espectro reaparecia, a poucos passos dali, para espanto do público. A engenhoca funcionava maravilhosamente bem e o espetáculo atraía enormes multidões todas as noites. Mas produzir esses fantasmas exigia uma grande aparelhagem de palco, e mais de um ajudante. Havia, entretanto, muitos repórteres que fizeram dessa exibição um pretexto para ridicularizar os *espiritistas* – como se as duas classes de fenômenos tivessem a mínima ligação entre si!

O que os fantasmas de Pepper pretendiam fazer, os espíritos humanos desencarnados genuínos podem realmente realizar, quando o seu reflexo é materializado pelos elementais. Eles permitirão que os seus corpos sejam perfurados por balas ou por espadas, ou sejam desmembrados, e então ressurgirão instantaneamente intactos. Mas não acontece a mesma coisa com os espíritos elementares cósmicos e humanos, pois uma espada ou uma adaga, ou mesmo um bastão pontiagudo, os faz fugir aterrorizados. Isto poderá parecer inexplicável àqueles que não compreendem de que substância material são compostos os elementares; mas os cabalistas o compreendem perfeitamente. Os registros da Antiguidade e da Idade Média, para nada dizer das maravilhas modernas de Cideville, que foram atestadas judicialmente por nós, corroboram estes fatos.

Os céticos, e até mesmo os espiritistas desconfiados, têm, amiúde, acusado injustamente os médiuns de fraude, quando se lhes nega o que consideram ser o seu direito inalienável de testar os espíritos. Mas, para cada caso dessa espécie existem cinqüenta que os espiritistas permitiram ser praticados por impostores que não se preocuparam em apreciar as manifestações genuínas propiciadas para eles pelos seus médiuns. Ignorantes das leis da mediunidade, eles não sabem que, quando um médium honesto é possuído por um espírito – desencarnado ou elemental – ele não é mais senhor de si. Ele não pode controlar as ações dos espíritos, nem mesmo as suas. Fazem dele um boneco que dança de acordo com as suas vontades à medida que lhe movimentam os cordões por trás das cortinas. O médium falso pode parecer estar em transe, e até representar os truques durante todo o tempo; enquanto o médium real pode parecer estar de posse completa dos seus sentidos, quando na verdade está longe disso, e seu corpo seja animado por seu "guia indiano" ou "controle". Ou, ainda, pode estar em transe no seu gabinete, enquanto o corpo astral (seu duplo), ou *doppelgänger*, está passeando pela sala movido por uma outra inteligência.

Dentre todos os fenômenos, o da *repercussão*, intimamente ligado ao da bilocação e da "locomoção" aérea, é o mais surpreendente. Na Idade Média ele era referido como fenômeno de feitiçaria. De Gasparin, nas suas refutações do caráter miraculoso das maravilhas de Cideville, trata do assunto extensamente; mas essas pretensas explicações foram, por sua vez, rebatidas por de Mirville e por des Mousseaux, que, embora tenham falhado na sua tentativa de atribuir os fenômenos ao Diabo, demonstraram, no entanto, a sua origem espiritual.

"O prodígio da repercussão", diz des Mousseaux, "ocorre quando um golpe desferido contra o espírito, visível ou não, de uma pessoa *viva* ausente, ou contra o fantasma que a representa, golpeia essa pessoa, ao mesmo tempo e no lugar exato em que o espectro ou o seu duplo foi tocado! Devemos supor, portanto, que o golpe é repercutido, e que ele alcança, por ricochete da imagem da pessoa viva – a sua duplicata fantasmática[43] –, o original onde ela puder estar, em carne e osso.

"Assim, por exemplo, um indivíduo aparece diante de mim, ou, permanecendo invisível, me declara guerra, faz ameaças e me diz que estou sob os efeitos de uma obsessão. Aplico um golpe no lugar que percebi que estava o seu fantasma, onde eu o ouço mover-se, onde sinto *alguém*, algo que me molesta e resiste a mim. Golpeio; o sangue às vezes surgirá nesse lugar, e ocasionalmente se pode ouvir um grito; *ele está ferido* – talvez, morto! Isso foi feito, e expliquei o fato!

"Não obstante, no momento em que o golpeei, a sua presença em outro lugar foi autenticamente provada; (. . .) Eu vi, sim, eu vi nitidamente o fantasma ferido na face ou no ombro, e esta mesma ferida estava precisamente na pessoa viva, repercutida em sua face ou em seu ombro. Assim, torna-se evidente que os fatos de repercussão têm uma conexão íntima com os de bilocação ou *duplicação [dédoublement]*, espiritual ou corporal"[44].

A história das feiticeiras de Salem, tal como está consignada nas obras de Cotton Mather, R. Calef, C. W. Upham e outros, fornece uma curiosa confirmação do fato do duplo, assim como confirma os efeitos do fato de os espíritos elementares agirem à sua maneira. Este capítulo trágico da história americana nunca foi escrito de acordo com a verdade. Um grupo de quatro ou cinco jovens "desenvolveu" as suas mediunidades freqüentando uma índia negra do Oeste, praticante do *Obeah*. Começaram a sofrer todo tipo de tortura física, tais como beliscões, picadas de alfinetes e marcas de arranhões e de dentes em diferentes partes de seus corpos. Elas declararam que haviam sido feridas pelos espectros de várias pessoas, e a célebre *Narrative of Deodat Lawson* (Londres, 1704) nos informa que "algumas pessoas confessaram ter ferido as sofredoras (isto é, as jovens), de acordo com a hora e a maneira em que foram acusadas, e, perguntadas sobre o que elas fizeram para as ferir, algumas disseram que espetaram alfinetes em bonecas feitas de trapos, cera e outros materiais. Uma delas confessou, após assinar a sua sentença de morte, que havia adquirido o hábito de as atormentar apenas com o segurar e apertar as suas mãos e *desejar* por pensamento qual a parte e, depois, de que maneira, ela queria ser atingida, e *isso era feito*"[45].

O Sr. Upham conta-nos que Abigail Hobbs, uma das jovens, reconheceu que havia feito um pacto com o Diabo, que "viera até ela na forma de um homem e ordenara atormentasse as moças, trazendo-lhe imagens de madeira à sua semelhança, com alfinetes que ela devia espetar nas imagens, o que ela fez; depois disso, as moças bradaram terem sido feridas por ela"[46].

Como esses fatos, cuja validade foi provada por testemunhos irrecusáveis diante do tribunal, confirmam perfeitamente a doutrina de Paracelso! É muito estranho que um sábio como o Sr. Upham tenha acumulado nas 1.000 páginas dos seus dois volumes uma tal massa de provas legais que demonstram a evidência da ação de almas ligadas à Terra e de espíritos malignos da Natureza nessas tragédias, sem suspeitar da verdade.

Há muitos séculos, Lucrécio fez o velho Ênio dizer:

> "Bis duo sunt hominis: manes, caro, *spiritus*, umbra;
> Quatuor ista loci bis buo suscipiunt;
> Terra tegit carnem, tumulum circumvolat umbra,
> Orcus habet manes".

No caso presente, como em todos os casos similares, os cientistas, incapazes de explicar o fato, afirmam que ele *não pode* existir.

Mas daremos agora alguns exemplos históricos para mostrar que alguns demônios, ou espíritos elementares, têm medo de espada, faca ou qualquer coisa pontiaguda. Não pretendemos explicar a razão. Isto é trabalho da Fisiologia e da Psicologia. Infelizmente, os fisiólogos não foram capazes nem mesmo de estabelecer as relações que existem entre a fala e o pensamento, e, assim, deixaram-nas aos metafísicos, que, por sua vez, segundo Fournié, nada fizeram. Nada fizeram, dizemos nós, mas tudo exigiram. Nenhum fato pode ser apresentado a alguns desses cavalheiros cultos que não seja suficientemente amplo para que eles tentam, pelo menos, guardá-lo em seus escaninhos, rotulado com algum nome grego imaginoso que expressa tudo, menos a natureza verdadeira do fenômeno:

"Ai de mim", ai de mim! meu filho!" exclama o sábio mufti de Aleppo a seu filho Ibrahim, que se engasgara com a cabeça de um grande peixe. "Quando compreenderás que teu estômago é menor do que o oceano?" Ou, como a Srta. Catherine Crowe observa em seu *Nitht-Side of Nature* [p. 10], quando os nossos cientistas admitirão que "os seus intelectos não são a medida dos desígnios do Deus Todo-poderoso?"

Não perguntaremos qual dos escritores antigos menciona fatos de natureza aparentemente *sobrenatural*; mas, antes, qual deles não o faz? Em Homero, temos Ulisses evocando o espírito do seu amigo, o adivinho Tirésias. Preparando-se para a cerimônia do "festival de sangue", Ulisses saca da sua espada e dessa maneira assusta os milhares de fantasmas atraídos pelo sacrifício. O amigo, o tão esperado Tirésias, não ousa aproximar-se enquanto Ulisses mantém a arma apavorante na mão[47]. Enéias prepara-se para descer ao reino das sombras, e, assim que se aproxima da entrada, a Sibila que o guia dita ao herói troiano o seu conselho e lhe ordena sacar da sua espada e abrir para si uma passagem através da multidão espessa de formas errantes:

> "*Tuque invade viam, vaginaque eripe ferrum*"[48].

Glanvill faz uma narrativa maravilhosa da aparição do "Tambor de Tedworth", que ocorreu em 1661[49]; e em que o *scîn-lâc*, ou duplo, do tambor-feiticeiro evidentemente temia a espada. Pselo, em sua obra[50], conta a história de sua cunhada que foi posta num estado muito assustador por um *demônio* elementar que a possuíra. Ela foi finalmente curada por um conjurador, um estrangeiro chamado Anaphalangis, que começou por ameaçar o ocupante invisível do seu corpo com uma *espada nua*, até que o desalojou. Pselo apresenta todo um catecismo da demonologia, em que se exprime nos seguintes termos, tanto quanto nos lembramos:

"Quereis saber", perguntou o conjurador, "se os corpos dos espíritos podem ser feridos por espada ou por qualquer outra arma?[51] Sim, eles podem. Qualquer substância dura que os golpeie pode causar-lhes uma dor sensível; e, embora os seus corpos não sejam feitos de nenhuma substância sólida ou firme, eles a sentem, pois, em seres dotados de sensibilidade, não são apenas os seus nervos que possuem a faculdade de sentir, mas também o espírito que reside neles (...) o corpo de um espírito pode ser sensível em seu *todo*, bem como em cada uma das suas partes. Sem o auxílio de qualquer organismo físico, o espírito vê, ouve e, se o tocardes, sente o vosso toque. Se os dividirdes em dois, ele sentirá a dor como qualquer homem vivo, pois ele também é *matéria*, embora seja esta tão refinada que se torna geralmente invisível aos nossos olhos. (...) Uma coisa, todavia, o distingue do homem vivo; a saber, o fato de que quando os membros de um homem são divididos, as suas partes não podem ser reunidas muito facilmente. Mas cortai um *demônio* em duas partes, e o vereis imediatamente se recompor. Assim como a água ou o ar se reúnem após a passagem de um corpo sólido[52], que não deixa nenhum sinal, nada atrás de si, assim também o corpo de um demônio condensa-se novamente, quando a arma penetrante é retirada da ferida. Mas cada incisão feita nele não lhe causa menos dor. *Eis por que os demônios* temem a ponta de uma espada ou de qualquer arma pontiaguda. Que aqueles que os queiram ver sangrar façam a experiência"[53].

Um dos eruditos mais sábios deste século, Bodin, o demonólogo, é da mesma opinião: os elementares humanos e cósmicos "são extremamente medrosos de espadas e de adagas". Também esta é a opinião de Porfírio, de Jâmblico e de Platão. Plutarco menciona-o várias vezes. Os teurgos praticantes sabiam-no muito bem e agiam de acordo com a sua informação; e um grande número deles afirma que "os demônios sofrem com qualquer incisão que seja feita em seus corpos". Bodin conta-nos uma história maravilhosa a respeito desse assunto, em sua obra *On the Demons*.

"Eu me lembro", diz o autor, "de que em 1557 um demônio elementar, da classe dos *relampagueantes* entrou *com um raio* na casa de Poudet, o sapateiro, e imediatamente começou a cair pedras por todo o aposento sem atingir nenhum dos circunstantes. Recolhemos tantas delas depois de ter fechado cuidadosamente as portas e as janelas e de ter trancado o cofre. Mas isto não impediu que o demônio introduzisse outras pedras no aposento. Latomi, que era então o *Presidente do Bairro*[54], veio ver o que estava acontecendo. Imediatamente após a sua entrada, o espírito fez o chapéu cair da sua cabeça fazendo-o sumir. Isso durou cerca de seis dias, até que Jean Morques, Conselheiro do *Présidial*, veio procurar-me para ver o mistério. Quando adentrei a casa, alguém sugeriu ao seu dono que dirigisse o seu pensamento a Deus com toda a devoção e que vibrasse uma espada no ar por todo o aposento; ele o fez. No dia seguinte, a senhoria nos contou que a partir daquele momento eles não ouviram mais o menor ruído na casa; enquanto que durante os sete dias anteriores em que aquilo durou não puderam ter o mínimo momento de descanso"[55].

Os livros sobre a feitiçaria da Idade Média estão cheios de tais narrativas. A muito rara e interessante obra de Glanvill, chamada *Sadducismus Triumphatus*, figura, com a de Bodin, mencionada acima, entre as melhores. Mas devemos abrir espaço agora para algumas narrativas dos filósofos antigos, que, ao mesmo tempo em que contam, vão nos explicando.

Em primeiro lugar, quanto às maravilhas, é preciso colocar Proclo. A sua lista de fatos, cuja maior parte ele apóia com citação de testemunhas – às vezes filósofos bastante conhecidos –, é desconcertante. Ele registra, da sua época, muitos exemplos de pessoas mortas que foram encontradas em posição diferente nos seus sepulcros depois de terem sido colocadas sentadas ou em pé – fenômeno que ele atribui ao fato de elas serem *larvas* e que, diz, "está relatado pelos antigos de Aristeas, Epiménides e Hermodorus". Cita cinco casos semelhantes extraídos da *História* de Clearco, o discípulo de Aristóteles. 1) Cleonymus, o ateniense. 2) Policreto, um homem ilustre entre os etólios. Este fato está relatado pelo historiador Naumachius, que diz que Policreto morreu e retornou no nono mês após a sua morte. "Hiero, o efésio, e outros historiadores", diz o seu tradutor, Taylor, "atestam a verdade desse fato." 3) Em Nicópolis, a mesma coisa aconteceu a um certo Eurynous, que ressuscitou no décimo-quinto dia após o seu enterro e viveu algum tempo depois disso levando uma vida exemplar. 4) Rufus, sacerdote da Tessalônica, voltou à vida no terceiro dia após a sua morte, com o objetivo de proceder a algumas cerimônias sagradas que havia prometido realizar; cumpriu o prometido, e morreu novamente para nunca mais voltar. 5) Este é o caso de Philonaea, que viveu sob o reinado de Filipe. Ela era filha de Demostratus e de Charite de Amphipolis. Casada contra a sua vontade com um certo Craterus, morreu logo depois. Mas ressuscitou no sexto mês após a sua morte, como diz Proclo, "por amor a um jovem chamado Machates, que viera de Pelle pedi-la ao pai Demostratus". Ela o visitou por muitas noites consecutivas, mas quando isto foi finalmente descoberto, ela, ou antes o vampiro que a representava, morreu de raiva. Antes da sua nova morte, ela declarara que agia dessa maneira de acordo com a vontade de *demônios terrestres*. O seu corpo foi visto nesta segunda morte por todos os habitantes da cidade, na casa do seu pai. Quando se abriu o seu túmulo, onde o seu corpo fora depositado anteriormente, os parentes dela, que não acreditavam que ele estivesse vazio, dirigiram-se para lá a fim de se certificarem da verdade do fato. A narrativa está confirmada nas *Epístolas de Hiparco* e nas de Arridaeus a Felipe[56][*].

Diz Proclo: "Muitos outros escritores antigos recolheram histórias de pessoas que morreram aparentemente e depois ressuscitaram; e entre eles estão o filósofo Demócrito, nos seus escritos relativos ao Hades, e o maravilhoso Conotes, conhecido por Platão. Pois a morte não era, como parecia, um abandono completo de toda a vida do corpo, mas uma cessação, causada por algum golpe, ou talvez uma ferida. Mas os laços da alma ainda continuavam atados à medula, e o coração conservava em suas profundezas o empireuma da vida; tudo isto conservado, readquiria-se a vida, que se extinguira, em virtude de se estar novamente adaptado à animação".

Ele diz ainda: "É evidente que é possível à alma deixar o corpo e voltar a entrar no corpo porque ele, que, de acordo com Clearchus, se serviu de uma *vara que atrai a alma* sobre um menino adormecido; e que convenceu Aristóteles, como Clearco relata em seu *Tratado sobre o sono*, de que a alma pode ser separada do

---

* É fato que Thomas Taylor menciona especificamente as *Epístolas de Hiparco* e as de Arridaeus a Felipe, mas não se encontrou nenhuma prova que as corroborem. Não se sabe da existência de nenhuma epístola do astrônomo Hiparco. Quanto ao segundo indivíduo mencionado por Taylor, sabemos apenas de Arrhidaeus (ou Aridaeus), meio-irmão de Alexandre, o Grande, e que era um imbecil, e de um outro que foi um dos generais de Alexandre. Não se sabe em que provas Taylor se baseou para fazer a sua afirmação. (N. do Org.)

corpo e de que ela entra num corpo e o usa como alojamento. Pois, golpeando o menino com a vara, ele atraiu e, como se diz, guiou a sua alma, com o objetivo de demonstrar que o corpo estava imóvel quando a alma [corpo astral] estava a uma certa distância dele, e que não lhe fizera nenhum mal. Mas a alma, guiada novamente para o corpo por meio da vara, deu-se conta, após a sua entrada, de tudo o que havia ocorrido. Nessas circunstâncias, assim, os espectadores e Aristóteles se convenceram de que a alma é distinta e separada do corpo"[57].

Parece absurdo lembrar tantos fatos de feitiçaria, em plena luz do século XIX. Mas o próprio século está ficando velho; e, enquanto ele se aproxima gradualmente do final fatal, parece que está voltando à infância; ele não só se recusa a reconhecer quão abundantemente os fatos de feitiçaria foram provados, mas também se recusa a compreender o que aconteceu nos últimos trinta anos, no mundo inteiro. Após um lapso de muitos milhares de anos, podemos duvidar dos poderes mágicos dos sacerdotes tessalônicos e dos seus "feitiçeiros" mencionados por Plínio[58]; podemos lançar em descrédito a informação que nos foi dada por Suidas, que narra a viagem de Medéia através do ar, e esquecer que a Magia era o conhecimento mais elevado da Filosofia Natural; mas como explicaremos a ocorrência freqüente dessas mesmas viagens "através do ar" quando elas acontecem diante dos nossos olhos e são corroboradas pelo testemunho de centenas de pessoas aparentemente sãs? Se a universalidade de uma crença for uma prova da sua verdade, poucos fatos foram mais bem-sucedidos do que os da feitiçaria. "Cada povo, do mais rude ao mais refinado, podemos acrescentar também que de qualquer época, acreditou no tipo de ação sobrenatural que designamos com esse termo", diz Thomas Wright, autor de *Narratives of Sorcery and Magic* e membro cético do Instituto Nacional da França. "Descobriu-se no credo igualmente extenso que, além da nossa própria existência visível, vivemos num mundo invisível de seres espirituais, que freqüentemente guiam as nossas ações e *mesmo os nossos pensamentos* e que têm um certo grau de poder sobre os elementos e sobre o curso ordinário da vida orgânica." Além disso, maravilhado de como esta ciência misteriosa floresceu por toda parte, e observando a existência de muitas escolas de Magia famosas em diferentes regiões da Europa, ele explica a crença consagrada pelo tempo e mostra a diferença entre feitiçaria e magia da seguinte maneira: "O mágico difere do feiticeiro no fato de que, *enquanto este era um instrumento ignorante nas mãos dos demônios, o outro tornava-se seu senhor pela intermediação poderosa de uma ciência*, que só estava ao alcance de poucos, e a que estes seres eram incapazes de desobedecer"[59]. Esta definição, estabelecida e conhecida desde os dias de Moisés, o autor afirma que foi extraída das "fontes mais autênticas".

Se, desse incrédulo, passarmos à autoridade de um adepto dessa misteriosa ciência, o autor anônimo de *Art Magic*, encontramo-lo afirmando o seguinte: "O leitor pode perguntar: em que consiste a diferença entre o médium e o mágico? (...) O médium é um ser por meio de cujo espírito astral outros espíritos se podem manifestar, fazendo sentir a sua presença por meio de diversos tipos de fenômenos. Seja qual for a natureza desses fenômenos, o médium é apenas um agente passivo em suas mãos. Ele não pode *nem ordenar* a sua presença, nem desejar a sua ausência; não pode nunca forçar a realização de qualquer ato especial, nem dirigir a sua natureza. O mágico, ao contrário, *pode convocar e dispensar os espíritos de acordo com a sua vontade*; pode realizar muitas façanhas de poder oculto através do seu próprio espírito; pode forçar a presença e a ajuda de espíritos de graus inferiores de ser do que o dele e efetuar transformações no reino da Natureza em corpos animados e inanimados"[60].

Este erudito autor esqueceu-se de assinalar uma distinção notável que existe na mediunidade, com a qual deve estar totalmente familiarizado. Os fenômenos físicos são o resultado da manipulação de forças, por meio do sistema físico do médium, pelas inteligências inobservadas, de não importa qual classe. Numa palavra, a mediunidade física depende de uma organização peculiar do sistema *físico*; a mediunidade espiritual, que é acompanhada de uma certa manifestação de fenômenos subjetivos e intelectuais, depende de uma organização peculiar da natureza *espiritual* do médium. Assim como o oleiro pode fazer de uma bola de argila um belo vaso e, de uma outra, um vaso ruim, assim também, entre os médiuns físicos, o espírito astral plástico de um deles pode estar preparado para uma determinada classe de fenômenos, e o de outro, para uma classe diferente. Uma vez preparado o espírito, parece difícil alterar a fase da mediunidade como quando uma barra de aço, forjada numa determinada forma, não pode ser usada, sem dificuldade, para outro propósito que não seja aquele para o qual foi prevista a sua forma original. Como regra geral, os médiuns que foram desenvolvidos para uma classe de fenômenos raramente mudam para uma outra, mas repetem a mesma performance *ad infinitum*.

A psicografia ou escrita direta de mensagens ditadas por espíritos é comum a ambas as formas de mediunidade. A escrita em si mesma é um fato físico objetivo, ao passo que os sentimentos que ela exprime podem ser do caráter mais nobre. Estes dependem inteiramente do estado moral do médium. Não se exige que ele tenha instrução alguma para escrever tratados filosóficos dignos de Aristóteles, nem que seja um poeta para escrever versos que fariam honra a Byron ou a Lamartine; mas deve-se exigir que a alma do médium seja suficientemente pura para servir de canal para os espíritos capazes de dar uma forma elevada a sentimentos desse gênero.

No livro *Art Magic*, um dos quadros mais deleitosos que nos são apresentados é o de uma inocente criança médium, em cuja presença, durante os últimos três anos, quatro volumes de manuscritos, compostos em sânscrito antigo, foram escritos pelos espíritos sem penas, lápis ou tinta. "É suficiente", diz o autor, "colocar as folhas brancas sobre um tripé, cuidadosamente colocado fora do alcance dos raios diretos do Sol, mas num lugar onde ele ainda seja visível aos olhos dos observadores atentos. A criança senta-se no chão e descansa a sua cabeça sobre o tripé, abraçando os pés deste com os braços pequenos. Nesta posição, ela dorme geralmente por cerca de uma hora, tempo em que as folhas que repousam sobre o tripé são preenchidas com os caracteres primorosamente elaborados do sânscrito antigo"[61]. Eis um exemplo notável de mediunidade psicográfica, e que ilustra tão completamente o princípio que enunciamos acima, que não podemos resistir ao desejo de citar algumas linhas de um dos escritos sânscritos, tanto mais que ele incorpora aquela porção da filosofia hermética a que se refere ao estado antecedente do homem, que descrevemos em outro lugar de maneira bem menos satisfatória.

"O homem vive em muitas outras terras antes de chegar a esta. Miríades de mundos nadam no espaço em que a alma em estados rudimentares faz as suas peregrinações, antes que chegue ao grande e brilhante planeta chamado Terra, cuja função gloriosa é conferir-lhe *autoconsciência*. Só neste ponto é que ele se torna homem; em qualquer outra etapa desta jornada vasta e selvagem ele é apenas um ser embrionário – uma forma evanescente e temporária de matéria –, uma criatura de cuja alma elevada e aprisionada uma parte, mas apenas *uma parte*, resplandece; uma forma rudimentar, com funções rudimentares, sempre vivendo, morrendo, mantendo uma existência espiritual passageira tão rudimentar quanto a forma material de que emergiu; uma borboleta despontando da crisálida, mas sempre, à medida que avança, em novos nascimentos, novas mortes, novas encarnações, para daqui a pouco morrer e viver novamente, mas ainda dando um passo à frente, outro para trás, sobre o caminho vertiginoso, apavorante, cansativo e acidentado, até que desperte uma vez mais – para viver uma vez mais e ser uma forma material, um algo de poeira, uma criatura de carne e osso, mas agora – *um homem*"[62].

Fomos testemunhas, certa vez, na Índia, de uma experiência de habilidade psíquica entre um venerável *gosain*[63] e um feiticeiro[64] que nos ocorre agora em relação a esse assunto. Estávamos discutindo sobre os poderes relativos dos *pitris* dos faquires – espíritos pré-adamitas e aliados invisíveis dos prestidigitadores. Concordou-se em fazer uma experiência de habilidades, e o autor destas linhas foi escolhido como árbitro. Fazíamos a sesta, próximos de um pequeno lago da Índia setentrional. Sobre a superfície das águas cristalinas flutuavam inúmeras flores aquáticas e largas folhas brilhantes. Cada um dos contendores tomou uma dessas folhas. O faquir, apoiando a sua contra o seu peito, cruzou as mãos sobre ela e entrou em transe momentâneo. Colocou, então, a folha sobre a água, com a superfície superior voltada para baixo. O prestidigitador pretendia controlar o "senhor da água", o espírito que reside na água; e gabou-se de forçar o *poder* a impedir que os *pitris* manifestassem quaisquer fenômenos sobre a folha do faquir em *seu* elemento. Tomou a sua própria folha e a colocou sobre a água, depois de ter praticado sobre ela uma espécie de encantação selvagem. Ela, imediatamente, exibiu uma agitação violenta, ao passo que a outra folha continuava absolutamente imóvel. Ao final de alguns segundos, ambas as folhas foram retiradas. Sobre a folha do faquir vimos – para indignação do prestidigitador – algo que se assemelhava a desenhos geométricos formados de caracteres de um branco leitoso, como se os sucos da planta tivessem sido usados como um fluido corrosivo com que se pudesse escrever. Quando ela secou, e tivemos a oportunidade de examinar as linhas com cuidado, reconhecemos serem elas uma série de caracteres sânscritos elaborados com perfeição; o todo compunha uma frase que enfeixava um preceito de alta moral. O faquir, acrescentamos, não sabia ler nem escrever. Sobre a folha do prestidigitador, em vez de escrita, encontramos uma figura hedionda, demoníaca. Cada uma das folhas, portanto, trazia uma impressão ou um reflexo alegórico do caráter do contendor e indicava a qualidade de seres espirituais a que obedecia. Mas, com grande pesar, temos mais uma vez de deixar a Índia, com o seu céu azul e o seu misterioso passado, os seus devotos religiosos e os seus feiticeiros sobrenaturais, e, no tapete mágico do historiador, regressar à atmosfera bolorenta da Academia Francesa.

Para apreciar a timidez, o preconceito e a superficialidade que marcaram o tratamento dos assuntos psicológicos no passado, propomos passar rapidamente em revista um livro que está diante dos nossos olhos. Trata-se da *Histoire du merveilleux dans les temps modernes*. A obra foi publicada por seu autor, o culto Dr. Figuier, e está plena de citações das mais conspícuas autoridades em Fisiologia, Psicologia e Medicina. O Dr. Calmeil, o bastante conhecido diretor-chefe de Charenton, o famoso manicômio da França, é o robusto Atlas sobre cujos poderosos ombros descansa o mundo da erudição. Fruto maduro do pensamento de 1860, o livro deve ter o seu lugar entre as mais curiosas obras de *Arte*. Movido pelo incansável demônio da ciência, determinado a matar a superstição – e, em conseqüência, o Espiritismo – com um só golpe, o autor nos fornece uma visão sumária dos exemplos mais notáveis de fenômenos mediúnicos ocorridos durante os dois últimos séculos.

A discussão abrange os profetas de Cévennes, os camisard, os jansenistas, o Abade de Paris e outras epidemias históricas de que falaremos o mínimo possível, pois foram descritas nos últimos vinte anos por quase todos os que escreveram sobre os fenômenos modernos. Não são os *fatos* que queremos colocar em discussão, mas apenas a maneira como esses fatos foram considerados e tratados por aqueles que, na qualidade de médicos e de autoridades reconhecidas, tiveram a maior parte de responsabilidade nessas questões. Se apresentamos esse autor preconceituoso aos leitores do nosso tempo é apenas porque a sua obra nos possibilita mostrar o que os fatos ocultos e as suas manifestações podem esperar da ciência ortodoxa. Quando as epidemias psicológicas mais famosas em todo o mundo são tratadas dessa maneira, o que levará um materialista a estudar seriamente outros fenômenos tão autênticos e tão interessantes, mas menos populares? Não nos esqueçamos de que os relatórios feitos por várias comissões e enviados às suas respectivas academias naquela época, bem como os registros dos tribunais judiciários, existem até hoje e podem ser consultados para a verificação dos fatos. Foi a partir de documentos destas fontes irrefutáveis que o Dr. Figuier compilou a sua extraordinária obra. Devemos dar, pelo menos em substância, os argumentos sem igual com que o autor intenta demolir toda forma de sobrenaturalismo, bem como os comentários do demonólogo des Mousseaux, que, em uma das suas obras[65], salta sobre a sua vítima cética como um tigre sobre a sua presa.

Entre os dois contendores – o materialista e o beato – , o estudioso imparcial pode respigar uma boa colheita.

Começaremos pelos Convulsionários de Cévennes, a epidemia cujos fenômenos estarrecedores ocorreram durante a última parte de 1700. As medidas impiedosas adotadas pelos católicos franceses para extirpar o espírito de profecia do seio de toda uma população são históricas e não precisam ser aqui repetidas. Só o fato de que um mero punhado de homens, mulheres e crianças, que não excedia a 2.000 pessoas no todo, pôde resistir durante anos às tropas do rei, que, com a milícia, somavam 60.000 homens, é em si mesmo um milagre. As maravilhas estão, todas elas, registradas, e os *procès verbaux* da época estão preservados nos Arquivos da França até hoje. Existe, entre outros, um relatório oficial que foi enviado a Roma pelo feroz Abade du Chayla, prior de Laval, em que ele se lamenta de que o *Diabo* seja tão poderoso que nenhuma tortura, nenhum exorcismo inquisitorial é capaz de o desalojar dos cevenenses. Ele acrescenta que fechou as mãos deles sobre carvão em brasa e elas nem sequer se chamuscaram; que ele enrolou os seus corpos em *algodão embebido em óleo e lhes ateou fogo*, sem ter encontrado, em muitos casos, uma queimadura sequer em suas peles; que lhes foram dados tiros, e as balas foram encontradas entre as suas peles e as suas roupas, achatadas, sem os ter sequer ferido, etc., etc.[66]

Aceitando todos estes fatos como uma base sólida para os seus argumentos eruditos, eis o que afirma o Dr. Figuier: "Por volta do final do século XVII, uma solteirona importa para Cévennes o espírito de profecia. Ela o comunica [?] a rapazes e moças, que o transpiram por sua vez e o exalam na atmosfera ambiente. (...) Mulheres e crianças tornam-se as mais sensíveis à infecção"[67]. Homens, mulheres e *bebês* falam sob inspiração, não no *patois* comum, mas no mais puro francês – uma língua àquela época inteiramente desconhecida na região. Crianças de doze meses, e até menos, como lemos nos *procès verbaux*, que anteriormente não pronunciavam senão algumas sílabas, falaram fluentemente, e profetizaram. "Oito mil profetas", diz Figùier, "estavam disseminados por toda a região; doutores e eminentes médicos foram enviados para lá." Metade das escolas de Medicina da França, e inclusive a Faculdade de Montpellier, acorreram ao local. Consultas foram feitas, e os médicos se declararam "encantados, perdidos de espanto e de admiração, ao ouvir moças e rapazes, ignorantes e iletrados, pronunciar discursos sobre coisas que *nunca haviam aprendido*"[68]. A sentença pronunciada por Figuier contra esses confrades traidores da sua profissão, por se terem deixado encantar até esse ponto pelos jovens profetas, foi a de que eles "não compreenderam o que viram"[69]. Muitos dos profetas comunicavam forçosamente os seus espíritos àqueles que tentavam quebrar o encanto[70]. Um grande número deles tinha *entre três e doze anos de idade*; outros ainda *mamavam*, e falavam francês distinta e corretamente[71]. Esses discursos, que freqüentemente duravam várias horas, teriam sido impossíveis a esses pequenos oradores, estivessem eles em seu estado natural ou normal [72].

"Ora", pergunta o resenhador, "qual era o significado de tal série de prodígios, todos eles admitidos francamente no livro de Figuier? Não têm significação alguma! Eram nada", diz ele, "a não ser o efeito de uma 'exaltação momentânea das faculdades intelectuais'."[73] "Esses fenômenos", acrescenta, "são observáveis em muitas das afecções cerebrais."

"Uma *exaltação momentânea*, que dura muitas horas *nos cérebros de bebês de menos de um ano*, ainda não desmamados, que falam um bom francês antes que tivessem aprendido a dizer uma palavra sequer em seu próprio *patois*! Oh, milagre da Fisiologia! *Prodígio* deve ser teu nome!" exclama des Mousseaux.

"O Dr. Calmeil, em sua obra sobre a insanidade", observa Figuier, "quando se reporta à *teomania* extática dos calvinistas, conclui que a doença deve ser atribuída, nos seus casos mais simples, à HISTERIA e, nos de caráter mais sério, à *epilepsia* (...) Inclinamo-nos ante à opinião de que se tratava de uma doença *sui generis* e, a fim de dar um nome apropriado a ela, devemos nos contentar em chamá-los de Convulsionários Trêmulos de Cévennes"[74].

Teomania e *histeria*, novamente! As corporações médicas devem estar possuídas de uma incurável *atomomania*; de outra maneira, por que dariam eles o estatuto de ciência a tais absurdos, com a esperança de os fazer aceitar?

"Tal era a fúria de exorcizar e de *assar*" continua Figuier, "que os monges viam possuídos em todas as partes para coonestar milagres e tornar mais clara a onipotência do Diabo e assegurar a vida monacal"[75].

Contra esse sarcasmo, o piedoso des Mousseaux expressa uma gratidão cordial a Figuier; pois, como ele observa, "ele *é na França* um dos primeiros escritores que, para nossa surpresa, *não nega* os fenômenos que, há muito tempo, são *inegáveis*. Movido por um sentido de superioridade sublime e mesmo de desdém pelo método usado pelos seus predecessores, o Dr. Figuier deseja que os seus leitores saibam que ele *não* trilha o mesmo caminho que eles. 'Não rejeitaremos', diz ele, 'como indignos de crédito, *fatos*, unicamente porque são embaraçosos para o nosso sistema. Ao contrário, recolheremos todos os fatos que a mesma evidência histórica nos transmitiu e que, conseqüentemente, têm direito à mesma crença, e é com base nessa massa de fatos que elaboraremos a *explanação natural* que devemos oferecer, por nossa vez, como seqüência àquela dos eruditos que trataram do assunto e que nos antecederam' "[76].

O Dr. Figuier continua a se expressar a este respeito. Dá alguns passos e, colocando-se no meio dos Convulsionários de Saint-Médard, convida os seus leitores a investigar, sob a sua direção, os *prodígios* que são para ele meros efeitos das leis da Natureza[77].

Mas, antes de continuarmos, por nosso turno, e a fim de bem apresentar a opinião de Figuier, devemos refrescar a memória do leitor sobre o que foram os milagres dos jansenistas, de acordo com as evidências históricas.

O Abade de Paris, um jansenista, morreu em 1727. Imediatamente após o seu falecimento, os mais surpreendentes fenômenos começaram a ocorrer em seu túmulo. O cemitério estava cheio de gente da manhã à noite. Os jesuítas, exasperados de ver hereges operarem curas de pessoas e outras maravilhas, obtiveram dos magistrados uma ordem para interditar todo acesso ao túmulo do abade. Mas, apesar de toda oposição, as maravilhas continuaram por cerca de vinte anos. O Bispo Douglas, que veio a Paris em 1749 com esse único objetivo, visitou o lugar e conta que os milagres ainda ocorriam entre os Convulsionários. Quando falharam todos os esforços para os interromper, o clero católico foi forçado a admitir a sua realidade, mas os encobriu, como sempre, sob a intervenção do Diabo. Hume, nos seus *Philosophical Essays*, afirma: "Nunca houve um número tão grande de milagres atribuídos a uma pessoa como aqueles que ultimamente se diz terem ocorrido na França sobre o túmulo do Abade de Paris. (...) A cura do doente, a audição ao surdo e a visão ao cego são coisas que se atribuem comumente a esse sepulcro santo. Mas, o que é mais extraordinário, muitos desses milagres foram imediatamente comprovados *no local*, diante de juízes de crédito e distinção inquestionáveis, numa época culta e no teatro mais eminente que existe atualmente no mundo (...) nem os *jesuítas* — tão instruídos, apoiados pelos magistrados civis e inimigos determinados dessas opiniões em cujo favor se diz que os milagres foram operados — foram capazes de os refutar ou averiguar"[78]. Isto é evidência histórica. O Dr. Middleton, em seu *A Free Enquiry* — um livro que escreveu quando as manifestações já estavam diminuindo, isto é, cerca de dezenove anos depois que haviam começado –, declara que a evidência desses milagres é tão forte quanto a das maravilhas atribuídas aos Apóstolos.

Os fenômenos tão bem autenticados por milhares de testemunhas diante de magistrados, e a despeito do clero católico, estão entre os mais maravilhosos da História. Carré de Montgeron, membro do Parlamento e homem que se tornou célebre por suas relações com os jansenistas, enumera-os cuidadosamente em sua obra. Ela compreende quatro grandes volumes, dos quais o primeiro, dedicado ao rei, tem o seguinte título: *La vérité des miracles opérés par l'intercession de M. de Pâris (...) demontrée contre l'Archevêque de Sens. Ouvrage dédié au Roi, par M. de Montgeron, Conseiller au Parlement*. O autor apresenta uma quantidade enorme de evidências pessoais e oficiais à veracidade de cada caso. Por falar desrespeitosamente do clero romano, Montgeron foi enviado à Bastilha, mas a sua obra foi aceita.

Vejamos agora as opiniões do Dr. Figuier sobre esses fenômenos históricos notáveis e inquestionáveis. "Uma Convulsionária curva-se para trás em arco, os seus rins são sustentados pela ponta aguda de uma estaca", cita o autor, dos *procès verbaux*. "Ela pede que seja golpeada com uma pedra que pese cinqüenta libras e que seja suspendida por uma corda que passe por uma roldana fixa ao teto. A pedra, erguida à altura máxima, cai com todo o seu peso sobre o estômago da paciente, cujo dorso permanece todo o tempo sobre a ponta aguda da estaca. Montgeron e outras numerosas testemunhas afirmaram que nem a carne e nem a pele das costas receberam o menor arranhão e que a moça, para mostrar que não sentia dor alguma em lugar algum, gritava: 'Mais forte – mais forte!'"[79]

"Jeanne Maulet, uma moça de vinte anos, com as costas apoiadas contra um muro, recebeu em seu estômago uma centena de golpes de um martelo de forja que pesava trinta libras; os golpes, desferidos por um homem muito forte, eram tão terríveis, que fizeram o muro tremer. Para experimentar a força dos golpes, Montgeron desferiu-os contra o muro de pedras contra o qual a moça estava postada. (...) Tomou um dos instrumentos das curas jansenistas, chamado de 'GRAND SECOURS'. Ao vigésimo-quinto golpe", escreve ele, "a pedra sobre a qual eu batia, afetada pelos golpes anteriores, destacou-se de repente e caiu do outro lado do muro, deixando uma abertura de cerca de vinte centímetros de diâmetro." Quando os golpes são desferidos com violência sobre uma placa de ferro colocada sobre o estômago de um Convulsionário (que, às vezes, é apenas uma frágil mulher), "parece", diz Montgeron, "que ela penetrou até a espinha e rompeu todas as entranhas sob o impacto da força dos golpes. Mas, bem longe disso, a Convulsionária grita, com uma expressão de absoluto enlevo estampada na face: 'Oh, que delícia! Como é bom! Coragem, irmão; bate duas vezes mais forte, se puderes!'"[80] Resta-nos", continua o Dr. Figuier, "tentar explicar os estranhos fenômenos que acabamos de descrever"[81].

"Dissemos, na introdução desta obra, que em meados do século XIX uma das mais famosas epidemias de possessão eclodiu na Alemanha: a dos *Nonnains*, que operavam todos os milagres mais admirados desde os tempos de Saint-Médard, e alguns ainda maiores; que davam saltos mortais, que SUBIAM PELAS PAREDES e que falavam LÍNGUAS ESTRANGEIRAS"[82].

O relatório oficial das maravilhas, mais completo do que o de Figuier, acrescentou alguns detalhes, tais como o de que "as pessoas afetadas poderiam ficar de cabeça para baixo durante horas e descrever corretamente eventos que ocorriam no mesmo momento nas residências dos membros da comissão; eventos que foram verificados em seguida. Homens e mulheres eram suspensos no ar, por uma força invisível, e os esforços reunidos dos membros da comissão foram insuficientes para os trazer para baixo. Mulheres idosas subiam paredes perpendiculares de dez metros de altura com a agilidade de gatos selvagens, etc., etc.".

Espera-se, agora, que o crítico erudito, o eminente fisiólogo e psicólogo, que não só crê nesses fenômenos incríveis, mas também os descreve minuciosamente, e *con amore*, por assim dizer, vá espantar o público leitor com alguma explicação tão extraordinária, que as suas opiniões científicas inaugurarão uma hégira real nos campos inexplorados da Psicologia. Bem, ele nos espanta, pois, a tudo isso, ele responde tranqüilamente: "*Recorreu-se ao casamento* para pôr um ponto final a essas desordens dos Convulsionários"[83].

Por uma vez des Mousseaux levou a melhor contra o seu inimigo: "O casamento, compreendeis?" observa ele. "O casamento cura-os dessa faculdade de subir pelas paredes como moscas e de falar línguas estrangeiras. Oh! as propriedades curiosas do casamento nesses dias extraordinários!"

"Poder-se-ia acrescentar", continua Figuier, "que, com os fanáticos de Saint-Médard, os golpes só eram desferidos durante as crises de convulsões; e que, em conseqüência, como sugere o Dr. Calmeil, o meteorismo do abdome, o *estado de espasmo* do útero das mulheres, do tubo digestivo em todos os casos, o estado de *contração*, de *eretismo*, de *turgescência dos invólucros carnais*, das *camadas musculares* que protegem e cobrem o abdome, o peito e as principais massas vasculares e as superfícies ósseas *podem ter contribuído singularmente para reduzir, e até destruir*, a força dos golpes!

"A resistência espantosa que a pele, o tecido areolar, a superfície dos corpos e dos membros dos Convulsionários ofereciam às coisas que pareciam dever rasgá-los ou esmagá-los é de natureza a excitar mais surpresa. Não obstante, isso pode ser explicado. Esta força resistente, esta insensibilidade, parecem compartilhar das mudanças extremas de sensibilidade que podem ocorrer na economia animal durante um período de grande exaltação. A cólera, o temor, numa palavra, toda paixão, desde que levada a um paroxismo, pode produzir esta insensibilidade"[84].

"Observamos, além disso", acrescenta o Dr. Calmeil, citado por Figuier, "que, para golpear os corpos dos Convulsionários, usavam-se objetos maciços com superfície achatadas ou arredondadas, ou de formas cilíndricas ou obtusas. A ação desses agentes físicos não se compara, em relação ao perigo que ela oferece, à das cordas, de instrumentos dóceis ou flexíveis e que tenham borda cortante. Enfim, o contato e o choque de golpes produziam nos Convulsionários *o efeito de uma ducha salutar* e diminuíam a violência das torturas da HISTERIA"[85].

O leitor, por favor, não se esqueça de que isto não é uma piada, mas a teoria seriamente expressa por um dos mais eminentes dentre os médicos franceses, com muitos anos de experiência, o Diretor-chefe do Manicômio Estatal de Charenton. Certamente, a explicação dada acima seria capaz de conduzir o leitor a uma suspeita estranha. Podemos imaginar, talvez, que o Dr. Calmeil tenha assistido os pacientes que estavam sob os seus cuidados durante um tempo maior do que aquele que fosse considerado ótimo para a ação saudável de seu próprio cérebro.

Além disso, quando Figuier fala de objetos maciços, de formas cilíndricas e obtusas, ele se esquece certamente das espadas pontiagudas, das estacas de ferro pontudas e das machadinhas, de que ele próprio fez uma descrição gráfica à p. 409 do seu primeiro volume. Ele nos faz ver o irmão de Élie Marion golpeando o seu estômago e o seu abdome com a ponta aguda de uma faca, com violência extrema, "seu corpo resistindo todo o tempo como se fosse feito de ferro"[86].

Nesse ponto, des Mousseaux perde a paciência e exclama indignado:

"O médico ilustre estava bem acordado quando escreveu estas coisas? (...) Se, por acaso, os Drs. Calmeil e Figuier afirmam seriamente os seus ditos e insistem em suas teorias, estamos verdadeiramente dispostos a lhes dizer o seguinte: 'Estamos totalmente desejosos de crer em vós. Mas, antes desse esforço sobre-humano de condescendência, não quereis provar a verdade da vossa teoria de maneira mais prática? Permiti-nos, por exemplo, desenvolver em vós uma paixão violenta e terrível; cólera – raiva, o que escolherdes. Permiti-nos, por um único momento, vos irritar, sermos grosseiros, vos insultar. Naturalmente, só o faremos *a vosso pedido* e no interesse da ciência e da vossa causa. O nosso dever, em virtude desse contrato, consistirá em vos humilhar e provacar até o limite extremo. Diante de um público numeroso, que nada saberá do nosso acordo, mas a quem desejareis provar as vossas asserções, nós vos insultaremos; (...) nós vos diremos que vossos escritos são uma emboscada preparada para a verdade, um insulto ao senso comum, uma desgraça que só o papel pode suportar; mas que o público deverá punir. Acrescentaremos que *vós mentis à Ciência*, mentis aos ouvidos dos loucos ignorantes e estúpidos que vos rodeiam, como uma multidão ao redor de um charlatão de feira. (...) E quando, transportadas para além de vós, vossas faces empalidecerem e a cólera *tumeficar*, tereis *deslocado vossos fluidos*; quando vossa fúria tiver chegado ao ponto de explodir, golpearemos os vossos músculos *turgescentes* com batidas muito fortes; vossos amigos nos mostrarão os lugares mais insensíveis; propiciaremos uma chuva perfeita, uma avalanche de pedras cairá sobre eles (...) pois assim foi tratada a carne das mulheres convulsionadas cujo apetite por esses golpes nunca pôde ser satisfeito. Mas, a fim de vos presentear como gratificação uma *ducha salutar* – como vós deliciosamente dizeis –, vossos membros só serão golpeados com objetos dotados de *superfícies obtusas e de formas cilíndricas*, com bastões e varetas desprovidas de docilidade e, se preferirdes, caprichosamente torneados' "[87].

Des Mousseaux é tão liberal, tão determinado a fornecer aos seus adversários todas as oportunidades possíveis para que provem a sua teoria, que lhes oferece a escolha de se fazerem substituir, na experiência, por suas esposas, mães, filhas e irmãs, "desde que", diz ele, "tenhais percebido que o sexo mais fraco é o sexo forte e que melhor resiste a essas provas desconcertantes".

Inútil acrescentar que o repto de des Mousseaux ficou sem resposta.

NOTAS

1. Gostaríamos de saber se o Père Félix inclui nesta categoria Santo Agostinho, Lactâncio e Bede.
2. Por exemplo, Copérnico, Bruno e Galileu? Para maiores detalhes, ver o *Index expurgatorius*. Na verdade, há ditos populares bastante sábios; veja-se: "A audácia causa a morte das cidades com um simples grito".
3. Nem Herbert Spencer, nem Huxley, estariam aptos a refutar esta asserção. Mas o Père Félix parece ignorar o que ele deve à ciência; se houvesse dito isso em fevereiro de 1600, teria partilhado da sorte do pobre Bruno.
4. *Le mystère et la science*, conférences, Père Félix de Notre-Dame; em des Mousseaux, *Les hauts phénomènes de la magie*, 1864, p. xiv-xix.
5. Damácio, em *De principiis rerum*, chama-o *Dis*, "o ordenador de todas as coisas". Cf. Cory, *Anc. Fragm.*, p. 295 e 314; ed. 1832.
6. Platão, *Timeu*, 55 C.
7. Suidas, *Greek Lexicon*, s. v. "Tyrrhenia".
8. O leitor compreenderá que com "anos" se pretende dizer "eras", não meros períodos de 30 meses lunares cada um.
9. Ver a tradução grega de Fílon Bíblios preservada em Eusébio, *Praep. evang.*, livro I, cap. X (33). Cf. Cory, *op. cit.*, p. 3.

10. Reproduzimos a grafia e as palavras [*Moyst natures*] desse cabalista que viveu e publicou as suas obras no século XVII. Ele é geralmente considerado como um dos mais famosos alquimistas dentre os filósofos herméticos.

11. Os filósofos materialistas mais positivos concordam em que tudo que existe evoluiu do éter; em conseqüência, o ar, a água, a terra e o fogo, os quatro elementos primordiais, também procedem do éter e do caos, a primeira *Díada*; todos os imponderáveis, conhecidos ou desconhecidos, procedem da mesma fonte. Então, se há uma essência espiritual na matéria, e se essa essência a constrange a assumir milhões de formas individuais, por que é ilógico afirmar que cada um desses reinos espirituais da Natureza é povoado por seres que evoluíram de seu próprio material? A Química nos ensina que no corpo do homem há ar, água, terra e calor, ou fogo; o *ar* está presente nos seus componentes; a *água*, nas secreções; a *terra*, nos constituintes inorgânicos; e o *fogo*, no calor animal. O cabalista sabe, por experiência, que um espírito elemental contém apenas um desses elementos e que cada um dos quatro reinos tem os seus próprios espíritos elementais; sendo o homem mais elevado que eles, a lei da evolução encontra sua ilustração na combinação de todos os quatro em sua pessoa.

12. J. J. Görres, *Die christliche Mystik*, III, p. 63.

13. Os antigos chamavam de "as almas" os espíritos das pessoas más; a alma era a *larva* e a *lêmure*. Os espíritos humanos bons tornavam-se deuses.

14. Porfírio, *De abstinentia*, II, §47.

15. *On the Mysteries of the Egyptians*, etc., II, iii; tradução de Thos. Taylor.

16. Século II d. C. "Du Dieu de Scorate", Apul. class., p. 143-45.

17. [Corrigido pela própria H. P. B. em *Lucifer*, vol. III, fevereiro de 1889, p. 527: "(. . .) *em outros e inferiores corpos*, de feras e de animais ou *transmigração*".]

18. R. S. Hardy, *Eastern Monachism*, p. 6.

19. *The Decline and Fall of the Roman Empire*, cap. XV, ii.

20. Dunlap, *Vestiges of the Spirit-History of Man*, p. 368; R. S. Hardy, *A Manual of Buddhism*, cap. IX, p. 392.

21. [Corrigido pela própria H. P. B. em *Lucifer*, vol. III, fevereiro de 1889, p. 527: "(. . .) não é uma vida no mesmo ciclo e na mesma personalidade".]

22. Lemprière (*Classical Dictionary*, art. "Pythagoras") diz que "há muitas razões para se suspeitar da verdade de toda a narrativa da viagem de Pitágoras à Índia", e conclui dizendo que esse filósofo nunca viu os ginósofos nem o seu país. Se fosse assim, como explicar o fato de que a doutrina da metempsicose de Pitágoras se parece mais a um hindu em seus detalhes do que com a egípcia? Mas, acima de tudo, que explicação fornecer para o fato de que o nome MONAS, aplicado por ele à Causa primeira, é idêntico à designação em sânscrito desse Ser? Em 1788, quando o *Dictionary* de Lemprière apareceu, o sânscrito era, podemos dizer, completamente desconhecido; a tradução do Dr. Haug do *Aitareya-Brâhmana*, em que esta palavra ocorre, só foi publicada cerca de *quinze* anos atrás, e até que esta preciosa adição à literatura das épocas arcaicas fosse completada, e que a idade precisa do *Aitareya* – agora fixada por Haug em 1400-1200 a. C. – deixasse de ser um mistério, poder-se-ia supor, no caso dos símbolos cristãos, que os hindus os *emprestaram* de Pitágoras. Mas agora, a menos que a filosofia possa explicar esse fato como "coincidência", e que a palavra *Monas* não seja a mesma em suas definições mais minuciosas, temos o direito de afirmar que Pitágoras esteve na Índia, e que foram os ginósofos que o instruíram em sua teologia metafísica. Só o fato de "o sânscrito, comparado com o grego e o latim, ser uma sua irmã mais velha", como o demonstra Max Müller, não é suficiente para explicar a identidade perfeita entre as palavras sânscrita e grega [MANAS e] MONAS, em seu sentido mais metafísico e mais abstrato. A palavra sânscrita *deva* (deus) tornou-se a latina *deus* e aponta para uma fonte comum; mas vemos a mesma palavra, no zoroastriano *Zend-Avesta*, assumir um sentido diametralmente oposto, tornando-se *daêva*, ou espírito do mal, de que provém a palavra [inglesa] *devil*.

23. Haug, *Aitareya-Brâhmanam*, livro V, cap. IV, 25.

24. *Ibid*.

25. Berosus, fragmento preservado por Alexandre Polistor. Cf. Cory, *Anc. Fragm.*, 1832, p. 24.

26. Um escritor usou uma expressão mais feliz para descrever a majestade dos monumentos arcaicos hindus e o acabamento refinado das suas esculturas. "Esses *pathâns* construíram", diz ele, "como gigantes e concluíram a sua obra como joalheiros."

27. ["Correlation of Vital, etc.", p. 158.]

28. Mich. V. G. Malacarne, *Anatomia cerebrale*, Milão.

29. Pselo, 6; Pleto, 2; nos *Anc. Fragm.* de Cory, 1832, p. 270.

30. [*Malleus maleficarum*, de Jacob Sprenger, 1487, etc.]

31. [A. Calmet, *Dissertations sur les apparitions*, etc., Paris, 1746, 1759.]

32. [*Sadducismus triumphatus*, p. 20 (Carta de More a Glanvill).]

33. *Chips from a German Workshop*, I, 8.

34. [Glanvill, *op. cit.*, p. 21.]

35. [*Deuteronômio*, XVIII, 10-1.]

36. [*Sadduc. triumph.*, p. 25 e 26.]

37. [*Ibid.*, p. 27-9.]

38. A fim de evitarmos ser contestados por alguns espiritualistas, damos *verbatim* a passagem em questão, como um exemplo da inafiançabilidade das declarações oraculares de certos "espíritos". Sejam eles humanos ou elementais, mas espíritos capazes de tal desfaçatez, devem ser considerados pelos ocultistas como qualquer coisa, exceto guias seguros em filosofia, ciência exata ou ética. "Deve-se lembrar", diz a Srta. Cora V. Tappan, numa conferência pública sobre "História do ocultismo e as suas relações com o espiritismo" (ver *Banner of Light*, de 26 de agosto de 1876), "que a antiga palavra feitiçaria, ou o exercício dela, era proibida entre os hebreus. O sentido da tradução é o de que não se permitiria que nenhuma feiticeira vivesse. Acreditou-se que esta fosse a interpretação literal; e, agindo assim, nossos ancestrais muito piedosos e devotos deram morte, sem testemunho adequado, a um número muito grande de pessoas inteligentes, sábias e sinceras, sob a condenação de feitiçaria. Pensa-se agora que a interpretação ou tradução seria que não se permitiria que nenhuma feiticeira provesse a sua subsistência pela prática da sua arte. Isto é, não se poderia fazer dela uma profissão." Seríamos nós muito atrevidos em querer saber da famosa conferencista através *de quem ou de acordo com que* autoridade *se pensa agora* de maneira diferente?

39. O Sr. Cromwell F. Varley, eletricista muito famoso da Atlantic Cable Company, comunica o resultado das suas observações, no curso de um debate realizado na Psychological Society of Great Britain, que foi reportado em *The Spiritualist* (Londres, 14 de abril de 1876, p. 174 e 175). Ele pensava que o efeito do ácido nítrico livre na atmosfera era capaz de espantar o que chama de "espíritos desagradáveis". Pensava também que aqueles que eram perturbados por espíritos desagradáveis em casa encontrariam alívio quando despejassem uma onça de vitríolo para cada duas onças de nitro bem reduzido a pó, tudo isso colocado num pires sob a cama. Aqui está um cientista, cuja reputação se estende por dois continentes, que dá uma receita para espantar os maus espíritos. E o grande público ainda zomba, como *"superstição"*, das ervas e dos incensos empregados pelos hindus, chineses, africanos e por outras raças para conseguirem o mesmo objetivo.

40. [*Isaías*, VI, 6-7.]

41. [Livro IV, cap. IX.]

42. *Art Magic*, etc., p. 97.

43. Esse fantasma é chamado *scín-lâece*. Ver Bulwer-Lytton, *A Strange Story*, cap. XL.

44. [*Les hauts phénomènes de la magie*, p. 144-45.] Na edição de Estrasburgo das suas obras (1603), Paracelso escreve sobre o maravilhoso poder *mágico* do espírito do homem. "É possível", diz ele, "que o meu espírito, sem o auxílio do corpo, e só através de uma vontade ardente, e sem uma espada, possa apunhalar e ferir outras pessoas. Também é possível que eu possa transformar o espírito do meu adversário numa imagem e então dobrá-lo e aleijá-lo (. . .) o exercício da vontade é um grande tópico em Medicina (. . .) Toda imaginação do homem provém através do coração, pois ele é o sol do microcosmo e de fora do microcosmo provém a imaginação para o grande mundo (éter universal) (. . .) a imaginação do homem é uma semente que é *material*." (Os nossos cientistas atômicos modernos o provaram; ver Babbage e o Professor Evans.) "O pensamento fixo também é um meio para se chegar a um fim. A magia é uma grande *sabedo-*

ria oculta, e a razão é uma grande loucura pública. Nenhum escudo protege contra a magia, pois ela magoa o espírito *interior* da vida."

45. C. W. Upham, *Salem Witchcraft*, Boston, 1867, vol. II, p. 527-34.
46. [*Ibid.*, p. 129-30.]
47. *Odisséia*, livro XI, linhas 35-50.
48. *Eneida*, livro VI, linha 260.
49. [*Sadduc. triumph.*, parte II, p. 97 e segs.]
50. *Dialogus de daemonum energia seu operatione*, cap.: "Quomodo daemones occupent".
51. *Numquid daemonum corpora pulsari possunt? Possunt sane, atque dolere solido quodam percussa corpore.*
52. *Ubi secatur, mox in se iterum recreatur et coalescit (. . .) dictu velocius daemonicus spiritus in se revestitur.*
53. [Cf. des Mousseaux, *Les hauts phénomènes*, etc., p. 151-53.]
54. Um magistrado do distrito.
55. Jean Bodin, *De la démonomanie des sorciers*, livro III, cap. VI, p. 158; Paris, 1580.
56. Esta circunstância espantosa foi autenticada pelo Prefeito da cidade, e o Procônsul da província entregou o relatório ao Imperador. A história está modestamente relatada pela Srta. Catherine Crowe (ver *The Night-Side of Nature*, p. 335-37). [Cf. Thos. Taylor, *The Works of Plato*, vol. I, p. 467-68, rodapé.]
57. Proclo, *MS. Comm. on Plato's Republic*, cf. Thos. Taylor, *The Works of Plato*, I, p. 468-69, nota.
58. *Nat. Hist.*, XXX, ii.
59. *Narratives of Sorcery and Magic*, I, p. 1-2.
60. *Art Magic*, etc., p. 159-60.
61. *Art Magic*, etc., p. 26.
62. *Ibid.*, p. 28.
63. Faquir, mendigo.
64. Um prestidigitador, diga-se.
65. *La magie au XIXme siècle*, p. 427-33.
66. [Howitt, *Hist. of the Supernatural*, II, cap. XVII.]
67. *Histoire du merveilleux dans les temps modernes*, vol. II, p. 261
68. *Ibid.*, 262.
69. *Ibid.*
70. *Ibid.*, p. 265.
71. *Ibid.*, p. 267, 401 e 402.
72. *Ibid.*, p. 266 e segs., 399-402.
73. *Ibid.*, p. 403.
74. *Histoire du merveilleux*, vol. II, p. 397.
75. *Ibid.*, p. 26-27.
76. *Ibid.*, p. 238.
77. Des Mousseaux, *La magie au XIXme siècle*, p. 428.
78. Hume, *Philosophical Works*, "Of Miracles", parte II; Londres, 1874-1875.
79. [*Hist. du merveilleux*, I, p. 300.]

80. Figuier, *op. cit.*, I, 383.
81. *Ibid.*, p. 397.
82. *Ibid.*, p. 401.
83. *Ibid.*, p. 401.
84. *Ibid.*, p. 401 e 411.
85. *Ibid.*, p. 413.
86. [*Ibid.*, I, p. 409; II, p. 407.]
87. [*La magie*, etc., p. 430-31.]

CAPÍTULO XI

"Estranha condição a do espírito humano, que parece ter necessidade de exercitar-se longamente no ERRO, antes de ousar aproximar-se da VERDADE."
MAGENDIE.

La vérité que je défends est empreinte sur tous les monuments du passé. Pour comprendre l'histoire, il faut étudier les symboles anciens, les signes sacrés du sacerdoce, et l'art de guérir dans les temps primitifs, art oublié aujourd'hui."
BARON DU POTET.

"É uma verdade eterna a de que os fatos acumulados, reunidos em desordem, começam a ordenar-se se uma hipótese é lançada entre eles."
HERBERT SPENCER.

Deveremos investigar agora a história da Magia para nela encontrar casos semelhantes àqueles referidos no capítulo precedente. A insensibilidade do corpo humano ao impacto de golpes pesados e a resistência à penetração de instrumentos pontiagudos e de projéteis de arma de fogo são fenômenos bastante familiares à experiência de todos os tempos e países. Enquanto a Ciência é totalmente incapaz de dar-nos qualquer explicação razoável para o mistério, a questão não parece oferecer qualquer dificuldade aos mesmeristas, que estudaram tão bem as propriedades do fluido. O homem que com alguns poucos passes sobre um membro pode produzir uma paralisia local de modo a torná-lo completamente insensível a queimaduras, a cortes e a picadas de agulhas não se espantará com os fenômenos dos jansenistas. Quanto aos adeptos da Magia, especialmente do Sião e das Índias Orientais, eles estão familiarizados demais com as propriedades do *âkâśa*, o misterioso fluido vital, para encararem a insensibilidade dos Convulsionários como um fenômeno de fato importante. O fluido astral pode ser comprimido sobre uma pessoa de modo a formar uma concha elástica, absolutamente impenetrável por qualquer objeto físico, por maior que seja a sua velocidade. Em resumo, este fluido pode igualar e mesmo ultrapassar em poder de resistência a água e o ar.

Na Índia, no Malabar, e em algumas regiões da África Central, os encantadores permitirão de bom grado a qualquer viajante que os alveje com seu fuzil ou revólver, sem tocar a arma ou selecionar as balas. Em *Travels in Timmannee, Kooranko and Soolima Countries*, de Laing, temos a descrição, feita por um viajante inglês – o primeiro homem branco a visitar tribos dos Soolimas, nas vizinhanças de Dialliba – de uma cena bastante curiosa. Um grupo de soldados escolhidos fez fogo contra um chefe que nada tinha para se defender senão alguns talismãs. Embora os seus fuzis estivessem convenientemente carregados e apontados, nenhuma bala o atingiu. Salverte narra um caso similar em sua *Filosofia da Magia*: "Em 1568, o príncipe de Orange condenou um prisioneiro espanhol a ser fuzilado em Juliers. Os soldados o amarraram numa árvore e o fuzilaram, mas ele era invulnerável. Os soldados então o despiram, para ver que armadura ele trajava, mas encontraram apenas um *amuleto*. (. . .) Este lhe foi arrancado e ele tombou morto ao primeiro tiro"[1].

Este caso difere bastante dos hábeis truques a que Houdin recorreu na Argélia. Ele próprio preparou balas de sebo, enegrecidas com fuligem, e por um jogo de mãos substituiu-as pelas balas verdadeiras, que os xeques árabes acreditavam colocar nas pistolas. Os nativos ingênuos, que só conheciam a magia verdadeira, que haviam herdado de seus ancestrais, e que consiste na maior parte dos casos em certos atos a realizar, sem conhecer nem o por quê ou o como, vendo Houdin, como pensavam, obter os mesmos resultados de uma maneira mais impressionante, imaginaram que ele era um mágico mais poderoso do que eles próprios. Muitos viajantes, esta autora inclusive, testemunharam exemplos dessa invulnerabilidade onde a fraude era impossível. Poucos anos atrás, vivia numa aldeia africana um abissínio que passava por ser um feiticeiro. Uma vez, alguns europeus, a caminho do Sudão, divertiram-se por uma ou duas horas alvejando-o com suas próprias pistolas e fuzis, um privilégio que ele lhes concedeu em troca de uma pequena contribuição. Um francês de nome Langlois fez fogo simultaneamente por cinco vezes, e as bocas das armas não estavam a mais de duas jardas do peito do feiticeiro. Em todas as vezes, simultaneamente à chama da detonação via-se a bala aparecer na boca da arma, tremer no ar e, então, depois de descrever uma pequena parábola, cair inofensivamente no solo. Um alemão do grupo, que estava em busca de penas de avestruz, ofereceu cinco francos ao mágico se ele lhe permitisse alvejá-lo com o fuzil tocando-lhe o corpo. O homem recusou em princípio; mas finalmente, depois de ter uma espécie de colóquio com alguém sob a terra, consentiu. O experimentador carregou cuidadosamente a arma e, pressionando a boca da arma contra o corpo do feiticeiro, depois de um momento de hesitação, atirou (. . .) o cano rebentou-se em fragmentos, assim como a coronha, e o homem saiu ileso.

Esse poder de invulnerabilidade pode ser concedido às pessoas pelos adeptos vivos e pelos espíritos. Em nosso próprio tempo, vários médiuns bem-conhecidos, na presença das mais respeitáveis testemunhas, não apenas seguraram pedaços de carvão e de fato colocaram seus rostos sobre o fogo sem chamuscar um cabelo, mas também depuseram pedaços de carvão incandescente sobre as mãos e as cabeças dos circunstantes, como no caso de Lord Lindsay e Lord Adair. A história bastante conhecida do chefe índio que confessou a Washington que na batalha de Braddock o havia alvejado com seu rifle por dezessete vezes a pequena distância sem conseguir tocá-lo ocorrerá ao leitor a esse respeito. De fato, muitos grandes comandantes tiveram, entre os soldados, a reputação de possuir o que se chama "uma vida encantada"; e o Príncipe Emil von Sayn-Wittgenstein, um general do exército russo, passa por ter sido um deles[*].

---

* Príncipe Emil-Karl-Ludwig von Sayn-Wittgenstein. Ver dados biográficos nos *Collected Writings*, vol. I, p. 533-34. (N. do Org.)

Esse mesmo poder, que permite uma pessoa comprimir o fluido astral de modo a formar uma concha impenetrável sobre alguém, pode ser utilizado para dirigir, por assim dizer, um jato do fluido contra um dado objeto, com uma força fatal. Muitas vinganças tenebrosas foram praticadas dessa maneira; e em tais casos, os inquéritos dos magistrados jamais descobriram outra coisa que não uma morte súbita, conseqüência, aparentemente, de uma doença do coração, de um ataque apoplético, ou de alguma outra causa natural, mas não verdadeira. Muitas pessoas acreditam firmemente que certos indivíduos possuem o poder do mau-olhado. O *malocchio*, ou *jettatura*, é uma crença muito difundida na Itália e no sul da Europa. O Papa, ao que se acredita, possuía – talvez inconscientemente – esse desagradável dom. Há pessoas que podem matar sapos simplesmente encarando-os, e mesmo assassinar homens. A malignidade de seu desejo traz as forças más para um foco, e o jato mortal se projeta como se fosse a bala de um rifle.

Em 1864, na província francesa de Var, próximo à pequena aldeia de Brignoles, vivia um camponês de nome Jacques Pélissier, que ganhava a vida matando pássaros apenas por meio da *força de vontade*. Seu caso é relatado pelo conhecido Dr. H.-D. d'Alger, a pedido de quem o singular caçador exibiu para vários cientistas o seu método. A história é narrada como segue: "A cerca de quinze ou vinte pés de nós vi uma encantadora calhandra, que mostrei a Jacques. 'Olha-a bem, monsieur', disse ele, 'ela é minha.' Estendendo em seguida a mão direita para o pássaro, aproximou-se dele gentilmente. A calhandra pára, levanta e baixa a sua bela cabeça, bate as asas mas não pode voar; enfim, ela não pode mover-se e se deixa apanhar agitando as asas com um leve alvoroço. Examino o pássaro; seus olhos estão inteiramente fechados e seu corpo tem uma rigidez cadavérica, embora as pulsações do coração sejam bastante audíveis; é um verdadeiro sono cataléptico, e todo o fenômeno prova incontestavelmente uma ação magnética. Quatorze pequenos pássaros foram presos dessa maneira, no espaço de uma hora; nenhum pôde resistir ao poder de mestre Jacques, e todos apresentavam o mesmo sono cataléptico; um sono que, ademais, termina à vontade do caçador, de quem esses pequenos pássaros se tinham tornado humildes escravos.

"Pedi talvez uma centena de vezes a Jacques que devolvesse vida e movimento aos seus prisioneiros, que os encantasse apenas pela metade, de modo que eles pudessem saltitar pelo solo, e então que os subjugasse de novo completamente sob o encantamento. Todos os meus pedidos foram cumpridos à risca, e nenhuma falha foi cometida por esse extraordinário Nemrod, que finalmente me disse: 'Se desejares, matarei aqueles que me indicares, sem tocá-los'. Indiquei dois pássaros para a experiência e, a vinte e cinco ou trinta passos de distância, ele cumpriu em menos de cinco minutos o que havia prometido".[2]

O traço mais curioso do caso em questão é que Jacques tinha completo poder sobre pardais, tordos, pintassilgos e calhandras; ele encantava às vezes as cotovias, mas, como diz ele, "elas me escapam com freqüência".

Esse mesmo poder é exercido com maior força pelas pessoas conhecidas como domadoras de feras selvagens. Nas margens do Nilo, alguns nativos podem encantar os crocodilos para fora da água com um assobio peculiarmente melodioso e doce, e agarrá-los impunemente, ao passo que outros possuem tais poderes sobre as serpentes mais mortais. Os viajantes contam que viram os encantadores cercados por bandos de répteis de que eles se desembaraçam à vontade.

Bruce, Hasselquist e Lemprière[3] atestam o fato de que viram no Egito, no Marrocos, na Arábia e especialmente no Senaar alguns nativos não fazerem o menor caso das picadas das víboras mais venenosas, assim como das ferroadas dos escorpiões. Eles os pegavam e brincavam com eles, e os colocavam à vontade num estado de estupor. "É em vão", diz Salverte, "que os escritores latinos e gregos nos asseguram que o dom de encantar répteis venenosos era hereditário em certas famílias desde tempos imemoriais, que o mesmo dom era exercido na África pelos psylli; que os marses na Itália, e os ophiozenes em Chipre o possuíam." Os céticos "esquecem que, na Itália, ainda no começo do século XVI, homens que diziam ser descendentes da família de São Paulo desafiavam, como os marses, as picadas de serpentes".

"As dúvidas a esse respeito", prossegue o autor, "foram dirimidas definitivamente ao tempo da expedição francesa ao Egito, e o seguinte relato é confirmado por milhares de testemunhas. O psylli, que pretendiam, como Bruce relatou, possuir essa faculdade (...) iam de casa em casa para matar as serpentes das mais variadas espécies. (...) Um instinto maravilhoso os guiava desde a sua chegada ao lugar em que as serpentes estavam ocultas; furiosos, uivando, espumando, eles as agarravam e dilaceravam com as unhas ou os dentes."

"Coloquemos", diz Salverte, ele próprio um cético inveterado, "na conta do charlatanismo, os uivos e a fúria; ainda assim, o instinto que informava os psylli da presença das serpentes tem em si algo de muito real."[4] Nas Antilhas, os negros descobrem, pelo odor, uma serpente que eles não vêem[5]. "No Egito, o mesmo dom, possuído outrora, é ainda exercido por homens que o aprenderam desde a infância, e que nasceram como que com um dom hereditário para caçar serpentes e descobri-las mesmo a uma distância grande demais para o seu odor ser perceptível aos órgãos embotados dos europeus. O fato principal que domina todos os outros, a faculdade de tornar impotentes os animais perigosos apenas pelo toque, está perfeitamente demonstrado e nós talvez jamais compreenderemos convenientemente a natureza desse segredo, celebrado na Antiguidade e preservado em nosso tempo pelos homens mais ignorantes."[6]

A música agrada a todos. Um doce assobio, um melodioso canto ou os sons de uma flauta atrairão invariavelmente os répteis em todos os lugares em que se encontrem. Testemunhamos e verificamos o fato repetidas vezes. No Alto Egito, todas as vezes que a caravana parava, um jovem viajante, que acreditava ser um flautista extraordinário, divertia a companhia tocando. Os cameleiros e outros árabes invariavelmente o detinham, pois haviam sido várias vezes surpreendidos pela inesperada aparição de várias famílias da ordem dos répteis, que geralmente evitam um encontro com os homens. Finalmente, nossa caravana encontrou-se com um grupo, entre os quais havia encantadores de serpentes profissionais, e o virtuoso foi então convidado, à guisa de experiência, a demonstrar sua habilidade. Nem bem tinha ele começado, ouviu-se um ligeiro frêmito, e o músico ficou tomado de horror ao ver de súbito uma grande serpente que se aproximava perigosamente de suas pernas. A serpente, com a cabeça levantada e os olhos fixados sobre ele, lentamente, e como que inconscientemente, rastejava, ondulando suavemente o corpo, e seguindo todos os seus movimentos. Apareceu então à distância uma outra, depois uma terceira, e uma quarta, que foram rapidamente seguidas por outras, até nos encontrarmos em seleta companhia. Diversos viajantes se refugiaram nas costas dos camelos, ao passo que outros procuraram refúgio na tenda do *cantinier*. Mas era um falso alarma. Os encantadores, em número de três, começaram os seus encantamentos e, atraindo os répteis, foram rapidamente cobertos por eles dos pés à cabeça. Assim que as serpentes se aproximavam dos homens, elas exibiam sinais de torpor e eram lançadas em profunda catalepsia. Seus olhos estavam semicerrados e vidrados, e suas cabeças, cadentes. Restou apenas uma recalcitrante, uma grande e luzidia serpente negra, de pele variegada. Este *melômano* do deserto avançava graciosamente, balançando e saltitando, como se tivesse dançado toda a vida sobre a cauda, e seguia o andamento das notas da flauta. Esta serpente não parecia estar disposta a se deixar seduzir pelo "encanto" dos árabes, e procurava mover-se lentamente na direção do flautista, que finalmente fugiu. O moderno psylliense tomou então de seu saco uma planta semi-seca, que agitou na direção da serpente. Ela tinha um forte odor de menta, e assim que o réptil percebeu o cheiro seguiu o árabe, ainda ereta sobre a sua cauda, mas agora aproximando-se da planta. Alguns segundos a mais e o "inimigo tradicional" do homem foi visto enrolado em torno do braço de seu encantador, tornou-se por sua vez insensível. Por fim todos os encantadores decapitaram as serpentes, cujos corpos lançaram no rio.

Muitos acreditam que tais serpentes são preparadas e treinadas para esse objetivo, e que elas são ou privadas de suas presas, ou têm as bocas costuradas. Existem alguns prestidigitadores de baixo nível cujos truques deram, sem dúvida, lugar a tal idéia. Mas os *verdadeiros* encantadores de serpentes demonstraram demais as suas façanhas no Oriente para precisarem recorrer a uma fraude dessa natureza. Eles têm o testemunho a esse respeito de muitos viajantes fidedignos, inclusive o de alguns cientistas, para serem acusados de qualquer charlatanismo. Que as serpentes que são encantadas para dançar e se tornar inofensivas são de fato venenosas, demonstra-o Forbes. "Como a música parasse subitamente", diz ele, "ou por alguma outra razão, a serpente, que tinha estado dançando num círculo de camponeses, lançou-se entre os espectadores, e infligiu uma picada na garganta de uma jovem, que morreu em agonia, meia hora depois."[7]

De acordo com o relato de muitos viajantes, as mulheres negras da Guiana Holandesa, as mulheres Obeah, são exímias na arte de domar serpentes enormes chamadas *amordites* ou *papa*; elas as fazem descer das árvores, segui-las e obedecê-las simplesmente lhes falando[8].

Vimos na Índia uma pequena confraria de faquires reunidos em torno de um pequeno lago, ou antes de um profundo poço de água, cujo fundo estava literalmente atapetado de enormes crocodilos. Esses monstros anfíbios rastejam para fora da água e vêm aquecer-se ao Sol, a poucos pés dos faquires, alguns dos quais podem estar imóveis, perdidos na oração e na contemplação. Enquanto um desses santos mendicantes está à vista, os crocodilos são tão inofensivos quanto os gatos domésticos[9]. Mas jamais aconselharíamos a um estrangeiro que se arriscasse a aproximar-se sozinho umas poucas jardas desses monstros. O pobre francês Pradin encontrou uma cova prematura num desses terríveis sáurios, comumente chamados pelos hindus de *mudalai*[10].

Quando Jâmblico, Heródoto, Plínio ou algum outro escritor falam de sacerdotes que faziam as áspides descerem do altar de Ísis, ou de taumaturgos que domavam com um olhar os animais mais ferozes, eles passam por mentirosos ou imbecis ignorantes. Quando os viajantes modernos nos contam as mesmas maravilhas realizadas no Oriente, eles são tratados como tagarelas entusiastas ou como escritores *pouco dignos de fé*.

Mas, a despeito do ceticismo materialista, o homem possui verdadeiramente um tal poder, como vimos nos exemplos acima referidos. Quando a Psicologia e a Fisiologia se tornarem dignas do nome de ciências, os europeus convencer-se-ão do poder estranho e formidável que existe na vontade e na imaginação humana, seja ela exercida conscientemente ou não. E no entanto, como seria fácil realizar tal poder do *espírito*, se apenas pensássemos nesse grande truísmo natural de que o átomo mais insignificante da Natureza é movido pelo *espírito*, que é *uno* em sua essência, pois a menor partícula dele representa o *todo*; e de que a matéria é, afinal, apenas a cópia concreta das idéias abstratas. A esse respeito, citemos alguns poucos exemplos do poder imperativo da vontade, ainda que *inconsciente*, de criar de acordo com a imaginação, ou antes pela faculdade de discernir imagens na luz astral.

Basta apenas lembrar o fenômeno muito familiar dos *stigmata*, os sinais de nascença, em que os efeitos são produzidos pela ação involuntária da imaginação materna sob um estado de excitamento. O fato de que a mãe pode controlar a aparência da criança por nascer era tão bem conhecido entre os antigos que os gregos abonados tinham o costume de colocar belas estátuas junto ao leito, para que a mãe tivesse constantemente um modelo perfeito diante dos olhos. O hábil truque pelo qual o patriarca hebreu Jacó obtinha bezerros malhados ou listrados é um exemplo da aplicação dessa lei natural em animais; e Aristóteles fala "de quatro ninhadas de cachorrinhos, nascidos de pais saudáveis, alguns dos quais, em cada ninhada, eram bem formados, ao passo que os demais não tinham as extremidades anteriores e apresentavam lábios cabeludos"[11]. As obras de Geoffroy St.-Hilaire, Burdach e Elam contêm relatos de um grande número de tais casos, e na importante obra de Lucas, *Sur l'hérédité naturelle*, há também muitos outros. Elam cita de Prichard o caso de uma criança, filha de um negro e uma branca, cujo corpo era marcado de branco e preto em partes separadas do corpo. Ele acrescenta, com uma sinceridade elogiável: "São singularidades para as quais, no presente estágio da ciência, nenhuma explicação pode ser dada"[12]. É pena que seu exemplo não seja geralmente imitado. Entre os antigos, Empédocles, Aristóteles, Plínio, Hipócrates, Galeno, Marco Damasceno e outros dão-nos relatos tão extraordinários quanto os de nossos autores contemporâneos.

Numa obra publicada em Londres em 1659[13], um poderoso argumento é fornecido para refutar os materialistas mostrando o poder da mente sobre as forças sutis da Natureza. O autor, o Dr. More, considera o feto como se fosse uma substância plástica, que pode ser moldada pela mãe numa forma agradável ou desagradável, de modo a assemelhar-se a alguma pessoa ou em parte a muitas pessoas, a ser marcada com as efígies ou, para empregar um termo mais apropriado, as *astrografias* de algum objeto vividamente apresentado à sua imaginação. Esses efeitos podem ser produzidos por ela voluntária ou involuntariamente, consciente ou inconscientemente, com facilidade ou não, conforme o caso. Depende de sua ignorância ou de seu conhecimento dos mistérios profundos da Natureza. Em geral, as marcas do embrião devem ser consideradas mais como acidentes do que como resultados da vontade, e como cada atmosfera pessoal na luz astral é povoada pelas imagens das pessoas de sua família, a superfície sensível do feto, que se pode comparar à placa colodizada de um fotógrafo, pode muito bem ser cunhada com a imagem de um ancestral próximo ou remoto, a quem a mãe jamais viu, porém que, em algum momento crítico, se aproxima como se estivesse no foco da câmara da Natureza. Diz o Dr. Elam: "Junto a mim está sentada uma visitante de um continente distante, onde nasceu e foi educada. O retrato de uma ancestral remota, que viveu no começo do século passado, está pendurado na parede. Em cada traço, uma é a perfeita reprodução da outra, embora uma jamais tenha deixado a Inglaterra, e a outra seja americana por nascimento e por um dos ramos da família"[14].

O poder da imaginação sobre a nossa condição física, mesmo depois de chegarmos à maturidade, demonstra-se de muitas maneiras. Na Medicina, o médico inteligente não hesita em atribuí-lo a um poder curativo ou morbífico mais poderoso que as suas pílulas e poções. Ele o chama de *vis medicatrix naturae*, e seu primeiro objetivo é ganhar a confiança de seu paciente de modo tão completo que ele possa fazer a natureza extirpar a doença. O medo mata com freqüência; e a dor tem um tal poder sobre os fluidos sutis do corpo que ela não apenas desregula os órgãos internos mas também embranquece os cabelos. Ficino menciona as *signature* de fetos formadas com marcas de cerejas e de várias frutas, cores, cabelos e excrescências, e reconhece que a imaginação da mãe pode transformar estes signos na imagem de um macaco, de um porco ou de um cão, ou de qualquer outro animal. Marco Damasceno fala de uma moça coberta de pêlos e, como a nossa moderna Julia Pastrana, provida de uma vasta barba; Guillaume Paradin, de uma criança cuja pele e unhas se assemelhavam aos de um urso; Balduinus Ronsaeus, de um recém-nascido com barbilhões de peru; Pareus, de outro com uma cabeça semelhante à de uma rã; e Avicena, de pintinhos com cabeças de águia[15][*]. Neste último caso, que exemplifica perfeitamente o mesmo poder da imaginação nos animais, o embrião deve ter sido cunhado no momento da concepção, quando a galinha viu um gavião real ou imaginário. Isto é evidente, pois o Dr. More, que cita este caso baseado na autoridade de Avicena, assinala bastante apropriadamente que, como o ovo em questão poderia ter sido chocado a centenas de milhas de distância da galinha, a imagem microscópica do gavião impressa sobre o embrião deve ter se formado e completado com o crescimento do pinto, independentemente de qualquer influência posterior da galinha.

Cornelius Gemma fala de uma criança que nasceu com a fronte ferida e ensangüentada, conseqüência das ameaças do pai contra a mãe, feitas "(. . .) com um punhal que ele apontava para a sua testa"; Sennert lembra o caso de uma mulher grávida que, ao ver um açougueiro dividindo a cabeça de um porco com o seu cutelo, deu à luz uma criança com a face fendida do maxilar superior, o palato e o lábio superior ao nariz[**]. No *Ortus Medicinae*[16] de Van Helmont relatam-se alguns

---

* Guillaume Paradin (ou Gulielmus Paradinus) (1510-1590), é um historiador francês que se tornou clérigo no final da vida e que escreveu muitas obras.

É bastante provável que Paraeus seja Ambroise Paré, nascido em Lavalle em 1517 e morto em 1590. Foi um famoso cirurgião francês, assistente de Carlos IX e de Henrique III. As suas *obras* foram publicadas em Paris, em 1585, e em Lyon, em 1652.

** Gemma, cujo primeiro nome era Cornelius, era um astrólogo e médico holandês, que nasceu em Louvain em 1535 e aí morreu em 1577. Professor de medicina na Universidade de Louvain e autor de muitas obras.

Daniel Sennert é Sennertus, médico alemão, nascido em Breslau, em 1572; morto em Wittemberg, em 1637. Seis vezes reitor da Universidade de Wittemberg, tinha idéias muito progressistas, algumas das quais se alinhavam às idéias ocultistas. (N. do Org.)

casos bastante surpreendentes: a mulher de um alfaiate de Mechlin, estando à porta de sua casa, viu a mão de um soldado ser cortada numa briga, fato que a impressionou de tal modo que a fez dar à luz prematuramente, e a criança nasceu apenas com uma mão, e o outro braço sangrando. Em 1602, a mulher de Marcus Devogeler, um mercador da Antuérpia, ao ver um soldado que tinha acabado de perder o braço, entrou em trabalho de parto e deu à luz uma filha com um braço mutilado e ensangüentado como no primeiro caso. Van Helmont dá um terceiro exemplo de uma outra mulher que testemunhou a decapitação de treze prisioneiros por ordem do Duque de Alba. O horror que o espetáculo lhe inspirou foi tão grande que ela "imediatamente entrou em trabalho de parto e deu à luz uma criança perfeitamente conformada, mas a quem faltava a cabeça e cujo pescoço sangrava como o dos supliciados que ela tinha visto"[17].

Se fosse possível conceber um milagre na Natureza, os casos acima referidos do súbito desaparecimento das partes de corpos ainda por nascer poderiam ser designadas como tais. Procuramos, em vão, encontrar nas mais recentes autoridades em Fisiologia humana alguma teoria satisfatória que explicasse as marcas fetais menos extraordinárias. O mais que os autores fazem é lembrar exemplos do que eles chamam de "variedades espontâneas de tipos" e cair em seguida nas "curiosas coincidências" do Sr. Proctor ou nas cândidas confissões de ignorância como as que se encontram em autores não inteiramente satisfeitos com a soma do conhecimento humano. Magendie reconhece que, a despeito das pesquisas científicas, pouco se sabe relativamente à vida fetal. À p. 518 da edição americana de seu *Précis elémentaire de Physiologie*, ele cita como exemplo "um caso em que o cordão umbilical estava rompido e perfeitamente cicatrizado"; ele pergunta: "Como se deu a circulação de sangue nesse órgão?". Na página seguinte ele diz: "Nada se sabe no momento a respeito da utilidade da digestão no feto"; e a propósito da sua nutrição, ele expõe a seguinte questão: "O que, portanto, podemos dizer sobre a nutrição do feto? As obras fisiológicas contêm apenas *vagas conjecturas* a esse respeito". À p. 520, ele afirma o seguinte: "Devido a alguma *causa desconhecida*, as diferentes partes do feto às vezes se desenvolvem de maneira anormal". Mas com uma singular inconseqüência, após ter admitido a ignorância dos sábios em todos os pontos que citamos, ele acrescenta: *"Não há razão alguma para acreditar que a imaginação da mãe possa ter qualquer influência na formação desses monstros*; aliás, formações desse tipo são diariamente observadas na prole de outros animas e mesmo das plantas". Que perfeito exemplo ele nos dá da maneira de proceder dos cientistas! – assim que ultrapassam o limite dos fatos observados, o seu julgamento parece perverter-se completamente. As deduções que fazem com base em suas próprias pesquisas são geralmente muito inferiores àquelas feitas por outros que têm acesso aos fatos em segunda mão.

A literatura da ciência fornece constantemente exemplos dessa verdade; e quando consideramos o raciocínio dos observadores materialistas a propósito dos fenômenos psicológicos, a regra se torna extraordinariamente manifesta. Os que sofrem de *cegueira da alma* são tão constitucionalmente incapazes de distinguir as causas psicológicas dos efeitos materiais quanto os daltônicos de distinguir o vermelho do preto.

Elam, sem ser ao menos um espiritualista, ou melhor, sendo um inimigo dele, define a crença dos cientistas honestos nos seguintes termos: "é de fato inexplicável como a matéria e a morte podem agir e reagir uma sobre a outra; todos reconhecem que este mistério é insolúvel, e que assim permanecerá para sempre"[18].

A grande autoridade inglesa no que tange à má-formação é *The Science and Practice of Medicine*, do Dr. Aitken, de Edinburgh, professor de Patologia da Escola Militar de Medicina, cuja edição americana, devida ao Prof. Dr. Meredith Clymer, da Universidade da Pensilvânia, goza de igual renome nos Estados Unidos. À p. 233 do vol. I encontramos o assunto tratado extensamente. Diz o autor: "A superstição, as noções absurdas e as causas estranhas atribuídas à ocorrência de tais más-formações estão agora desaparecendo com rapidez diante das lúcidas exposições dos famosos anatomistas que fizeram do desenvolvimento e crescimento do óvulo um tema de estudo especial. Basta mencionar aqui os nomes de J. Müller, Rathke, Bischoff, St.-Hilaire, Burdach, Allen Thomson, G & W. Vrolick, Wolff, Meckel, Simpson, Rokitansky e Von Ammon, para demonstrar que as verdades da ciência dissiparão a seu tempo as névoas da ignorância e da superstição". Poder-se-ia pensar, dado o tom de complacência adotado por esse eminente escritor, que estamos de posse, se não dos meios para resolver prontamente este intrincado problema, pelo menos de um fio de Ariadne para nos guiar através do labirinto de nossas dificuldades. Mas, em 1872, depois de aproveitar-se de todos os trabalhos e da ingenuidade dos ilustres patologistas acima enumerados, nós o encontramos fazendo a mesma confissão de ignorância como a expressa por Magendie em 1838. "Não obstante", diz ele, "um grande mistério ainda encobre a origem da má-formação; a sua origem pode ser considerada sob duas causas principais: 1) devem-se elas à má-formação original do germe? 2) ou devem-se as subseqüentes deformidades do embrião a causas que operam sobre o seu desenvolvimento? No que respeita à primeira questão, pensa-se que o germe pode ser originalmente malformado, ou defeituoso, devido a *alguma influência que provém da fêmea ou do macho*, como no caso da procriação repetida da mesma espécie de má-formação pelos mesmos pais, deformidades por outro lado que são transmitidas como herança".

Não tendo nenhuma filosofia própria para explicar as lesões, os patologistas, fiéis ao instinto profissional, recorrem à negação. "Não há prova positiva de que tal deformidade possa ser produzida pelas impressões mentais da mulher grávida", dizem eles. "As manchas, as marcas naturais e as verrugas devem ser atribuídas aos estados mórbidos do invólucro do óvulo. (...) Uma causa da má-formação geralmente admitida consiste no impedimento do desenvolvimento do feto, *cuja causa não é sempre óbvia, mas é na maior parte oculta. (...) As formas transitórias do feto humano são comparáveis às formas persistentes de muitos animais inferiores.*" Pode o eminente professor explicar por quê? "*É porque as más-formações que resultam da parada do desenvolvimento geralmente adquirem o aspecto de um animal*"[19].

Exatamente; mas por que os patologistas não nos informam como isso se dá? Todo anatomista que faz do desenvolvimento e do crescimento do embrião e do feto "um tema de estudo especial" pode dizer, sem grande esforço cerebral, o que a experiência diária e a evidência de seus próprios olhos lhe mostram, ou seja: que até um certo período o embrião humano é um fac-símile de um jovem batráquio em sua primeira saída da ova — um girino. Mas nenhum fisiologista parece ter tido a idéia de aplicar ao desenvolvimento do ser humano — do primeiro instante de seu surgimento como germe à sua última forma e nascimento — a doutrina esotérica da metempsicose de Pitágoras, tão erroneamente interpretada pelos críticos. O sentido do axioma cabalístico: "A pedra torna-se uma planta; a planta, um animal; o animal, um homem, etc." foi mencionado em outro lugar a propósito da evolução espiritual e física do homem nesta terra. Acrescentaremos agora algumas palavras para tornar a idéia mais clara.

Qual é a forma primitiva do futuro homem? Um grão, um corpúsculo, dizem alguns fisiologistas; uma molécula, um óvulo do óvulo, dizem outros. Se pudéssemos analisá-lo – por meio do espectroscópio ou de outra maneira –, de que deveríamos esperar vê-lo composto? Analogicamente, poderíamos dizer, de um núcleo de matéria inorgânica, depositada pela circulação na matéria organizada do germe ovário. Em outras palavras, este núcleo infinitesimal do futuro homem é composto dos mesmos elementos que uma pedra – dos mesmos elementos que a terra, que o homem está destinado a habitar. Moisés é citado pelos cabalistas como uma autoridade devido à sua observação de que a terra e a água são necessárias para um ser vivo, e portanto pode-se dizer que o homem surge primeiro como uma pedra.

Ao cabo de três ou quatro semanas, o óvulo assumiu as feições de uma planta, tendo uma extremidade se tornando esferoidal e a outra, cônica, como uma cenoura. Na dissecação, descobre-se que ele é formado, como a cebola, de lâminas ou películas muito delicadas que encerram um líquido. As lâminas se estreitam na extremidade inferior, e o embrião pende da raiz do umbigo como uma fruta do ramo. A pedra transformou-se agora, pela metempsicose, numa planta. A criatura embrionária começa então a projetar, de dentro para fora, os membros, e a desenvolver as suas feições. Os olhos são visíveis como dois pontos negros; as orelhas, o nariz e a boca formam depressões, como os pontos de um abacaxi, antes de começarem a projetar-se. O embrião desenvolve-se num feto semelhante ao animal – na forma de um girino – e, como um réptil anfíbio, vive na água, e desenvolve-se a partir daí. Sua Mônada não se tornou ainda humana ou imortal, pois os cabalistas nos dizem que isso ocorre apenas na "quarta hora". Sucessivamente, o feto assume as características do ser humano, a primeira agitação do sopro imortal passa através de seu ser; ele se move; a Natureza lhe abre caminho; introdu-lo no mundo; e a essência divina estabelece-se no corpo da criança, onde habitará até o momento de sua morte física, quando o homem se torna um espírito.

Este misterioso processo de formação, que dura nove meses, os cabalistas o chamam de conclusão do "ciclo individual de evolução". Assim como o feto se desenvolve do *liquor amnii* no útero, do mesmo modo os mundos germinam do éter universal, ou fluido astral, no útero do universo. Essas crianças cósmicas, como os seus habitantes pigmeus, são inicialmente núcleos; depois óvulos; depois amadurecem gradualmente, e se tornam mães por sua vez, desenvolvem formas minerais, vegetais, animais e humanas. Do centro à circunferência, da vesícula imperceptível aos últimos limites concebíveis do cosmos, esses gloriosos pensadores, os cabalistas, seguem os traços dos ciclos que emergem dos ciclos, que contêm e são contidos em séries sem fim. Desenvolvendo-se o embrião em sua esfera pré-natal, o indivíduo em sua família, a família no Estado, o Estado na Humanidade, a Terra em nosso sistema, este sistema no universo central, o universo no cosmos, e o cosmos na Primeira Causa: – o Infinito e o Eterno. Assim caminha a sua filosofia da evolução:

"Todos são parte de um todo admirável,
cujo corpo é a Natureza; e Deus, a Alma"[20].
"Mundos incontáveis
Repousam em seu regaço como crianças".

Embora concordando unanimemente em que causas físicas, tais como os golpes, acidentes e a má qualidade de alimentação da mãe afetam o feto de maneira a pôr em risco a sua vida; e embora admitindo ainda que as causas morais, como medo, terror súbito, desgosto violento ou mesmo alegria extrema, podem retardar o crescimento do feto ou mesmo matá-lo, muitos fisiologistas concordam com Magendie em dizer que "não há razão para acreditar que a imaginação da mãe possa ter qualquer influência sobre a formação de monstros"; e apenas porque "produções dessa espécie são diariamente observadas na produção de outros animais e mesmo nas plantas".

A maior parte dos principais teratologistas de hoje concorda com essa opinião. Embora Geoffroy St.-Hilaire tenha batizado a nova ciência, os fatos sobre os quais ela se apóia baseiam-se nas exaustivas experiências de Bichat, que, em 1802, foi reconhecido como o fundador da Anatomia analítica e filosófica. Uma das mais importantes contribuições para a literatura teratológica é a monografia do Dr. G. J. Fisher, de Sing Sing, Nova York, intitulada *Diploteratology; an Essay on Compound Human Monsters*. Esse escritor classifica as produções fetais monstruosas em seus gêneros e espécies, acompanhando os casos com reflexões sugeridas por suas peculiaridades. Acompanhando St.-Hilaire, ele divide a história do assunto em período fabuloso, positivo e científico.

Basta ao nosso propósito dizer que no presente estágio de opinião científica dois pontos são dados como estabelecidos: 1) que a condição mental da mãe não tem qualquer influência na produção das monstruosidades; e 2) que muitas variedades de monstruosidades podem ser atribuídas à teoria da *cessação* ou *retardamento* da concepção. Diz Fisher: "Por um cuidadoso estudo das leis de desenvolvimento e da ordem na qual os vários órgãos se desenvolvem no embrião, observou-se que monstros por defeito ou por cessação de desenvolvimento são, até certo ponto, embriões permanentes. Os órgãos anormais representam apenas a condição primitiva da formação tal como existia durante a primeira etapa da vida embrionária ou fetal"[21].

Com a Fisiologia no estado completamente caótico em que se encontra no presente, seria bastante difícil para um teratologista, por maiores que sejam as suas descobertas na Anatomia, Histologia ou Embriologia, sustentar uma tese tão perigosa como a de que a mãe não tem qualquer influência sobre a sua prole. Embora os microscópios de Haller e Prilik, Darest e Laraboulet nos tenham revelado muitos fatos interessantes concernentes aos traços primitivos simples ou duplos sobre a membrana vitelina, o que a ciência moderna deve descobrir sobre Embriologia parece ainda mais importante. Se concordamos em que as monstruosidades são o resultado de uma cessação de desenvolvimento – ou melhor, se formos mais longe, e concedermos que o futuro do feto pode ser diagnosticado desde os traços vitelinos, aonde nos levarão os teratologistas para ensinar-nos a causa psicológica *anterior* de ambos? O Dr. Fisher pode ter estudado seriamente algumas centenas de casos, e sentir-se autorizado a editar uma nova classificação de seus gêneros e espécies; mas fatos são fatos, e fora de seu campo de observação, parece, mesmo se julgamos apenas pela nossa experiência pessoal, em vários países, que há muitas provas incontestáveis de que as violentas emoções da mãe refletem-se com freqüência em desfigurações terríveis, visíveis e permanentes da criança. E os casos em questão parecem, além disso, contradizer a afirmação do Dr. Fisher de que os desenvolvimentos monstruosos se devem a causas que se podem encontrar nas "primeiras etapas da vida fetal". Um caso foi o de um Juiz da Corte Imperial de Saratow, Rússia, que sempre portava uma bandagem para cobrir uma figura semelhante a um rato no lado esquerdo da face. Era um rato perfeitamente conformado, cujo corpo era representado em alto relevo sobre a face, e cuja cauda, subindo pela têmpora, perdia-se em seus cabelos. O corpo parecia luzidio, grisalho e quase natural. De acordo com o seu próprio relato, a mãe tinha uma invencível repugnância a ratos, e ela deu à luz prematuramente após ter visto um desses animais saltando de seu estojo de costura.

Em outro caso, de que a autora foi testemunhada, uma senhora grávida, a duas ou três semanas do parto, viu uma travessa de framboesas, e foi tomada pelo irresistível desejo de pegar uma, o que lhe foi negado. Ela agarrou excitadamente o pescoço com a mão direita num gesto teatral qualquer e gritou que *precisava* tê-los. A criança, que nasceu três semanas depois, aos nossos olhos, tinha uma framboesa perfeitamente reproduzida no lado direito do pescoço; desde então, quando a fruta amadurece, o seu sinal de nascença torna-se de um vermelho muito vivo, ao passo que, durante o inverno, é bastante pálido.

Casos como esses, que são comuns a muitas mães de família, seja por sua própria experiência ou pela de amigos, reforçam a nossa convicção, a despeito das teorias de todos os teratologistas da Europa e da América.

Porque se observou, deveras, que animais e plantas produzem más-formações em suas espécies assim como os seres humanos, Magendie e sua escola inferem que as más-formações humanas de caráter idêntico não se devem afinal à imaginação materna, *já que as primeiras não o são*. Se as causas físicas produzem efeitos físicos nos reinos secundários, a inferência a tirar é a de que a mesma regra deve aplicar-se sobre nós.

Mas uma teoria completamente original foi mencionada pelo Prof. Armor, do Colégio Médico Long Island, durante uma discussão que teve lugar recentemente na Academia de Medicina de Detroit. Em oposição às idéias ortodoxas que o Dr. Fisher representa, o Prof. Armor diz que as más-formações resultam de uma de duas causas: 1) uma deficiência ou uma condição anormal na matéria geradora a partir da qual o feto se desenvolve, ou 2) as influências mórbidas que agem sobre o feto no útero. Ele sustenta que a matéria geradora enfeixa, em sua composição, todos os tecidos, estruturas e formas, e que nela pode haver algo como uma transmissão de peculiaridades estruturais *adquiridas* que tornaria a matéria geradora incapaz de produzir uma prole saudável e perfeitamente equilibrada. Por outro lado, a matéria geradora pode ser perfeita em si, mas ao ser sujeita a influências mórbidas durante o processo de gestação a prole deverá ser necessariamente monstruosa.

Para ser consistente, essa teoria deve explicar os casos diploteratológicos (os monstros de duas cabeças ou de membros duplos), o que parece difícil. Poderíamos admitir talvez que na matéria geradora defeituosa a cabeça do embrião não seja representada, ou que falte qualquer outra parte do corpo; mas não se há dois, três ou mais exemplares de um único membro. Além disso, se a matéria geradora tem uma mácula hereditária, cumpriria admitir que toda a prole resultante seria igualmente monstruosa, mas o fato é que em muitos casos a mãe deu nascimento a várias crianças saudáveis antes de o monstro surgir, sendo toda a prole de um só pai. Numerosos casos dessa espécie são citados pelo Dr. Fisher; entre outros, ele aponta o caso de Catherine Corcoran, uma "mulher bastante saudável, de trinta anos, que antes de dar à luz a esse monstro tinha tido cinco crianças bem formadas, nenhuma das quais era gêmea (...) ele tinha uma cabeça em cada extremidade, dois peitos, dois braços completos, duas cavidades abdominais e duas cavidades pélvicas unidas de ponta a ponta, com quatro pernas colocadas de duas em duas, onde a união entre a pelve se dava"[22]. Certas partes do corpo, no entanto, não eram duplas, de sorte que não se pode citá-lo como um caso do desenvolvimento conjunto de gêmeos.

Outro caso é o de Maria Teresa Parodi[23]. Esta mulher, que tinha anteriormente dado à luz oito crianças perfeitas, gerou uma menina cuja parte superior era dupla. Casos em que *antes* e *depois* da produção de um monstro as crianças eram perfeitamente saudáveis são numerosos, e se, por outro lado, o fato de que monstruosidades são comuns em animais como em humanos é um argumento geralmente aceito contra a teoria popular de que essas más-formações se devem à imaginação da mãe; e se se admite este outro fato – o de que não há diferença entre a célula ovariana de um mamífero e a de um homem, o que é feito da teoria do Prof. Armor? Nesse caso, o exemplo de uma má-formação animal é tão bom quanto o de um monstro humano; e é isso o que lemos no trabalho do Dr. Samuel L. Mitchell, intitulado *On two-headed Serpents*: "Uma serpente fêmea foi morta, junto com a sua ninhada, que contava com 120 filhotes, dos quais *três eram monstros*. Um com duas cabeças distintas; um com uma cabeça dupla e apenas três olhos; e um com um crânio duplo, provido de três olhos, e uma única mandíbula inferior; este último tinha dois corpos"[24]. A *matéria geradora* que produziu os *três monstros* era de fato idêntica à que produziu os outros 117? A teoria do Dr. Armor é, portanto, tão imperfeita quanto as demais.

O erro provém do método falho de raciocinar comumente adotado – a *indução*; método que pretende reunir pela *experiência* e pela observação todos os fatos ao seu alcance, a primeira sendo antes o recolher e examinar os fatos para deles tirar as conclusões; e, de acordo com o autor do *Philosophical Inquiry*[25], "como essa conclusão não pode ser estendida além do que é garantido pelas experiências, a indução é um instrumento de prova e *limitação*."

Embora essa limitação se encontre em toda pesquisa científica, ela é raramente admitida, e hipóteses são construídas para nós como se os experimentadores as considerassem como teoremas matematicamente provados, quando são apenas, para dizer o menos, meras aproximações.

Para um estudante de filosofia oculta, que rejeita por sua vez o método de indução por causa dessas perpétuas limitações, e adota plenamente a divisão platônica de causas – a saber, a eficiente, a formal, a material e a final, assim como o método eleático de examinar qualquer proposição dada, é simplesmente natural raciocinar do seguinte ponto de vista da escola neoplatônica: 1) O sujeito *é* ou não *é* como se supõe. Portanto, perguntaremos: O éter universal, conhecido pelos cabalistas como "luz astral", contém eletricidade e magnetismo, ou não? A resposta deve ser afirmativa, pois a própria "ciência exata" nos ensina que entre esses dois agentes conversíveis que saturam o ar e a terra há uma constante troca de eletricidade e magnetismo. Resolvida a questão nº 1, teremos que examinar *o que acontece* – 1º) a *ela* em relação *a si*. 2º) a *ela* em relação a *todas as outras coisas*. 3º) a todas as outras coisas, em relação a *ela*. 4º) a todas as *outras coisas* em relação a *si mesmas*.

RESPOSTAS. 1º) Em relação a *si*. As propriedades inerentes previamente latentes na eletricidade tornam-se ativas sob condições favoráveis; e num dado momento a forma da força magnética é adotada pelo agente sutil e penetrante; e num outro, a forma da força elétrica é adotada.

2º) Em relação a *todas as outras coisas*. Ela é atraída por todas as outras coisas com as quais tem alguma afinidade, e repelida pelas demais.

3º) A todas as outras coisas em relação a *ela*. Ocorre que todas as vezes em que entram em contato com a eletricidade, elas recebem a impressão desta na proporção de sua condutividade.

4º) A todas as *outras coisas* em relação a *si mesmas*. Sob o impulso recebido da força elétrica, e proporcionalmente à sua intensidade, as suas moléculas mudam as relações entre si; elas se separam forçosamente de modo a destruir o objeto que formam – orgânico ou inorgânico – ou, se anteriormente perturbadas, são postas em equilíbrio (como nos casos de doença); ou a perturbação pode ser apenas superficial, e o objeto pode ser impresso com a imagem de algum outro objeto encontrado pelo fluido antes de atingi-lo.

Para aplicar as proposições acima ao caso em questão: Há diversos princípios bem-reconhecidos da ciência, como, por exemplo, o de que uma mulher grávida está física e mentalmente num estado de facilmente se sugestionar. A Fisiologia diz-nos que as suas faculdades intelectuais estão enfraquecidas, e que ela é afetada num grau incomum pelos eventos mais corriqueiros. Seus poros estão abertos e ela exsuda uma respiração cutânea peculiar; ela parece estar num estado receptivo a todas as influências da Natureza. Os discípulos de Reichenbach afirmam que o seu estado *ódico* é muito intenso. Du Potet recomenda tomar-se precauções ao mesmerizá-la, pois teme que se lhe afete a criança. As doenças da mãe a atingem, e ela com freqüência as absorve inteiramente; os sofrimentos e prazeres daquela regem sobre o seu temperamento, assim como sobre a sua saúde; grandes homens têm proverbialmente grandes mães, e *vice-versa*. "É verdade que a imaginação da mãe tem uma influência sobre o *feto*", admite Magendie, contradizendo assim o que afirma em outro lugar; e ele acrescenta que "o terror súbito pode causar a morte do feto, *ou retardar o seu crescimento*"[26].

No caso recentemente relatado nos jornais americanos de um rapaz que foi morto pelo golpe de um raio, ao lhe desnudarem o corpo encontraram impresso em seu peito a reprodução exata de uma árvore que cresce próxima da janela em face da qual ele estava no momento da catástrofe e que também fora atingida pelo raio. Ora, a fotografia elétrica, que é executada pelas forças cegas da Natureza, fornece uma analogia graças à qual podemos compreender como as imagens mentais da mãe se transmitem à criança por nascer. Os poros da mãe estão abertos; ela exsuda uma emanação *ódica* que é apenas uma outra forma do *âkâsa*, a eletricidade, ou princípio vital, e que, de acordo com Reichenbach, produz o sono mesmérico, e conseqüentemente é *magnetismo*. As correntes magnéticas transformam-se em eletricidade depois de saírem do corpo. Fazendo um objeto uma violenta impressão sobre a mente da mãe, a sua imagem é instantaneamente projetada na luz astral, ou o éter universal, que Jevons e Babbage, assim como os autores do *Unseen Universe*, nos dizem ser o repositório das imagens *espirituais* de todas as formas, e mesmo dos pensamentos humanos. As suas emanações magnéticas atraem e unem-se com a corrente descendente que já traz a imagem consigo. Ela ricocheteia e, repercutindo mais ou menos violentamente, imprime-se sobre o feto, de acordo com a própria fórmula da Fisiologia que mostra como todo sentimento materno reage sobre a criança. É a teoria cabalística mais hipotética ou incompreensível do que a doutrina teratológica ensinada pelos discípulos de Geoffroy St.-Hilaire? Doutrina, observa tão justamente Magendie, "que se considera conveniente e fácil à sua vaguidade e obscuridade", e que "pretende nada mais do que a criação de uma nova ciência, cuja teoria repousa sobre certas leis não muito inteligíveis, como a da cessação, a do retrato, a da posição *similar* ou *excêntrica*, especialmente a *grande lei*, como é chamada, do eu para eu"[27].

Éliphas Lévi, que é certamente dentre os cabalistas uma das maiores autoridades sobre certos assuntos, diz: "As mulheres grávidas estão, mais do que as outras, sob a influência da luz astral, que concorre para a formação das suas crianças, e lhes apresenta constantemente as reminiscências de formas de que estão repletas. É assim que mulheres muito virtuosas enganam a malignidade dos observadores por semelhanças equívocas. Elas imprimem com freqüência sobre o fruto de seu casamento uma imagem que as arrebatou num sonho, e assim as mesmas fisionomias se perpetuam de geração a geração".

"A utilização cabalística do pentagrama pode, por conseqüência, determinar a fisionomia das crianças por nascer, e uma mulher iniciada poderia dar ao seu filho os traços de Nereu ou Aquiles, assim como os de Luís XV ou Napoleão."[28]

Se isso corrobora outra teoria que não a do Dr. Fisher, ele deveria ser o último a se lamentar, pois, segundo a sua própria confissão, que o seu exemplo confirma: "Um dos mais formidáveis obstáculos para o avanço da ciência (...) sempre foi *a cega submissão à autoridade*. (...) Desentravar a mente da influência da autoridade, a fim de que ela tenha objetivos livres na investigação de fatos e leis que existem e estão estabelecidos na Natureza, é a primeira condição necessária à descoberta científica e ao progresso permanente"[29].

Se a imaginação da mãe pode retardar o desenvolvimento ou destruir a vida do feto, por que não poderia ela influenciar a sua aparência física? Existem cirurgiões que devotaram a vida e a fortuna ao propósito de descobrir a causa dessa má-formação, mas apenas chegaram à conclusão de que se trata de meras "coincidências". Seria também grandemente antifilosófico dizer que os animais não são dotados de imaginação; e, embora se pudesse considerar como o cume da especulação metafísica formular a idéia de que os indivíduos do reino vegetal – por exemplo, as *mimosas* e o grupo dos caçadores de inseto – têm um instinto e mesmo uma imaginação rudimentar que lhes é própria, no entanto a idéia não está sem defensores. Se grandes físicos como Tyndall são forçados a confessar que mesmo no caso do homem inteligente dotado de fala são incapazes de cruzar o abismo entre espírito e matéria, e definir os poderes da imaginação, quão maior ainda deve ser o mistério sobre o que ocorre no cérebro de um animal mudo!

Que é a imaginação? *Os psicólogos nos dizem que é o poder plástico e criativo da alma*; mas os materialistas a confundem com a fantasia. A diferença radical entre as duas foi no entanto tão claramente indicada por Wordsworth, no prefácio às suas *Lyrical Ballads*, que não se tem mais excusas para confundir as palavras. Pitágoras sustentava que a imaginação era a lembrança de estados espirituais, mentais e físicos anteriores, a passo que a fantasia é a produção desordenada do cérebro material.

Seja qual for a maneira pela qual encaremos e estudemos o assunto, a antiga filosofia que ensina que o mundo foi vivificado e fecundado pela idéia eterna, pela imaginação – o esboço abstrato e a preparação do modelo para a forma concreta – é inevitável. Se rejeitamos esta doutrina, a teoria de um cosmos que se desenvolve gradualmente a partir da desordem caótica, torna-se um absurdo, pois é altamente antifilosófico imaginar que a matéria inerte, movida exclusivamente pela força cega, e dirigida pela inteligência, se transforma espontaneamente num universo de harmonia tão admirável. Se a alma do homem é realmente uma emanação da essência dessa alma universal, um fragmento infinitesimal desse primeiro princípio criador, ela deve, necessariamente, participar em certo grau de todos os atributos do poder demiúrgico. Assim como o criador, que fraciona a massa caótica do morto, a matéria inativa, dando-lhe forma, também o homem, se conhecesse os seus poderes, poderia, em certa medida, fazer o mesmo. Como Fídias, reunindo as partículas esparsas de argila e umedecendo-as com água, podia dar forma plástica à idéia sublime evocada por sua faculdade criativa, assim também a mãe que conhece o seu próprio poder pode dar à criança por nascer a forma que deseje. Ignorando seus poderes, o escultor produz apenas uma figura inanimada, embora encantadora, de matéria inerte; ao passo que a alma da mãe, violentamente afetada pela sua imaginação, projeta cegamente na luz astral uma imagem do objeto que a impressionou e que, por repercussão, se imprime sobre o feto. A ciência nos diz que a lei da gravitação assegura que qualquer deslocamento que ocorre no próprio coração da Terra é sentido por todo o universo, "e podemos imaginar que o mesmo fenômeno se produz em todos os movimentos moleculares que acompanham o pensamento"[30]. Falando a respeito da transmissão de energia através do éter universal ou luz astral, a mesma autoridade diz: "As fotografias contínuas de todos os acontecimentos são assim produzidas e conservadas. Uma grande porção da energia do universo é assim empregada em tais imagens".

O Dr. Fournié, do Instituto Nacional de Surdos e Mudos da França, no cap. II de sua obra[31], discutindo a questão do feto, diz que o microscópio mais poderoso é incapaz de mostrar-nos a menor diferença entre a célula ovariana de um mamífero e a de um homem; e, no que concerne ao primeiro ou ao último movimento do óvulo, pergunta: "Que é ele; tem características que o distinguem de qualquer outro óvulo?" e assim responde acertadamente: "Até agora, a ciência não respondeu a nenhuma dessas questões, e, sem ser um pessimista, não creio *que ela jamais o fará*; no dia em que os seus métodos de investigação lhe permitirem surpreender o mecanismo oculto do conflito entre o princípio de vida e a matéria, ela conhecerá a própria vida, e será capaz de produzi-la". Se nosso autor tivesse lido o sermão do Père Félix, como poderia ele responder apropriadamente o seu Amém! à exclamação do sacerdote – Mistério! Mistério!

Consideremos a afirmação de Magendie à luz dos exemplos citados do poder da imaginação para produzir deformidades monstruosas, fora da questão das mulheres grávidas. Ele admite que tais deformidades ocorrem diariamente na prole dos animais inferiores; como explicará ele a incubação de pintos com cabeças de gavião, a não ser com a teoria de que a figura do inimigo hereditário atuou sobre a imaginação da galinha, que, por sua vez, comunicou à matéria constituinte um certo movimento que, antes de expandir-se, produziu os pintos monstruosos? Conhecemos um caso análogo, em que uma pomba domesticada, pertencente a uma senhora de nossas relações, tendo sido diariamente atormentada por um periquito, teve na ninhada seguinte duas crias com cabeças de periquito, estendendo-se a semelhança com esta ave até à cor das penas. Poderíamos citar também Columella, Youatt, e outras autoridades, juntamente com a experiência de todos os criadores de animais, para mostrar que, excitando a imaginação da mãe, a aparência externa da prole pode ser amplamente controlada. Esses exemplos de maneira alguma afetam a questão da hereditariedade, pois são apenas variações especiais de tipo artificialmente produzidas.

Catherine Crowe discute com considerável extensão a questão do poder da mente sobre a matéria, e relata, como ilustração, muitos exemplos perfeitamente autênticos[32]. Entre outros, o curioso fenômeno conhecido como *stigmata* tem significado decisivo a esse respeito. Essas marcas têm surgido sobre os corpos de pessoas de todos os tempos, e sempre como resultado da imaginação exaltada. No caso da extática tirolesa Catherine Emmerich, e em muitos outros, as feridas da crucificação são ao que parece tão perfeitas quanto naturais. Uma certa Sra. B. von N. sonhou uma noite que uma pessoa lhe oferecia uma rosa branca e uma vermelha, e que ela escolheu a última. Ao despertar, ela sentiu uma dor ardente em seu braço, e nele gradualmente surgiu a figura de uma rosa, perfeita em forma e em cor, que formava relevo sobre a pele. A marca aumentou de intensidade até o oitavo dia, após o que parou, e pelo décimo quarto dia não era mais perceptível. Duas jovens senhoras, na Polônia, estavam diante de uma janela aberta durante uma tempestade; um raio caiu perto delas, e o colar de ouro de uma delas se derreteu. Uma imagem dele se imprimiu sobre a sua pele, e aí permaneceu durante toda a vida. A outra moça, aterrada pelo acidente de sua companheira, ficou paralisada de medo por vários minutos, e então desmaiou. Pouco a pouco a mesma marca do colar que tinha sido impresso sobre o corpo da amiga surgiu sobre o seu, e aí permaneceu por muitos anos, até desaparecer gradualmente.

O Dr. Justinus Kerner, o renomado autor alemão, relata um caso ainda mais extraordinário. "Ao tempo da invasão francesa, após um cossaco ter perseguido um francês por uma *cul-de-sac*, uma aléia sem saída, uma terrível luta se travou entre ambos, na qual o último foi gravemente ferido. Uma pessoa que havia procurado refúgio nesse local e não tinha podido escapar ficou tão terrivelmente assustada que quando voltou a casa surgiram sobre o seu corpo as mesmas feridas que o cossoco havia infligido ao seu inimigo."[33]

Nesse caso, assim como naqueles em que as doenças orgânicas, e mesmo a morte física, resultam de uma súbita excitação da mente que reage sobre o corpo, Magendie teria dificuldade para atribuir o efeito a qualquer outra causa que não a imaginação; e se ele fosse um ocultista, como Paracelso, ou Van Helmont, a questão seria desembaraçada de seu mistério. Ele teria compreendido o poder da vontade humana e da imaginação – a primeira consciente, e a segunda involuntária – sobre o agente universal para infligir danos físicos e mentais, não apenas em vítimas escolhidas, mas também, por ação reflexa, em si próprio e inconscientemente. É um dos princípios mais fundamentais da Magia o de que se uma corrente desse fluido sutil não é impelida com força suficiente para atingir o objetivo, ela reagirá sobre quem a enviou, como uma bola elástica retorna à mão do jogador após ter atingido a parede contra a qual bate e que não é capaz de penetrar. Existem muitos exemplos de casos em que *pretensos feiticeiros* fizeram vítimas de si próprios. Diz Van Helmont: "O poder imaginativo de uma mulher vivamente excitada produz uma idéia, que é o meio que une o corpo e o espírito. Ela se transfere para o ser com o qual a mulher está em relação mais imediata, e imprime sobre ele a imagem que mais a agitou"[34].

Deleuze recolheu, na sua *Bibliothéque du magnétisme animal*, um grande número de fato notáveis extraídos de Van Helmont, dos quais contentar-nos-emos em citar o seguinte como corolário do caso do caçador de pássaros, Jacques Pelissier. Ele diz que "homens olhando fixamente em animais *oculis intentis* durante um quarto de hora podem causar-lhes a morte; o que Rousseau confirma por sua própria experiência no Egito e no Oriente, pois matou diversos sapos dessa maneira. Mas quando ele quis tentá-lo em Lyons, o sapo, sentindo que não poderia escapar aos seus olhos, virou-se, inflou-se e o encarou tão ferozmente, sem mover os olhos, que Rousseau sentiu uma fraqueza apoderar-se-lhe ao ponto de desfalecer, e por algum tempo o acreditaram morto."[35]

Mas voltemos à questão da teratologia. Wierus fala, em seu *De Prestigiis Demonum*,[36] de uma criança nascida de uma mulher que pouco tempo antes do seu nascimento havia sido ameaçada pelo marido, que lhe disse que ela tinha o diabo em si e que ele o mataria. O medo da mãe foi tanto que o filho nasceu "bem conformado da cintura para baixo, mas com a parte superior do corpo manchada com nódoas vermelho-escuro, os olhos na testa, uma boca como a de um sátiro, orelhas como as de um cão e chifres recurvos sobre a cabeça como os de um bode". Na obra demonológica de Paramatus figura a história de um monstro nascido em St. Lawrence, nas Índias Ocidentais, no ano de 1573, cuja autenticidade foi atestada pelo Duque de Medina-Sidonia. A criança, "além da horrível deformidade da boca, das orelhas e do nariz, tinha dois chifres sobre a cabeça, como os de jovens bodes, cabelos longos sobre o corpo, um cinto de carne sobre a cintura, dupla, da qual pendia um pedaço de carne como uma bolsa, e um sino de carne em sua perna esquerda como o que os índios utilizam quando dançam, botas brancas de carne, sobre as pernas, dobradas para baixo. Em suma, o conjunto era horrível e diabólico, e fazia crer que procedia de algum susto que a mãe havia tomado das antigas danças dos índios"[37]. O Dr. Fisher rejeita todos esses exemplos como inverídicos e fabulosos.

Mas não desejamos fatigar o leitor com mais exemplos selecionados dos numerosíssimos casos teratológicos que se encontram nas obras dos autores clássicos; os que foram acima referidos bastam para mostrar que há razão em atribuir essas aberrações de tipo fisiológico à reação mútua da mente materna e o éter universal sobre cada uma. No caso de se questionar a autoridade de Van Helmont como homem da ciência, referir-nos-emos à obra de Fournié, o célebre fisiologista, em que (à p. 717) se pode encontrar a seguinte apreciação de seu caráter: "Van Helmont era um químico de grande renome; ele havia particularmente estudado os fluidos aeriformes, e lhes deu o nome de *gás*; ao mesmo tempo estendeu a sua piedade ao misticismo, entregando-se exclusivamente à contemplação da divindade. (...) Van Helmont distinguia-se de seus predecessores por unir o *princípio da vida*, diretamente e de alguma maneira experimental, como ele nos diz, aos movimentos mais íntimos do corpo. É a incessante ação dessa entidade, que ele não associa de modo algum aos elementos materiais, e que forma uma individualidade distinta, que não podemos compreender. Não obstante, é sobre essa entidade que uma famosa escola estabeleceu a sua base principal"[38].

O "princípio de vida" de Van Helmont, ou *archaeus*, não é outra coisa senão a luz astral de todos os cabalistas, e o éter universal da ciência moderna. Se as marcas mais importantes do feto não se devem à imaginação da mãe, a que outra causa atribuiria Magendie a formação de placas córneas, os chifres de bodes e as peles cabeludas dos animais, que vimos nos casos anteriores caracterizarem a prole monstruosa? Não havia, decerto, nenhum germe latente nos caracteres do reino animal capaz de se desenvolver sob o súbito impulso da fantasia materna. Em suma, a única explicação possível é a que oferecem os adeptos das ciências ocultas.

Antes de deixar o assunto, desejamos dizer umas poucas palavras a respeito dos casos em que a cabeça, os braços e as mãos se dissolveram instantaneamente, embora seja evidente que em cada caso todo o corpo da criança tenha sido perfeitamente formado. De que se compõe o corpo da criança por ocasião de seu nascimento? Os químicos nos dizem que ele compreende doze libras de gás solidificado, e umas poucas onças de resíduo cinéreo, água, oxigênio, hidrogênio, nitrogênio, ácido carbônico, um pouco de sal, magnésio, fósforo e alguns outros minerais; isso é tudo! De onde vêm essas substâncias? Como se reuniram? Como essas partículas que o Sr. Proctor nos diz que foram retiradas das "profundezas do espaço que nos circunda de todos os lados" se formaram e se conformaram em seres humanos? Vimos que é inútil perguntar à escola materialista, da que é Magendie um ilustre representante; pois confessa que eles nada sabem sobre a nutrição, a digestão ou a circulação do feto; e a Fisiologia nos ensina que enquanto o óvulo está encerrado na vesícula de Graaf ele participa – ele constitui uma parte integral da estrutura geral da mãe. Depois da ruptura da vesícula, ele se torna tão independente dela no que respeita à constituição do corpo do futuro ser quanto o germe num ovo de ave após a mãe o ter deposto no ninho. Há certamente pouca coisa nos fatos demonstrados da ciência para contradizer a idéia de que a relação da criança embrionária com a mãe é muito diferente da do locatário com a casa, de cujo abrigo ele depende para sua saúde, calor e conforto.

Segundo Demócrito, a alma[39] resulta da agregação de átomos, e Plutarco descreve a sua filosofia da seguinte maneira: "Existe um número infinito de substâncias, indivisíveis, sem diferenças entre si, sem qualidades, e que se movem no espaço, onde estão disseminadas; quando elas se aproximam de outras, se unem, se entrelaçam e formam, por sua agregação, a água, o fogo, uma planta ou um homem. Todas essas substâncias, que ele chama de *átomos* em razão de sua solidez, não podem experimentar mudança ou alteração. Mas", acrescenta Plutarco, "não podemos fazer uma cor do que é incolor, nem uma substância ou alma do que não tem alma e qualidade"[40]. O Prof. Balfour Stewart diz que, apoiado nesta doutrina, John Dalton, "permitiu à mente humana compreender as leis que regulam as mudanças químicas, assim como representar para si o que nelas ocorre". Depois de citar, com aprovação, a idéia de Bacon segundo a qual os homens investigam perpetuamente os limites extremos da Natureza, ele edifica então uma regra pela qual ele e seus colegas filósofos em verdade deveriam pautar o seu comportamento. "Deveríamos", diz ele, "ser muito prudentes antes de abandonar qualquer ramo do conhecimento ou exercício do pensamento como inúteis"[41].

Corajosas palavras, essas. Mas quantos são os homens de ciência que as põem em prática?

Demócrito de Abdera mostra-nos o espaço repleto de átomos, e nossos astrônomos contemporâneos nos permitem ver como esses átomos se reúnem para formar os mundos, e em seguida as raças, inclusive a nossa própria, que as povoam. Visto que indicamos a existência de um poder na vontade humana que, concentrando as correntes daqueles átomos sobre um ponto objetivo, pode criar uma criança correspondente à fantasia materna, por que não seria perfeitamente crível que esse mesmo poder exercido pela mãe possa, por uma reversão intensa, embora inconsciente, daquelas correntes, dissipar e obliterar uma parte ou mesmo todo o corpo de sua criança por nascer? E aqui se põe a questão da falsa gravidez, que com tanta freqüência embaraça o médico e a paciente. Se a cabeça, os braços e as mãos das três crianças mencionadas por Van Helmont puderam desaparecer, como resultado da emoção do horror, por que a mesma emoção ou uma outra, excitada num mesmo grau, não poderia causar o completo desaparecimento do feto na chamada falsa gravidez? Tais casos são raros, mas eles ocorrem, e ademais desconcertam completamente a ciência. Recomendamos o assunto à profissão médica, esperando que como classe ela não adote a conclusão de Fournié, que diz: "Nesta sucessão de fenômenos devemos nos limitar *ao papel do historiador*, pois não procuramos explicar o porquê e o como dessas coisas, já que aí residem os mistérios inescrutáveis da vida, e à medida que avançamos em nossa exposição seremos obrigados a reconhecer que este é um *terreno proibido* para nós"[42].

Nos limites de suas capacidades intelectuais o verdadeiro filósofo não conhece nenhum terreno proibido, e não admite que haja na natureza qualquer mistério inescrutável ou inviolável.

Nenhum estudante da Filosofia Hermética, nenhum espiritualista objetará ao princípio abstrato proposto por Hume de que um *milagre* é impossível, pois supor uma tal possibilidade seria admitir que o universo é governado pelas leis especiais em lugar das gerais. Esta é uma das contradições fundamentais entre a Ciência e a Teologia. A primeira, raciocinando com base na experiência universal, sustenta que há uma uniformidade geral no curso da Natureza, ao passo que a segunda afirma que a Mente Dirigente pode ser evocada para suspender a lei geral em face de emergências especiais. Diz John Stuart Mill[43]: "Se não cremos anteriormente nos agentes sobrenaturais, nenhum milagre pode provar-nos a sua existência. O próprio milagre, considerado simplesmente como um fato extraordinário, pode ser satisfatoriamente comprovado pelos nossos próprios sentidos, ou pelo testemunho; mas nada jamais poderá demonstrar que é um milagre. Ainda há uma outra hipótese possível, a de que o fato em questão resulta de alguma causa natural desconhecida; e esta possibilidade não pode ser completamente descartada de modo a não deixar nenhuma alternativa senão a de admitir a existência e a intervenção de um ser superior à Natureza".

Tal é a convicção que procuramos despertar em nossos lógicos e físicos. Como diz o próprio Stuart Mill, "não podemos admitir uma proposição como uma lei da Natureza, e no entanto acreditar num fato em real contradição com ela. Devemos negar o fato alegado, ou concordar em que erramos ao admitir a suposta lei"[44]. Hume cita a "firme e *inalterável* experiência" da Humanidade, que estabelece as leis cuja operação torna os milagres *ipso facto* impossíveis. A dificuldade está na sua maneira de utilizar o adjetivo em itálico (*inalterável*), pois tal teoria supõe que a nossa experiência jamais mudará, e que, como conseqüência, teremos sempre as mesmas experiências e observações em que basear o nosso julgamento. Ela supõe também que todos os filósofos terão os mesmos fatos sobre os quais refletir. Ela também ignora inteiramente os relatos de experiências filosóficas e descobertas científicas de que fomos temporariamente privados. Assim, devido ao incêndio da Biblioteca de Alexandria e à destruição de Nínive, o mundo foi privado, durante muitos séculos, dos dados necessários para se avaliar o verdadeiro conhecimento, esotérico e exotérico, dos antigos. Mas, nestes últimos anos, a descoberta da pedra da Rosetta, os papiros de Ebers, d'Aubigney, Anastasi e outros, e a exumação das bibliotecas de placas abrirão um campo de pesquisa arqueológica que levará provavelmente a modificações radicais nesta "firme e inalterável experiência". O autor de *Supernatural Religion* observa acertadamente que "uma pessoa que acredita em algo que está em contradição com a indução, apenas pelo poder de uma suposição que não se pode provar, é simplesmente um crédulo; mas tal suposição não pode afetar a evidência mesma da coisa"[45].

Numa conferência pronunciada pelo Sr. Hiram Corson, Prof. de Literatura Anglo-Saxônica na Cornell University, em Ithaca, Nova York, aos alunos do St. John's College, Annapolis, em julho de 1875, o conferencista acertadamente condena a ciência nos seguintes termos:

"Existem coisas", diz ele, "que a ciência jamais poderá realizar e ela dá provas de arrogância se o tenta. Houve um tempo em que a Religião e a Igreja ultrapassaram o seu legítimo domínio, invadiram e assolaram o da ciência e lhe impuseram um tributo extremamente pesado; mas as relações iniciais entre elas sofreram uma completa mudança, e a ciência cruzou as suas fronteiras e está invadindo o domínio da Religião e da Igreja, e em lugar do papado religioso corremos o risco de sermos subjugados pelo papado científico – na verdade já estamos subjugados por tal papado; e como no século XVI se protestou, no interesse da liberdade intelectual, contra um despotismo religioso e eclesiástico, da mesma forma, neste século XIX, os interesses espirituais e eternos pedem que se faça um protesto contra o despotismo científico que rapidamente está se desenvolvendo, e que os cientistas não apenas se mantenham em seu legítimo domínio do fenômeno e do condicionado, mas 'reexaminem sua bagagem de verdades, a fim de se assegurarem positivamente até que ponto o estoque de barras de ouro no porão – na fé de cuja existência tanto papel moeda se fez circular – coincide realmente no sólido ouro da Verdade'.

"Se isso não se faz na ciência como nos negócios comuns, os cientistas são capazes de superestimar o seu capital, e conseqüentemente empreender um negócio perigosamente dispendioso. Depois que o Prof. Tyndall pronunciou os seus discursos de Belfast, ficou demonstrado pelas numerosas réplicas que eles suscitaram que o capital da escola de filosofia da evolução à qual ele pertence não era tão grande quanto se tinha vagamente suposto por muitas partes não científicas mas inteligentes do mundo. É bastante surpreendente para uma pessoa estranha ao mundo científico inteirar-se do largo domínio puramente hipotético que cerca o da ciência estabelecida e de que os cientistas freqüentemente se vangloriam como sendo parte de suas conquistas estabelecidas e disponíveis".

Exatamente; e ao mesmo tempo negando igual privilégio aos outros. Eles protestam contra os "milagres" da Igreja, e repudiam, com a mesma lógica, os fenômenos modernos. Em face da admissão de autoridades científicas como o Dr. Youmans e outros de que a ciência moderna passa por um período de transição, parece que é tempo de as pessoas pararem de considerar certas coisas como incríveis apenas porque são maravilhosas, e porque parecem contrárias ao que sempre se acostumou a admitir como leis universais. Não faltam pensadores sérios no presente século, que, desejando vingar a memória de mártires da ciência como Agripa, Palissy e Cardan, não obstante falham, devido à falta de meios em compreender corretamente as suas idéias. Eles acreditam erroneamente que os neoplatônicos prestavam mais atenção à filosofia transcendental do que à ciência exata.

"As falhas que o próprio Aristóteles exibe com freqüência", assinala o Prof. Draper, "não são uma prova da inconsistência de seu método, mas antes de sua fidedignidade. São falhas que provêm da insuficiência de fatos"[46].

De que fatos?, poderíamos perguntar. Um homem de ciência jamais admitirá que esses fatos possam ser fornecidos pela ciência oculta, já que não acredita nesta. Não obstante, o futuro demonstrará essa verdade. Aristóteles legou seu método indutivo aos nossos cientistas; mas enquanto não o completarem com "os universais de Platão", eles experimentarão mais falhas do que o grande tutor de Alexandre. Os universais são um artigo de fé apenas enquanto não podem ser demonstrados pela razão e baseados na experiência contínua. Qual de nossos filósofos de hoje pode provar por esse mesmo método indutivo que os antigos *não* possuíam tais demonstrações como conseqüência de seus estudos esotéricos? As próprias negações dos filósofos, desprovidas como são de provas, atestam suficientemente que elas nem sempre seguem o método indutivo de que tanto se vangloriam. Obrigados como são a basear as suas teorias, *nolens volens*, no fundamento dos filósofos antigos, as suas descobertas modernas são apenas os brotos nascidos da semente que os primeiros plantaram. E mesmo essas descobertas são geralmente incompletas, se não abortivas. Suas causas estão imersas na obscuridade e seus efeitos últimos são imprevistos. "Não estamos em condições", diz o Prof. Youmans, "de considerar as teorias do passado como meros erros desacreditados, nem tampouco de admtir as teorias do presente como definitivas. O corpo vivo e crescente da Verdade apenas envolveu os seus velhos argumentos no progresso para um estado mais elevado e mais vigoroso"[47]. Essa linguagem, aplicada à Química moderna por um dos primeiros químicos filósofos e atualmente um dos autores científicos mais entusiastas, mostra o estado transitório em que encontramos a ciência moderna; mas a verdade da Química é a verdade de todas as ciências irmãs.

Desde o advento do Espiritismo, médicos e patologistas estão mais propensos do que nunca a tratar grandes filósofos como Paracelso e Van Helmont como curandeiros e charlatães supersticiosos, e a ridicularizar as suas idéias sobre o *archoeus*, ou a *anima mundi*, assim como a importância que atribuíam ao conhecimento da maquinaria dos astros. E no entanto, quais os progressos substanciais que a Medicina efetuou desde a época em que Lord Bacon a classificava entre as ciências *conjecturais*?

Filósofos como Demócrito, Aristóteles, Eurípedes, Epicuro, ou antes seu biógrafo Lucrécio, Ésquilo, e outros autores antigos, que os materialistas citam tão pressurosamente como oponentes autorizados dos platônicos sonhadores, eram apenas teóricos, não adeptos. Estes, quando escreveram, tiveram as suas obra queimadas pelas turbas cristãs ou as redigiram de maneira a ser compreendidas exclusivamente pelos iniciados. Qual de seus modernos detratores pode garantir que sabe *tudo* sobre o que eles conheciam? Diocleciano queimou bibliotecas inteiras de obras sobre as "artes secretas"; nenhum manuscrito sobre a arte de fazer ouro ou prata escapou à fúria desse tirano iletrado[48]. As artes e a civilização tinham atingido um tal desenvolvimento nos tempos que agora se chamam períodos arcaicos que sabemos, por Champollion, que Athothi, o *segundo* rei da *primeira* dinastia, escreveu uma obra sobre anatomia[49], e o rei Neco, uma sobre Astrologia e Astronomia. Blantaso e Cincro foram dois sábios geógrafos desses dias pré-mosaicos. Eliano fala do egípcio Iaco, cuja memória era venerada há séculos por suas extraordinárias descobertas na Medicina. Ele deteve a marcha de várias epidemias, apenas por meio de certas *fumigações*. Teófilo, patriarca de Antióquia[50], menciona uma obra de Apolônidas, conhecido como Orápios, intitulada *O livro divino*, que narra a biografia esotérica e a origem de todos os deuses do Egito[*]; e Amiano Marcelino[51] fala de uma obra ocultista na qual estava anotada a *época exata do touro Ápis* – uma chave de muitos mistérios e de vários cálculos cíclicos[52]. O que aconteceu a todos esses livros, e quem conhece os tesouros de sabedoria que possam ter contido? Sabemos apenas uma coisa com certeza, que os vândalos cristãos e pagãos destruíram esses tesouros literários *em todos os lugares em que os encontraram*; e o imperador Alexandre Severo andou pelo Egito saqueando os templos em busca de livros místicos e religiosos; e que os etíopes – sem embargo da antiguidade dos conhecimentos egípcios sobre as artes e as ciências – afirmavam ser mais antigos e sábios do que eles; e de fato poderiam sê-lo, pois eram conhecidos na Índia desde a mais antiga aurora da História. Sabemos também que Platão aprendeu mais segredos no Egito do que lhe foi permitido mencionar; e que, de acordo com Champollion, tudo que é realmente válido e científico nas obras do Aristóteles – tão apreciadas em nossos dias por nossos modernos inducionistas – deve-se ao seu Mestre *divino*[53]; e que, como conseqüência lógica, tendo Platão comunicado oralmente os profundos segredos que havia aprendido dos sacerdotes egípcios aos seus discípulos – que por sua vez os passaram de uma geração a outra de adeptos –, estes *sabem mais* sobre os poderes ocultos da Natureza do que os nossos filósofos de hoje.

É o caso de mencionar aqui as obras de Hermes Trismegisto. Quem, ou quantos tiveram a oportunidade de lê-las tais como eram nos santuários egípcios? Nos *Mistérios egípcios*, Jâmblico atribui 1.100 obras a Hermes, e Seleuco não conta menos do que 20.000 obras antes do período de Menes. Eusébio viu apenas quarenta e dois "em sua época", diz ele, e o último dos seis livros sobre Medicina tratava dessa arte tal como a praticavam nos tempos mais remotos[54]; e Diodoro diz que foi o mais velho dos legisladores Mnevis, o terceiro sucessor de *Menes*, que os recebeu de Hermes.

---

* Apollonides ou Apollonidas, com o sobrenome Orapius ou Horapius, escreveu uma obra sobre o Egito, denominada *Semenuthi* (Σεμενουθί) e parece ter elaborado outras obras sobre a história e sobre a religião dos egípcios, de acordo com informação contida no *Dict. of Greek and Roman Biography and Mythology*, de W. Smith. (N. do Org.)

Dos manuscritos que nos chegaram, muitos são apenas retraduções em latim das traduções gregas, feitas principalmente pelos neoplatônicos a partir dos livros originais preservados por alguns adeptos. Marcílio Ficino, que foi o primeiro a publicá-los em Veneza, em 1488, deu-nos apenas excertos, e as partes mais importantes parecem ter sido expurgadas ou voluntariamente omitidas por serem perigosas demais para se publicar naqueles dias de *Auto da fé*[*]. E o mesmo ocorre agora, pois quando um cabalista que devotou toda a vida ao estudo do ocultismo e conquistou o grande segredo se arrisca a assinalar que apenas a *Cabala* conduz ao conhecimento do Absoluto no Infinito, e do Infinito no Finito, ele é ridicularizado por aqueles que, sob o pretexto de que conhecem a impossibilidade da quadratura do círculo, como problema físico, lhe negam a possibilidade no sentido metafísico.

A Psicologia, de acordo com as maiores autoridades no assunto, é um departamento da ciência ainda quase desconhecida. A Fisiologia, de acordo com Fournié, uma de suas autoridades francesas, está em tão más condições que confirma a sua frase no prefácio à sua erudita obra *Physiologie du systéme nerveaux*, segundo a qual "percebemos enfim que não apenas a fisiologia do cérebro não é conhecida, mas também que *não existe qualquer fisiologia do sistema nervoso*". A Química foi inteiramente remodelada nestes últimos anos; por isso, como todas as novas ciências, na infância, não pode ser considerada como firmemente estabelecida sobre suas pernas. A Geologia não foi ainda capaz de dizer à Antropologia há quanto tempo o homem existe. A Astronomia, a mais *exata* das ciências, ainda especula e se confunde com a energia cósmica, e com muitas outras questões tão importantes. Na Antropologia, diz-nos o Sr. Wallace, existe uma grande diferença de opinião sobre algumas das questões mais vitais relativamente à natureza e à origem do homem. A Medicina, segundo vários médicos eminentes, não passa de uma conjectura científica. Por toda parte falhas, em nenhum lugar perfeição. Quando vemos esses homens seriíssimos tateando na escuridão para descobrir os elos perdidos de suas correntes partidas, eles nos parecem pessoas que emergem de um abismo comum e insondável por caminhos divergentes. Cada um destes termina na borda de um abismo que eles não podem explorar. Por um lado, faltam-lhes os meios para descer às suas profundezas ocultas, e, por outro, eles são expulsos a cada tentativa pelas sentinelas zelosas que não os deixam passar. E assim eles prosseguem contemplando as forças inferiores da Natureza e iniciando de tempos em tempos o público em suas *grandes* descobertas. Não acabaram eles de se lançar ao estudo da força vital, e de definir o seu papel no jogo das correlações com as forças químicas e físicas? Eles o fizeram de fato. Mas e se lhes perguntarmos de onde vem esta força vital? De que modo aqueles que

---

* A *editio princeps* dos escritos herméticos trismegísticos não era um texto latino, mas uma tradução latina feita por Marsiglio Ficino ou Marsilius Ficinus (1433-1499), publicada *in quarto* em 1471. Ambos os nomes do editor e o lugar da publicação estão omissos, mas o Catálogo do Museu Britânico os insere entre parênteses como "G. de Lisa, Treviso", presumivelmente apoiado em Harles. Essa tradução consistia dos chamados *Poimandres*, em catorze capítulos ou tratados, reunidos sob o título geral de *Mercurii Trismegisti Liber de Potestate et Sapientia Dei* (O livro de Mercúrio Trismegisto sobre o poder e a sabedoria de Deus). A enorme popularidade dessa obra é atestada pela existência de muitas edições (para um livro da época). Não menos de 22 edições surgiram, das quais as oito primeiras no curto espaço de um quarto de século. A última delas foi feita em 1641. Foram impressas em Veneza, Paris, Basel, Lyon e Londres. (N. do Org.)

acreditavam tão firmemente, há tão pouco tempo, que a matéria é destrutível e cessa de existir, e aprenderam agora a acreditar tão firmemente que não é assim, podem nos dizer mais coisas a esse respeito? Por que foram eles forçados neste, como em muitos outros casos, a voltar à doutrina ensinada por Demócrito há vinte e quatro séculos?[55] Perguntai-lhes e responderão: "A criação ou a destruição da matéria, o aumento ou a diminuição da matéria estão *fora do domínio da ciência* (...) seu domínio limita-se inteiramente às alterações da matéria (...) o domínio da ciência está nos limites dessas modificações – a criação e a aniquilação ultrapassam o seu domínio"[56]. Oh não! Eles estão fora apenas do alcance dos *cientistas* materialistas. Mas por que afirmar o mesmo sobre a ciência? E se eles dizem que "a força não pode ser destruída, a não ser pelo mesmo poder que a criou", então eles admitem tacitamente a existência de tal poder, e não têm por consequência *nenhum direito* de lançar obstáculos no caminho daqueles que, mais audaciosos, tentam ir *mais além*, e descobrem que só podem fazê-lo *levantando o Véu de Ísis*.

Mas entre todos esses ramos incipientes da ciência deve certamente haver pelo menos algum em pleno florescimento! Parece que ouvimos um grande clamor de aplausos, "como a voz de grandes águas", a propósito da descoberta do protoplasma. Mas, ai de nós! quando voltamos a ler o Sr. Huxley, o sábio progenitor do recém-nascido, ouvimo-lo dizer: "Estritamente falando, a verdade é que a investigação química pode dizer-nos *pouco* ou *nada*, diretamente, a respeito da composição da matéria viva, e (...) não é menos verdade que NADA SABEMOS sobre a composição de qualquer corpo tal como é!"[57]

Eis, em verdade, uma triste confissão. Parece, portanto, que o método aristotélico de indução é, em suma, insuficiente em muitos casos. Isso também parece explicar o fato de que esse filósofo modelar, com todo o cuidadoso estudo dos particulares antes de chegar aos universais, ensinava que a Terra estava *no centro* do universo; ao passo que Platão, que se perdeu nos meandros das "divagações" pitagóricas, e que partiu dos princípios gerais, estava perfeitamente a par do sistema heliocêntrico. Podemos facilmente comprovar o fato, aproveitando-nos do chamado método indutivo em benefício de Platão. Sabemos que o juramento *sodaliano* do iniciado nos mistérios o proibia de comunicar o seu conhecimento ao mundo com palavras muito claras. "Era o sonho de sua vida", diz Champollion, "escrever uma obra e relatar as doutrinas ensinadas pelos hierofantes egípcios; ele falava nisso com freqüência, mas viu-se compelido a abster-se devido ao juramento solene"[58].

E agora, julgando nossos filósofos modernos segundo o método contrário – a saber, argumentando dos *universais* para os *particulares*, e deixando de lado os cientistas como indivíduos para dar apenas a nossa opinião sobre eles, vistos como um todo –, somos forçados a suspeitar dessa associação altamente respeitável de sentimentos extremamente mesquinhos para com os colegas mais velhos, antigos e arcaicos. É como se eles na verdade sempre tivessem em mente o adágio, "Extingui o *Sol*, e as *estrelas* brilharão".

Ouvimos um acadêmico francês, um homem de uma profunda erudição, dizer que teria sacrificado voluntariamente a sua própria reputação para ter o relato de muitos erros e enganos ridículos de seus colegas esquecidos pela memória pública. Mas esses erros não podem ser lembrados com a freqüência desejada em consideração às nossas afirmações e ao assunto que advogamos. O tempo virá em que os filhos dos cientistas, a menos que herdem a cegueira da alma de seus céticos pais, terão vergonha do materialismo degradante e da estreiteza mental de seus pais. Para usar uma expressão do venerável William Howitt, "Eles detestam as novas verdades como as corujas e os ladrões detestam o Sol. (...) A nova sabedoria intelectual não pode reconhecer o espiritual. Assim como o Sol eclipsa e fogo, assim o espírito eclipsa os olhos da mera inteligência"[59].

Essa é uma história antiga, muito antiga. Desde a época em que o pregador escreveu "o olho não está satisfeito com ver, nem o ouvido com ouvir", os cientistas comportaram-se como se a frase tivesse sido escrita para descrever o seu próprio estado mental. Com que fidelidade Lecky, ele próprio um racionalista, retrata essa propensão dos homens de ciência para ridicularizarem todas as coisas novas, em sua descrição da maneira pela qual "os homens instruídos" recebem uma explicação de um milagre ocorrido! "Eles o recebem", diz, "com uma incredulidade absoluta e mesmo derrisória, que dispensa qualquer exame das evidências!"[60] Além disso, eles estão de tal modo saturados do ceticismo dominante, depois de terem batalhado o seu caminho para a Academia, que dão meia volta e assumem, por sua vez, o papel de perseguidores. "É uma curiosidade da ciência", diz Howitt, "que Benjamin Franklin, que havia experimentado os seus concidadãos ridicularizarem as suas tentativas de identificar o raio e a eletricidade, tenha sido um dos membros da Comissão de Sábios, em Paris, em 1778, que examinou as reivindicações do Mesmerismo e as condenou como absoluto charlatanismo!"[61]

Se os homens de ciência se contentassem com desacreditar as novas descobertas, haveria alguma desculpa para seu temperamento à conservação dos velhos hábitos de perseverantes pesquisas; mas eles não apenas têm pretensões à originalidade não garantida pelo fato mas rejeitam desdenhosamente todas as afirmações que os homens dos tempos antigos conheciam tanto ou mais do que eles próprios. Pena que em todos os laboratórios não estejam afixadas as seguintes palavras do *Eclesiastes*: "Mesmo que se afirmasse: 'Olha, isto é novo!', eis que já sucedeu em outros tempos muito antes de nós"[62]. No verso que segue o que citamos, o sábio diz: "Não há memória das coisas passadas"; de sorte que essa afirmação pode explicar todas as novas negações. O Sr. Meldrum pode vangloriar-se corretamente de suas observações meteorológicas de ciclones em Maurício, e o Sr. Baxendell, de Manchester, falar com erudição das correntes de convecção da Terra, e o Dr. Carpenter e o Com. Maury mapear-nos a corrente equatorial, e o Prof. Henry mostrar-nos como os ventos úmidos depositam sua carga para formar riachos e rios, apenas para serem novamente resgatadas do oceano e reconduzidas ao topo das montanhas – isso não nos impede de ouvir o que Coélet diz: "O vento sopra em direção ao sul, volta-se para norte: ele *gira* continuamente, e o vento retorna de acordo com as suas voltas"[63].

"Todos os rios correm para o mar; no entanto o mar não transborda: embora chegados ao fim de seu percurso, os rios voltam a correr."[64]

A filosofia da distribuição do calor e da umidade através das correntes ascendentes e descendentes entre o equador e os pólos é de origem muito recente; mas aqui a sugestão foi enunciada em nosso livro mais familiar, (*Eclesiastes*), há quase três mil anos. E mesmo agora, citando-a, somos obrigados a lembrar o fato de que Salomão era um cabalista e que nos textos acima citados ele simplesmente repete o que fora escrito milhares de anos antes de seu tempo.

Separados como estão da acumulação de fatos em uma metade do universo (e a mais importante), os eruditos modernos são naturalmente incapazes de edificar um sistema de filosofia que os satisfaça, para não falar dos outros. Eles são como homens numa mina de carvão, que trabalham durante todo o dia e saem apenas à noite, sendo por essa razão incapazes de apreciar ou entender a beleza e a glória da luz do Sol. A vida para eles mede o termo da atividade humana, e o futuro não apresenta à sua percepção intelectual senão um abismo de trevas. Nenhuma esperança de uma eternidade de pesquisas, realizações, e o conseqüente prazer, suaviza as asperezas da presente existência; e nenhuma recompensa é oferecida pelo trabalho a não ser o ganha-pão do dia, e a fantasia irreal e inútil de que os seus nomes não serão esquecidos alguns anos após o túmulo se ter fechado sobre seus restos. A morte para eles significa extinção da chama de vida, e a dispersão dos fragmentos da lâmpada sobre o espaço infinito. Disse Berzelius, o grande químico, em sua hora derradeira, quando irrompeu em lágrimas: "Não vos assusteis por me verdes chorar. Não penseis que sou um homem fraco, nem que me alarmei com o que o médico me informou. Estou preparado para tudo. Mas *devo dizer adeus à ciência*; e não duvideis de que isto é um grande sacrifício para mim"[65].

Quão amargas devem ser as reflexões de um grande estudante da Natureza como esse ao se ver obrigado a interromper a meio caminho a realização de alguns grandes estudos, a construção de algum grande sistema, a descoberta de algum mistério que desconcertou a Humanidade por anos, porém que o filósofo moribundo tinha ousado esperar que poderia resolver! Olhai o mundo da ciência hoje, e vede os partidários da teoria atômica remendando as vestes esfarrapadas que expõem as imperfeições de suas diversas especialidades! Vede-os reparando os pedestais em que foram reverenciados antes de a sua teoria revolucionária ter sido exumada da tumba de Demócrito por John Dalton! No oceano da ciência material eles lançam suas redes apenas para ter as malhas rompidas quando algum inesperado e monstruoso problema se lhes apresente. As suas águas são como o Mar Morto – amargas ao paladar; tão densas que dificilmente podem nelas imergir, e muito menos chegar ao seu fundo, não tendo saída, e nenhuma vida sob as suas ondas, ou ao longo das suas margens. É um deserto sombrio, proibido, árido; que não produz nada útil, pois o que produz não tem vida ou alma.

Houve um tempo em que os sábios acadêmicos se divertiam particularmente com a mera enunciação de algumas maravilhas que os antigos davam como tendo ocorrido sob as suas próprias observações. Como eles deveriam parecer pobres teóricos – às vezes mentirosos aos olhos de um século iluminado! Eles, de fato, não descreveram cavalos e outros animais, cujos pés apresentavam alguma semelhança com as mãos e os pés dos homens? Em 1876 d.C. ouvimos o Sr. Huxley dando eruditas conferências nas quais o *protohippus*, desfrutando de um antebraço quase humano, e o *orotihippus*, com seus quatro dedos e sua origem eocena, e o hipotético *pedactyl equus*, tio-avô materno do cavalo atual, desempenham a parte mais importante. A maravilha se confirmou! Os pirrônicos materialistas do século XIX desforram-se das afirmações dos supersticiosos platônicos; os *gobe-mouches* antediluvianos. E antes do Sr. Huxley, Geoffroy St.-Hilaire havia citado o caso de um cavalo que positivamente tinha os dedos separados por membranas[66]. Quando os antigos falam de uma raça de pigmeus da África, são tachados de mentirosos. E no entanto, pigmeus como esses foram vistos e examinados por um cientista francês durante a sua viagem por Fenda Maia, nas margens do Rio Grande, em 1840[67]; por Bayard Taylor no Cairo, em 1874; e por M. Bond, do Comitê Trigonométrico da Índia, que descobriu uma raça selvagem de anões vivendo nas selvas do Galitz ocidental, a sudeste das colinas Palini, uma raça de que, embora dela se falasse muito, o comitê não havia anteriormente encontrado nenhum traço. "Trata-se de uma nova raça pigméia, que se assemelha aos obongos africanos do Chaillu, os akkas de Schweinfurth, e os dokos do Dr. Krapf, por seu tamanho, aparência e hábitos."[68]

Heródoto foi tido como lunático por falar de um povo *de que se dizia* que dormia durante uma noite de seis meses de duração. Se explicamos a palavra "dormir" como um pequeno engano, será facílimo compreender que se faz alusão à noite das regiões polares[69]. Plínio apresenta em suas obras inúmeros fatos que até há muito pouco eram rejeitados como fábulas. Entre outros, ele menciona uma raça de pequenos animais, cujos *machos amamentam os filhotes*. Essa afirmação provocou enorme hilaridade entre os nossos *sábios*. Em seu *Report of the Geological Survey of the Territories*, de 1872, o Sr. C. H. Merriam descreve uma rara e extraordinária espécie de coelho (*Lepus bairdi*) que habita as regiões de pinheiros nas cabeceiras dos rios Wind e Yellowstone, no Wyoming[70]. O Sr. Merriam capturou cinco espécimes desse animal, "que (...) são *os primeiros indivíduos da espécie que foram trazidos ao mundo científico*. Um fato muito curioso é de que todos os *machos têm tetas*, e *participam da amamentação dos filhotes*! (...) Os adultos machos têm grandes tetas cheias de leite, e o pêlo em torno da mama de um estava úmido e colado, mostrando que, ao ser capturado, tinha estado ocupado em amamentar os filhotes". No relato cartaginês das primeiras viagens de Hanno, encontrou-se uma longa descrição de um "povo selvagem (...) cujos corpos eram cabeludos e que os intérpretes chamavam de *gorilae*"; ἀνθρώπων ἀγρίων, de acordo com o texto, o que implica claramente que esses homens selvagens eram macacos. Até o nosso presente século, a afirmação era considerada uma história infundada, e Dodwell rejeita completamente a autenticidade do manuscrito e o seu conteúdo[71]. A famosa *Atlântida* é atribuída pelos mais recentes comentadores das obras de Platão a uma das "nobres mentiras" platônicas[72]. Mesmo a franca admissão do filósofo, no *Timeu*, de que "eles disseram que em seu tempo (...) os habitantes dessa ilha [Poseidon] preservavam uma *tradição* legada por seus ancestrais concernente à existência da ilha Atlântida de uma prodigiosa extensão (...) etc."[73] não salva o grande mestre da imputação de mentira pela "infalível escola moderna".

Entre a grande massa de pessoas imersas na ignorância supersticiosa da época medieval, há um pequeno número de estudantes da Filosofia Hermética da Antiguidade que, aproveitando de seus ensinamentos, foram capazes de prever as descobertas que são o orgulho de nosso século; ao passo que ao mesmo tempo os ancestrais de nossos modernos grandes sacerdotes do templo da Santa Molécula ainda estavam descobrindo as pegadas de Satã nos fenômenos mais simples da Natureza. Diz o Prof. A. Wilder: "Roger Bacon (século XVI), em seu tratado sobre *A força admirável da arte e da Natureza*, devota a primeira parte de sua obra aos fatos naturais. Ele nos dá indicações da pólvora e prediz a utilização do vapor como uma força de propulsão. A prensa hidráulica, o sino de mergulho e o calidoscópio são todos descritos"[74].

Os antigos falam de águas metamorfoseadas *em sangue*; de chuvas de sangue, de tempestades de neve durante as quais a Terra foi coberta pela extensão de muitas milhas de neve *de sangue*. Essa queda de partículas rubras, como tudo o mais, não passa de um fenômeno natural. Ela ocorreu em épocas diferentes, mas a sua causa permanece um enigma até o presente.

De Candolle, um dos mais renomados botânicos deste século, tentou provar, em 1825, quando as águas do lago de Morat aparentemente se transformaram em sangue espesso, que o fenômeno poderia ser facilmente explicado. Ele o atribuiu ao desenvolvimento de miríades de animais metade vegetais, metade infusórios, que ele chama de *Oscellatoria rubescens*, e que formam o vínculo entre os organismos animais e vegetais[75]. Explicamos noutra parte a neve vermelha que o Cap. Ross observou nas regiões árticas. Muitas memórias foram escritas pelos naturalistas mais eminentes, mas não há dois entre eles que concordem com as suas hipóteses. Alguns o chamam de "pólen de uma espécie de pinheiro"; outros, de pequenos insetos; e o Prof. Agardt confessa muito francamente que não sabe como definir a causa desse fenômeno, ou explicar a natureza da substância vermelha[76].

O testemunho unânime da Humanidade é uma prova irrefutável da verdade; e sobre que ponto sempre houve um testemunho mais unânime durante milhares de séculos, entre os povos civilizados como entre os mais bárbaros, de que existiu uma crença firme e inquebrantável na Magia? Esta implica uma contravenção das leis da Natureza apenas nas mentes dos ignorantes; e se tal ignorância deve ser deplorada nas nações pouco instruídas, por que as nossas classes de fervorosos cristãos civilizados e *altamente* educados não a deploram em si mesmas? Os mistérios da religião cristã não foram mais capazes de suportar um teste crucial além dos milagres bíblicos. Somente a magia, no verdadeiro sentido da palavra, fornece uma chave para as Maravilhas da vara de Aarão, e das proezas dos magos do Faraó que se opunham a Moisés; e ela o faz sem depreciar a veracidade geral dos autores do *Êxodo*, ou favorecer mais o profeta de Israel do que outros, ou admitir a possibilidade de um único exemplo em que um "milagre" possa ter acontecido em contravenção às leis da Natureza. Entre os muitos "milagres", podemos selecionar para nossa demonstração o de que o "rio se transformou em sangue". O texto diz: "Toma tua *vara* e estende tua mão (com a *vara* nela) sobre as águas, os rios, etc. (...) para que se transformem em sangue"[77].

Não hesitamos em dizer que vimos o mesmo fenômeno reproduzir-se repetidamente em menor escala, não tendo a experiência nestes casos sido aplicada a um rio. Desde o tempo de Van Helmont, que, no século XVII, a despeito do ridículo a que se tinha exposto, quis dar as verdadeiras indicações para a pretensa produção de enguias, rãs e infusórios de várias espécies, até os campeões da geração espontânea de nosso próprio século, sabe-se perfeitamente bem que essa vivificação de germes é possível sem se invocar o auxílio do milagre para violar a lei natural. As experiências de Pasteur e Spollenzani, e a controvérsia dos pan-espermistas com os heterogenistas – discípulos de Buffon, entre eles Needham – ocuparam durante tanto tempo a atenção do público para permitir-nos duvidar de que os seres são gerados sempre que há ar e condições favoráveis de umidade e temperatura. Os anais das reuniões oficiais da Academia de Ciências de Paris[78] contêm relatos do surgimento freqüente desses fenômenos de neve e água sanguinolentas. Essas manchas de sangue eram chamadas de *lepra vestuum*, e eram apenas infusórios do líquen. Elas foram observadas pela primeira vez em 786 e 959, dois anos em que ocorreram grandes pragas. Se esses *zoocarpas* eram plantas ou animais, eis uma questão ainda não resolvida até hoje, e nenhum naturalista arriscar-se-ia a afirmar, com certeza, a que divisão do reino orgânico da Natureza eles pertencem. Os químicos modernos não podem mais negar que tais germes podem desenvolver-se, num elemento favorável, num espaço de tempo incrivelmente pequeno. Ora, se a Química, por um lado, encontrou os meios de privar o ar de seus germes flutuantes, e, sob condições opostas, pode desenvolver ou facilitar o desenvolvimento desses organismos, por que não poderiam fazê-lo os mágicos do Egito "com os seus encantamentos"? É mais fácil imaginar que Moisés, que, segundo Manetho, era um sacerdote egípcio, e tinha aprendido todos os segredos na terra da *Chemia*, produzia "milagres" de acordo com as leis naturais, do que admitir que o próprio Deus viola a ordem estabelecida de seu universo. Repetimos que presenciamos essa sanguificação de águas produzida por adeptos orientais. Pode-se fazê-lo de duas maneiras: no primeiro caso, o experimentador empregava uma *vara* magnética fortemente eletrificada, que fazia passar por sobre a água contida numa bacia metálica, seguindo um processo prescrito que não temos o direito de descrever mais detalhadamente agora; a água se cobre em cerca de dez horas com uma espécie de espuma vermelha, que duas horas depois se transforma numa espécie de líquen, como a *lepraria kermasina* do Barão Wrangel. Ela se transforma então numa geléia cor de sangue, que torna a água um líquido rubro que, quarenta e quatro horas mais tarde, formiga de organismos vivos. A segunda experiência consistia em salpicar ligeiramente a superfície de um riacho manso, de fundo lamacento, com o pó de uma planta que fora secada ao Sol e posteriormente pulverizada. Embora esse pó tivesse sido aparentemente carregado pela corrente, um pouco dele deve ter atingido o fundo, pois na manhã seguinte a água se espessou na superfície e apareceu coberta daquilo que de Candolle descreve como *Oscellatoria rubescens*, de cor carmesim, e que ele acredita ser o elo unificador entre a vida vegetal e animal.

Levando-se em consideração o que precede, não vemos por que os sábios alquimistas e os físicos – *físicos*, dizemos – do período mosaico não teriam possuído o segredo natural de desenvolver em poucas horas miríades dessa espécie de bactéria, cujos esporos estão no ar, na água e na maior parte dos tecidos vegetais e animais. A *vara* exerce um papel importante nas mãos de Aarão e Moisés como em todas as chamadas "pantomimas mágicas" dos mágicos cabalistas medievais, e que são agora consideradas como tolices supersticiosas e charlatanismo. A vara de Paracelso (o seu tridente cabalístico) e o famoso bastão de Alberto Magno, Roger Bacon e Henry Kunrath devem ser tão ridicularizados quanto a vareta graduada de nossos físicos eletromagnéticos. Coisas que pareciam absurdas e impossíveis aos charlatães ignorantes, e mesmo aos sábios cientistas do último século, começam agora a assumir o vago aspecto da probabilidade, e em muitos casos de fatos já realizados. Ou melhor, alguns sábios charlatães e cientistas ignorantes começam enfim a admitir essa verdade.

Num fragmento preservado por Eusébio, Porfírio, em sua *Epístola a Anebo*, pede a Choeremon, o "hierogramatista", que prove que a doutrina das artes mágicas, cujos adeptos "podiam aterrorizar até mesmo os deuses", era realmente defendida pelos sábios egípcios[79]. Ora, tendo em mente o papel da evidência histórica proposto pelo Sr. Huxley, em sua conferência de Nashville, duas conclusões se apresentam com irresistível força: em primeiro lugar, Porfírio, tendo uma reputação incontestada de alta moralidade e honorabilidade, e não sendo dado a exagerar as suas afirmações, era incapaz de perpetrar uma mentira sobre esse mestre, e *não mentiu*; em segundo lugar, sendo tão perfeitamente instruído em todos os ramos de conhecimento de que trata[80], era impossível fazê-lo tirar proveito das "artes" mágicas, e ele *não* o fez. Eis por que a doutrina das probabilidades que sustenta a teoria do Prof. Huxley nos compele a acreditar: 1) que essas "artes" mágicas existiram realmente; e 2) que elas eram conhecidas e praticadas pelos magos e sacerdotes egípcios, os quais, como reconhece Sir David Brewster, eram homens profundamente versados nas ciências.

NOTAS

1. [Tradução inglesa de Thomson, vol. I, p. 199, rodapé.]
2. Dr. H.-D. d'Alger, em *Revue spiritualiste*, Paris, ed. por Z. J. Piérart, vol. IV, 1861, p. 254-57.
3. Bruce, *Travels to Discover the Source of the Nile*, 1790, vol. V, p. 208-10; Hasselquist, *Voyages and Travels in the Levant*, etc., 1766, vol. I, p. 63-5; W. Lemprière, *Voyage dans l'empire du Maroc et le royaume de Fez*, etc., 1801, p. 42-3.
4. Salverte, *The Phil. of Magic*, I, 325, 327.
5. Thibault de Chanvalon, *Voyage à la Martinique*, etc.
6. Salverte, *op. cit.*, I, 327-28.
7. Forbes, *Oriental Memoirs*, vol. I, p. 44; vol. II, p. 387.
8. J. D. Stedman, *Narrative of (. . .) Expedition (. . .) in Surinam*, vol. III, p. 64-5.
9. Ver *Edinburgh Review*, vol. LXXX, outubro, 1844, p. 428.
10. [*Nihaṅg* ou *ghariyâl* em hindustâni.]
11. *Journal de Médecine*, etc., vol. XXXII, janeiro, 1770: "Lettre sur une production monstrueuse".
12. C. Elam, *A Physician's Problems*, p. 25.
13. *The Immortality of the Soule*, por Henry More, Membro do Christ College, Cambridge.
14. [C. Elam, *op. cit.*, p. 27.]
15. [Cf. Liceto, *De monstris*, Amstelodami, 1668.]
16. [Seção "De injectis materialibus", §9.]
17. Dr. Henry More, *op. cit.*, III, cap. VI, p. 392-94.
18. [C. Elam, *op. cit.*, p. 238.]
19. [Magendie, *op. cit.*, 6ª ed., Londres, 1872, p. 225-26.]
20. [Pope, *Essay on Man*, I, 267.]
21. *Transactions of the Medical Society of N. Y.*, 1865, p. 249.
22. *Trans. Med. Soc. of New York*, 1866, p. 242, citando do *Dublin Quarterly Journal of Medical Science*, vol. XV, maio, 1, 1853.
23. A.-É. Serres, *Recherches d'anatomie transcendante et pathologique, etc., Paris, 1832.*
24. *Silliman's Journal of Science and Art*, vol. X, p. 48.
25. [Em H. Maudsley, *Body and Mind*.]
26. *Précis élémentaire de physiologie*, p. 520. [p. 433 na trad. inglesa de 1824.]

27. Magendie, *op. cit.*, p. 521.

28. *Dogme et rituel de la haute magie*, vol. I, cap. V.

29. *Transactions of the Medical Society of N. Y.*, 1865, etc., p. 246.

30. Fournié, *Physiologie du système nerveux cérébro-spinal*, Paris, 1872.

31. *Op. cit.*

32. *Night-Side of Nature*, por Catherine Crowe, p. 434 e segs.

33. [*Ibid.*, p. 435.]

34. [Van Helmont, *Ort. medic.*, p. 287; ed. 1652.]

35. [Resumido da *Bibliothèque du magnétisme animal*, Paris, 1817-1818. vol. I, p. 67-8.]

36. [Cap. XVIII, col. 453-55, Basileae, 1583.]

37. Henry More, *The Immortality of the Soule*, III, cap. VII, p. 399.

38. Fournié, *Physiologie*, p. 717.

39. Por *alma*, nem Demócrito nem os outros filósofos entendiam o *nous* ou o *pneuma*, a alma divina *imaterial*, mas a *psychê*, ou corpo astral; o que Platão sempre chama de segunda alma mortal.

40. Plutarco, *Contra Colotes*, §8.

41. Balfour Stewart, L. L. D., F. R. S., *The Conservation of Energy*, p. 133-34.

42. Fournié, *Physiologie du système nerveux*, p. 16.

43. *A System of Logic*, vol. II, p. 165; 8ª ed., 1872.

44. [*Op. cit.*, cap. XXV.]

45. [5ª ed., Londres, 1875, p. 88.]

46. Draper, *The Hist. of the Conflict between Religion and Science*, p. 22.

47. Edward L. Youmans, M. D., *A Class-book of Chemistry*, prefácio, p. 2.

48. Suidas, *Greek Lexicon*, I, 595, s. v. Διοκλητιανός e III, 669, s. v. χημεία.

49. [Manetho, em Jul. Afric. e Eusébio.]

50. [*Ad Autolycum*, II, cap. VI.]

51. [XXII, xiv, 7.]

52. [Champollion-Figeac, *Égypte ancienne*, p. 138.]

53. [*Ibid.*, p. 139.]

54. Sprengel, em sua *Geschichte der Arzneikunde*, mostra um Van Helmont desgostoso com a charlatanice e a presunção ignorante de Paracelso. "As obras deste último", diz Sprengel, "que ele [Van Helmont] lera atentamente, despertaram nele o espírito da reforma; mas elas não lhe bastaram, pois a sua erudição e o seu julgamento eram infinitamente superiores aos daquele autor, e ele *desprezava* esse *louco egoísta*, esse vagabundo ignorante e ridículo, que parece ter recaído muitas vezes na insanidade." [IV, 369.] Esta afirmação é totalmente falsa. Temos os escritos do próprio Van Helmont para refutá-la. Na bem conhecida contenda entre dois escritores, Goclenius, um professor de Marburg, que sustentava a grande eficácia do bálsamo simpático na cura de todas as feridas, e Padre Robert, um jesuíta que condenava todas essas curas, pois as atribuía ao Diabo, Van Helmont entendeu de resolver a contenda. A razão que ele deu para a sua interferência foi a de que tais disputas "afetavam Paracelso como inventor e a *ele próprio como seu discípulo*" (ver *Ortus medicinae*, seção "De Magnetica vulnerum curatione", p. 594; ed. 1652).

55. Demócrito dizia que do nada nada se poderia produzir, e que portanto não há nada que se possa jamais reduzir a *nada*.

56. L. Le Conte, "Correl. of Vital, etc.", em *Pop. Sc. Monthly*, IV, dezembro, 1873, p. 157.

57. [*On the Physical Basis of Life*.]

58. [Champollion-Figeac, *Égypte ancienne*, p. 139.]
59. [*Hist. of the Supernatural*, II, p. 235.]
60. [*Hist. of European Morals*, vol. I, p. 369-70; ed. 1869.]
61. Howitt, *op. cit.*, II, p. 240. A data é incorreta; deveria ser 1784.
62. *Eclesiastes*, I, 10.
63. *Ibid.*, I, 6.
64. *Ibid.*, I, 7.
65. P. A. Siljeström, *Minnefest öfver J. J. Berzelius*, p. 79.
66. *Séance de l'Académie de Paris*, 13 de agosto de 1807.
67. Mollien, *Voyage dans l'intérieur de l'Afrique*, tomo II, p. 210.
68. *The Popular Science Monthly*, Nova York, maio, 1876, p. 110.
69. Malte-Brun, *Geogr. Math.*, p. 372-73; Heródoto, *História*, IV, §25.
70. [F. V. Hayden, *Report of the U. S. Geological Survey*, VI, p. 666.]
71. O original estava guardado no templo de Saturno, em Cartago. Falconer publicou duas dissertações sobre ele, e concorda com Bougainville em atribuí-lo ao sexto século anterior à era cristã. Ver Cory, *Ancient Fragments*, "O périplo de Hanno", p. 207.
72. Prof. Jowett, *Dialogues of Plato*, 2ª ed., 1875, vol. III, p. 684.
73. Proclo, *Sobre o Timeu*, cf. Cory, *op. cit.*, p. 233; ed. 1832.
74. *New Platonism and Alchemy*, Albany, 1869, "Alchemy, or the Hermetic Philosophy", p. 29.
75. Ver *Revue encyclopédique*, vol. XXXIII, p. 676.
76. *Bulletin de la Soc. de Géographie*, vol. VI, p. 209-19.
77. [*Êxodo*, VII, 19.]
78. Ver *Revue encyclopédique*, vols. XXXIII, p. 676; XXXIV, p. 395.
79. [Cf. T. Taylor, *Iamblichus on the Mysteries,* etc., p. 1-16; Londres, 1821; Eusébio, *Praep. evang.*, livro V, cap. X (198).]
80. "Porfírio", diz o *Classical Dictionary* de Lemprière, "era um homem de cultura universal, e, de acordo com o testemunho dos antigos, superava os seus contemporâneos no conhecimento da História, da Matemática, da Música e da *Filosofia*."

CAPÍTULO XII

"Nunca ouvis os defensores verdadeiramente filosóficos da doutrina da Uniformidade falar de *impossibilidades* na Natureza. Eles nunca dizem o que estão constantemente encarregados de dizer – que é impossível ao Construtor do universo alterar a Sua obra. (. . .) [Nenhuma teoria os desconcerta (ao clero inglês).] (. . .) Que a hipótese mais destrutiva seja afirmada *apenas na linguagem corrente entre os cavalheiros*, e eles a enfrentam."
TYNDALL, *Fragments of Science* (ed. 1872), p. 156-57, 162.

"O mundo terá uma religião de qualquer espécie, mesmo que deva, para possuí-la, lançar-se no *lupanar* intelectual *do 'Espiritismo'*."
TYNDALL, Fragments of Science, Intr. à parte II.

"Mas, como um vampiro antes à terra enviado,
Teu cadáver de seu túmulo será arrancado (. . .)
Então lividamente teu torrão natal rondará
E o sangue de toda a tua raça sugará."
LORD BYRON, *Giaour*, versos 755-58.

Aproximamo-nos agora dos recintos sagrados do deus Jano – o Tyndall molecular. Entremos com os pés descalços. À medida que deixamos para trás os áditos sagrados do templo da sabedoria, aproximamo-nos do flamejante sol do sistema huxleyocêntrico. Abaixemos os olhos, a menos que queiramos ficar cegos.

Discutimos as matérias variadas que este livro contém, com toda a moderação possível em vista da atitude que os mundos científico e teológico mantiveram durante séculos em relação àqueles que lhes legaram os fundamentos de todo o conhecimento atual que eles possuem. Quando nos colocamos de um lado e, como simples espectadores, vemos o quanto os antigos sabiam e quanto os modernos pensam que sabem, ficamos assombrados com o fato de que a deslealdade de nossos sábios contemporâneos possa passar despercebida.

Cada dia nos traz novas confissões dos próprios cientistas e novas críticas de observadores leigos bem-informados. Encontramos o seguinte parágrafo, bastante ilustrativo, num jornal:

"É curioso observar as várias opiniões que prevalecem entre cientistas em relação a alguns dos fenômenos naturais mais ordinários. A aurora boreal, por exemplo, é um caso notável. Descartes considerava-a um meteoro procedente das regiões superiores da atmosfera. Halley atribuiu-a ao magnetismo do globo terrestre e Dalton partilhava desta opinião. Coats supunha que a aurora proviesse da fermentação de uma matéria que emanava da Terra. Marion pretendia que fosse uma conseqüência de um contato entre a atmosfera brilhante do Sol e a atmosfera do nosso planeta. Euler pensava que a aurora procedia das vibrações do éter entre as partículas da atmosfera terrestre. Canton e Franklin consideravam-na um fenômeno puramente elétrico, e Parrot a atribuiu à conflagração do hidrogênio carburado que escapa da terra em conseqüência da putrefação de substâncias vegetais, e considerava os astros em declínio a causa inicial de tal conflagração. De La Rive e Oersted afirmavam que se tratava de um fenômeno eletromagnético, mas puramente terrestre. Olmsted suspeitava que um certo corpo nebuloso operava uma revolução ao redor do Sol em determinado tempo e que, quando este corpo se aproximava da Terra, uma parte do seu material gasoso se misturava à nossa atmosfera; e essa seria a origem do fenômeno da aurora". E outro tanto poderíamos dizer de cada ramo da ciência.

Assim, poderia parecer que, mesmo no que diz respeito aos fenômenos naturais mais comuns, a opinião científica está longe de ser unânime. Não há um único experimentador ou teólogo que, ao tratar das relações sutis que existem entre a mente e a matéria, entre a sua gênese e o seu fim, não trace um círculo mágico a cuja superfície chame *solo proibido*. Aonde a fé permita vá um clérigo, para aí ele vai; pois, como diz Tyndall, "não lhes falta o elemento positivo – a saber, o amor da Verdade; porém o elemento negativo, o medo do terror, prepondera". Mas o problema é que o seu credo dogmático submete o entendimento do teólogo, como a bola e a corrente amarram o prisioneiro às trincheiras.

Quanto ao progresso dos cientistas, a sua erudição mesma, além disso, está impedida por outras duas causas – a sua incapacidade constitucional de compreender o lado espiritual da Natureza e o seu temor da opinião pública. Ninguém lhes disse coisa mais aguda do que o Prof. Tyndall quando observa que, "de fato, os maiores covardes de hoje não estão entre o clero, mas no interior da paliçada da própria ciência"[1]. Se tivesse havido a menor dúvida quanto à aplicabilidade desse epíteto degradante, foi ela removida pela conduta do próprio Prof. Tyndall; pois, em seu discurso de Belfast, como Presidente da Associação Britânica, ele não só discerniu na matéria "*a promessa e a potência* de toda forma e toda qualidade de vida", mas também caracterizou a ciência como "arrebatando da Teologia todo o domínio da teoria cosmológica"[2]; e depois, quando se viu diante de uma opinião pública irritada, publicou uma edição revista do discurso em que modificava a sua expressão, substituindo as palavras "*toda forma e toda qualidade de vida*" por "*toda vida terrestre*". Isso é mais do que agir covardemente – é abjurar ignominiosamente os princípios professados. À época da reunião de Belfast, o Sr. Tyndall possuía duas aversões favoritas – a Teologia e o Espiritismo. A sua maneira de ver a primeira já foi indicada; à última chamava "uma crença degradante". Quando foi posto à parte pela Igreja por seu suposto ateísmo, apressou-se em repelir a imputação e implorar o perdão; mas, como os seus "centros nervosos" agitados e as suas "moléculas cerebrais" tivessem necessidade de se equilibrar por meio da aplicação da sua força em alguma direção, ele se voltou contra os indefesos espiritistas – por serem pusilânimes – e, em seus *Fragments of Science*, insulta a sua crença nestes termos: "O mundo terá uma religião de qualquer espécie, mesmo que deva, para possuí-la, lançar-se no *lupanar* intelectual do '*Espiritismo*' ". Que anomalia a de que milhões de pessoas inteligentes se permitam ser assim rebaixados por um líder em ciência que, ele próprio, nos disse que "o que é preciso combater, tanto na ciência quanto fora dela, é o seu 'dogmatismo' "!

Não perderemos tempo em discutir o valor etimológico do epíteto. Mas, expressando a esperança de que a ciência não o adote nos tempos futuros sob o título de tyndallismo, queremos apenas lembrar ao benevolente cavalheiro um traço que lhe é bastante característico. Um dos nossos espiritistas mais inteligentes, honoráveis e eruditos, autor de não menos renome[3], chamou claramente esse traço de "sua (de Tyndall) coqueteria simultânea com as opiniões contrárias". Se devemos aceitar o epíteto do Sr. Tyndall com toda a sua significação grosseira, ele se aplica menos aos espiritistas que são fiéis à sua crença, do que ao cientista ateu que abandona os abraços amorosos do materialismo para se atirar aos braços de um teísmo menosprezado – só porque ali encontra proveito.

Vimos como Magendie confessa francamente a ignorância dos fisiólogos em relação a alguns dos mais importantes problemas da vida e como Fournié concorda com ele. O Prof. Tyndall admite que a hipótese da evolução não soluciona, não pretende solucionar, o mistério final.

Já prestamos também toda a atenção que os nossos poderes naturais pudessem permitir à celebrada conferência *On the Physical Basis of Life* do Prof. Huxley, de sorte que o que podemos dizer neste volume quanto à tendência do pensamento científico moderno não dará lugar a nenhum equívoco. Resumindo a sua teoria aos limites mínimos possíveis, ela pode ser formulada da seguinte maneira: todas as coisas são criadas a partir da matéria cósmica; formas distintas resultam de permutações e de combinações diferentes dessa matéria; a matéria "devorou o espírito", donde não existir o espírito; o pensamento é uma propriedade da matéria; as formas existentes morrem para que outras ocupem o seu lugar; a dissimilaridade no organismo é devida apenas à ação química variante na mesma matéria vital – sendo todo protoplasma idêntico.

No que diz respeito à Química e às observações microscópicas, o sistema do Prof. Huxley pode ser impecável e a sensação profunda produzida no mundo por sua enunciação pode ser facilmente entendida. Mas o seu defeito consiste em que o fio da sua lógica não começa em lugar algum e termina num vazio. Ele fez o melhor uso possível do material disponível. Dado um universo pleno de moléculas, dotadas de força ativa e continentes do princípio vital, todo o resto é acessível; um conjunto de forças inerentes as obriga a se agregarem em mundos e, um outro, a assumirem por evolução as várias formas do organismo vegetal e animal. Mas o que deu o primeiro impulso a essas moléculas e as dotou dessa misteriosa faculdade de vida? O que é esta propriedade oculta que obriga os protoplasmas do homem, da fera, do réptil, do peixe ou da planta a se diferenciarem, evoluindo cada um à sua própria maneira, e nunca segundo uma outra? E, depois que o corpo físico libera os seus constituintes para a terra e para o ar, "seja ele um cogumelo ou um carvalho, um verme ou um homem", o que acontece com a vida que antes animava o invólucro?

A lei da evolução, tão imperativa na sua aplicação ao método da Natureza, desde o momento em que as moléculas cósmicas estão flutuando até o momento em que formam um cérebro humano, deve ser interrompida neste ponto e não lhe ser permitido desenvolver entidades mais perfeitas a partir desta "lei preexistente da forma"? Pode o Sr. Huxley afirmar a impossibilidade de o homem conseguir atingir, após a morte física, um estado de existência em que seja cercado por novas formas de plantas e de vida animal, resultantes de novas combinações de matéria agora sublimada?[4] Ele reconhece que nada sabe dos fenômenos de gravitação; exceto que, em toda experiência humana, como "as pedras, desprovidas de apoio, caem ao chão, não há razão para crer que, nas mesmas condições, uma pedra qualquer não caia ao chão". Mas ele rejeita completamente qualquer tentativa de mudar essa probabilidade para uma necessidade e, de fato, diz: "Repudio completamente e anatematizo o intruso. Conheço os fatos e conheço a lei; mas o que é essa necessidade, a não ser uma sombra vazia do impulso da minha própria mente?"[5] Apenas uma objeção: tudo o que acontece na Natureza é resultado da necessidade e uma lei, uma vez imperativa, continuará a operar indefinidamente até que seja neutralizada por uma lei oposta de potência igual. Assim, é natural que a pedra caia ao chão em obediência a uma força e é igualmente natural que ela não caia ou que, tendo caído, ela se erga novamente, em obediência a uma outra força igualmente potente, esteja ou não o Sr. Huxley familiarizado com ela. É natural que uma cadeira permaneça no chão onde ela foi colocada e é igualmente natural (como o atestam centenas de testemunhas dignas de fé) que ela se erga no ar, não tocada por qualquer mão visível ou mortal. Não é dever do Sr. Huxley assegurar-se primeiramente da realidade desse fenômeno para depois inventar um novo nome científico para a força que o produz?

"Conheço os fatos", diz o Sr. Huxley, "e conheço a lei." Mas por que meios ele chegou a conhecer o fato e a lei? Por meio dos seus próprios sentidos, não há dúvida; e esses servos vigilantes o capacitaram a descobrir o suficiente daquilo que ele considera ser verdadeiro para construir um sistema que ele próprio confessa "parecer quase chocar o senso comum". Se o seu testemunho deve ser aceito como a base para uma reconstrução geral da crença religiosa, quando ele apenas produziu uma teoria, por que o testemunho acumulado de milhões de pessoas sobre a ocorrência de fenômenos que solapam as suas fundações não é digno de tal consideração respeitosa? O Sr. Huxley *não está* interessado nesses fenômenos, mas esses milhões existem; e, enquanto ele digeria os seus "protoplasmas de pão e de carneiro", para recuperar as forças para vôos metafísicos ainda mais audazes, eles reconheceram a escrita familiar daqueles que mais amaram, traçada por mãos espirituais, e discerniram os simulacros indistintos daqueles que, tendo vivido sobre a Terra e tendo passado pela prova da morte, desmentem a sua teoria favorita.

Enquanto a ciência confessar que o seu domínio repousa no *interior* dos limites dessas mudanças da matéria; e a Química certificar que a matéria, mudando a sua forma "da condição sólida ou líquida para a gasosa", apenas se modifica do visível para o *invisível*; e que, através de todas essas mudanças, subsiste a mesma quantidade de matéria – ela *não tem o direito* de dogmatizar. Ela é incompetente para dizer sim ou não e deve abandonar a área para pessoas mais intuitivas do que os seus representantes.

Mas acima de todos os outros nomes do seu Panteão do Niilismo, o Sr. Huxley inscreve o de David Hume. Ele estima que o grande serviço desse filósofo à Humanidade consiste na demonstração irrefragável dos "limites da investigação filosófica", fora dos quais se encontram as doutrinas fundamentais "do Espiritismo" e de outros "*ismos*". É verdade que o décimo capítulo de *Inquiry Concerning Human Understandig*, de Hume, era tido em tão alta estima por seu autor, que ele considerava "com os sábios e os eruditos" que seria "um golpe mortal definitivo contra as espécies de ilusões supersticiosas", que para ele eram apenas um termo conversível

119

para qualificar a crença em alguns fenômenos que não lhe eram familiares e por ele classificados arbitrariamente como milagre. Mas, como o Sr. Wallace observa muito justamente, o apotegma de Hume "um milagre é uma violação das leis da Natureza" é imperfeito, porque, em primeiro lugar, afirma que conhecemos todas as leis da Natureza, e, em segundo, que um fenômeno pouco freqüente *é* um milagre. O Sr. Wallace propõe que um milagre seja definido da seguinte maneira: "todo ato ou evento que implique necessariamente a existência e o agenciamento de inteligentes entidades sobre-humanas"[6]. Ora, o próprio Hume diz que "uma experiência uniforme tem valor de prova", e Huxley, em seu famoso ensaio, admite que tudo o que podemos conhecer da existência da lei da gravitação é que, dado que em toda experiência humana as pedras que não têm apoio caem ao chão, não há razão alguma para acreditar que a mesma coisa não ocorra novamente nas mesmas circunstâncias; ao contrário, há razões para se acreditar que ela se repetirá.

Se fosse certo que os limites da experiência humana nunca pudessem ser ampliados, então haveria alguma justiça na afirmação de Hume de que ele estava familiarizado com tudo o que acontecia de acordo com a lei natural e uma desculpa decente para o tom de desprezo que marca todas as alusões de Huxley ao Espiritismo. Mas, como é evidente, infere-se, dos escritos de ambos os filósofos, que eles ignoravam as possibilidades dos fenômenos psicológicos, não sendo conveniente atribuir peso às suas asserções dogmáticas. Poder-se-ia supor realmente que uma pessoa que se permitisse tal rudeza de crítica sobre as manifestações espiritistas estivesse qualificada para o ofício de censor por meio de um adequado curso de estudos; mas, numa carta dirigida à London Dialectical Society, o Sr. Huxley, depois de dizer que não tinha tempo para se dedicar ao assunto que não lhe interessa, faz a seguinte confissão, que nos mostra sobre que bases ligeiras os cientistas modernos às vezes formam as suas opiniões mais positivas. "*O único caso de Espiritismo*", escreve ele, "*que tive oportunidade de examinar* por mim mesmo era uma impostura tão grosseira quanto todas aquelas de que tive conhecimento."

O que pensaria este filósofo protoplásmico de um espiritista que, tendo tido apenas uma oportunidade de olhar por um telescópio e tendo sido enganado nesta ocasião única por um assistente mal-intencionado do observatório, denunciasse a Astronomia como uma "crença degradante"? Esse fato mostra que os cientistas, em regra, são úteis apenas como coletadores de fatos físicos; as generalizações que eles fazem dos fatos são freqüentemente mais fracas e muito mais ilógicas do que as das críticas leigas. E é por isso também que eles deturpam as doutrinas antigas.

O Prof. Balfour Stewart rende sincero tributo à intuição filosófica de Heráclito, o Eféssio, que viveu cinco séculos antes da nossa era; o filósofo "clamoroso" que declarou que "o fogo era a grande causa e que todas as coisas estavam em contínua transformação". "Parece claro", diz o professor, "que Heráclito deve ter tido uma concepção vívida da inquietação inata e da energia do universo, uma concepção da mesma natureza, e *apenas menos precisa*, que a dos filósofos modernos, que consideram a matéria como algo essencialmente dinâmico."[7] Ele pondera que a expressão *fogo* seria muito vaga; e muito natural é que assim lhe pareça, pois são escassas as provas para se apreciar se o Prof. Balfour Stewart (que parece menos inclinado ao materialismo do que alguns dos seus colegas) ou quaquer um dos seus contemporâneos compreenderam em que sentido a palavra fogo foi empregada.

As opiniões de Heráclito sobre a origem das coisas eram as mesmas de Hipócrates. Ambos professaram as mesmas idéias sobre um poder supremo[8], e, além disso, se as suas noções sobre o fogo primordial, considerado como uma força material, em uma palavra, que tivesse afinidade com o *dinamismo* de Leibnitz, fossem "menos precisas" do que a dos filósofos modernos – uma questão que ainda deve ser esclarecida –, por outro lado as suas idéias metafísicas sobre ele eram muito mais filosóficas e racionais do que as teorias parciais dos nossos eruditos de hoje. As suas idéias sobre o fogo eram precisamente as dos últimos "filósofos do fogo", dos rosa-cruzes e dos primeiros discípulos de Zoroastro. Eles afirmavam que o mundo foi criado do fogo, cujo *Espírito Divino* era um DEUS onipotente e onisciente. A ciência condescendeu em corroborar as suas asserções relativas à questão física.

O fogo, na filosofia antiga de todos os tempos e de todos os países, inclusive o nosso, foi considerado como um princípio triplo. Do mesmo modo que a água compreende um fluido visível com gases invisíveis que aí se movem, e que, atrás deles, se encontra o princípio espiritual da Natureza, que lhes dá a sua energia dinâmica, assim também, no fogo, reconheceram: 1º) a chama visível; 2º) o fogo invisível, ou astral – invisível apenas em estado inerte, mas que produz, quando ativo, o calor, a luz, a força química; e a eletricidade, os poderes moleculares; 3º) o espírito. Aplicaram essa mesma regra a cada um dos elementos; e tudo o que se desenvolvia das suas combinações e das suas correlações, inclusive o homem, era considerado como trino. O fogo, na opinião dos rosa-cruzes, que não eram senão os sucessores dos teurgos, era a fonte, não só dos átomos materiais, mas também das forças que as energizam. Quando uma chama visível se extingue, ela desaparece, não só da visão, mas também da concepção do materialista, para sempre. Mas o filósofo hermético segue-a pela "fronteira do cognoscível, através e para além do outro lado, no incognoscível", bem como segue as marcas do espírito humano desencarnado, "centelha vital da chama celestial", no etéreo, além do túmulo[9].

Este ponto é muito importante para que o deixemos passar sem algumas palavras à guisa de comentário. A atitude da ciência física para com a metade espiritual do cosmos está perfeitamente exemplificada na sua grosseira concepção do fogo. Nela, como em qualquer outro ramo da ciência, a sua filosofia não contém um único alicerce sólido: cada um deles está corroído e enfraquecido. As obras de suas próprias autoridades, eivadas de confissões humilhantes, dão-nos o direito de dizer que o terreno sobre o qual elas se erigem é tão instável, que a qualquer momento uma nova descoberta, efetuada por alguém do seu próprio grupo, pode chocar-se contra as escoras e reduzir todas elas a escombros. Eles têm um desejo tão grande de descartar o espírito para fora das suas concepções, que, como diz Balfour Stewart, "Existe uma tendência a se empurrarem para o extremo oposto e a trabalhar as concepções físicas em excesso". Ele formula uma advertência oportuna quando acrescenta: "Tenhamos cuidado para, ao evitarmos Scylla, não nos precipitarmos contra Charybdis. Pois o universo tem mais de um ponto de vista e possivelmente existam regiões que não entregam os seus tesouros aos físicos mais determinados, armados apenas da quilogramas, de metros e de cronômetros"[10]. Em outro lugar ele confessa: "Nada sabemos, ou quase nada, da estrutura última e das propriedades da matéria, orgânica ou inorgânica"[11].

Quanto à outra grande questão – encontramos em Macaulay uma declaração ainda mais franca: "(...) a questão de saber em que o homem se transforma após a morte – não vemos como um europeu dotado de instrução superior, abandonado à sua razão desassistida, possa estar mais certo em relação a ela do que um índio *blackfoot*. Nenhuma das muitas ciências com que superamos os índios *blackfoot* lança a mínima luz sobre o estado da alma depois que a vida animal se extingue. Na verdade, todos os filósofos antigos e modernos, que tentaram, sem o auxílio da revelação provar a imortalidade do homem, de Platão a Franklin, parecem-nos ter falhado deploravelmente"[12].

Existem revelações dos sentidos espirituais do homem que podem ser mais bem acreditadas do que todas as sofisticarias do materialismo. O que era uma demonstração e um êxito aos olhos de Platão e dos seus discípulos é agora considerado como um transbordamento de uma filosofia espúria e de uma falha. Os métodos científicos estão invertidos. O testemunho dos homens da Antiguidade, que estavam mais próximos da verdade, pois estavam mais próximos do espírito da Natureza – o único aspecto sob o qual a Divindade se deixa ver e entender – e das suas demonstrações, foram rejeitados. As suas especulações – a acreditar nos pensadores modernos – são apenas a expressão de uma redundância de opiniões assistemáticas de homens que ignoravam o método científico do século atual. Eles baseavam totalmente o pouco que sabiam de Fisiologia numa Psicologia bem demonstrada, ao passo que o erudito de nossos dias baseia a Psicologia – que confessa ignorar completamente – na Fisiologia, que é para ele um livro ainda fechado e para a qual ainda não tem um método próprio, como nos conta Fournié. Quanto à última objeção do argumento de Macaulay, ela foi respondida por Hipócrates séculos atrás. "Todo conhecimento, todas as artes estão na Natureza", diz ele; "se a interrogarmos *apropriadamente*, ela nos revelará as verdades que pertencem a cada uma delas e a nós mesmos. O que é a natureza em ação senão a própria divindade mesma manifestando a sua presença? Como devemos interrogá-la; e como ela nos responderá? Devemos proceder com *fé*, com a firme convicção de descobrir ao final toda a verdade; e a Natureza nos permitirá conhecer a sua resposta, através do nosso sentido *interior*, que, com a ajuda de nosso conhecimento de uma certa *arte* ou *ciência*, nos revela a verdade tão claramente, que qualquer dúvida posterior se torna impossível."[13]

Assim, no caso que temos em mãos, o instinto do índio *blackfoot* de Macaulay é mais digno de fé do que a razão mais instruída e desenvolvida no que concerne ao sentido *interior* do homem que lhe assegura a sua imortalidade. O instinto é o dote universal da Natureza conferido pelo Espírito da própria Divindade; a razão, o lento desenvolvimento de nossa constituição física, é uma evolução de nosso cérebro material adulto. O instinto, tal uma centelha divina, esconde-se no centro nervoso inconsciente dos moluscos ascidiáceos e manifesta-se no primeiro estágio de ação do seu sistema nervoso numa forma que o fisiólogo denomina ação reflexa. Ele existe nas classes mais inferiores dos animais acéfalos, bem como naqueles que têm cabeças distintas; cresce e se desenvolve de acordo com a lei da evolução dupla, física e espiritualmente; e, entrando no seu estágio consciente de desenvolvimento e de progresso nas espécies cefálicas já dotadas de sensório e de gânglios simetricamente distribuídos, esta ação reflexa – que os homens de ciência denominam *automática*, como nas espécies inferiores, ou de *instintiva*, como nos organismos mais complexos que agem sob a influência do sensório e do estímulo que se origina de sensação distinta – é sempre uma e a mesma coisa. É o instinto divino em seu progresso incessante de desenvolvimento. Esse instinto dos animais, que agem a partir do momento do seu nascimento nos limites prescritos para cada um pela Natureza e que sabem como, exceto em caso de acidente que procede de um instinto superior ao seu, preservá-los infalivelmente – esse instinto pode, se se quiser uma definição exata, ser chamado de automático; mas ele deve ter, no interior do animal que o possui, ou *fora* dele, a *inteligência* de qualquer coisa ou de alguém para o guiar.

Essa crença, ao contrário, em vez de se chocar com a doutrina da evolução e do desenvolvimento gradual defendida pelos homens eminentes da nossa época, simplifica-a e completa-a. Ela prescinde de uma criação especial para cada espécie; pois, onde o primeiro lugar deve ser dado ao espírito informe, a forma e a substância material são de importância secundária. Cada espécie aperfeiçoada na evolução física apenas oferece mais campo de ação à inteligência dirigente para que ela aja no interior do sistema nervoso melhorado. O artista extrairá melhor as suas ondas de harmonia de um Érard real do que o conseguiria de uma espineta do século XVI. Por isso, fosse esse impulso *instintivo* impresso diretamente sobre o sistema nervoso do primeiro inseto, ou cada espécie o tivesse desenvolvido em si mesma instintivamente por imitação dos atos dos seus semelhantes, como o pretende a doutrina mais aperfeiçoada de Herbert Spencer, isto pouco importa para o assunto de que tratamos. A questão diz respeito apenas à evolução *espiritual*. E se rejeitamos essa hipótese como acientífica e não-demonstrada, então o aspecto físico da evolução também cairá por terra por sua vez, porque uma é tão não-demonstrada quanto o outro e a intuição espiritual do homem não está autorizada a concatenar os dois, sob o pretexto de que ela seja "não-filosófica". Desejemo-lo ou não, teremos de voltar à velha dúvida dos *Banqueteadores* de Plutarco[14] de saber se foi o pássaro ou se foi o ovo que primeiro fez a sua aparição no mundo.

Agora que a autoridade de Aristóteles está estremecida em seus fundamentos pela de Platão e que os nossos homens de ciência recusam toda autoridade – não, odeiam-na, exceto a sua própria; agora que a estima geral da sabedoria humana coletiva está no seu nível mais baixo – a Humanidade, encabeçada pela própria ciência, deve ainda retornar inevitavelmente ao ponto de partida das filosofias mais antigas. Nossa maneira de ver está perfeitamente expressa por um dos redatores da *Popular Science Monthly*. "Os deuses das seitas e dos cultos", diz Osgood Mason, "talvez estejam frustrados com o respeito a que estão acostumados, mas, ao mesmo tempo, está despontando no mundo, com uma luz doce e mais serena, a concepção, tão imperfeita quanto ainda possa ser, de uma alma consciente, originadora de coisas, ativa e que tudo penetra – a 'Super-Alma', a Causa, a Divindade; não-revelada pela forma humana ou pela palavra, mas que preenche e inspira toda alma vivente no vasto universo de acordo com as suas medidas; *cujo templo é a Natureza* e cuja adoração é a admiração." Isto é puro platonismo, Budismo, e as idéias exaltadas mas justas dos primeiros arianos em sua deificação da Natureza. E tal é a expressão do pensamento fundamental de todo teósofo, cabalista e ocultista em geral; e, se a compararmos com a citação de Hipócrates, que demos acima, encontraremos nela exatamente o mesmo pensamento e o mesmo espírito.

Voltemos ao nosso assunto. A criança carece de razão, pois que esta ainda está latente nela; e, durante esse tempo, ela é inferior ao animal em relação ao instinto propriamente dito. Ela há de se queimar e de se afogar antes de aprender que o fogo e a água destroem e constituem perigo para ela, ao passo que o gatinho evitará ambos instintivamente. O pouco de instinto que a criança possui extingue-se à medida que a razão, passo a passo, se desenvolve. Poder-se-ia objetar, talvez, que o instinto não pode ser um dom espiritual, porque os animais o possuem em grau superior ao do homem, e os animais *não têm alma*. Tal crença é errônea e está baseada em fundamentos muito pouco seguros. Ela provêm do fato de que a natureza interior do animal pode ser ainda menos sondada do que a do homem, que é dotado de fala e nos pode exibir os seus poderes psicológicos.

Mas que outras provas, senão as negativas, temos nós de que o animal não possui uma alma que lhe sobreviva, ou que não seja imortal? No terreno estritamente científico, podemos aduzir tanto argumentos *a favor* quanto *contra*. Para dizê-lo mais claramente, nem o homem, nem o animal, podem oferecer prova alguma a favor da sobrevivência, ou mesmo contra ela, de suas almas após a morte. E do ponto de vista da experiência científica é impossível colocar aquilo que não tem existência objetiva no domínio de uma lei exata da ciência. Mas Descartes e Du Bois-Reymond esgotaram as suas imaginações sobre este assunto e Agassiz não pôde conceber a idéia de uma existência futura que não fosse partilhada pelos animais e mesmo pelo reino vegetal que nos cerca. E seria suficiente, para fazer os sentimentos de uma pessoa se revoltarem contra a pretensa justiça da Causa Primeira, acreditar que, enquanto um vilão sem coração e de sangue frio foi dotado de um espírito imortal, o cão nobre e honesto, cuja abnegação freqüentemente o leva à morte, que protege com perigo de vida a criança ou o senhor que ele ama, que nunca o esquece e até se deixa morrer de fome em seu túmulo – um animal cuja prova de abnegação e de generosidade estão às vezes desenvolvidos em grau surpreendente –, que esse animal possa ser aniquilado! Não, fora com a razão civilizada que sugere tal parcialidade impiedosa. Melhor, muito melhor, seria nos agarrarmos ao *instinto* nesse caso e concordarmos com o índio de Pope, cuja "mente sem instrução" só pode pintar para si mesmo um céu em que

"(. . .) admitido a esse firmamento igual,
o seu cão fiel lhe fará companhia"[15].

Falta-nos espaço para apresentar as opiniões especulativas de certos ocultistas antigos e medievais sobre este assunto. Que nos seja suficiente dizer que eles antecederam Darwin, que abrangeram mais ou menos todas as suas teorias sobre a seleção natural e sobre a evolução das espécies e que dilataram enormemente a cadeia nos dois sentidos. Além disso, esses filósofos foram exploradores ousados tanto em Psicologia quanto em Fisiologia e em Antropologia. Nunca se desviaram da dupla trilha paralela traçada para eles por seu grande mestre Hermes. "Em cima como embaixo" foi sempre o seu axioma; e a sua evolução física caminhou simultaneamente com a espiritual.

Em um ponto, pelo menos, nossos biólogos modernos estão de acordo: incapazes, ainda, de demonstrar a existência de uma alma individual distinta nos animais, eles a recusam ao homem. A razão os levou à beira do "abismo intransponível" de Tyndall entre a mente e a matéria; só o instinto pode ensiná-los a transpô-lo. Quando, em seu desespero de nunca poder aprofundar o mistério da vida, eles se virem obrigados a fazer uma parada repentina, o seu instinto pode reafirmar-se e ajudá-los a atravessar o abismo impenetrável. Este é o ponto a que o Prof. John Fiske e os autores de *The Unseen Universe* parecem ter chegado; e Wallace, o antropólogo e ex-materialista, é o primeiro que, corajosamente, o transpôs. Que eles continuem a tentar, até que descubram que não é o espírito que habita a matéria, mas é a *matéria* que se prende temporariamente ao espírito; e que só este último é uma moradia eterna e imperecível para todas as coisas visíveis e invisíveis.

Os filósofos esotéricos professavam que tudo na Natureza é apenas uma materialização do espírito. A Primeira Causa eterna é espírito latente, disseram eles, e matéria desde o começo. "No princípio era o verbo (...) e o verbo era Deus." Admitindo sempre que essa idéia de um Deus é uma abstração impensável para a razão humana, pretendiam eles que o instinto humano infalível dela se apoderasse como uma reminiscência de algo concreto para ele, embora fosse intangível para os nossos sentidos físicos. Com a primeira idéia, que emanou da Divindade bissexual e até então inativa, o primeiro movimento foi comunicado a todo o universo e a vibração elétrica foi instantaneamente sentida através do espaço sem fim. O espírito engendrou a força e a força, a matéria; e assim a divindade latente manifestou-se como uma energia criadora.

Quando, em que momento da eternidade, ou como? Essas questões ficarão sempre sem resposta, pois a razão humana é incapaz de compreender o grande mistério. Mas, embora o espírito-matéria tenha existido desde toda a eternidade, ele existia em estado latente; a evolução de nosso universo visível deve ter tido um começo. Para o nosso fraco intelecto, esse começo pode nos parecer ser tão remoto, que nos cause o efeito da própria eternidade – um período que não pode ser expresso em cifras ou palavras. Aristóteles concluiu que o mundo era eterno e que ele será sempre o mesmo; que uma geração de homens sempre produziu uma outra, sem que jamais o nosso intelecto pudesse ter determinado um começo para tal coisa. Nisso, o seu ensinamento, em seu sentido exotérico, choca-se com o de Platão, que ensinava que "houve um tempo em que a Humanidade não se perpetuou"; mas ambas as doutrinas concordam em espírito, pois Platão acrescenta logo em seguida: "Seguiu-se a raça *humana terrestre*, em que a história primitiva foi gradualmente esquecida e o homem desceu cada vez mais baixo"[16]; e Aristóteles diz: "Se houve um primeiro homem, ele deve ter nascido sem pai e sem mãe – o que repugna à Natureza. Pois não teria existido um primeiro ovo que desse nascimento aos pássaros, ou teria havido um primeiro pássaro que desse nascimento aos ovos; pois um pássaro provém de um ovo". Considerou que a mesma coisa fosse válida para todas as espécies, acreditando, com Platão, que tudo, antes de aparecer sobre a Terra, existiu primeiramente em espírito.

O mistério da primeira criação, que sempre foi o desespero da ciência, é indevassável, a menos que aceitemos a doutrina dos herméticos. Embora a matéria seja co-eterna com o espírito, essa matéria não é certamente a nossa matéria visível, tangível e divisível, mas a sua sublimação extrema. O espírito puro é apenas um degrau superior. A menos que admitamos que o homem se tenha desenvolvido desse espírito-matéria primordial, como podemos chegar a uma hipótese razoável quanto à gênese dos seres animados? Darwin inicia a evolução das espécies desde o organismo ínfimo até o homem. O seu único erro deve ser o de aplicar o seu sistema a um fim errado. Pudesse ele conduzir a sua pesquisa do universo visível para o invisível, ele estaria no caminho certo. Mas, então, ele estaria seguindo os passos dos herméticos.

É evidente, a julgar pela obra moderna mais eminente, *The History of the Conflict between Religion and Science*, que os modernos filósofos positivistas, mesmo os mais cultos dentre eles, nunca compreenderam o espírito das doutrinas místicas ensinadas pelos filósofos antigos – platônicos. E assim o Prof. Draper inicia o seu quinto capítulo dizendo que "os gregos e os romanos pagãos acreditavam que o *espírito* do homem se parece com a sua forma corporal, variando a sua aparência com as suas variações e crescendo com o seu crescimento". Aquilo em que as massas ignorantes acreditavam não tem nenhuma importância, embora eles jamais pudessem ter acreditado em tais especulações *ao pé da letra*. Quanto aos filósofos gregos e romanos da escola platônica, eles atribuíram semelhança de contornos, figura e semblante, não ao espírito, mas ao corpo astral chamado por eles alma animal.

Aristóteles, em sua dedução filosófica *Sobre os sonhos*, mostra claramente essa doutrina da alma dupla, ou alma e espírito. "É necessário averiguar *em que porção* da alma aparecem os sonhos", diz ele[17]. Todos os gregos antigos acreditavam não só que uma alma dupla, mas até mesmo que uma alma tripla existisse no homem. E até Homero denomina de θυμός, a alma animal, ou a alma astral, que o Sr. Draper chama de "espírito", de νοῦς a alma *divina* – termo com que Platão também designava o espírito superior.

Os jainistas hindus concebem que a alma, que eles chamam de *Jîva*, está unida desde a eternidade a dois corpos etéreos sublimados, um dos quais é invariável e consiste dos poderes divinos da mente superior; o outro é variável e composto das paixões grosseiras do homem, das suas afeições sensuais e dos atributos terrestres. Quando a alma se torna purificada após a morte, ela encontra o seu *Vaikârika*, ou espírito divino, e se torna um deus. Os seguidores dos *Vedas*, os brâmanes sábios, explicam a mesma doutrina no *Vedânta*. De acordo com o seu ensinamento, a alma, enquanto uma porção do espírito universal divino ou mente imaterial é capaz de se unir à essência da sua Entidade superior. O ensinamento é explícito; a *Vedânta* afirma que todo aquele que obtém o completo *conhecimento de seu deus* se torna um deus, embora esteja em seu corpo mental, e adquire supremacia sobre todas as coisas.

Citando da teologia védica a estrofe que diz que "Existe, na verdade, apenas uma Divindade, o Espírito Supremo; ele é da mesma natureza que a alma do homem", o Sr. Draper quer provar que as doutrinas budistas chegaram à Europa oriental por meio de Aristóteles[18]. Acreditamos que esta asserção é inadmissível, pois Pitágoras, e Platão depois dele, ensinaram-na bem antes de Aristóteles. Se, por conseguinte, os platônicos posteriores aceitaram em sua dialética os argumentos aristotélicos sobre a emanação, isto só aconteceu porque as suas idéias coincidiam em algum aspecto com as dos filósofos orientais. O número pitagórico da harmonia e as doutrinas esotéricas de Platão sobre a criação são inseparáveis da doutrina budista da emanação; e o grande objetivo da Filosofia Pitagórica, a saber, libertar a alma astral dos laços da matéria e dos sentidos e torná-la, assim, apta à contemplação eterna das coisas, é uma teoria idêntica à doutrina budista da absorção final. É o Nirvâna, interpretado em seu sentido correto; uma doutrina metafísica que os nossos eruditos sânscritos modernos mal começam a entrever.

Se as doutrinas de Aristóteles exerceram uma "influência dominante" sobre os neoplatônicos posteriores, como é que nem Plotino, nem Porfírio, nem mesmo Proclo nunca aceitaram as suas teorias sobre os sonhos e sobre as visões proféticas da alma? Ao passo que Aristóteles pretendia que a maior parte daqueles que profetizam apresentam "doenças mentais"[19] – propiciando, assim, a alguns plagiários e especialistas americanos a oportunidade de desfigurar algumas noções bastante razoáveis –, as idéias de Porfírio e, portanto, também de Plotino, eram diametralmente opostas. Nas questões mais vitais das especulações metafísicas, Aristóteles é constantemente contradito pelos neoplatônicos. Além disso, ou bem o Nirvâna budista não é uma doutrina niilista, como parece ser hoje, ou bem os neoplatônicos não a aceitaram nesse sentido. Certamente o Sr. Draper não pretende afirmar sozinho que Plotino, Porfírio, Jâmblico ou qualquer outro filósofo da sua escola mística não acreditam na imortalidade da alma? Dizer que eles procuravam o êxtase como uma "prelibação da absorção na alma mundana universal", no sentido em que o Nirvâna budista é compreendido por todo erudito sânscrito, é ofender esses filósofos. O Nirvâna *não é*, como afirma o Sr. Draper, uma "reabsorção na *Força Universal*, o repouso eterno e a beatitude"; mas, tomado literalmente por esses eruditos, significa a explosão, a *extinção*, a *aniquilação* completa, e não absorção[20]. Ninguém, ao que saibamos, tomou para si o dever de averiguar o significado metafísico *verdadeiro* dessa palavra, que não se encontra nem mesmo no *Lankâvatâra*[21], que dá as diferentes interpretações do Nirvâna elaboradas pelos Tîrthikas bramânicos. Em conseqüência, quem lê essa passagem na obra do Sr. Draper e se dá conta apenas do significado de Nirvâna geralmente aceito suporá naturalmente que Plotino e Porfírio eram *niilistas*. Esta página do *Conflict* dá-nos um certo direito de supor: 1) que o culto autor desejava colocar Plotino e Porfírio no mesmo plano de Giordano Bruno, de quem faz, muito erroneamente, um ateu; ou 2) que ele nunca se deu ao trabalho de estudar as vidas desses filósofos e as suas idéias.

Bem, para quem conhece o Prof. Draper, mesmo que apenas por reputação, esta última suposição é simplesmente absurda. Por conseguinte, devemos pensar, com grande pesar, que o seu desejo era desfigurar as aspirações religiosas daqueles filósofos. É muito penoso para os filósofos modernos – cujo único objetivo parece ser eliminar da mente humana as idéias de Deus e do espírito imortal – ter de tratar com imparcialidade histórica os mais celebrados dos platônicos pagãos. Ter de admitir, por um lado, a sua profunda erudição, o seu gênio, as suas consecuções nas questões filosóficas mais abstratas e, em conseqüência, a sua sagacidade; e, por outro, a sua adesão sem reservas à doutrina da imortalidade, do triunfo do espírito sobre a matéria e a sua fé implícita em Deus e nos deuses, ou espíritos, no retorno do *morto*, nas aparições e em outros assuntos "espirituais" – eis o dilema de que a natureza humana acadêmica não se libertará tão facilmente.

O plano adotado por Lemprière[22], em circunstância semelhante, é mais grosseiro do que o do Prof. Draper, mas igualmente efetivo. Ele acusa os antigos filósofos de falsidade deliberada, de trapaça e de ingenuidade. Depois de representar aos seus leitores Pitágoras, Plotino e Porfírio como maravilhas de erudição, de moralidade e de mérito; como homens eminentes pela dignidade pessoal, pela pureza de vidas e pela abnegação na busca das verdades divinas – ele não hesita em alinhar "este celebrado filósofo" (Pitágoras) entre os impostores, enquanto atribui a Porfírio "ingenuidade, deficiência de julgamento e desonestidade". Forçado pelos fatos da história a lhes render justiça no curso de sua narrativa, ele deixa perceber o seu preconceito beato nos comentários entre parênteses que acrescenta. Com esse obsoleto escritor do século passado aprendemos que um homem pode ser honesto e, ao mesmo tempo, um impostor; puro, virtuoso e um grande filósofo – mas desonesto, mentiroso e tolo!

Já mostramos, em outro lugar, que a "doutrina esotérica" não concede a todos os homens, por igual, as mesmas condições de imortalidade. "O olho nunca veria o Sol se ele não fosse da mesma natureza do Sol", disse Plotino. Só "por meio da pureza e da castidade superiores nós nos aproximaremos de Deus e receberemos, na contemplação d'Ele, o conhecimento verdadeiro e a intuição", escreve Porfírio. Se a alma humana se descuidou durante a sua vida terrena de receber a iluminação de seu espírito divino, do Deus *interno*, não sobreviverá longo tempo a entidade astral à morte do corpo físico. Do mesmo modo que um monstro deformado morre logo após o seu nascimento, assim, também a alma astral grosseira e materializada em excesso se desagrega logo depois de nascida no mundo suprafísico e fica abandonada pela alma, pelo glorioso *augoeides*. As suas partículas, que obedecem gradualmente à atração desorganizadora do espaço universal, escapam finalmente para fora de toda possibilidade de reagregação. Por ocasião da ocorrência de tal catástrofe, o indivíduo deixa de existir. Durante o período intermediário entre a sua morte corporal e a desintegração da forma astral, esta, limitada pela atração magnética ao seu cadáver horripilante, vagueia ao redor das suas vítimas e suga delas a sua vitalidade. O homem, tendo-se subtraído a todos os raios de luz divina, perde-se na escuridão e, em conseqüência, apega-se à Terra e a tudo o que é terreno.

Nenhuma alma astral, mesmo a de um homem puro, bom e virtuoso, é imortal no sentido estrito da palavra; "dos elementos ela foi formada – aos elementos deve voltar". Mas, ao passo que a alma do iníquo desaparece e é absorvida sem redenção, a de qualquer outra pessoa, mesmo moderadamente pura, simplesmente troca as suas partículas etéreas por outras ainda mais etéreas; e, enquanto permanecer nela uma centelha do *Divino*, o homem individual, ou antes o seu *ego* pessoal, não morrerá. "Após a morte", diz Proclo, "a alma [o espírito] continua a permanecer no corpo aéreo [forma astral], até que esteja completamente purificado de todas as paixões irritáveis e voluptuosas (...) ela se livra então do corpo aéreo por uma *segunda morte*, como já o fizera com o seu corpo terrestre. É assim que os antigos dizem que existe um corpo celestial sempre unido à *alma* e que é *imortal, luminoso* e *da natureza da estrela*."

Mas interrompamos agora essa digressão para voltar a considerar a questão do *instinto* e da *razão*. Esta última, de acordo com os antigos, procede do divino; o primeiro, do puramente humano. Um (o instinto) é um produto dos sentidos, uma sagacidade compartilhada com os animais mais inferiores, mesmo aqueles que não têm razão – ele é o αἰσθητικόν; o outro é o produto das faculdades reflexivas – νοητικόν, que denota a judiciosidade e a intelectualidade humanas. Em conseqüência, um animal desprovido de poderes de raciocínio tem, no instinto inerente ao seu ser, uma faculdade infalível que é apenas uma centelha do divino que reside em cada partícula de matéria inorgânica – o próprio espírito materializado. Na *Cabala* judaica, o segundo e o terceiro capítulos do *Gênese* são explicados da seguinte maneira: Quando o segundo Adão foi criado "do pó", a matéria tornou-se tão grosseira, que ela reina como soberana. Dos seus desejos emanou a mulher, e Lilith possuía a melhor parte do espírito. O Senhor Deus, "passeando no Éden no *frescor do dia*" (o crepúsculo do espírito, ou a luz divina obscurecida pela sombra da matéria), amaldiçoou não só aqueles que cometeram o pecado, mas também o próprio solo e todas as coisas vivas – a tentadora serpente-matéria acima de tudo.

Quem, a não ser os cabalistas, é capaz de explicar este aparente ato de injustiça? Como devemos compreender esta maldição de todas as coisas criadas, inocentes de todo crime? A alegoria é evidente. A maldição é inerente à própria matéria. Segue-se que ela está condenada a lutar contra a sua própria grosseria para conseguir a purificação; a centelha latente do espírito divino, embora asfixiada, ainda permanece; e a sua invencível atração ascensional obriga-a a lutar com dor e com suor a fim de se libertar. A lógica nos mostra que, assim como toda matéria teve uma origem comum, ela deve ter atributos comuns e que, assim como a centelha vital e divina encontra-se no corpo material do homem, também ela deve estar em cada espécie subordinada. A mentalidade latente, que, nos reinos inferiores, é considerada semiconsciência, consciência e instinto, é enormemente moderada no homem. A razão, produto do cérebro físico, desenvolve às expensas do instinto a vaga reminiscência de uma onisciência outrora divina – o espírito. A razão, símbolo da soberania do homem físico sobre todos os outros organismos físicos, é freqüentemente rebaixada pela instinto do animal. Como o seu cérebro é mais perfeito do que o de qualquer outra criatura, as suas emanações devem naturalmente produzir os resultados superiores da ação mental; mas a razão serve apenas para a consideração das coisas materiais; ela é incapaz de auxiliar o seu possuidor no conhecimento do espírito. Perdendo o instinto, o homem perde os seus poderes intuitivos, que são o coroamento e o ponto culminante do instinto. A razão é a arma grosseira dos cientistas – a intuição, o guia infalível do vidente. O instinto ensina à planta e ao animal o tempo propício para a procriação das suas espécies e guia a fera na procura do remédio apropriado na hora da doença. A razão – orgulho do homem – fracassa no refrear as propensões da sua matéria e não tolera nenhum obstáculo à satisfação ilimitada dos seus sentidos. Longe de levá-lo a ser o seu próprio médico, a sua sofisticaria sutil leva-o muito freqüentemente à sua própria destruição.

Nada é mais demonstrável do que a proposição de que a perfeição da matéria é alcançada às expensas do instinto. Preso ao rochedo submarino, o zoófito que abre a sua boca para atrair a comida que passa flutuando apresenta, proporcionalmente à sua estrutura física, mais instinto do que a baleia. A formiga, com as suas maravilhosas habilidades arquiteturais, sociais e políticas, situa-se infinitamente mais alto na escala dos animais do que o sutil tigre real que espreita a sua presa. "Com temor e com admiração", diz Du Bois-Reymond, "deve o estudioso da Natureza observar aquela molécula microscópica de substância nervosa que é a sede da laboriosa, construtiva, ordeira, leal e intrépida alma da formiga!"[23]

Como tudo o mais que tem origem nos mistérios psicológicos, o instinto foi durante muito tempo negligenciado no domínio da ciência. "Vemos o que indicou ao homem o caminho para ele encontrar um alívio para todos os seus sofrimentos físicos", diz Hipócrates. "É o instinto das raças primitivas, quando a razão fria ainda não havia obscurecido a visão interior do homem. (...) A sua indicação jamais deve ser desdenhada, pois é apenas ao instinto que devemos os nossos primeiros remédios."[24] Cognição instantânea e infalível de uma mente onisciente, o instinto é em tudo diferente da razão finita; e, no progresso experimental desta, a natureza divina do homem é amiúde completamente tragada quando ele renuncia à luz divina da intuição. Uma se arrasta, a outra voa; a razão é o poder do homem; a intuição, a presciência da mulher!

Plotino, discípulo do grande Ammonius Saccas, o principal fundador da escola neoplatônica, ensinou que o conhecimento humano tinha três degraus ascendentes: opinião, ciência e *iluminação*. Explicou-o dizendo que "o meio ou instrumento da opinião é o sentido, ou a percepção; o da ciência, a dialética; o da iluminação, a *intuição* [ou o instinto divino]. A esta última *subordina-se a razão*; ela é o conhecimento absoluto fundado na identificação da mente com o objeto conhecido".

A prece abre a visão espiritual do homem, pois prece é desejo, e o desejo desenvolve a VONTADE; as emanações magnéticas que procedem do corpo a cada esforço – mental ou físico – produzem a auto-sugestão e o êxtase. Plotino recomendava a solidão para a prece, como o meio mais eficiente de obter o que se pedia; e Platão aconselhava àqueles que oravam "permanecer em silêncio na presença dos seres divinos, até que eles removessem a nuvem de seus olhos e os tornassem aptos a ver *graças à luz que sai deles mesmos*". Apolônio sempre se isolava dos homens durante a "conversação" que mantinha com Deus e, quando sentia necessidade de contemplação divina ou prece, cobria a cabeça e todo o corpo nas dobras do seu branco manto de lã. "Quando orares, *entra no teu aposento* e, após teres fechado a porta, ora a teu Pai em secreto"[25], diz o Nazareno, discípulo dos essênios.

Todo ser humano nasceu com o rudimento do sentido inferior chamado *intuição*, que pode ser desenvolvido para aquilo que os escoceses conhecem como "segunda visão". Todos os grandes filósofos que, como Plotino, Porfírio e Jâmblico, empregaram esta faculdade ensinaram essa doutrina. "Existe uma faculdade da mente humana", escreve Jâmblico, "que é superior a tudo o que nasce ou é engendrado. Através dela somos capazes de conseguir a união com as inteligências superiores, ser transportados para além das cenas deste mundo e participar da vida superior e dos poderes peculiares dos seres celestiais."[26]

Sem a *visão interior* ou intuição, os judeus nunca teriam tido a sua *Bíblia*, nem os cristãos teriam Jesus. O que Moisés e Jesus deram ao mundo foi o fruto de suas intuições ou iluminações; mas os teólogos que os têm sucedido, adulteraram dogmática e muitas vezes blasfemamente a sua verdadeira doutrina.

Aceitar a Bíblia como uma "revelação" e sustentar a fé numa tradução literal é pior do que um absurdo – é uma blasfêmia contra a majestade Divina do "Invisível". Se tivermos de julgar a Divindade e o mundo dos espíritos por aquilo que dizem os seus intérpretes, agora que a Filologia caminha a passos de gigante no campo das religiões comparadas, a crença em Deus e na imortalidade da alma não resistiria por mais um século aos ataques da *razão*. O que sustenta a fé do homem em Deus e numa vida espiritual vindoura é a *intuição*; esse produto divino de nosso íntimo que desafia as pantomimas do padre católico romano e os seus ídolos ridículos; as mil e uma cerimônias do brâmane e seus ídolos; e as jeremiadas dos pregadores protestantes e o seu credo desolado e árido, sem ídolos, mas com um inferno sem limites e uma danação esperando ao final de tudo. Não fosse por essa intuição – imortal, embora freqüentemente indecisa por ser obscurecida pela matéria –, a vida humana seria uma paródia e a Humanidade, uma fraude. Esse sentimento inerradicável da presença de alguém *do lado de fora* e *do lado de dentro* de nós mesmos é tal, que nenhuma contradição dogmática, nenhuma forma externa de adoração pode destruir na Humanidade, façam os cientistas e o clero o que puderem fazer. Movida por tais pensamentos sobre a infinitude e a impessoalidade da Divindade, Gautama Buddha, o Cristo hindu, exclamou: "Como os quatro rios que se atiram ao Ganges perdem os seus nomes tão logo mesclem as suas águas com as do rio sagrado, assim também todos aqueles que acreditam em Buddha deixam de ser brâmanes, xátrias, vaixiás e sudras!".

O *Velho Testamento* foi compilado e organizado segundo a tradição oral; as massas nunca conheceram o seu significado real, pois Moisés recebeu ordem de comunicar as "verdades ocultas" apenas aos velhos de setenta anos sobre os quais o "Senhor" soprara o *espírito* que pairava sobre o legislador. Maimônides, cuja autoridade e cujo conhecimento da História Sagrada dificilmente podem ser recusados, diz: "Quem quer que encontre o sentido verdadeiro do *livro do Gênese* deve ter o cuidado de não o divulgar. (...) Se uma pessoa descobrir *o seu verdadeiro significado* por si mesma, ou com o auxílio de outra pessoa, ela deve guardar silêncio; ou, se falar dele, deve falar apenas obscuramente e de uma maneira enigmática".

Esta confissão de que o que está escrito na Escritura Sagrada é apenas uma alegoria foi feita por outras autoridades judias além do Maimônides; pois vemos Josefo[27] declarar que Moisés "*filosofou*" (falou por enigmas em alegoria figurativa) ao escrever o livro do *Gênese*. Eis por que a ciência moderna, não se preocupando em decifrar o verdadeiro sentido da *Bíblia* e permitindo que toda a cristandade acredite na letra morta da teologia judaica, constitui-se tacitamente em cúmplice do clero fanático. Ela não tem o direito de ridicularizar os registros de um povo que nunca os escreveu com a idéia de que eles pudessem receber essa interpretação estranha por parte das mãos de uma religião inimiga. Um dos caracteres mais tristes do Cristianismo é o fato de os seus textos sagrados terem sido dirigidos contra ele e de os ossos dos homens mortos terem sufocado o espírito da verdade!

"Os deuses existem", diz Epicuro, "mas eles *não* são o que a turba, οἱ πολλοί, supõe eles sejam."[28] E, entretanto, Epicuro, julgado como de hábito por críticos superficiais, passa por materialista e é apresentado como tal.

Mas nem a grande Primeira Causa, nem a sua emanação – espírito humano, imortal – foram abandonadas "sem um testemunho". O Mesmerismo e o Espiritismo moderno estão aí para atestar as grandes verdades. Por cerca de quinze séculos, graças às perseguições brutalmente cegas dos grandes vândalos dos primeiros tempos da história cristã, Constantino e Justiniano, a SABEDORIA antiga degenerou lentamente até mergulhar gradualmente no pântano mais profundo da superstição monacal e da ignorância. O pitagórico "conhecimento das coisas que são"; a profunda erudição dos gnósticos; os ensinamentos dos grandes filósofos honrados em todo o mundo e em todos os tempos – tudo isto foi rejeitado como doutrinas do Anticristo e do Paganismo e levado às chamas. Com os últimos sete homens sábios do Oriente, o grupo remanescente dos neoplatônicos – Herméias, Priciano, Diógenes, Eulálio, Damácio, Simplício e Isidoro –, que se refugiaram na Pérsia, fugindo das perseguições fanáticas de Justiniano, o reino da sabedoria chegou ao fim[*]. Os livros de

---

* A Escola Neoplatônica de Atenas foi o centro dos últimos esforços de manutenção da mitologia e do ensino dos mistérios helênicos antigos contra a usurpação vitoriosa do cristianismo. Cerca de 400 d. C. a 529, ela floresceu sob a liderança de homens como Plutarco, filho de Nestorius, Syrianus, Proclo, Marino, Isidoro, Damácio e Simplício. Constituindo-se numa fortaleza do pensamento antigo, a Escola foi atacada pelos éditos imperiais promulgados no século V contra o culto oculto. Os seguidores da antiga fé encontraram uma proteção legal provisória contra os maus tratos pessoais até que, sob o imperador Justiniano, sofreram grandes perseguições. No ano de 528 muitos foram demitidos dos postos que ocupavam, tiveram roubadas as suas propriedades, alguns foram condenados à morte e, no caso de não abraçarem em três meses a fé verdadeira, eram banidos do império. Além disso, era proibido ensinar Filosofia e Jurisprudência em Atenas. Dessa maneira, sete filósofos – os mencionados por H. P. B., mais Damácio, o último Presidente da Escola Platônica de Atenas – resolveram procurar proteção na corte do famoso rei persa Kosroës, que subira ao trono em 531. Todavia, desapontados em suas esperanças, voltaram para casa depois que Kosroës, num tratado de paz concluído com Justiniano, cerca de 533, estipulou que os filósofos acima mencionados poderiam regressar sem risco algum e praticar os ritos da sua fé. Quase nada sabemos, todavia, da sorte posterior desses homens. (N. do Org.)

Thoth (ou Hermes Trismegisto), que contêm em suas páginas sagradas a história espiritual e física da criação e do progresso do nosso mundo, mofaram no esquecimento e no desprezo durante séculos. Não encontraram intérpretes na Europa cristã; os filaleteus, ou sábios "amantes da verdade", não existiam mais; foram substituídos pelos zombadores ignorantes, pelos monges tonsurados e encapuçados da Roma Papal, que temiam a verdade, sob qualquer forma em que ela se manifestasse e de qualquer parte que viesse, se ela se chocasse pelo menos um pouco com os seus dogmas.

Quanto aos céticos – eis o que o Prof. Alexander Wilder observa sobre eles e seus seguidores, nos seus esboços de *New Platonism and Alchemy*: "Um século se escoou desde que os enciclopedistas franceses inocularam o ceticismo no sangue do mundo civilizado e tornaram indecoroso acreditar na existência real de qualquer coisa que não possa ser testada nos cadinhos ou demonstrada por raciocínio crítico. Ainda agora, requer tanto candura quanto coragem o aventurar-se a tratar de um assunto que, durante muitos anos, foi recusado e desdenhado porque não foi bem ou corretamente compreendido. Deve ser intimorata a pessoa que afirma que a Filosofia Hermética é algo mais que um remédio de ciência e que, com esta convicção, reclama para a sua enunciação um auditório paciente! Além disso, nada deve ser desdenhado naquilo que provocou a veneração dos homens; e o desdém pelas convicções mais ardentes dos outros é, em si mesmo, prova de ignorância e falta de generosidade"[29].

E agora, encorajados por essas palavras proferidas por um cientista que não é nem fanático nem conservador, lembraremos algumas coisas relatadas por viajantes que delas foram testemunhas no Tibete e na Índia e que os nativos guardam como provas práticas das verdades filosófica e científica transmitidas por seus ancestrais.

Em primeiro lugar, podemos considerar esse fenômeno notável que se pode contemplar nos templos do Tibete e cujos relatos foram trazidos à Europa por testemunhas oculares que não os missionários católicos – cujo depoimento excluiremos por razões óbvias. No começo do nosso século, um cientista florentino, um cético e correspondente do Instituto de France, tendo obtido a permissão de penetrar, sob disfarce, nos recintos sagrados de um templo budista em que se celebrava a mais solene de todas as cerimônias, relata os fatos seguintes, que ele diz ter presenciado. Um altar está preparado no templo para receber o Buddha ressuscitado, encontrado pelo clérigo iniciado e reconhecido por certos sinais secretos como reencarnado num bebê recém-nascido. O bebê, com apenas alguns dias de idade, é trazido à presença do povo e reverentemente colocado sobre o altar. Sentando-se repentinamente, a criança começa a pronunciar em voz alta e viril as seguintes frases: "Eu sou Buddha, eu sou seu espírito; eu, Buddha, vosso Taley-Lama, que abandonei meu corpo velho e decrépito no templo de *** e escolhi o corpo desta criancinha como minha próxima morada terrestre". O nosso cientista, tendo sido finalmente autorizado pelos sacerdotes a tomar, com a devida reverência, a criança em seus braços e levá-la a uma distância dos assistentes, suficiente para se convencer de que não se estava praticando ventriloquismo, a criança olha para o acadêmico com graves olhos que "fazem a sua carne tremer", como ele mesmo afirma, e repete as palavras que pronunciara anteriormente. Um relato detalhado dessa aventura, atestada pela assinatura dessa testemunha ocular, foi enviado a Paris, mas os membros do Instituto, em vez de aceitarem o depoimento de um observador científico de credibilidade reconhecida, concluíram que o florentino, ou *estava sob a influência dum ataque de insolação*, ou havia sido enganado por um ardil engenhoso de acústica.

Embora, segundo o Sr. Stanislas Julien, tradutor francês dos textos sagrados chineses, exista um verso no *Lótus*[30] que diz que "Um Buddha é tão difícil de ser encontrado quanto as flores de *Udumbara* e de *Palâśa*", se devemos acreditar em muitas testemunhas oculares, esse fenômeno realmente ocorre. Naturalmente a sua ocorrência é rara, pois só acontece na morte de todo grande Taley-Lama; e esses veneráveis cavalheiros vivem proverbialmente vidas muito longas.

O pobre Abade Huc, cujos livros de viagem pelo Tibete e China são bastante conhecidos, relata o mesmo fato da ressurreição de Buddha. Ele acrescenta, ainda, a curiosa circunstância de que o bebê-oráculo provou peremptoriamente ser uma mente velha num corpo jovem fornecendo aos que o inquiriam, "e que o conheceram em sua vida passada, os detalhes mais exatos da sua existência terrena anterior"[31].

É digno de nota o fato de que des Mousseaux, que discorre longamente sobre o fenômeno, atribuindo-o, como seria natural, ao Diabo, observa, ao falar do abade, que o fato de ter ele sido secularizado (*défroqué*) "é um acidente que eu confesso em nada aumentar a minha confiança". Em nossa humilde opinião, esta pequena circunstância não faz, ao contrário, senão aumentá-la.

O Abade Huc teve a sua obra colocada no *Index* pela verdade que ele contava sobre a similaridade entre os ritos budistas e os católicos romanos. Ele foi, além disso, suspenso de sua obra missionária por ser tão *sincero*.

Se este exemplo de criança-prodígio fosse o único, poderíamos com razão experimentar uma certa hesitação em admiti-lo; mas, sem falar dos profetas Camisard de 1707, entre os quais estava o menino de quinze meses descrito por Jacques Dubois, que falou em bom francês "como se Deus falasse por sua boca"; e dos bebês de Cévennes, cujas fala e profecia foram atestadas pelos primeiros eruditos da França — temos exemplos nos tempos modernos de caráter igualmente notável. O *Lloyd's Weekly Newspaper*, de março de 1875, contém um relato do seguinte fenômeno: "Em Saar-Louis, na França, nasceu uma criança. A mãe acabara de dar à luz, a parteira se extasiava com a beleza da 'pequena criatura abençoada' e os amigos congratulavam-se com o pai pelo feliz acontecimento, quando alguém perguntou as horas. Julgai a surpresa de todos, ao ouvirem o recém-nascido responder claramente 'Duas horas'! Mas isso não foi nada em comparação com o que se seguiu. O grupo estava olhando para a criança, mudo de surpresa e consternado, quando ela abriu os olhos e disse: 'Fui enviado a este mundo para vos dizer que 1875 será um bom ano, mas 1876 será um ano de sangue'. Tendo feito esta profecia, virou-se para o lado e expirou, com meia hora de vida".

Ignoramos se esse prodígio recebeu autenticação oficial da autoridade civil — naturalmente não devemos esperar nada do clero, dado que nenhum proveito ou nenhuma honra ele poderia extrair dali; mas mesmo que um jornal comercial britânico respeitável não fosse responsável pela história, o resultado teria tido um interesse todo particular. O ano de 1876, que acaba de terminar (escrevemos estas linhas em fevereiro de 1877), foi verdadeiramente, e, a partir do mês de março de 1875, de uma maneira inesperada, um ano de sangue. Nos principados danubianos foi escrito um dos mais sangrentos capítulos da história da guerra e da rapina — um capítulo de ultrajes dos muçulmanos sobre os cristãos que não tem equivalente desde que os soldados católicos massacraram os índios americanos às dezenas de milhares e desde que os ingleses protestantes avançaram rumo ao trono imperial de Delhi, passo a passo, em rios de sangue. Se a profecia de Saar-Louis foi apenas sensacionalismo de jornal, o curso dos acontecimentos elevou-o à categoria de predição cumprida; 1875 *foi* um ano de grande abundância, e 1876, para surpresa de todos, um ano de carnificina.

Mas mesmo que suponhamos que o bebê-profeta nunca tenha aberto os lábios, o caso do filho de Jencken continua sendo um quebra-cabeças para o investigador. Este é um dos casos mais surpreendentes de mediunidade. A mãe da criança é a famosa Kate Fox, o seu pai H. D. Jencken, M. R. I., um causídico londrino. A criança nasceu em Londres, em 1873, e antes de três meses de idade apresentou sinais evidentes de mediunidade espiritual. Golpes eram dados em seu travesseiro e em seu berço e também sobre a pessoa do seu pai quando ele segurava a criança em seus braços e a Sra. Jencken estava fora de casa. Dois meses depois, uma comunicação de vinte palavras, sem assinatura, foi escrita através da sua mão. Um cavalheiro, um procurador de Liverpool, chamado J. Wason, encontrava-se presente neste momento e assinou com a mãe e a babá um certificado que foi publicado no *Medium and Daybreak*, um jornal de Londres, a 8 de maio de 1874. O grupo científico e profissional do Sr. Jencken considerou improvável a hipótese de que ele o levasse a uma decepção. Além disso, a criança estava tão ao alcance da Royal Institution, de que o seu pai era membro, que o Prof. Tyndall e os seus associados não tiveram desculpas para se recusarem a examinar o caso e informar o mundo sobre esse fenômeno psicológico.

Estando o bebê sagrado do Tibete muito longe, eles consideraram que o mais conveniente seria negá-lo categoricamente, analisando-o como um caso de insolação e de estratagema acústico. No que diz respeito ao bebê de Londres, o caso era ainda mais simples: deixar a criança crescer e aprender a escrever, e então negar completamente toda a história!

Em acréscimo aos relatos de outros viajantes, o Abade Huc nos dá uma descrição dessa árvore maravilhosa do Tibete chamada *Kumbum*; quer dizer, a árvore de 10.000 imagens e caracteres. Ela não cresce em nenhuma outra latitude, embora a experiência tenha sido tentada; e ela não pode nem mesmo se multiplicar por meio de mudas. A tradição diz que ela nasceu do cabelo de um dos Avatares (o Lama Tsong-Kha-pa) de uma das encarnações do Buddha. Mas deixaremos que o próprio Abade Huc conte o resto da história: "Cada uma das suas folhas, ao se abrir, traz ou uma letra ou uma frase religiosa, escrita em caracteres sagrados, e essas letras são, no seu gênero, de uma tal perfeição, que as fundições de tipos de Didot não contêm nada que as supere. Abri as folhas, que a vegetação está a ponto de esconder, e nelas descobrireis, prestes a se mostrarem, as letras ou as palavras distintas que são a maravilha dessa árvore única! Dirigi vossa atenção das folhas da planta para a casca dos seus ramos, e novos caracteres se oferecerão a vossos olhos! Não permitais que vosso interesse diminua; erguei camadas dessa casca, e ainda OUTROS CARACTERES se mostrarão sob aqueles cuja beleza vos surpreendeu. E não imagineis que essas camadas superpostas repitam a mesma impressão. Não, acontece exatamente o contrário; pois cada lâmina que erguerdes apresenta à visão um tipo diferente. Como, então, suspeitar de prestidigitação? Fiz tudo o que me foi possível para descobrir o mínimo traço de artifício humano e minha mente não pôde nutrir a menor dúvida a esse respeito"[32].

Acrescentaremos à narrativa de Huc a afirmação de que os caracteres que aparecem sobre as diferentes partes da árvore Kumbum são em caracteres Senzar (ou linguagem do Sol) do sânscrito antigo; e que a árvore sagrada, em suas várias partes, contém, *in extenso*, toda a história da criação e, em substância, os livros sagrados do Budismo. A esse respeito, ela apresenta, em relação ao Budismo, a mesma relação que as pinturas do templo de Dendera, no Egito, apresentam, em relação à antiga fé dos Faraós. Estas são brevemente descritas pelo Prof. W. B. Carpenter, Presidente da British Association, em sua conferência proferida em Manchester sobre o Egito[33]. Ele mostra claramente que o livro judeu *Gênese* nada mais é do que a expressão das primeiras idéias judaicas, baseadas nos registros pictóricos dos egípcios entre os quais eles haviam vivido. Mas ele não esclarece, exceto por dedução, se ele acredita que as pinturas de Dendera ou a narração mosaica sejam uma alegoria ou uma pretensa narrativa histórica. É inadmissível que um cientista que se devotou à investigação superficial do assunto possa aventurar-se a afirmar que os egípcios antigos tivessem as mesmas noções ridículas sobre a criação instantânea do mundo que os teólogos cristãos primitivos! Como pode ele dizer que, porque as pinturas de Dendera parecem representar a sua cosmogonia em uma alegoria, os egípcios pretenderam mostrar a cena como se ela tivesse ocorrido em seis minutos ou seis milhões de anos? Elas podem muito bem indicar alegoricamente tanto seis épocas sucessivas ou eras, ou eternidade, quanto seis dias. Além disso, os *Livros de Hermes* certamente não oferecem as costas à acusação e o *Avesta* nomeia especificamente seis períodos, abrangendo cada um deles milhares de anos, em vez de dias. Muitos dos hieróglifos egípcios contradizem a teoria do Dr. Carpenter e Champollion vingou a memória dos antigos em muitos pontos. Do que já foi feito anteriormente resultará claro, pensamos, para o leitor, que na filosofia egípcia não teria havido lugar para essas especulações toscas se os próprios hebreus nunca tivessem acreditado nela; a sua cosmogonia considerava o homem como o resultado de uma evolução e o progresso deste devia cumprir-se em ciclos imensamente extensos. Mas voltemos às maravilhas do Tibete.

Falando de pinturas, aquela que Huc descreve como dependurada numa certa Lamaseria pode muito bem ser considerada como uma das mais maravilhosas que existem. É uma simples tela sem a mínima aparelhagem mecânica, como o visitante pode verificar examinando-a como quiser. Ela representa uma paisagem à luz do luar, mas a Lua não está de todo imóvel e morta; ao contrário, pois, de acordo com o abade, poder-se-ia dizer que a nossa própria Lua, ou pelo menos o seu duplo, iluminou a pintura. Cada fase, cada aspecto, cada movimento do nosso satélite está repetido no seu *fac-símile*, no movimento e na marcha da Lua na pintura sagrada. "Vós vedes esse planeta no quadro subir como um crescente, ou, como Lua cheia, brilhar intensamente, passar por trás das nuvens, mostrar-se ou desaparecer de modo que corresponde da maneira mais extraordinária à luminária real. Trata-se, numa palavra, da reprodução mais servil e resplandecente da pálida rainha da noite, que recebeu a adoração de tantas multidões nos dias de outrora."[34]

Quando pensamos no espanto que inevitavelmente sentiu um dos nossos acadêmicos satisfeitos de si mesmos ao ver esta pintura – e ela não é a única, pois existem outras em diferentes partes do Tibete e também do Japão, que representam os movimentos do Sol –, quando pensamos, dizíamos nós, no seu embaraço ao saber que se ele ousasse dizer a verdade sem adornos aos seus colegas a sua sorte talvez fosse semelhante à do pobre Huc e ele seria retirado da sua cadeira acadêmica acusado de mentiroso ou lunático, não podemos deixar de nos lembrar da anedota de Tycho-Brahe contada por Humboldt em seu *Kosmos*[35].

"Uma noite", diz o grande astrônomo dinamarquês, "em que, de acordo com os meus hábitos, eu estava considerando a abóbada celeste, para meu indizível espanto vi, próxima do zênite, em Cassiopéia, uma radiante estrela de extraordinária grandeza. (...) Estupefato, eu não sabia se devia acreditar em meus próprios olhos. Algum tempo depois, soube que, na Alemanha, carroceiros e outras pessoas das classes baixas haviam repetidamente advertido os cientistas de que uma grande aparição podia ser vista no céu; este fato forneceu à imprensa e ao público mais uma oportunidade de se comprazerem com as suas pilhérias contra os homens de ciência, que, nos casos de aparição de um grande número de cometas anteriores, não haviam predito o seu aparecimento."

Desde os tempos mais longínquos, os brâmanes eram conhecidos como possuidores de um maravilhoso conhecimento em toda espécie de artes mágicas. Desde Pitágoras, o primeiro filósofo que estudou a sabedoria dos gimnósofos, e desde Plotino, que era iniciado no mistério da união do eu com a Divindade através da contemplação abstrata, até os adeptos modernos, todos sabiam perfeitamente que as fontes da sabedoria "oculta" devem ser procuradas na terra dos brâmanes e de Gautama Buddha. Os séculos futuros é que devem descobrir esta grande verdade e aceitá-la como tal, pois hoje ela está aviltada como baixa superstição. Que sabiam, mesmo os maiores cientistas, sobre a Índia, o Tibete e a China até o último quarto deste século? O mais infatigável dos eruditos, Max Müller, conta-nos que até agora nenhum documento original da religião budista esteve acessível aos filósofos europeus; que há cinqüenta anos "não havia um único estudioso que pudesse traduzir uma linha do *Veda*, uma linha do *Zend-Avesta*, ou uma linha do *Tripitaka* budista", sem falar dos outros dialetos ou línguas[36]. E mesmo agora, que a ciência está de posse de vários textos sagrados, o que se possui são apenas edições muito incompletas dessas obras, e *nada*, absolutamente nada da literatura sagrada secreta do Budismo. E o pouco que os nossos eruditos sânscritos conseguiram dela, que foi chamada por Max Müller de um fatigante "vozerio de literatura religiosa – o melhor esconderijo dos Lamas e dos Taley-Lamas", mal começa a lançar uma tênue luz sobre a escuridão primitiva. Ele nos afirma que o que apareceu à primeira vista no labirinto das religiões do mundo como pleno de obscuridade, fraude e vaidade começa a assumir uma outra forma. "Parece", escreve ele, "ser uma degradação do nome mesmo de religião aplicá-lo aos selvagens delírios dos iogues hindus e às puras blasfêmias dos budistas chineses. Mas, à medida que lenta e pacientemente continuamos o nosso caminho através das prisões lúgubres, os nossos próprios olhos parecem dilatar-se *e percebemos um lampejo de luz* onde antes só existiam trevas"[37].

Como prova da pouca competência da geração que precedeu diretamente a nossa para julgar as religiões e as crenças de muitas centenas de milhões de budistas, brâmanes e parses, que o estudioso consulte o anúncio de uma obra científica publicada em 1828 por um certo Prof. Dunbar, o primeiro erudito que empreendeu a demonstração de que *o sânscrito é derivado do grego:*

> *"Uma averiguação sobre a estrutura e a afinidade das línguas grega e latina; comparações ocasionais com o sânscrito e com o gótico; e um apêndice em que se tenta estabelecer* A DERIVAÇÃO DO SÂNSCRITO A PARTIR DO GREGO. *Por George Dunbar,* F. R. S. E. *e professor de Grego na Universidade de Edimburgo. Preço, 8 sh"* [38].

Se Max Müller tivesse caído do céu naquele tempo, entre os letrados da época, e com o seu conhecimento atual, gostaríamos de compilar todos os epítetos com que os acadêmicos eruditos saudariam o audacioso inovador! Um erudito que, classificando as línguas genealogicamente, afirma que "o sânscrito, comparado ao grego e ao latim, é uma irmã mais velha (...) o depósito mais antigo da língua ariana".

E, assim, podemos esperar naturalmente que, no futuro, as mesmas críticas sejam feitas em relação a muitas descobertas científicas hoje consideradas por nossos eruditos como definitivas e irrevogáveis. Aquilo que hoje é qualificado de *verborragia* supersticiosa e de tagarelice de simples pagãos e selvagens, compostas há muitos milhares de anos, poderia perfeitamente conter a chave mestra de todos os sistemas religiosos. A afirmação prudente de Santo Agostinho, um nome favorito das conferências de Max Müller, que diz que "não há nenhuma falsa religião que não contenha alguns elementos de verdade", poderia ainda ser considerada como correta; ainda mais que, longe de ser original para o Bispo de Hipona, foi emprestada por ele das obras de Ammonius Saccas, o grande mestre alexandrino.

Este filósofo "versado em divindade", o *theodidaktos*, repetira à exaustão estas mesmas palavras em suas numerosas obras cerca de 140 anos antes de Santo Agostinho. Admitindo que Jesus era "um homem excelente, e amigo de Deus", ele sempre afirmou que o seu objetivo não era abolir a comunicação com os deuses e os demônios (espíritos), mas apenas purificar as religiões antigas; que "a religião da multidão caminhava de mãos dadas com a Filosofia e com ela dividia a sorte de ser gradualmente corrompida e obscurecida com presunções, superstições e mentiras puramente humanas; que ela devia, em conseqüência, ser levada de volta à sua *pureza original* por meio da purgação da sua escória e do seu estabelecimento em princípios filosóficos; e que o único objetivo do Cristo era reinstalar e restaurar em sua integridade primitiva a sabedoria dos antigos"[39].

Foi Ammonius o primeiro a ensinar que toda religião se baseava numa mesma verdade; que é a sabedoria que está nos *Livros de Thoth* (Hermes Trismegisto), de que Pitágoras e Platão extraíram toda a sua filosofia. Ele afirmava que as doutrinas do primeiro estavam identicamente de acordo com os primeiros ensinamentos dos brâmanes – agora contidos nos *Vedas* mais antigos. "O nome *Thoth*", diz o Prof. Wilder, "significa um colégio ou uma assembléia", e "não é improvável que os livros fossem assim chamados, pois eles continham os oráculos colecionados e as doutrinas da fraternidade sacerdotal de Mênfis. O rabino Wise sugeriu uma hipótese similar em relação às fórmulas divinas registradas nas Escrituras hebraicas. Mas os escritores indianos afirmam que, durante o reinado do rei Kansa, os *Yadus* [os *judeus*?], ou a tribo sagrada, abandonaram a Índia e migraram para o Oeste levando consigo os quatro *Vedas*. Havia certamente uma grande semelhança entre as doutrinas filosóficas e os costumes religiosos dos egípcios e dos budistas orientais; mas não se sabe se os livros herméticos e os quatro *Vedas* eram idênticos"[40].

Mas uma coisa é certa: antes que a palavra filósofo fosse pronunciada pela primeira vez por Pitágoras na corte do rei dos fliasianos, a "doutrina secreta" ou sabedoria era idêntica em todos os países. Em conseqüência, é nos textos mais antigos

– aqueles menos contaminados por falsificações posteriores – que devemos procurar a verdade. E, agora que a Filologia está de posse de textos sânscritos que se pode afirmar seguramente serem documentos anteriores à Bíblia mosaica, é dever dos eruditos apresentar ao mundo a verdade, e *nada mais do que a verdade*. Sem consideração para com o preconceito cético ou teológico, eles devem examinar imparcialmente ambos os documentos – os *Vedas* mais antigos e o *Velho Testamento* –, e então decidir qual dos dois é a *Śruti* ou *Revelação* original e qual não é senão *Smriti*, que, como mostra Max Müller, significa apenas lembrança ou *tradição*.

Orígenes escreve que os brâmanes sempre foram famosos pelas curas maravilhosas que operavam com certas palavras[41]; e em nossa época temos F. Orioli, um erudito correspondente membro do Instituto de France[42], que confirma a declaração de Orígenes, feita no século III, e a de Leonardo Vairo, do século XVI, na qual este último escreve: "Também existem pessoas que, ao pronunciarem certas frases – um *encantamento* –, caminham descalças sobre carvões vermelhos e ardentes e sobre pontas de *facas* pontiagudas plantadas no solo; e que, equilibradas *sobre um dedo*, sobre elas, podem erguer no ar um homem pesado ou qualquer outro fardo de peso considerável. Também domam cavalos selvagens e os touros mais furiosos com uma única palavra"[43].

Esta *palavra* deve ser procurada nos *Mantras* dos *Vedas* sânscritos, dizem alguns adeptos. Os filósofos devem decidir por si mesmos se existe tal palavra nos *Vedas*. Tanto quanto permite o testemunho dos homens, parece que essa palavra mágica *realmente* existe.

Parece que os reverendos padres da Ordem dos Jesuítas aprenderam muitos artifícios em suas viagens missionárias. Baldinger reconhece o seu mérito. O *châmpnâ* – palavra hindi de que deriva a moderna palavra inglesa *shampooing* – é uma manipulação mágica muito conhecida nas Índias orientais. Os *feiticeiros* nativos usam-na com sucesso nos dias atuais e é deles que os padres jesuítas tiraram a sua sabedoria.

Camerário, em seu *Horae subcisivae*, narra que, certa vez, existiu uma grande rivalidade quanto a "milagres" entre os monges agostinianos e os jesuítas. Numa discussão levada a efeito entre o padre geral dos monges agostinianos, que era muito culto, e o dos jesuítas, que era muito *inculto*, mas dotado de conhecimento *mágico*, este propôs se resolvesse a questão colocando-se à prova os seus subordinados e descobrindo-se quais deles estariam mais dispostos a obedecer aos seus superiores. Logo depois, dirigindo-se a um dos seus jesuítas, disse: "Irmão Marcos, nossos companheiros têm frio; eu te ordeno, em nome da santa obediência que me juraste, traze aqui imediatamente fogo da cozinha e, em tuas mãos, alguns carvões incandescentes, para que eles se aqueçam enquanto os seguras". O Irmão Marcos obedeceu instantaneamente e trouxe em ambas as mãos um punhado de brasas incandescentes, que segurou até que o grupo dissesse estar aquecido, após o que devolveu os carvões ao fogão da cozinha. O padre geral dos monges agostinianos abaixou a cabeça, pois nenhum dos seus subordinados o obedeceria até esse ponto. O triunfo dos jesuítas foi, assim, reconhecido[44].

Se se considera o que acaba de ser lido como uma anedota indigna de crédito, indagaremos do leitor o que devemos pensar de alguns "médiuns" modernos que executam a mesma coisa quando estão *em transe*. O depoimento de muitas testemunhas respeitáveis e dignas de fé, como o Lord Adair e o Sr. S. C. Hall, é indiscutível. "Os espíritos", dirão os espiritistas. Talvez sim, no caso dos médiuns americanos e ingleses *à prova de fogo*; mas não no Tibete e na Índia. No Ocidente, um "sensitivo" tem de entrar em transe antes de se tornar invulnerável, por "guias" que o presidem, e desafiamos qualquer "médium", em seu estado físico normal, a enterrar os braços até os cotovelos em carvões ardentes. Mas no Oriente, quer o executor seja um lama santo ou um feiticeiro mercenário (estes últimos são em geral chamados de "prestidigitadores"), ele não necessita de nenhuma preparação, nem se coloca num estado anormal para ser capaz de segurar o fogo, peças de ferro em brasa ou chumbo fundido. Vimos na Índia meridional esses "prestidigitadores" que mantinham as suas mãos no interior de carvões ardentes até que estes fossem reduzidos a cinzas. Durante a cerimônia religiosa de *Śiva-râtri*, ou a vigília noturna de Śiva, quando as pessoas passam noites inteiras velando e orando, alguns dos śivaítas chamaram um prestidigitador tâmil que produziu os fenômenos mais maravilhosos apenas chamando em seu socorro um espírito que denominavam *Kutti-Shâttan* – o pequeno *demônio*. Mas, longe de permitir que o povo pensasse fosse ele *guiado* ou "controlado" por esse gnomo – pois ele era um gnomo, fosse ele alguma coisa –, o homem, enquanto se debruçava sobre o seu inferno ardente, repreendeu soberbamente um missionário católico que aproveitou a ocasião para informar os espectadores que o miserável pecador "se havia vendido a Satã". Sem remover as mãos e braços dos carvões ardentes nos quais ele se refrescava, o tâmil apenas voltou a cabeça e olhou com arrogância para o missionário afogueado. "O meu pai e o pai do meu pai", disse ele, "tinham este 'pequeno demônio' às suas ordens. Por dois séculos o Kutti é um servidor fiel de nossa casa, e agora, Senhor, queres fazer crer ao povo que *ele* é meu dono! Mas eles sabem mais e melhor do que isso." Em seguida, retirou calmamente as mãos do fogo e passou a executar outros prodígios.

Quanto aos poderes maravilhosos de predição e de clarividência apresentados por certos brâmanes, eles são bastante conhecidos por todos os europeus que residem na Índia. Se estes, ao retornarem aos seus países "civilizados", se riem de tais histórias, e algumas vezes até as negam completamente, eles apenas impugnam a sua boa fé, não o fato. Esses brâmanes vivem principalmente em "aldeias sagradas" e em lugares isolados, mormente na costa ocidental da Índia. Evitam cidades populosas e especialmente o contato com os europeus, e é muito raro que estes últimos consigam tornar-se íntimos dos "videntes". Acredita-se geralmente que esta circunstância se deva à sua observância religiosa da casta; mas estamos firmemente convencidos de que em muitos casos a razão não é essa. Anos, talvez séculos, passarão antes que a verdadeira razão seja conhecida.

Quanto às castas mais baixas – algumas das quais são chamadas pelos missionários de adoradores do Diabo, apesar dos esforços piedosos por parte dos missionários católicos para difundir na Europa relatos de partir o coração sobre a miséria dessas pessoas "vendidas ao Arqui-inimigo"; e apesar das tentativas análogas, talvez um pouco menos ridículas e absurdas, dos missionários protestantes –, a palavra demônio, no sentido que lhe dão os cristãos, é uma não-entidade para elas. Elas acreditam em espíritos bons e em espíritos maus; mas não adoram nem temem o Diabo. A sua "adoração" é apenas uma precaução cerimoniosa contra espíritos "terrestres" e *humanos*, a quem temem mais do que aos milhões de elementais de diversas formas. Utilizam-se de todos os tipos de música, incenso e perfumes em seus esforços de afugentar os "maus espíritos" (os elementares). Nesse caso, elas não devem ser mais ridicularizadas do que aquele cientista muito conhecido, um espiritista convicto, que sugeriu a posse de vitríolo e salitre em pó para manter à distância os "espíritos desagradáveis"; e não estão mais errados do que ele em fazer o que fazem; pois a experiência dos seus ancestrais, que se estendeu por muitos milhares de anos, ensinou-lhes a maneira de proceder contra essa vil "horda espiritual". O que demonstra que se trata de espíritos *humanos* é o fato de que eles tentam muito freqüentemente satisfazer e apaziguar as "larvas" dos seus próprios parentes e das suas filhas, quando têm muitas razões para suspeitar de que estas não morreram com odor de santidade e de castidade. Chamam a tais espíritos *"Kanyâs"*, *virgens más*. O caso foi noticiado por muitos missionários, dentre os quais o reverendo E. Lewis[45]. Mas esses piedosos cavalheiros insistem em que eles adoram demônios, quando nada fazem de semelhante; apenas tentam continuar mantendo boas relações com eles a fim de não serem molestados. Oferecem-lhes bolos e frutos e várias espécies de comida de que gostavam quando estavam vivos, pois muitos deles experimentaram os efeitos da maldade desses "mortos" que retornam, cujas perseguições são às vezes terríveis. É segundo este princípio que eles agem em relação aos espíritos de todos os homens perversos. Deixam sobre os seus túmulos, se foram enterrados, ou perto do lugar em que os seus restos foram cremados, alimentos e licores com o objetivo de mantê-los próximos desses lugares e com a idéia de que esses vampiros serão dessa maneira impedidos de voltar às suas casas. Isso não é adoração; é antes uma espécie prática de *espiritismo*. Até 1861, prevalecia entre os hindus o costume de mutilar os pés dos assassinos executados, na crença firme de que, deste modo, a alma desencarnada seria impossibilitada de vagar e de cometer mais ações más. Mais tarde, foi proibida, pela polícia, a continuação dessa prática.

Uma outra boa razão para se dizer que os hindus não adoram o "Diabo" é o fato de que eles não possuem nenhuma palavra com esse significado. Eles denominam esses espíritos de *"pûtam"*, que corresponde antes ao nosso "espectro", ou diabrete malicioso; outra expressão que eles empregam é *"pey"* e o sânscrito *pisacha*, ambas significando fantasmas ou "retornados" – talvez duendes, em alguns casos. Os *pûtam* são os mais terríveis, pois eles são literalmente "espectros *obsessivos*", que voltam à Terra para atormentar os vivos. Acredita-se que eles visitem geralmente os lugares em que os seus corpos foram cremados. O "fogo" ou os "espíritos de Śiva" são idênticos aos *gnomos* e às *salamandras* dos rosa-cruzes; pois são pintados sob a forma de anões de aparência assustadora e vivem na terra e no fogo. O demônio cingalês chamado *Dewal* é uma robusta e sorridente figura feminina que usa um babado branco elisabetano ao redor do pescoço, e uma jaqueta vermelha.

Como o Dr. Warton observa muito justamente: "Não há noção mais estritamente oriental do que a dos dragões do romance e da ficção; eles estão entremisturados com todas as tradições de uma data antiga e conferem a elas uma espécie de prova ilustrativa de sua origem". Não há escritos em que essas figuras sejam tão marcantes quanto nos detalhes do Budismo; registram particulares dos *nâgas*, ou serpentes reais, que habitam as cavidades subterrâneas e correspondem às moradias de Tirésias e dos videntes gregos, uma região de mistério e de escuridão na qual se pratica o sistema da adivinhação e da resposta oracular, ligada à inflação, ou de uma espécie de possessão, que designa o próprio espírito de Píton, a serpente-dragão morta por Apolo. Mas os budistas não acreditam mais do que os hindus no demônio do sistema cristão – isto é, uma entidade tão distinta da Humanidade quanto a própria Divindade. Os budistas ensinam que existem deuses inferiores que foram homens neste ou noutro planeta, porém que ainda assim foram *homens*. Eles acreditam nos *nâgas*, que foram *feiticeiros* na terra, *pessoas más*, e que transmitem a outros homens maus e vivos o poder de empestar todos os frutos para os quais olhem, e até mesmo as vidas humanas. Quando um cingalês tem a fama de fazer murchar e morrer uma árvore ou uma pessoa para a qual olhe, diz-se que ele tem o *Nâga-Râjan*, ou o rei-serpente, dentro de si. Todo o interminável catálogo dos espíritos maus não compreende um único termo que designe um *diabo* no sentido que o clero cristão quer que o entendamos, mas apenas para pecados, crimes e pensamentos humanos *encarnados espiritualmente*, se assim podemos dizer. Os deuses-demônios azuis, verdes, amarelos e púrpura, bem como os deuses inferiores de Yugamdhara, pertencem mais à espécie dos gênios, e muitos são tão bons e benevolentes quanto as próprias divindades de *Nat*, embora os *nats* contem entre eles gigantes, gênios do mal e outros espíritos análogos que habitam o deserto do monte Yugamdhara.

A verdadeira doutrina de Buddha diz que os demônios, quando a natureza produziu o Sol, a Lua e as estrelas, *eram seres humanos* que, em virtude dos seus pecados, foram privados do seu estado de felicidade. Se cometem pecados maiores, sofrem punições maiores e os homens condenados são considerados pelos budistas como *diabos*; ao passo que, ao contrário, os *demônios que morrem* (espíritos elementais) e nascem ou se encarnam como homens, e não cometem mais nenhum pecado, podem chegar ao estado de felicidade celestial. Isto é uma demonstração, diz Edward Upham em sua *History and Doctrine of Buddhism*, de que todos os seres, tanto divinos quanto humanos, estão sujeitos às leis da transmigração, que agem sobre todos, de acordo com a escala de atos morais. Esta fé, então, é um teste completo de um código de motivos e leis morais, aplicado à regulamentação e ao governo do homem, um experimento, acrescenta ele, "que torna o estudo do Budismo um assunto importante e curioso para o filósofo".

Os hindus acreditam, tão firmemente quanto os sérvios ou os húngaros, em vampiros. Além disso, a sua doutrina é a mesma de Piérart, famoso espiritista e mesmerizador francês cuja escola floresceu há uma dezena de anos. "O fato de que um espectro venha sugar o sangue humano", diz esse Doutor[46], "não é tão inexplicável quanto parece e aqui apelamos aos espiritistas que admitem o fenômeno da *bi-corporeidade* ou *duplicação da alma*. As mãos que apertamos (...) esses membros 'materializados', tão palpáveis (...) provam claramente *o que podem [os espectros astrais] em condições físicas favoráveis*".

Este honorável médico reproduz a teoria dos cabalistas. Os *Shedim* são a última das ordens dos espíritos. Maimônides, que nos conta que os seus concidadãos eram *obrigados* a manter um comércio íntimo com os seus mortos, descreve o festim de sangue que eles celebravam nessas ocasiões. Eles cavavam um buraco, no qual se despejava *sangue fresco* e sobre o qual se colocava uma mesa; depois, os "espíritos" vinham e respondiam a todas as questões[47].

Piérart, cuja doutrina estava baseada na dos teurgos, manifesta uma ardente indignação contra a superstição do clero que exige, todas as vezes em que um cadáver é suspeito de vampirismo, que uma estaca lhe seja cravada no coração. Na medida em que a forma astral não está totalmente liberada do corpo, há a possibilidade de que ela seja forçada por atração magnética a entrar novamente nele. Às vezes ela poderá sair apenas até a metade, quando o cadáver, que apresenta a aparência de morte, for cremado. Em tais casos, a alma astral aterrorizada reentrará violentamente no seu invólucro; e, então, acontece uma dessas duas coisas: ou a vítima infeliz se contorce na tortura agonizante da sufocação, ou, se foi material grosseiro, ela se torna um vampiro. A vida bicorpórea começa; e esses desafortunados cataléticos enterrados sustentam as suas vidas miseráveis fazendo os seus corpos astrais roubarem o sangue vital de pessoas vivas. A forma etérea pode ir aonde desejar; e, à medida que ela não quebre o laço que a prende ao corpo, ela está livre para vaguear, visível ou invisível, e se alimentar de vítimas humanas. "De acordo com todas as aparências, este 'espírito' transmite então, por meio de um cordão de ligação misterioso e invisível, que talvez possa algum dia ser explicado, os resultados da sucção ao corpo material que jaz inerte no centro do túmulo, ajudando-o assim a perpetuar o estado de catalepsia."[48]

Brierre de Boismont cita um número muito grande de tais casos, constatados, que ele se agrada em chamar de "alucinações"[49]. Uma pesquisa recente, diz um jornal francês, "estabeleceu que em 1861 dois cadáveres foram submetidos ao infame tratamento da superstição popular, à instigação do clero. (...) Ó preconceito cego!". Mas o Dr. Piérart, citado por des Mousseaux, que acredita firmemente no vampirismo, exclama: "Cego, dizeis? Sim, cego, tanto quanto o queirais. Mas de onde surgem esses preconceitos? Por que se perpetuam eles em todas as épocas e em tantos países? Após uma quantidade enorme de fatos de vampirismo ter sido tão freqüentemente provada, podemos dizer que eles não existem e que não têm fundamento? Nada provém de nada. Toda crença, todo costume desponta de fatos e de causas que lhe dão nascimento. Se nunca se tivesse visto surgir, no seio das famílias de certos países, seres que se cobrem com a forma de familiares mortos, vindos para sugar o sangue de uma ou de muitas pessoas, e se a morte dessas vítimas não se deu logo em seguida por emaciação, então não desenterraríamos os corpos nos cemitérios; nunca teríamos atestado o incrível fato de que pessoas enterradas há muito anos foram encontradas com o corpo mole, os membros flexíveis, os olhos abertos, as feições rosadas, a boca e o nariz cheios de sangue e o sangue correndo aos borbotões das feridas, ou então decapitados"[50].

Um dos exemplos mais importantes de vampirismo figura nas cartas particulares do filósofo Marquês d'Argens; e, na *Revue britannique* de março de 1837, o viajante inglês Pashley descreve alguns que chegaram a seu conhecimento na ilha de Candia. O Dr. Jobard, *savant* anticatólico e antiespiritual, atesta experiências similares[51].

"Não examinarei", escreveu Huet, Bispo d'Avranches, "se os fatos de vampirismo, que são constantemente relatados, são verdadeiros ou fruto de um erro popular; mas é certo que eles são atestados por um número tão grande de autores, capazes e dignos de crédito, e *por tantas testemunhas oculares*, que ninguém deveria resolver esta questão sem uma porção muito grande de cautela."[52]

O cavalheiro, que se deu ao trabalho de colecionar material para a sua teoria demonológica, fornece os exemplos mais emocionantes para provar que todos esses casos são produzidos pelo Diabo, que se serve de cadáveres de cemitérios para com eles se vestir e vaguear pela noite sugando o sangue das pessoas. Parece-me que nós nos sentiríamos melhor se não trouxéssemos essa personagem sombria ao palco. Se devemos acreditar no retorno dos espíritos, não faltam sensualistas malignos, miseráveis e pecadores em outras descrições – suicidas, especialmente –, que poderiam rivalizar com o próprio Diabo em malícia nos seus melhores dias. Basta crer no que vemos e *sabemos ser um fato* – isto é, os espíritos –, sem acrescentar ao nosso Panteão de fantasmas o Diabo – que ninguém nunca viu.

Todavia, existem detalhes interessantes a reunir-se em relação ao vampirismo, dado que a crença neste fenômeno existiu em todos os países, desde os tempos mais remotos. As nações eslavas, os gregos, os valáquios e os sérvios antes duvidariam da existência dos seus inimigos, os turcos, do que do fato de que os vampiros existam. Os *vlkodlak* ou *vurdalak*, como são chamados estes últimos, são hóspedes extremamente familiares aos lares eslavos. Escritores da maior habilidade, homens dotados de sagacidade quanto de integridade irreprovável, trataram do assunto e acreditaram nele. Donde, então, provém essa *superstição*? Donde esse crédito unânime, através dos tempos, e donde essa identidade nos detalhes e na similaridade das descrições desse fenômeno particular que encontramos no testemunho – geralmente dado como juramento – de pessoas estranhas umas às outras e em divergência muito acentuada quanto a assuntos relativos a outras *superstições*?

"Existem", diz Dom Calmet, monge beneditino cético do século passado, "duas maneiras diferentes de acreditar nesses pretensos fantasmas. (...) A primeira seria *explicar* os prodígios do vampirismo por causas físicas. A segunda maneira é *negar totalmente* a verdade de todas essas histórias; e este último plano seria incontestavelmente o mais correto, por ser o mais sábio"[53].

A primeira maneira – a explicação por causas físicas, embora ocultas – é a que foi adotada pela escola de Mesmerismo de Piérart. Não são certamente os espiritistas que têm o direito de duvidar da plausibilidade dessa explicação. O segundo plano foi adotado pelos cientistas e pelos céticos. Eles simplesmente negam. Como observa des Mousseaux, não há caminho melhor ou pior, e nenhum que exija menos da filosofia ou da ciência.

O espectro de um pastor de aldeia, próximo a Kodom, na Baváfia, começou a aparecer a muitos habitantes do lugar e, em conseqüência do seu medo ou de outra causa, cada um deles morreu na semana seguinte. Levados ao desespero, os camponeses desenterraram o cadáver e o cravaram ao solo com uma longa estaca. Ele apareceu novamente na mesma noite, mergulhando as pessoas em convulsões de medo e sufocando muitas delas. As autoridades da vila, então, entregaram o corpo às mãos do carrasco, que o levou a um campo vizinho e o queimou. "O cadáver", diz des Mousseaux, citando Dom Calmet, "gritava como um louco, escoiceando e chorando como se estivesse vivo. Quando foi novamente atravessado com estacas pontiagudas, emitiu gritos penetrantes e vomitou massas de sangue carmesim. As aparições desse espectro só cessaram depois que o cadáver foi reduzido a cinzas"[54].

Oficiais de justiça visitaram os lugares tidos como mal-assombrados; os corpos foram exumados e em quase todos os casos observou-se que o cadáver suspeito de vampirismo parecia sadio e rosado e a carne não estava de maneira alguma decomposta. Os objetos que haviam pertencido a esses fantasmas foram vistos movendo-se pela casa sem que ninguém os tocasse. Mas as autoridades legais recusaram-se a recorrer à cremação e à decapitação antes de observarem as regras estritas de procedimento legal. Testemunhas foram convocadas e os seus depoimentos foram tomados e cuidadosamente avaliados. Depois disso os corpos exumados foram examinados; e, se eles exibiam os inequívocos e característicos sinais de vampirismo, eram encaminhados ao carrasco.

"Mas", argumenta Dom Calmet[55], "a dificuldade principal consiste em saber *como* esses vampiros podem deixar os seus túmulos e como reentram neles sem parecer *ter remexido em nada a terra*; como é que eles são vistos com a sua roupa costumeira; como eles podem sair, e caminhar, e *comer*? (...) Se tudo isso for imaginação daqueles que se acreditam molestados por tais vampiros, como é que os fantasmas acusados são encontrados posteriormente nos seus túmulos (...) sem exibirem sinais de decomposição, cheios de sangue, flexíveis e frescos? Como explicar a causa de *os seus pés serem encontrados com lama e cobertos de terra na dia seguinte à noite* em que apareceram e assustaram os seus vizinhos, quando nada de semelhante aconteceu com os outros cadáveres enterrados no mesmo cemitério?[56] Como é que, uma vez queimados, eles nunca mais aparecem? e como é que estes casos acontecem *tão freqüentemente* nesse país, que é impossível curar o povo desse preconceito; pois, em vez de ser destruída, a experiência diária apenas fortifica a superstição do povo e aumenta a crença nele."[57]

Existe um fenômeno de natureza desconhecida e, em conseqüência, rejeitado pela Fisiologia e pela Psicologia em nosso século de incredulidade. Esse fenômeno é um estado de *semimorte*. Virtualmente, o corpo está morto; e, em casos de pessoas em quem a matéria não predomina sobre o espírito e a malignidade não é tão grande que destrua a espiritualidade, se ela for deixada livre, a sua alma astral se desprenderá por esforços graduais e, quando for rompido o último laço, ela se separará para sempre do seu corpo terrestre. Uma polaridade magnética análoga repelirá violentamente o homem etéreo da massa orgânica decadente. Toda a dificuldade reside no fato de que 1) se acredita que o momento último da separação entre os dois ocorre quando o corpo é declarado *morto* pela ciência; e 2) esta mesma ciência nega a existência da alma ou do espírito do homem.

Piérart tenta demonstrar que, em todos os casos, é perigoso enterrar pessoas muito cedo, mesmo quando o corpo apresente sinais indubitáveis de putrefação. "Pobres catalépticos mortos", diz o doutor, "enterrados como *totalmente* mortos, em lugares frios e secos onde *as causas mórbidas são incapazes de efetuar a destruição de seus corpos*, cobrindo-se o seu espírito [astral] com um corpo *fluídico* [etéreo] que está prestes a deixar o recinto do seu túmulo e a exercer sobre os seres vivos atos peculiares à vida física, especialmente os de *nutrição*, cujo resultado, por um misterioso laço entre a alma e o corpo, que a ciência espiritualista deve explicar algum dia, é o fato de a alimentação ser fornecida ao corpo material que ainda jaz no túmulo e de que este último, dessa maneira, é assim auxiliado a perpetuar a sua existência vital. Esses espíritos, em seus corpos efêmeros, têm sido freqüentemente vistos *saindo do cemitério*; sabe-se que eles se prendem aos seus vizinhos vivos e lhes sugam o sangue"[58]. Um inquérito judicial estabeleceu que disso resultou uma emaciação das pessoas vitimadas que freqüentemente terminou em morte.

Assim, seguindo a piedosa recomendação de Dom Calmet, devemos negar, ou, se os testemunhos humanos e legais são dignos de algo, aceitar a única explicação possível. "Foi completa e claramente provado por aqueles homens excelentes, os Drs. C. e More, que as almas defuntas são incorporadas em veículos aéreos ou terrestres", diz Glanvill, "e eles demonstraram plenamente que esta era a doutrina dos maiores filósofos da Antiguidade[59].

Görres, filósofo alemão, falando no mesmo sentido, diz que "Deus nunca criou o homem como um cadáver morto, mas como um animal *cheio de vida*. Uma vez que Ele assim o produziu, achando que ele estava pronto para receber o sopro imortal, soprou-o na face e assim o homem tornou-se uma dupla obra-prima em Suas mãos. É no centro da própria vida que esta misteriosa insuflação ocorreu no primeiro homem [raça?]; e então foram unidos a *alma animal* proveniente da terra e o *espírito* que emanou do céu"[60].

Des Mousseaux, aliado a outros escritores católicos romanos, exclama: "Esta proposição é francamente anticatólica!". Bem, suponhamos que seja! Ela pode ser arquianticatólica e ainda ser lógica e oferecer uma solução para mais de um quebra-cabeça psicológico. O sol da Ciência e da Filosofia brilha para todo mundo; e se os católicos, que representam apenas um sétimo da população do globo, não se sentem satisfeitos, talvez os muitos milhões de pessoas de outras religiões, que os superam, se sintam.

E agora, antes de abandonar este repulsivo assunto do vampirismo, daremos mais uma ilustração, sem outra garantia senão a declaração de que ela nos foi feita por testemunhas aparentemente dignas de crédito.

Por volta do início do século atual, ocorreu na Rússia um dos casos mais assustadores de vampirismo de que se tem lembrança. O governador da província de Tch*** era um homem de cerca de sessenta anos, de uma disposição maligna, tirânica, cruel e ciumenta[*]. Dotado de uma autoridade despótica, ele a exercia sem medida, seguindo os seus instintos brutais. Enamorou-se da linda filha de um oficial subordinado. Embora a moça estivesse prometida a um rapaz que ela amava, o tirano forçou o seu pai a consentir em seu casamento com ela; e a pobre vítima, apesar do seu desespero, tornou-se sua esposa. O seu caráter ciumento logo se revelou. Ele a surrava, confinava-a aos seus aposentos por semanas inteiras e proibiu-a de ver quem quer que fosse em sua ausência. Ele finalmente adoeceu e morreu. Vendo aproximar-se o seu fim, fez a moça jurar que nunca mais se casaria; e, com imprecações ameaçadoras, intimidou-a dizendo que, se ela voltasse a se casar, ele retornaria do túmulo e a mataria. Foi enterrado no cemitério que ficava no outro lado do rio; e a jovem viúva não experimentou novos aborrecimentos até que, vencendo a natureza os seus temores, ela deu ouvidos às importunações do seu antigo amado e eles então se casaram.

Na noite da festa habitual dos esponsais, quando todos já se haviam retirado, a velha casa foi assaltada por gritos que procediam do quarto da moça. As portas foram arrombadas e a infeliz mulher foi encontrada desmaiada em seu leito. Ao mesmo tempo ouviu-se o barulho de rodas de um veículo saindo do pátio. O seu corpo estava coberto de manchas pretas e azuladas, como se ela tivesse sido beliscada, e de uma pequena picada em seu pescoço escapavam gotas de sangue. Recobrando os sentidos,

---

* Escrevendo à sua tia, Madame Nadyezhda Andreyevna de Fadeyev, a 19 de julho de 1877, H. P. B. conta-lhe que ela adivinhara corretamente quando imaginara que H. P. B. escrevera em *Ísis sem véu* sobre o Governador da Província de Tchernigov chamado Storozhenko. Esta parece ser a única pista que temos no momento e que se refira a esse evento curioso. O original russo da carta de H. P. B. está nos Arquivos de Adyar e a sua tradução inglesa pode ser encontrada em sua ordem cronológica nos volumes dos *Collected Writings*, que contêm a volumosa correspondência de H. P. B. (N. do Org.)

ela declarou que o seu defunto marido havia entrado repentinamente em seu quarto, surgindo exatamente como era quando estava vivo, com exceção de um palor terrível; que ele a reprovara por sua inconstância e que, em seguida, a surrara e a beliscara cruelmente. Ninguém acreditou em sua história; mas, na manhã seguinte, os guardas lotados no outro lado da ponte que cruzava o rio contaram que, por volta da meia-noite, um coche negro puxado por seis cavalos passara por eles furiosamente, em direção à aldeia, sem responder aos seus apelos.

O novo governador, no entanto, que não acreditara na história da aparição, tomou a precaução de dobrar a guarda da ponte. Todavia, a mesma coisa ocorria noite após noite; os soldados declaravam que a barreira do seu posto próximo à ponte abria-se por si mesma e a equipagem espectral passava por eles a despeito dos seus esforços de detê-la. Ao mesmo tempo, toda noite o coche rolava ruidosamente no pátio da casa; os vigias, e inclusive a família da viúva, e os criados estavam mergulhados num sono profundo; e, a cada manhã, a jovem vítima era encontrada ferida, sangrando e desfalecida como antes. A cidade consternou-se. Os médicos não tinham explicação alguma a oferecer; padres vieram para passar a noite orando, mas, quando se aproximava a meia-noite, todos eles eram acometidos de uma terrível letargia. Finalmente, o arcebispo da província veio e realizou em pessoa a cerimônia do exorcismo, mas na manhã seguinte a viúva do governador foi encontrada pior do que antes. Ela se encontrava agora às portas da morte.

O governador foi, enfim, levado a tomar as medidas mais severas para pôr um termo ao pânico sempre crescente na cidade. Postou cinqüenta cossacos ao longo da ponte, com ordem de parar o coche-espectro a todo custo. Na hora habitual, ele foi ouvido e visto aproximando-se, vindo da direção do cemitério. O oficial da guarda e um padre que segurava um crucifixo plantaram-se diante da barreira e juntos gritaram: "Em nome de Deus e do Czar, quem vem lá?". Da porta do coche emergiu uma cabeça muito conhecida e uma voz familiar respondeu: "O Conselheiro Privado de Estado e Governador,***!". No mesmo momento, o oficial, o padre e os soldados foram atirados para um lado como por um choque elétrico e a equipagem fantasmagórica passou por eles antes que recobrassem o fôlego.

O arcebispo resolveu então, como último expediente, recorrer ao procedimento, consagrado pelo tempo, de exumar o corpo e prendê-lo à terra com uma estaca de carvalho atravessada no seu coração. Isso se fez com um grande cerimonial na presença de toda a população. A história conta que o corpo foi encontrado empanturrado de sangue e com as bochechas e os lábios vermelhos. No momento em que o primeiro golpe foi desferido sobre a estaca, o cadáver emitiu um gemido e um jato de sangue cruzou o ar. O arcebispo pronunciou o exorcismo usual, o corpo foi reenterrado e, a partir de então, nunca mais se ouviu falar do vampiro.

Não podemos dizer o quanto os fatos relativos a este caso possam ter sido exagerados pela tradição. Mas nós o ouvimos há alguns anos de uma testemunha ocular; e há famílias hoje na Rússia cujos membros mais velhos se lembram perfeitamente deste conto terrível.

Quanto à declaração que se encontra nos livros de Medicina de que há casos freqüentes de inumação quando os sujeitos estão apenas em estado cataléptico e quanto às persistentes negações de especialistas de que essas coisas só acontecem raramente, não temos senão que consultar a imprensa diária de todos os países para encontrar o horrível fato consubstanciado. O Revdo. H. R. Haweis, M. A., autor de *Ashes to Ashes*[61], enumera em sua obra, escrita em favor da cremação, alguns casos muito aflitivos de enterramento prematuro. À p. 46 ocorre o seguinte diálogo:

"Mas (...) você tem conhecimento de muitos casos de enterramento prematuro?"
"Sem dúvida. Não direi que em nosso clima temperado sejam freqüentes, mas eles ocorrem. Dificilmente se abre um cemitério em que não se encontrem ataúdes que contenham corpos virados, ou então esqueletos contorcidos numa última tentativa desesperada para a vida sob a terra. A posição virada poderia ser atribuída a algum acidente com o ataúde, *mas não a contorção*".

A seguir, menciona os seguintes casos recentes:
"Em Bergerac (na Dordogne), em 1842, um paciente ingeriu um sonífero (...) mas não despertou (...) sangraram-no (...) e ele não despertou. (...) Enfim, declararam-no morto e o enterraram. Mas alguns dias depois, lembrando-se do sonífero que ele ingerira, abriram o ataúde. O corpo se virara – e *se debatera*".

"O *Sunday Times*, de 30 de dezembro de 1838 (...) relata que em Tonneins, no Lot-et-Garonne, um homem foi enterrado, quando um ruído indistinto veio do ataúde; o temerário coveiro fugiu (...) o ataúde foi erguido e arrombado. Um rosto petrificado de terror e de desespero, uma mortalha dilacerada e membros contorcidos contavam a triste verdade – *tarde demais*".

["O *Times*, de maio de 1874, afirma] que, em agosto de 1873, uma moça morreu logo após o seu casamento. (...) Ao final de um ano o marido casou-se novamente e a mãe da sua primeira mulher resolveu transportar o corpo de sua filha para (...) Marselha. Abriram a cova e encontraram a pobre moça prostrada, seus cabelos desgrenhados, sua mortalha em pedaços (...)"[62].

Como teremos de nos referir novamente ao assunto quando tratarmos dos milagres da Bíblia, nós o deixaremos de lado por enquanto e voltaremos aos fenômenos mágicos.

Se tivéssemos de dar uma descrição completa das várias manifestações que ocorrem entre os adeptos na Índia e em outros países, encheríamos volumes inteiros, mas isso seria inútil, pois não haveria espaço para explicações. Eis por que escolhemos, de preferência, aqueles que têm equivalentes nos fenômenos modernos ou são autenticados por inquéritos legais. Horst tentou dar uma idéia de certos espíritos persas aos seus leitores e falhou, pois a mera menção de alguns deles pode colocar o cérebro de um crente ao inverso. Existem os *daêvas* e as suas especialidades; os *darwands* e os seus artifícios sombrios; os *shedim* e os *jinn*; toda a vasta legião de yazatas, amshâspands, espíritos, demônios, duendes e elfos do calendário persa; e, por outro lado, os judaicos serafins, querubins, Sephiroth, Malachim, Alohim; e, acrescenta Horst, "os milhões de espíritos astrais e elementais, de espíritos intermediários, fantasmas e seres imaginários de todas as raças e cores"[63].

Mas a maioria desses espíritos nada tem a ver com os fenômenos consciente e deliberadamente produzidos pelos mágicos orientais. Estes repudiam tal acusação e deixam aos feiticeiros a ajuda de espíritos elementais e de espectros elementares. O adepto tem um poder ilimitado sobre ambos, mas ele raramente o utiliza. Para a produção de fenômenos físicos ele convoca os espíritos da Natureza como *poderes obedientes*, não como inteligências.

Como gostamos sempre de reforçar nossos argumentos com testemunhos outros que não apenas os nossos, talvez fizéssemos bem em apresentar a opinião de um jornal, o *Herald* de Boston, quanto aos fenômenos em geral e os médiuns em particular. Tendo experimentado tristes decepções com algumas pessoas desonestas, que podem ou não ser médiuns, o articulista resolveu certificar-se de algumas maravilhas que se dizia serem produzidas na Índia e as comparou com as da taumaturgia moderna.

"O médium dos dias atuais", diz ele, "oferece uma semelhnça mais estreita, em métodos e manipulações, com o conjurador bem conhecido pela história do que com qualquer outro representante da arte mágica. O que se segue demonstra que ele ainda está longe das *performances* dos seus protótipos. Em 1615, uma delegação de homens muito cultos e renomados da English East India Company visitou o Imperador Jahângîr. No curso de sua missão, testemunharam muitas *performances* maravilhosas que quase os fizeram duvidar dos seus sentidos e estavam longe de qualquer explicação. A um grupo de feiticeiros e prestidigitadores bengaleses, que exibia a sua arte diante do Imperador, solicitou-se produzissem no local, e por meio de sementes, dez amoreiras. Eles imediatamente plantaram as dez sementes, que, em poucos minutos, produziram o mesmo número de árvores. A terra em que a semente havia sido lançada abriu-se para dar passagem a algumas folhas miúdas, logo seguidas por brotos tenros que rapidamente se elevaram, desenvolvendo folhas e brotos e ramos, que finalmente ganharam o ar pleno, abotoando-se, florindo e dando frutos, que amadureceram no local e provaram ser excelentes. Tudo isso se passou num piscar de olhos. Figueiras, amendoeiras, mangueiras e nogueiras foram produzidas da mesma maneira, em condições análogas, fornecendo os frutos que a cada uma competia. Uma maravilha se sucedia à outra. Os ramos estavam cheios de pássaros de bela plumagem que voejavam por entre as folhas e emitiam notas plenas de doçura. As folhas amarelavam, caíam dos seus lugares, ramos e brotos secavam, e finalmente as árvores adentraram o solo, donde haviam saído há menos de uma hora.

"Um outro possuía um arco e mais ou menos cinqüenta flechas com pontas de aço. Lançou uma delas ao ar, quando, vede! a flecha se fixou num ponto do espaço situado a uma altura considerável. Outra flecha foi atirada, e outra logo após, e cada uma delas fixava-se no alvo da precedente, de maneira a formar uma cadeia de flechas no espaço, exceto a última flecha, que, rompendo a cadeia, trouxe ao chão todas as flechas separadas.

"Instalaram-se duas tendas comuns, uma em face da outra, à distância de uma flechada. Essas tendas foram cuidadosamente examinadas pelos espectadores, como o são os aposentos dos médiuns, e se concluiu que estavam vazias. As tendas estavam firmemente presas ao chão. Os espectadores foram então convidados a escolher que animais ou pássaros desejavam saíssem das tendas e lutassem entre si. Khaun-e-Jahaun pediu, com um acento muito marcado de incredulidade, para ver um combate entre avestruzes. Alguns minutos depois, um avestruz saiu de cada uma das tendas e se lançou ao combate com uma energia mortal, e logo o sangue começou a correr; mas estavam de tal maneira igualados em força que nenhum deles lograva vencer o outro, e foram finalmente separados pelos conjuradores e empurrados para dentro das tendas. Em seguida, todos os pedidos de animais e pássaros formulados pelos espectadores foram satisfeitos, sempre com os mesmos resultados.

"Instalou-se um grande caldeirão, dentro do qual se colocou uma grande quantidade de arroz. Sem o menor sinal de fogo, o arroz começou a cozinhar e do caldeirão foram retirados mais de uma centena de pratos de arroz cozido com um pedaço de ave sobre cada um deles. Esta façanha é realizada em escala muito menor pelos mais vulgares faquires dos nossos dias.

"Mas falta espaço para ilustrar, com exemplos do passado, como os exercícios miseravelmente monótonos – por comparação – dos médiuns dos nossos dias são pálidos e obscurecidos pelas façanhas de pessoas de outras épocas e mais hábeis. Não há uma só característica maravilhosa em qualquer um desses fenômenos ou dessas manifestações que não fosse, não, que não seja hoje muito mais bem apresentado por outros executantes hábeis cujas ligações com a Terra, e só com a Terra, são evidentes demais para serem negadas, mesmo quando o fato não fosse apoiado por seu próprio testemunho".

É um erro dizer que os faquires ou prestidigitadores sempre afirmarão que são auxiliados por espíritos. Nas evocações semi-religiosas – tais como as que o Govinda Svâmin de Jacolliot efetuou diante desse autor francês, que as descreveu, quando os espectadores desejavam manifestações psíquicas reais –, eles recorrerão aos *pitris*, seus ancestrais desencarnados, e a outros espíritos *puros*. Só os podem evocar por meio de preces. Quanto a todos os outros fenômenos, eles são produzidos pelo mágico e pelo faquir de acordo com a sua vontade. Apesar do estado de abjeção aparente em que este último parece viver, ele é freqüentemente um iniciado dos templos e está tão familiarizado com o ocultismo quanto os seus irmãos mais ricos.

Os caldeus, que Cícero inclui entre os mágicos mais antigos, situavam a base de toda magia nos poderes interiores da alma do homem e pelo discernimento das propriedades mágicas das plantas, dos minerais e dos animais. Com a ajuda desses elementos, eles realizavam os "milagres" mais maravilhosos. A Magia, para eles, era sinônimo de religião e ciência. Foi só mais mais tarde que os mitos religiosos do dualismo masdeano, desfigurado pela Teologia cristã e evemerizado por certos padres da Igreja, assumiram a forma desagradável em que os encontramos expostos por escritores católicos como des Mousseaux. A realidade objetiva do íncubo e do súcubo medievais, essa superstição abominável da Idade Média que custou tantas vidas humanas, defendida por seu autor em todo um volume, é um produto monstruoso do fanatismo religioso e da epilepsia. Ela não tem forma *objetiva*; atribuir os seus efeitos ao Diabo é uma blasfêmia: implica que Deus, depois de criar Satã, permitiu-lhe adotar tal procedimento. Se devemos acreditar no vampirismo, só podemos fazê-lo se nos apoiarmos na força de duas proposições irrefragáveis da ciência psicológica oculta: 1) A alma astral é uma entidade distinta separável do nosso *ego* e pode correr e vaguear longe do corpo sem romper o fio da vida; 2) O cadáver não está *completamente* morto e, ao passo que pode ser repenetrado por seu ocupante, este pode extrair dele emanações materiais que lhe permitam aparecer numa forma semiterrestre. Mas sustentar, como des Mousseaux e de Mirville, a idéia de que o Diabo – que os católicos dotam de um poder que, em antagonismo, se iguala ao da

Divindade Suprema – o transforma em lobos, serpentes e cães, para satisfazer a sua luxúria e procriar monstros, é uma idéia em que se encontram escondidos os germes da adoração do Diabo, da demência e do sacrilégio. A Igreja Católica, que não só nos ensina a acreditar nesta falácia monstruosa, mas também obriga os seus missionários a pregar este dogma, não tem necessidade de se voltar contra a adoração do Diabo por parte de algumas seitas parses e da Índia meridional. Ao contrário; pois, quando ouvimos os yezidi repetirem o provérbio muito conhecido "Sede amigos dos demônios; dai-lhes vossos bens, vosso sangue, vosso serviço, e não tereis necessidade de vos preocupardes com Deus – *Ele não vos fará nenhum mal*", consideramos que eles são consistentes em sua crença e em seu respeito para com o Supremo; a sua lógica é sadia e racional; reverenciam Deus tão profundamente, a ponto de imaginar que Ele, que criou o universo e as suas leis, não é capaz de prejudicá-los, pobres átomos; mas os *demônios* existem; eles são *imperfeitos* e, em conseqüência, eles têm boas razões para os temer.

Em conseqüência, o Diabo, em suas várias metamorfoses, só pode ser uma falácia. Quando imaginamos que o vemos e o ouvimos e o sentimos, é mais freqüentemente o reflexo de nossa alma perversa, depravada e poluta que vemos, ouvimos e sentimos. O semelhante atrai o semelhante, dizem eles; assim, de acordo com a disposição segundo a qual a nossa forma astral escapa durante as horas de sono, de acordo com os nossos pensamentos, as nossas tendências e as nossas ocupações diárias, todos eles impressos claramente sobre a cápsula plástica chamada *alma humana*, esta última atrai para si seres semelhantes a si mesma. Donde alguns sonhos e visões serem puros e bonitos; outros, perversos e bestiais. A pessoa desperta, ou se dirige com pressa ao confessionário, ou se ri desse pensamento com indiferença empedernida. No primeiro caso, é-lhe prometida a salvação final, ao curso de algumas indulgências (que ela deverá comprar à Igreja) e talvez um gostinho de purgatório ou mesmo do inferno. Que importa? não está ela segura da eternidade e da imortalidade, faça ela o que fizer? É o Diabo. Afugentemo-lo, com o sino, com o livro e com o hissope! Mas o "Diabo" volta, e freqüentemente o verdadeiro crente é forçado a desacreditar de Deus quando ele percebe claramente que o Diabo leva a melhor sobre o seu Criador ou Senhor. Ele é levado então à segunda emergência. Torna-se indiferente e se dá todo inteiro ao Diabo. Morre e o leitor conheceu as conseqüências nos capítulos precedentes.

Este pensamento está magnificamente expresso pelo Dr. Ennemoser: "A Religião não lançou aqui [Europa e China] raízes tão profundas quanto entre os hindus", diz ele, fazendo alusão a essa superstição. "O espírito dos gregos e dos persas era mais volátil. (...) A idéia filosófica do princípio do bem e do mal e do mundo espiritual (...) deve ter auxiliado a tradição a formar visões (...) de formas celestiais e infernais e das distorções mais espantosas, que na Índia eram produzidas simplesmente por um fanatismo mais entusiasta; lá, o vidente *recebido pela luz divina*; aqui, perdido numa multidão de objetos externos com os quais confunde a sua identidade. Convulsões, acompanhadas da ausência do espírito longe do corpo, em países distantes, eram comuns aqui pois a imaginação era menos firme, e também menos espiritual.

"As causas externas também são diferentes; os modos de vida, a posição geográfica e os meios artificiais produzem modificações diversas. O modo de vida nos países asiáticos ocidentais sempre foi muito variável e, em conseqüência, ele perturba e distorce a ocupação dos sentidos, *e a vida exterior, em conseqüência, se reflete no mundo interno dos sonhos*. Os espíritos, portanto, são de uma variedade infinita de formas e levam os homens a satisfazerem as suas paixões, mostrando-lhes os meios para fazê-lo e descendo até mesmo aos mínimos detalhes, *o que é tão contrário* ao caráter elevado dos videntes indianos"[64].

Que o estudioso de ciências ocultas faça a sua própria natureza tão pura e os seus pensamentos tão elevados quanto os dos videntes indianos, e ele poderá dormir sem ser molestado pelo vampiro, íncubo ou súcubo. Ao redor da forma invisível daquele que assim dorme, o espírito imortal irradia um poder divino que o protege das investidas do mal, como se fosse uma parede de cristal.

> "Hic murus aeneus esto,
> Nil conscire sibi, nulla pallascere culpa."[65]

NOTAS

1. *Fragments of Science*, "On the Scientific Use of the Imagination".
2. [*Popular Science Monthly*, vol. V, outubro de 1874.]
3. Epes Sargent. Ver seu panfleto *Materialism's Last Assault. Does Matter Do it All?*
4. Em seu *An Essay on Classification* (seção xvii, p. 99), Louis Agassiz, o grande zoólogo, observa: "Muitos dos argumentos da Filosofia em favor da imortalidade da alma aplicam-se igualmente à permanência desse princípio em outros seres vivos. Acrescentar aí uma vida futura em que o homem se visse privado da grande fonte de prazer e de progresso intelectual e moral que resulta da contemplação das harmonias de um mundo orgânico envolveria uma perda lamentável. E não podemos considerar um concerto espiritual dos mundos combinados e de *todos* os seus habitantes na presença do seu Criador como a concepção mais elevada de paraíso?"
5. [*On the Physical Basis of Life*.]
6. [A. R. Wallace, *On Miracles and Modern Spiritualism*, p. 4-5.]
7. [*The Conservation of Energy*, p. 133.]
8. Diógenes Laércio, *Vidas*, "Heráclito", vi.
9. Ver as obras de Robertus de Fluctibus; e *The Rosicrucians*, de Hargrave Jennings.
10. *The Conservation of Energy*, p. 136.
11. [*Ibid.*, p. 2.]
12. [*Essays*: Ensaio sobre a *History of the Popes*, de Ranke, p. 402; ed. 1852.]
13. P. J. G. Cabanis, *Histoire de la médecine*.
14. [Livro II, questão iii.]
15. [*Essay on Man*, I, 111.]
16. [*Politicus*, 271.]
17. [*Parva naturalia*, s. v. *De Somno*, I, 458, a, b.]
18. [*Hist. of the Conflict*, etc., p. 121-22.]
19. *Problemata*, XXX, i. 19.
20. [Max Müller, *Chips*, etc., vol. I, cap. XI, "The Meaning of Nirvâna".]
21. Ver extratos traduzidos por Burnouf, em sua *Introd. à l'histoire du bouddhisme indien*, p. 516-19.
22. [*Classical Dictionary*, 1788.]

23. [*Über die Grenzer des Naturerkennens*, 1872.]
24. Ver Cabanis, *Histoire de la médecine*.
25. [*Mateus*, VI, 6.]
26. [*Iamblichus' Life of Pythagoras*, etc., XXIX, etc., ed. Thos. Taylor.]
27. [Prefácio a *Antiquities*, §4.]
28. [Diógenes Laércio, *Vidas*, livro X, 123, "Epicuro".]
29. ["Alchemy, or the Hermetic Philosophy", *op. cit.*, p. 21.]
30. *Le lotus de la bonne foi*, por E. Burnouf, traduzido do sânscrito.
31. [*Travels in Tartary, Thibet and China*, I, viii.]
32. [Abbé Huc, *op. cit.*, II, ii.]
33. [*Ancient and Modern Egypt*, etc., Londres, 1866.]
34. [Ver os depoimentos do Abade Huc fornecidos por des Mousseaux em *La magie au XIXme siècle*, p. 114.]
35. [Vol. III, cap. IV, p. 205; ed. 1871.]
36. [*Chips*, etc., I, p. 24.]
37. *Ibid.*, I, p. 183.
38. *The Classical Journal*, LXXIII, março de 1828, p. 174.
39. Mosheim, *An Eccles. Hist.*, cent. II, parte II, cap. I, §§ 8, 9.
40. *New Platonism and Alchemy*, Albany, 1869, p. 6.
41. Orígenes, *Contra Celsum*, livro I, cap. XXIV.
42. *Fatti relativi a mesmerismo*, etc., p. 88-93; ed. 1842.
43. Leonardo Vairo, *Trois livres des charmes*, etc., II, ii; Paris, 1583.
44. [Filipo Camerário, *The Walking Library or Meditations*, etc., cap. X, p. 262; ed. 1621.]
45. *The Tinnevelly Shanars*, p. 43.
46. Piérart, *Revue spiritualiste*, vol. IV, cap. sobre "Vampirismo", p. 64.
47. Maimonides, *Mishna Torah*: seção "Abodah Zarah", xi.
48. Piérart, *op. cit.*, p. 313.
49. [*Des hallucinations*, p. 338-39, etc.]
50. Piérart, *Revue spiritualiste*, IV, p. 313-14.
51. *Ibid.*, p. 61, 104, 105. Cf. des Mousseaux, *Les hauts phénomènes*, etc., p. 199.
52. *Huetiana*, Paris, 1722, p. 83.
53. Dom Calmet, *Dissertations sur les apparitions*, etc., Paris, 1751, vol. II, p. 47; cf. des Mousseaux, *op. cit.*, p. 193.
54. *Les hauts phénomènes*, etc., p. 195.
55. *Ibid.*, p. 196-97.
56. Ver o mesmo testemunho nos documentos oficiais: H. Blanc, *De l'inspiration des camisards*, Paris, Plon, 1859.
57. Dom Calmet, *Apparitions*, vol. II, p. 36, 212, etc.
58. Piérart, *Revue spiritualiste*, vol. IV, p. 104.
59. *Sadducismus Triumphatus*, vol. II, p. 70.
60. J. J. von Görres, *Gesammelte Schriften*, III, cap. VII, p. 132; Munique, 1854.
61. *Ashes to Ashes*, Londres: Daldy, Isbister & Co., 1875.

62. O autor remete todos aqueles que duvidarem de tais afirmações a *Gatherings from Graveyards*, de G. A. Walker, p. 84-193, 194, etc.
63. Horst, *Zauber Bibliotek*, vol. V, parte I.
64. [*History of Magic*, p. 223-24.]
65. [Horácio, *Epístolas*, livro I, ep. i, 60-1: "Seja este nosso muro de bronze, para não termos culpa no coração, nenhuma maldade nos empalidecer".]

CAPÍTULO XIII

"ALQUIMISTA – Tu te exprimes por enigmas. Dize-me, és a fonte de que fala Bernard, Lord Trevisan?
MERCÚRIO – Não sou a fonte, mas a água. A fonte me circunda."
SENDIVOGIUS, *A New Light of alchymie*, p. 69.

"Tudo quanto nos vangloriamos de fazer é descobrir os segredos do corpo humano, conhecer por que certas partes se ossificam e o sangue se estagna, e aplicar contínuas defesas contra os efeitos do tempo. *Não se trata de Magia*, mas da arte da Medicina bem compreendida."
BULWER - LYTTON, *Zanoni*, livro IV, cap. II.

"Vê, guerreiro! Agora a cruz vermelha
Indica a tumba do poderoso morto;
Dentro queima uma luz maravilhosa,
Que afugenta os espíritos das trevas.
Esta lâmpada arderá sem se extinguir
Até que se tenha cumprido a eterna sentença.
....
Não há chama terrena que arda tão brilhante".
Sir WALTER SCOTT, *The Lay of the Last Minstrels*, canto II, xvii, xviii.

Existem pessoas cujas mentes seriam incapazes de apreciar a grandeza intelectual dos antigos, mesmo nas ciências físicas, ainda que recebessem a mais completa demonstração de seu profundo saber e de suas realizações. Não obstante a lição de cautela que mais de uma descoberta inesperada lhes infligiu, elas ainda prosseguem em seu antigo plano de negar, e, o que é ainda pior, de ridicularizar o que não têm meios de provar ou refutar. Assim, por exemplo, elas rirão da idéia da eficácia dos talismãs. Que os sete espíritos do *Apocalipse* têm relação direta com os sete poderes ocultos da Natureza, eis algo que parece incompreensível e absurdo às suas frágeis mentes; e a mera idéia de um mágico que afirma poder realizar maravilhas por meio de ritos cabalísticos fá-las retorcer-se de riso. Percebendo apenas a figura geométrica traçada sobre um papel, um pedaço de metal, ou outra substância, elas não podem imaginar como alguém razoável seria capaz de conferir-lhes qualquer poder oculto. Mas aqueles que se deram ao trabalho de se informar sabem que os antigos realizaram grandes descobertas tanto na Psicologia como na Física e que as suas investigações deixaram poucos segredos ainda por descobrir.

De nossa parte, quando constatamos que um pentáculo sintetiza, de forma concreta, uma profunda verdade da Natureza, nela não vemos mais ridículo do que nas figuras de Euclides, e nada mais cômico do que nos símbolos de uma obra moderna sobre Química. O que ao leitor não iniciado pode parecer mais absurdo do que o fato de o símbolo Na$_2$CO$_3$ significar soda! e C$_2$H$_6$O ser apenas uma outra maneira de escrever álcool? O que há de tão risível, portanto, no fato de os alquimistas expressarem o seu Azoth, o princípio criativo da Natureza (luz astral), pelo símbolo

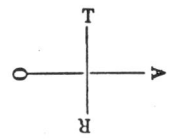

$$\begin{array}{c} T \\ \circ\!\!-\!\!\!|\!\!-\!\!\!\rightarrow \\ R \end{array}$$

que compreende três coisas: 1º) A hipótese divina; 2º) A síntese filosófica; 3º) A síntese física – isto é, uma crença, uma idéia e uma força. Nada mais natural, contudo, que um químico moderno que deseja indicar aos estudantes em seu laboratório a reação de um carbonato de sódio com bitartarato de potássio empregue o seguinte símbolo:

$$Na_2CO_3 + 2HKC_4H_4O_6 + Aq = 2NaKC_4H_4O_6 + H_2O + Aq + CO_2$$

Se o leitor não inspirado pode ser perdoado por olhar horrorizado esse abracadabra da ciência química, por que os seus professores não moderam a hilaridade até que compreendam o valor filosófico do simbolismo dos antigos? Eles evitariam pelo menos o serem tão ridicularizados quanto Monsieur de Mirville, que, confundindo o Azoth dos filósofos herméticos com o azoto dos químicos, afirmava que os primeiros adoravam o gás nitrogênio![1]

Aplicai um pedaço de ferro sobre um ímã, e ele impregnar-se-á de seu princípio sutil e tornar-se-á capaz de comunicá-lo por sua vez a outro ferro. Ele não pesa mais nem parece diferente do que era antes. E, no entanto, uma das forças mais sutis da Natureza lhe penetrou a substância. Um talismã, em si talvez um mero pedaço de metal, um fragmento de papel, ou um retalho de um tecido qualquer, foi no entanto impregnado pela influência do maior de todos os ímãs, a vontade humana, com um poder para o bem ou para o mal de tão reais efeitos como a propriedade sutil que o aço adquiriu em seu contato com o ímã natural. Deixai que um sabujo fareje uma peça de roupa que foi trajada pelo fugitivo, e ele o seguirá através do pântano e da floresta até o seu refúgio. Dai um manuscrito a um dos "psicômetros" do Prof. Buchanan, qualquer que seja a sua antiguidade, e ele vos descreverá o caráter do autor, e talvez mesmo a sua aparência pessoal. Alcançai uma madeixa de cabelo ou qualquer outro objeto que esteve em contato com a pessoa de quem se quer saber algo a uma clarividente, e ela entrará em simpatia com esta de modo tão íntimo que lhe poderá seguir passo a passo a vida.

Os criadores nos contam que os animais jovens não devem ser reunidos com os animais velhos; e os médicos inteligentes proíbem os pais de permitirem que as crianças muito jovens ocupem suas camas. Quando Davi estava velho e fraco, suas forças vitais foram restabelecidas colocando-se uma jovem em estreito contato com ele a fim de que pudesse absorver-lhe a força. A falecida Imperatriz da Rússia, irmã de Guilherme I, imperador da Alemanha, estava tão fraca nos últimos anos de sua vida que os médicos lhe aconselharam seriamente a manter em seu leito à noite uma robusta e saudável jovem camponesa. Quem quer que tenha lido a descrição dada pelo Dr. Kerner da Vidente de Prevost, Mme. Hauffe, deverá recordar-se de suas palavras[2]. Ela declarou repetidamente que se mantinha viva apenas devido à atmosfera das pessoas que a cercavam e às suas *emanações magnéticas*, que eram vivificadas de maneira extraordinária pela sua presença. A vidente era simplesmente um vampiro *magnético*, que absorvia, atirando-se a ela, a vida daqueles que eram fortes o suficiente para lhe comunicarem a sua vitalidade na forma de sangue *volatilizado*. O Dr. Kerner observa que essas pessoas ressentiam dessa perda de força.

Graças a esses exemplos familiares da possibilidade de um fluido sutil comunicar-se de um indivíduo ao outro, ou à substância por este tocada, torna-se mais fácil compreender que, através de uma determinada concentração da vontade, um objeto de outro modo inerte pode ser impregnado de um poder protetor ou destrutivo de acordo com o objetivo que se tem em vista.

Uma emanação magnética, produzida inconscientemente, é seguramente vencida por uma emanação mais enérgica com a qual entra em choque. Mas quando uma vontade inteligente e poderosa dirige a força cega, e a concentra num dado ponto, a emanação mais fraca dominará com freqüência a mais forte. Uma *vontade* humana tem o mesmo efeito sobre o *âkâśa*.

Certa feita, testemunhamos em Bengala uma exibição de força de vontade que ilustra um aspecto altamente interessante do assunto. Um adepto de Magia fez alguns passes sobre uma peça de estanho comum, o interior de uma marmita, que estava à sua frente, e, olhando-a atentamente durante uns poucos minutos, ele parecia recolher o fluido imponderável aos punhados e lançá-lo sobre a sua superfície. Quando o estanho foi exposto à plena luz do dia durante seis segundos, a superfície brilhante se cobriu imediatamente como um filme. Em seguida, manchas de uma cor escura começaram a surgir sobre a superfície da peça; e quando, cerca de três minutos depois, o estanho nos foi entregue, encontramos impressa sobre ela uma pintura, ou melhor, uma fotografia da paisagem que se estendia à nossa frente; exata como a própria Natureza, e de colorido perfeito. Ela permaneceu por cerca de oito horas e então lentamente se esvaneceu.

Esse fenômeno explica-se facilmente. A vontade do adepto condensou sobre o estanho um filme de *âkâśa* que o transformou durante algum tempo numa chapa fotográfica sensibilizada. A luz fez o resto.

Uma exibição como essa do poder da vontade para produzir resultados físicos preparará o estudante para compreender a sua eficácia na cura de doenças, comunicando a virtude desejada a objetos inanimados que são colocados em contato com o paciente. Quando vemos psicólogos como Maudsley[3] citando, sem contradições, histórias de algumas curas miraculosas efetuadas pelo pai de Swedenborg – histórias que não diferem de centenas de outras curas feitas por outros "fanáticos" – como ele os chama –, mágicos e curadores naturais, e, sem tentar explicar seus atos, cessando o riso em face da sinceridade de sua fé, sem se perguntar se o segredo desse poder curador não se acha no controle dado pela fé sobre as forças ocultas – , deploramos que haja tanto saber e tão pouca filosofia em nosso século.

Certamente, não conseguimos ver em que o químico moderno é menos mágico do que o antigo teurgista ou o filósofo hermético, exceto nisso: os últimos, reconhecendo a dualidade da Natureza, têm um campo de pesquisa experimental duas vezes maior. Os antigos animavam estátuas, e os hermetistas chamavam à vida, tirando-as dos elementos, as formas de salamandras, gnomos, ondinas e silfos, que não pretendiam criar, mas simplesmente tornar visíveis mantendo aberta a porta da Natureza, de sorte que, sob condições favoráveis, elas pudessem se tornar visíveis. O químico põe em contato dois elementos contidos na atmosfera, e desenvolvendo uma força latente de afinidade, cria um novo corpo – a água. Nas pérolas esferoidais e diáfanas que nascem dessa união de gases, nascem os germes da vida orgânica, e em seus interstícios moleculares escondem-se o calor, a eletricidade e a luz, exatamente como o fazem no corpo humano. Donde provém esta vida numa gota d'água recém-formada pela união de dois gases? E o que é a água em si? Sofrem o oxigênio e o hidrogênio alguma transformação que oblitera suas qualidades simultaneamente com a obliteração de sua forma? Aqui está a resposta da ciência moderna: "Se o oxigênio e o hidrogênio existem como tais, na água, ou se são produzidos por alguma transformação desconhecida e inconcebível de sua substância, eis uma questão sobre a qual podemos especular, mas da qual nada sabemos"[4]. Nada sabendo sobre um assunto tão simples quanto a constituição molecular da água, ou o problema mais profundo do surgimento da vida nesse elemento, não faria bem o Sr. Maudsley em exemplificar o seu próprio princípio, e "manter uma *calma aquiescência à ignorância até que a* luz se faça"?[5]

As afirmações dos partidários da ciência esotérica de que Paracelso produzia, quimicamente, *homunculi* a partir de certas combinações ainda desconhecidas da ciência exata são, como de ordinário, relegadas ao depósito das fraudes desacreditadas. Mas por quê? Se os *homunculi* não foram feitos por Paracelso, mas foram produzidos por outros adeptos, e isso há não mais de mil anos. Eles foram produzidos, de fato, exatamente de acordo com o mesmo princípio em virtude do qual o químico e o físico dão vida aos seus *animalcula*. Poucos anos atrás, um cavalheiro inglês, Andrew Crosse, de Somersetshire, produziu ácaros da seguinte maneira: "Sílex negro incandescido e reduzido a pó foi misturado com carbonato de potássio, e exposto a um forte calor durante quinze minutos; a mistura foi derramada num cadinho de grafita num forno a ar. Ela foi reduzida a pó ainda quente e misturada com água fervente, que se manteve em fervura durante alguns minutos, e então ácido hidroclorídrico foi adicionado atá a supersaturação. Depois de ser exposto à ação voltaica por vinte e seis dias, surgiu um perfeito inseto do grupo dos ácaros, e, no curso de poucas semanas, cerca de mais de uma centena deles fizeram a sua aparição. A experiência foi repetida com outros fluidos químicos com os mesmos resultados. Um certo Sr. Weeks também produziu ácaros em ferrocianeto de potássio (...) Essa descoberta produziu uma grande excitação. O Sr. Crosse foi acusado de impiedade e de visar à criação. Ele replicou, negando a implicação e dizendo que considerava "criar era formar algo do nada"[6] [*].

Outro cavalheiro, considerado por muitas pessoas como um homem de grande saber, repetiu-nos diversas vezes que estava a ponto de provar que mesmo os ovos não fecundados podiam ser chocados fazendo-se uma corrente elétrica negativa passar por eles.

As mandrágoras (*dudim*, ou fruta do amor) encontradas no campo por Rubem, filho de Jacó, que excitaram a fantasia de Raquel, eram as *mandrágora* cabalísticas,

---

* Os estudiosos devem consultar dois artigos notáveis do Dr. Chas. J. Ryan, intitulados "Precipitation of Astral – Forms or – What?" no *The Theosophical Path*, Point Loma, Califórnia., vol. XLIV, janeiro e abril de 1935. Trata-se de uma discussão dos famosos experimentos de Morley-Martin conduzidos na época na Inglaterra segundo linhas muito próximas das de Andrew Crosse.
O artigo sobre os experimentos de Crosse intitula-se "Artificial Crystals and Minerals. – 'The Crosse Mite'". Crosse iniciou a sua obra experimental em 1807, em seu estado natal, Fyne Court, nas Quantock Hills, no Somersetshire, e estava especialmente interessado na produção de cristalização de sais minerais por corrente voltaica. O ácaro que apareceu durante os seus experimentos era uma nova espécie daquele gênero, muito próxima dos ácaros encontrados no queijo e na farinha e do *acarus dimidiatus* de Hermann. (N. do Org.)

a despeito das negativas; e os versículos que se referem a elas pertencem às passagens mais *cruas*, em seu sentido esotérico[7], de toda a obra. A mandrágora é uma planta que tem a forma rudimentar de uma criatura humana, com uma cabeça, dois braços e duas pernas que formam as raízes. A superstição de que quando arrancada do solo ela grita com voz humana não é completamente destituída de base. Ela produz uma espécie de som rangente por causa da substância resinosa de suas raízes, o que as torna difíceis de extrair; e ela tem mais de uma propriedade oculta absolutamente desconhecida do botânico.

O leitor que quiser obter uma clara idéia da comutação de forças e da semelhança que existe entre o princípio de vida das plantas, animais e seres humanos, poderá consultar com proveito um trabalho sobre a correlação de forças nervosas e mentais do Prof. Alexander Bain, da Universidade de Aberdeen. A mandrágora parece ocupar sobre a terra o ponto em que os reinos vegetal e animal se tocam, como os zoófitos e os pólipos no mar, pois a barreira é em cada caso tão pouco distinta que torna imperceptível onde uma termina e a outra começa. Parece improvável que existam *homunculi*, mas ousará algum naturalista afirmar que é impossível? "Quem", diz Bain, "é capaz de limitar as possibilidades da existência?"

Os mistérios inexplicados da natureza são muitos, e dos que foram presumivelmente explicados dificilmente se pode dizer que haja um que se tornou absolutamente inteligível. Não há uma planta ou mineral que haja revelado a última de suas propriedades aos cientistas. O que sabem os naturalistas da natureza íntima dos reinos vegetal e mineral? Como podem eles confiar em que para cada uma das propriedades descobertas não haja muitos outros poderes ocultos na natureza íntima da planta ou da pedra? E em que estão apenas aguardando que sejam postos em relação com alguma planta, mineral, ou força da natureza, para se manifestarem no que se chama "maneira sobrenatural"? Todas as vezes que Plínio, o naturalista, Aelian e mesmo Diodoro, que procuraram com tanta perseverança destrinçar a verdade histórica de sua confusão de exageros e fábulas, atribuíram a alguma planta ou mineral um poder desconhecido aos nossos botânicos e físicos modernos, suas asserções foram postas de lado sem a menor cerimônia, como absurdas, e para sempre omitidas.

Desde tempos imemoriais a especulação dos homens de ciência tem tido por objeto saber o que é essa força vital ou princípio de vida. Só a "doutrina secreta" é capaz de fornecer a chave à nossa mente. A ciência exata reconhece apenas cinco poderes na Natureza – um *molar* e quatro *nucleares*; os cabalistas, sete; e nesses dois poderes adicionais está encerrado todo o mistério da vida. Um deles é o espírito imortal, cujo reflexo vincula-se por liames invisíveis até mesmo com a matéria inorgânica; a outra, deixamos a cada um descobrir por si mesmo. Diz o Prof. Joseph Le Conte: "Qual é a natureza da diferença entre o organismo vivo e o organismo morto? Não podemos descobrir *nenhuma*, física ou química. Todas as forças físicas e químicas extraídas do fundo comum da natureza, e encarnadas no organismo vivo, parecem estar ainda encarnadas no morto, até que pouco a pouco ele caia em decomposição. E no entanto a diferença é imensa, é incomensuravelmente grande. Qual é a natureza dessa diferença expressa na fórmula da ciência material? O que é o que partiu, e para onde foi? Há aqui alguma coisa que a ciência não pode ainda compreender. E no entanto é essa coisa que desaparece na morte, e antes da decomposição, que representa no mais alto sentido a força vital!"[8]

Por mais difícil, ou antes impossível que pareça à ciência descobrir o motor invisível, universal de tudo – a *Vida* –, explicar-lhe a natureza, ou mesmo sugerir uma hipótese razoável para ela, o mistério não passa de um pseudomistério, não apenas para os grandes adeptos e videntes, mas mesmo para os que acreditam genuína e firmemente num mundo espiritual. Para o simples crente, não favorecido com um organismo pessoal provido dessa sensibilidade nervosa e delicada que lhe permitiria – como ao vidente – perceber o universo visível refletido como num espelho no Invisível, e, por assim dizer, objetivamente, a *fé* divina permanece. Esta última está firmemente enraizada em seus sentidos interiores; em sua infalível intuição, com a qual a fria razão nada tem a ver, ele *sente* que ela não pode enganá-lo. Que os dogmas errôneos, invenções humanas, e a sofisticaria teológica se contradigam; que ambas se destruam, e que a sutil casuística de uma derrote o raciocínio de outra; a verdade permanece uma só, e não há uma só religião, seja ela cristã ou não, que não esteja firmemente edificada sobre a rocha dos séculos – Deus e o espírito imortal.

Todo animal é mais ou menos dotado da faculdade de perceber, se não espíritos, pelo menos algo que permanece no momento invisível ao homem comum, e só pode ser discernido por um clarividente. Fizemos centenas de experiências com gatos, cachorros, macacos de várias espécies, e, uma vez, com um tigre domesticado. Um espelho negro e redondo, conhecido como "cristal mágico", foi fortemente mesmerizado por um cavalheiro hindu nativo, que habitava anteriormente em Dindigul e agora reside num local mais retirado, entre as montanhas conhecidas como Ghauts Ocidentais. Ele havia domesticado o filhote de um tigre, que lhe fora enviado da costa do Malabar, região da Índia em que os tigres são proverbialmente ferozes; e foi com esse interessante animal que fizemos nossas experiências.

Como os antigos marsi e psylli, os célebres encantadores de serpentes, esse cavalheiro afirmava possuir o misterioso poder de domar qualquer espécie de animal. O tigre fora reduzido a um crônico *torpor mental*, por assim dizer; e tornara-se tão inofensivo e dócil quanto um cachorro. As crianças podiam provocá-lo e puxá-lo pelas orelhas, e ele só tremeria e gemeria como um cachorro. Mas todas as vezes que o forçavam a olhar o "espelho mágico", o pobre animal caía instantaneamente numa espécie de frenesi. Seus olhos se enchiam de um terror *humano*; gemendo de desespero, incapaz de desviar os olhos do espelho, ao qual o seu olhar parecia preso por um encantamento magnético, ele se contorcia e tremia até cair em convulsões por medo de alguma visão que para nós permanecia desconhecida. Ele então se deitava, gemendo fracamente mas ainda olhando fixamente para o espelho. Quando este era retirado, o animal ficava ofegante e aparentemente prostrado por cerca de duas horas. O que via ele? Que retrato espiritual de seu próprio mundo *animal* invisível poderia produzir um efeito terrífico sobre o animal selvagem e naturalmente feroz e temerário? Quem pode dizê-lo? Talvez *aquele* que produziu a cena.

O mesmo efeito sobre animais foi observado durante as sessões espiritistas, com alguns veneráveis mendicantes; e também quando um sírio, meio pagão, meio cristão, de Kunankulam (Estado de Cochin), um reputado feiticeiro, foi convidado a reunir-se a nós a bem da experiência.

Éramos nove pessoas ao todo – sete homens e duas mulheres, uma das quais nativa. Além de nós, havia no quarto o jovem tigre, grandemente ocupado com um osso; um *vânderoo*, ou um macaco-leão, que, com a sua pele negra e a sua barba e bigode brancos, e olhos vivos e brilhantes, parecia a personificação da malícia; e um belo papa-figo dourado, limpando calmamente a sua cauda de cores brilhantes num poleiro, colocado próximo a uma grande janela da varanda. Na Índia, as sessões "espiritistas" não ocorrem na escuridão, como na América, e não se requer nenhuma condição, a não ser silêncio total e harmonia. Estava-se portanto em plena luz do dia, que penetrava através das portas e janelas abertas, com um burburinho longínquo provindo das florestas circunvizinhas e a selva enviando-nos o eco de miríades de insetos, pássaros e animais. Estávamos instalados no meio de um jardim no qual a casa fora construída, e ao invés de aspirar a atmosfera sufocante de uma sala de sessões, estávamos cercados de ramalhetes de eritrina cor de fogo – a árvore coral – , inalando os aromas fragrantes das árvores e arbustos, e as flores da begônia, cujas pétalas brancas tremiam na brisa suave. Em suma, estávamos cercados de luz, harmonia, e perfumes. Grandes buquês de flores e arbustos, consagrados aos deuses nativos, tinham sido colhidos para a circunstância, e colocados nos cômodos. Tínhamos o manjericão suave, a flor de Vishnu, sem a qual nenhuma cerimônia religiosa pode ter lugar em Bengala; e os ramos da *Ficus religiosa*, a árvore dedicada à mesma divindade brilhante, entremisturando as suas folhas com as flores rosas do lótus sagrado e a tuberosa da Índia, ornamentavam profusamente as paredes.

Enquanto o "abençoado" – representado por um faquir muito sujo mas, não obstante, realmente santo – permanecia imerso em autocontemplação, e alguns prodígios espirituais eram realizados sob a direção de sua vontade, o macaco e o pássaro exibiam alguns poucos sinais de inquietude. Só o tigre tremia visivelmente a intervalos, e olhava fixamente para toda a peça, como se seus olhos verdes fosforescentes estivessem seguindo alguma presença invisível flutuando para cima e para baixo. Essa coisa ainda imperceptível aos olhos humanos devia ter-se tornado *objetiva* para ele. Quanto ao *vânderoo*, toda a sua vivacidade tinha desaparecido; ele parecia entorpecido, e repousava agachado e sem movimento. O pássaro deu alguns poucos, se tanto, sinais de agitação. Havia um som como o de asas batendo suavemente no ar; as flores viajavam pela peça, deslocadas por mãos invisíveis; e como uma belíssima flor tingida de azul celeste caísse sobre as patas cruzadas do macaco, este teve um sobressalto nervoso, e procurou refugiar-se sob o manto branco de seu dono. Essas manifestações duraram cerca de uma hora, e seria muito longo relatar todos elas; a mais curiosa de todas foi a que fechou a série de maravilhas. Como todos se queixassem do calor, tivemos uma chuva de orvalho delicadamente perfumado. As gotas caíam fortemente e abundantemente, e produziam uma sensação de frescor inexprimível, que refrescavam as pessoas sem molhá-las.

Quando o faquir deu a sua exibição de magia *branca* por encerrada, os "feiticeiros" ou os encantadores, como são chamados, prepararam-se para exibir seu poder. Fomos gratificados por uma série de maravilhas que os relatos dos viajantes tornaram familiares ao público, provando, entre outras coisas, o fato de que os animais possuem naturalmente a faculdade da clarividência, e mesmo, ao que parece, a habilidade de discernir entre os bons e os maus espíritos. Todas as façanhas do feiticeiro foram precedidas de fumigações. Ele queimou ramos de árvores resinosas e arbustos que enviavam colunas de fumaça. Embora não houvesse nada em tudo isso capaz de aterrorizar um animal que fizesse uso de seus olhos físicos, o tigre, o macaco e o pássaro exibiam um indescritível horror. Sugerimos a idéia de que os animais podiam ser aterrorizados pelos ramos incendiados, o costume familiar de acender fogueiras em volta do campo a fim de afastar as feras selvagens. Para não deixar nenhuma dúvida a esse respeito, o sírio se aproximou do tigre agachado com um ramo da árvore *bael*[9] (consagrada a Síva), e a agitou por diversas vezes sobre a sua cabeça, murmurando, nesse ínterim, os seus encantamentos. Os seus olhos saltavam das órbitas como bolas de fogo; sua boca espumava; ele se precipitava ao solo, como se procurasse um buraco no qual se esconder; ele soltava um rugido atrás do outro, o que causava centenas de ecos da selva e da floresta. Finalmente, lançando um último olhar ao ponto do qual os olhos não se haviam despregado, ele fez um esforço supremo, quebrou a corrente, e saltou pela janela da varanda, carregando uma peça da estrutura consigo. O macaco tinha fugido há muito, e o pássaro caíra do poleiro como que paralisado.

Não pedimos nem ao faquir nem ao feiticeiro uma explicação do método pelo qual os seus respectivos fenômenos tinham sido produzidos. Se o tivéssemos feito, eles teriam indubitavelmente replicado como o fez um faquir a um viajante francês, que conta a sua história num número recente de um jornal de Nova York, intitulado *Franco-Américain*, nos seguintes termos:

"Muitos desses prestidigitadores hindus que viem no silêncio dos pagodes realizam façanhas que ultrapassam em muito as prestidigitações de Robert Houdin, e há muitos outros que produzem os mais curiosos fenômenos de magnetismo e catalepsia sobre os primeiros objetos que encontram no caminho, e o fazem de tal maneira que me perguntei várias vezes se os brâmanes, com as suas ciências ocultas, não fizeram grandes descobertas em questões que agitaram recentemente a Europa.

"Certa vez, enquanto eu e outros estávamos no café com Sir Maswell, ele ordenou à sua doméstica que introduzisse o encantador. Pouco depois um esquálido hindu, quase nu, com um rosto ascético e bronzeado, fez a sua entrada. Em torno do pescoço, dos braços, das coxas e do corpo estavam enroladas serpentes de diversos tamanhos. Depois de saudar-nos, ele disse: 'Deus esteja convosco, sou Chibh-Chondor, filho de Chibh-Gontnalh-Mava'.

"'Desejamos ver o que sois capaz de fazer', disse nosso anfitrião.

"'Eu obedeço às ordens de Síva, que me enviou para cá', replicou o faquir, instalando-se sobre uma das lajes de mármore.

"As serpentes levantaram as cabeças e silvaram, mas sem mostrar a menor cólera. Tomando então uma pequena flauta, presa numa mecha do cabelo, ele emitiu sons quase inaudíveis, imitando o *tailapaca*, um pássaro que se alimenta de cocos quebrados. As serpentes se desenrolaram e uma após outra desceram ao chão. Assim que tocaram o solo, elevaram um terço de seus corpos, e começaram a acompanhar o ritmo da música de seu mestre. Subitamente o faquir largou o seu instrumento e fez diversos passes com as mãos sobre as serpentes, que eram em número de dez, e todas das espécies mais mortíferas de serpentes indianas. Seus olhos assumiram uma estranha expressão. Todos sentimos uma indefinível agitação, e tentamos desviar nossos olhos dele. Nesse momento um pequeno *shocra*[10] (macaco), cuja tarefa era oferecer fogo num pequeno braseiro para acender cigarros, sucumbiu à sua influência, deitou-se e adormeceu. Cinco minutos se passaram, e sentimos que se as manipulações continuassem por mais alguns segundos todos adormeceríamos. Chondor então se ergueu e, fazendo mais dois passes sobre o *shocra*, disse-lhe: 'Dê fogo ao comandante'. O jovem macaco levantou-se, e sem hesitar aproximou-se de seu senhor e lhe ofereceu fogo. Ele foi beliscado, empurrado, até não se ter nenhuma dúvida de que ele estivesse realmente adormecido. Ele não quis afastar-se de Sir Maswell até que o faquir lho ordenasse.

"Examinamos então as serpentes. Paralisadas pela influência magnética, elas estavam estendidas ao longo do chão. Pegando-as, encontramo-las rígidas como bastões.

Estavam num estado de completa catalepsia. O faquir então as despertou, após o que elas voltaram e novamente se enrolaram em torno de seu corpo. Perguntamo-lhe se podia fazer-nos experimentar a sua influência. Ele fez alguns poucos passes sobre nossas pernas e imediatamente perdemos o controle sobre esses membros; não podíamos deixar nossos assentos. Ele nos libertou tão facilmente quanto nos tinha paralisado.

"Chibh-Chondor encerrou a sessão com experiências feitas sobre objetos inanimados. Por meio de passes simples na direção do objeto sobre o qual se desejava agir, e sem deixar o assento, ele diminuiu e extinguiu as lâmpadas das partes mais distantes da sala, deslocou a mobília, incluindo os divãs em que estávamos sentados, abriu e fechou portas. Percebendo um hindu que estava retirando água de um poço do jardim, ele fez um passe em sua direção, e a corda subitamente parou de descer, resistindo a todos os esforços do atônito jardineiro. Com outro passe, a corda desceu novamente.

"Perguntei a Chibh-Chondor: 'Empregais para agir sobre objetos inanimados o mesmo processo que utilizais sobre criaturas vivas?'

"'Tenho apenas um processo', respondeu.

"'Qual é ele?'

"'A vontade. O homem, que é o fim de todas as forças intelectuais e materiais, deve dominar a todas. Os brâmanes nada sabem além disso.'"

"Sanang Setzen", diz o Cel. Yule, "enumera uma variedade de atos maravilhosos que podem ser realizados através do Dharani (encantamentos místicos hindus). Tais são fincar um prego numa rocha sólida; dar vida ao morto; transformar um cadáver em ouro; penetrar em todos os lugares, *como o faz o ar* (sob forma astral); voar; agarrar feras selvagens com as mãos; ler pensamentos; fazer remontar a corrente de água; comer ladrilhos; sentar-se no ar com as pernas dobradas, etc."[11] Antigas lendas atribuem a Simão, o Mago, exatamente os mesmos poderes. "Ele fazia as estátuas andar; ele saltava no fogo sem se queimar; voava no ar; transformava as pedras em pão; modificava suas formas; apresentava dois rostos ao mesmo tempo; transformava-se em coluna; fazia as portas fechadas abrirem-se espontaneamente; fazia os utensílios de uma casa moverem-se, etc." O jesuíta Delrio lamenta que príncipes crédulos, mas reputados como pios, permitam que truques *diabólicos* sejam executados em sua presença, "como, por exemplo, fazer peças de ferro e copos de prata, ou outros objetos pesados, saltarem de uma ponta a outra da mesa, *sem o uso de um ímã*, ou de qualquer aparelho"[12]. Consideramos a FORÇA DE VONTADE o mais poderoso dos ímãs. A existência de tal poder mágico sobre certas pessoas *está comprovada*, mas a existência do Demônio é uma ficção, que nenhuma Teologia é capaz de demonstrar.

"Existem certos homens que os tártaros veneram acima de tudo no mundo", diz o monge Ricold, "a saber, os *baxitae*, que são uma espécie de sacerdotes-ídolos. Eles são originários da Índia, pessoas de profunda sabedoria, *de boa conduta e de moral austera*. Eles são versados nas artes mágicas (...) exibem muitas ilusões, e predizem os eventos futuros. Por exemplo, dizia-se que o mais eminente deles era capaz de voar; mas a verdade, contudo, como ficou provado, é que ele não voava, mas caminhava perto da superfície do solo sem o tocar; *e ele parecia sentar-se sem ter qualquer suporte para sustentá-lo*. Este último fenômeno foi testemunhado por Ibn Batuta, em Delhi", acrescenta o Cel. Yule, que cita o monge em *Book of Ser Marco Polo*, "na presença do sultão Mahomet Tughlak"; e foi formalmente exibido por um brâmane em Madras no presente século, um descendente dos brâmanes que Apolônio viu caminhando a dois côvados do solo. Isso foi descrito também pelo ilustre Francis Valentyn como sendo um espetáculo conhecido e praticado em seu próprio tempo na Índia. Conta-se, diz ele, que um homem começa por sentar-se sobre três bastões reunidos para formar um trípode, após o que, primeiro um, depois o segundo e então o terceiro, todos os bastões são retirados, não caindo o homem, mas permanecendo sentado no ar! Falei com dois amigos que haviam testemunhado um fato dessa natureza, e um deles, posso acrescentar, não acreditando em seus próprios olhos, deu-se ao trabalho de verificar com um bastão se não havia algo sobre o qual o corpo de apoiasse; mas, como o cavalheiro me contou, ele não pôde sentir ou ver qualquer coisa[13]. Já mencionamos noutra parte que a mesma coisa ocorreu no ano passado diante do Príncipe de Gales e de sua corte.

Proezas como essas nada são se comparadas com as que fazem os prestidigitadores profissionais; "proezas", assinala o autor acima citado, "que poderiam passar por meras invenções se narradas por apenas um autor, mas que parecem merecer uma *séria atenção* quando são relatadas por vários autores, certamente independentes uns dos outros e escrevendo a longos intervalos de tempo e lugar. Nossa primeira testemunha é Ibn Batuta, e será necessário citá-lo por extenso, assim como a outros, a fim de mostrar até que ponto as suas evidências concordam entre si. O viajante árabe estava presente por ocasião de um grande espetáculo na corte do Vice-rei de Khansa. "Nessa mesma noite um prestidigitador, que era um dos escravos de Khan, fez sua aparição, e o Emir lhe disse: 'Vem e mostra-nos algumas de tuas maravilhas!' Ele tomou então uma bola de madeira, com vários furos, pelos quais passavam longas correias de couro, e, segurando uma delas, arremessou a bola ao ar. Ela se elevou tão alto que a perdemos de vista. (. . .) (Estávamos no interior da corte do palácio.) Restou então apenas uma parte da ponta de uma correia na mão do mágico, e ele pediu a um dos rapazes que o assistiam que a pegasse e que montasse nela. Ele o fez, subindo pela correia, e nós o perdemos de vista também! O mágico então o chamou por três vezes, mas, não obtendo nenhuma resposta, tomou uma faca, como se estivesse tomado de cólera, subiu pela correia, e desapareceu também! Logo ele jogou uma das mãos do rapaz, depois um pé, a outra mão, e o outro pé, depois o tronco, e por fim a cabeça! Em seguida ele próprio desceu, ofegante, e com as vestes manchadas de sangue beijou o solo à frente do Emir, e lhe disse algo em chinês. O Emir deu alguma ordem em resposta, e nosso amigo então apanhou os membros do rapaz, reuniu-os juntos em seus lugares, e deu-lhes um chute, e eis que lá estava o rapaz, que se levantou e se plantou à nossa frente! Tudo isso me surpreendeu extraordinariamente, e tive um ataque de palpitações semelhante ao que me sobreveio outrora na presença do Sultão da Índia, quando ele me mostrou algo do mesmo gênero. Deram-me no entanto um cordial, que me curou do ataque. O Kaji Afkharuddin estava próximo de mim e disse: 'Senhor! creio que não houve nem subida, nem descida, nem mutilação, nem remendo! Tudo não passa de um *hocus–pocus*!'"[14]

E quem duvida de que não se trata de um "hocus–pocus", de uma ilusão, ou Maya, como os hindus a chamam? Mas quando uma tal ilusão é produzida, por assim dizer, diante de milhares de pessoas ao mesmo tempo, como a vimos durante um festival público, os meios pelos quais uma alucinação tão extraordinária pode ser produzida merecem a atenção da ciência! Quando por uma tal *mágica* um homem que está à vossa frente, numa sala, cujas portas tivestes o cuidado de fechar, estando as chaves em vossa mão, subitamente desaparece, se desvanece como um raio de luz, e não o vedes *em lugar nenhum* mas ouvis a sua voz de diferentes partes da sala chamando-vos e rindo de vossa perplexidade, tal *arte* certamente não é indigna do Sr. Huxley ou do Dr. Carpenter. Não vale a pena consagrar-se a tal estudo da mesma maneira que a esse outro mistério menor – como por que os galos cantam à meia-noite?

O que Ibn Batuta, o Mouro, viu na China por volta de 1348, o Cel. Yule mostra Edward Melton, "um viajante anglo-holandês", a testemunhar a mesma coisa na Batávia por volta de 1670: "Um indivíduo do mesmo grupo" (de feiticeiros), diz Melton, "tomou uma pequena bola de corda e pegando a ponta da corda com a mão jogou a bola para o ar com uma tal força que perdemos de vista a outra extremidade. Ele então escalou a corda com uma rapidez incrível. (. . .) Eu estava muito surpreso, não imaginando por onde ele havia escapado; eis então que uma perna veio rolando do ar. Um instante depois veio uma mão, etc. (. . .) Em suma, todos os membros do corpo rolaram sucessivamente provindos do ar e foram reunidos pelo assistente numa cesta. O último fragmento de todos era a cabeça, e assim que ela tocou o chão o homem que o servia e que havia apanhado todos os membros, colocando-os na cesta, virou-os novamente de pernas para o ar. Logo em seguida vimos *com nossos próprios olhos todos os membros se juntarem* novamente, e, em suma, reconstruírem um homem completo, que pôde imediatamente levantar-se e caminhar como antes sem mostrar o mais leve incômodo! (. . .) Nunca em minha vida eu ficara tão espantado (. . .) e não duvido agora que esses homens mal orientados o fizeram com a ajuda do Diabo"[15].

Nas memórias do Imperador Jahângîr, as façanhas de sete prestidigitadores de Bengala, que se exibiram diante dele, são assim descritas: "*Nono*. Eles tomaram um homem e o dividiram membro por membro, separando de fato a cabeça do corpo. Espalharam esses membros mutilados pelo chão, e em tal estado estes ficaram por algum tempo. Eles então estenderam um lençol sobre o chão, e um dos homens, colocando-se sobre o lençol, em poucos minutos dele se retirou, seguido pelo indivíduo que se supunha estar mutilado e que se mostrava perfeitamente são e em boas condições. (. . .) *Vigésimo terceiro*. Eles montaram uma corrente de cinqüenta côvados de extensão, e em minha presença jogaram uma de suas pontas para o alto, *onde ficou, como se estivesse fixada por alguma coisa no ar*. Trouxeram um cão e colocaram-no na ponta mais baixa da corrente, e ele imediatamente subiu e, atingindo a outra ponta, *imediatamente desapareceu no ar*. Da mesma maneira um porco, uma pantera, um leão e um tigre foram enviados ao alto da corrente, e todos desapareceram igualmente na parte superior desta. Por fim eles tombaram a corrente, e a colocaram na mala, sem que ninguém descobrisse de que maneira puderam os diferentes animais desaparecerem no ar de modo tão misterioso"[16].

Possuímos um retrato pintado que representa um feiticeiro persa, com um homem, ou melhor, com os vários membros do que minutos antes era um homem espalhados à sua frente. Vimos esses feiticeiros e testemunhamos tais façanhas mais de uma vez em diversos lugares.

Tendo sempre em mente que repudiamos a idéia do milagre e retornando novamente aos fenômenos mais sérios, poderíamos agora perguntar que objeção lógica se pode fazer contra a afirmação de que a reanimação de mortos era realizada por muitos taumaturgos? O faquir, descrito no *Franco-Américain*, poderia ir mais longe e dizer que a força de vontade do homem é tão tremendamente potencial que pode reanimar um corpo aparentemente morto, fazendo retroceder a alma esvoaçante que ainda não rompeu o fio por meio do qual a vida unia a ambos. Dezenas de tais faquires permitiram que fossem enterrados vivos diante de milhares de testemunhas, e semanas depois ressuscitaram. E se os faquires têm o segredo deste processo artificial, idêntico ou análogo à hibernação, por que não conceder que os seus ancestrais, os ginosofistas, e Apolônio de Tiana, que havia estudado com estes na Índia, e Jesus, e outros profetas e videntes, que conheciam mais sobre os mistérios da vida e da morte do que qualquer um de nossos modernos homens de ciência, podiam ressuscitar homens e mulheres mortos? E por estarem familiarizados com este poder – esse *algo* misterioso "que a ciência ainda não conseguiu compreender", como confessa o Prof. Le Conte – , conhecendo, além disso, "de onde vem ele e para onde vai", Eliseu, Jesus, Paulo, Apolônio e ascetas entusiastas e sábios iniciados podiam chamar novamente à vida com facilidade todo homem que "não estivesse morto, mas apenas dormindo", e sem qualquer milagre.

Se as moléculas do cadáver estão impregnadas da força vital e das forças químicas do organismo vivo[17], o que pode impedi-las de serem novamente postas em movimento, desde que conheçamos a natureza da força vital, e como comandá-la? O materialista não pode oferecer nenhuma objeção, pois para ele não se apresenta a questão de reinsuflar vida à alma. Para ele a alma não tem existência, e o corpo humano deve ser encarado simplesmente como um engenho vital – uma locomotiva que se movimentará após o fornecimento de calor e força, e parará quando estes cessarem. Para o teólogo, o caso oferece dificuldades maiores, pois, a seu ver, a morte corta por inteiro o vínculo que une corpo e alma, e esta pode tanto retornar àquele sem um milagre quanto o recém-nascido pode ser compelido a voltar à sua vida fetal depois do parto e da secção do cordão umbilical. Mas o filósofo hermético coloca-se entre esses dois antagonistas irreconciliáveis, *senhor da situação*. Ele conhece a natureza da alma – uma forma composta de fluido nervoso e éter atmosférico – e sabe como a força vital pode tornar-se ativa ou passiva à vontade, desde que não haja nenhuma destruição definitiva de algum órgão necessário. As afirmações de Gaffarilus – que, a nosso ver, pareceram tão despropositadas em 1650[18] – foram posteriormente corroboradas pela ciência. Ele sustentava que todo objeto existente na Natureza, desde que não seja artificial, quando queimado, retém a sua forma nas cinzas, em que permanece até a sua ressurreição. Du Chesne, um químico eminente, certificou-se do fato. Kircher, Digby e Vallemont demonstraram que as formas das plantas podiam ser ressuscitadas a partir das cinzas. Num encontro de naturalistas em 1834, em Stuttgart, uma receita para produzir tais experiências foi descoberta na obra de Oetinger. As cinzas de plantas queimadas contidas em pequenos frascos, quando aquecidas, exibiam novamente as suas formas. "Uma pequena nuvem obscura elevou-se do frasco, assumiu uma forma definida e apresentou a flor ou a planta de que consistiam as cinzas."[19] "O folhelho terrestre", escreveu Oetinger, "permanece na retorta, ao passo que a essência volátil sobe, *como um espírito*, perfeito em forma, mas vazio de substância."[20]

E, se a forma astral mesmo de uma planta ainda sobrevive nas cinzas, quando o corpo está morto, persistirão os céticos em dizer que a alma do *homem*, o eu *interior*, se dissolve após a morte da forma mais grosseira, e que não existe mais? "Por ocasião da morte", diz o filósofo, "um corpo exsuda de outro, por osmose e através do cérebro; ele se mantém perto de seu antigo invólucro por uma dupla atração, física e espiritual, até que este se decomponha; e se boas condições são dadas, a alma pode reabitá-lo e retomar a vida suspensa. Ela o faz durante o sono; ela o faz mais completamente em transe; e mais surpreendentemente obedecendo ao comando e com a assistência do adepto hermético. Jâmblico declarou que uma pessoa dotada desses poderes ressuscitadores é 'pleno de Deus'. Todos os espíritos subordinados das esferas superiores estão sob o seu comando, pois ele não é mais um mortal e sim um deus. Na *Epístola aos Coríntios*, Paulo assinala que 'os espíritos dos profetas *estão sujeitos aos profetas!*'"[21]

Algumas pessoas têm o poder natural e algumas outras o poder adquirido de extrair o corpo *interior* do *exterior*, à vontade, obrigando-o a fazer longas jornadas e a se tornar visível àquele a quem visita. Numerosos são os exemplos atestados por testemunhas irrecusáveis do "desdobramento" de pessoas que foram vistas e com quem se conversou a centenas de milhas dos lugares em que se sabia que as mesmas pessoas estavam. Hermotimo, se podemos dar crédito a Plínio e a Plutarco[22], podia entrar em transe à vontade e então a *segunda* alma seguia para o lugar que lhe aprouvesse.

O Abade Fretheim, o famoso autor de *Steganographie*, que viveu no século XVII, podia conversar com seus amigos através apenas do poder de sua vontade. "Posso tornar os meus pensamentos conhecidos aos iniciados", escreveu ele, "à distância de muitas centenas de milhas, sem recorrer à palavra, à escrita, ou a cifras, por meio de um mensageiro qualquer. Este não pode me trair, já que nada sabe. Se necessário for, posso dispensar o mensageiro. Se qualquer correspondente fosse encerrado na masmorra mais profunda, eu poderia ainda assim enviar-lhe meus pensamentos tão clara e tão freqüentemente quanto desejasse, e isso muito simplesmente, sem superstição, sem a ajuda de espíritos." Cordanus podia também enviar seu espírito, ou qualquer mensagem que quisesse. Quando ele o fazia, sentia "como se uma porta estivesse aberta, e eu passava imediatamente por ela, deixando o corpo atrás de mim"[23]. O caso de um alto oficial alemão, o Cons. Wesermann, foi relatado num jornal científico[24]. Ele afirmava ser capaz de, à distância, fazer um amigo ou um conhecido sonhar com o assunto que escolhesse, ou ver qualquer pessoa que lhe agradasse. Suas afirmações foram comprovadas e testemunhadas em várias ocasiões por céticos e por pessoas que professavam erudição. Ele também podia fazer o seu duplo surgir onde desejasse; e ser visto por diversas pessoas ao mesmo tempo. Murmurando em seus ouvidos uma frase preparada e combinada de antemão por incrédulos, e para esse fim, seu poder de projetar o duplo foi demonstrado de modo indiscutível.

De acordo com Napier, Osborne, o major Lawes, Quenouillet, Nikiforovitch e muitas outras testemunhas modernas, os faquires, no decorrer de longo regime, preparo e repouso, mostraram que eram capazes de levar os corpos a um estado que lhes permitia serem enterrados a seis pés abaixo da terra por um período indefinido. Sir Claude Wade estava presente à corte de Rundjit Singh quando o faquir, mencionado pelo Honorável Cap. Osborne, foi enterrado vivo por seis semanas, numa caixa colocada numa cela três pés abaixo do nível do solo[25]. Para prevenir a possibilidade de uma fraude, uma guarda composta de duas companhias de soldados foi destacada, e quatro sentinelas "foram incumbidas, revezando-se a cada duas horas, noite e dia, de guardar o edifício contra intrusos. (. . .) Abrindo-a", diz Sir Claude, "vimos uma figura encerrada num sudário de linho branco amarrado por uma corda acima da cabeça (. . .) o servente começou então a derramar água quente sobre a figura (. . .) as pernas e os braços estavam encolhidos e rijos, o rosto natural, a cabeça inclinada sobre o ombro, como a de um cadáver. Chamei então o médico que me assistia e pedi-lhe que viesse inspecionar o corpo, o que ele fez, mas não pôde descobrir nenhuma pulsação no corpo, nas têmporas ou nos braços. Havia, no entanto, *um calor sobre a região do cérebro*, que nenhuma outra parte do corpo exibia".

Lamentando que os limites de nosso espaço proíbem citar os detalhes dessa interessante história, acrescentaremos apenas que o processo de ressuscitação incluía o banho com água quente, fricção, a retirada dos chumaços de cera e algodão das narinas e das orelhas, a fricção das pálpebras com *ghee*, ou manteiga clarificada, e, o que parecerá mais curioso a muitos, a aplicação de um bolo de trigo quente, de cerca de um polegar de espessura, "ao topo da cabeça". Depois de o bolo ter sido aplicado pela terceira vez, o corpo teve convulsões violentas, as narinas se inflaram, a respiração se iniciou, e os membros adquiriram a sua plenitude natural; mas a pulsação ainda era fracamente perceptível. "A língua foi então untada com *ghee*, as pálpebras dilataram-se e recuperaram a cor natural, e o faquir reconheceu os presentes e falou." Cumpriria assinalar que não apenas as narinas e as orelhas haviam sido tapadas, mas a língua tinha sido dobrada para trás, de modo a fechar a garganta, fechando assim efetivamente os orifícios à admissão de ar atmosférico. Quando estávamos na Índia, um faquir nos disse que isso era feito não apenas para prevenir a ação do ar sobre os tecidos orgânicos, mas também para resguardar contra o depósito de germes da decomposição, que no caso da animação suspensa causariam a decomposição exatamente como o fazem com qualquer outra carne exposta ao ar. Há também localidades em que um faquir se recusará a ser enterrado, tais como muitas regiões da Índia meridional, infestadas de formigas brancas, essas térmitas terríveis que se contam entre os inimigos mais perigosos do homem e de suas propriedades. Elas são tão vorazes que devoram tudo que encontram, com exceção, talvez, dos metais. Quanto à madeira, não há nenhuma espécie pela qual elas não passem; e mesmo o tijolo e a argamassa oferecem pouca resistência aos seus formidáveis exércitos. Elas trabalharão pacientemente através da argamassa, destruindo-a partícula por partícula; e um faquir, por mais santo que seja, e por mais resistente que seja o seu ataúde, não se arriscará a ver o seu corpo devorado quando for o momento de sua ressurreição.

Portanto, aí está um caso, apenas um entre muitos, confirmado pelo testemunho de dois nobres ingleses – um dos quais um oficial do exército – e um príncipe hindu, tão cético quanto eles. Ele coloca a ciência nesse embaraçoso dilema: é preciso pôr em dúvida muitas testemunhas irrecusáveis, ou admitir que se um faquir pode ressuscitar depois de seis semanas, qualquer outro faquir pode fazê-lo também; e se um faquir o pode, por que não um Lázaro, o filho da Sunamita, ou a filha de Jairo?[26]

E agora talvez não seja despropositado perguntar que certeza pode ter um médico, além da evidência *externa*, de que o corpo está realmente morto? As maiores autoridades concordam em dizer que não há nenhuma. O Dr. Todd Thomson, de Londres[27], diz mais positivamente que "a imobilidade do corpo, mesmo o seu aspecto cadavérico, a frieza da superfície, a ausência de respiração e pulsação, e o estado encovado dos olhos, não são evidências inequívocas de que a vida se extinguiu por completo". Nada a não ser a decomposição total é uma prova irrefutável de que *vida* fugiu para sempre e de que o tabernáculo está vazio. Demócrito afirmava que não existem *quaisquer* sinais da morte real[28]. Plínio afirmava o mesmo. Asclepíades, um sábio médico e um dos mais renomados homens de sua época, sustentava que a certeza era ainda mais difícil no caso das mulheres do que no dos homens[29].

Todd Thomson, acima citado, apresenta vários casos notáveis dessa animação suspensa. Entre outros ele menciona o de um certo Francis Neville, cavalheiro normando, que por duas vezes aparentemente morreu, e por duas vezes esteve a ponto de ser enterrado. Mas, no momento em que o ataúde estava descendo à sepultura, ele espontaneamente reviveu. No século XVII, Lady Russel, que mostrava todos os sinais da morte, estava prestes a ser enterrada, mas quando dobravam os sinos para o seu funeral, sentou-se em seu ataúde e exclamou, "É hora de ir à igreja!" Diemerbroeck menciona[30] um camponês que não deu sinais de vida por três dias e que, quando foi colocado no ataúde, perto da sepultura, reviveu e viveu muitos anos mais. Em 1836, um respeitável cidadão de Bruxelas caiu em profunda letargia num domingo de manhã. Na segunda-feira, como seus criados estivessem se preparando para aparafusar a tampa do ataúde, o suposto cadáver sentou-se, esfregou os olhos, e pediu seu café e um jornal[31].

Tais casos de morte aparente são freqüentemente relatados na imprensa. No momento em que escrevemos (abril de 1877) encontramos numa carta endereçada ao *Times* de Nova York o seguinte parágrafo: "A Srta. Annie Goodal, a atriz, morreu há três semanas. Até ontem ela não havia sido enterrada. O cadáver está quente e flácido, e os traços tão doces e móveis como quando ela vivia. Vários médicos a examinaram, e ordenaram que o corpo fosse vigiado noite e dia. A pobre senhorita está evidentemente em transe, mas é impossível dizer se ela está destinada a voltar à vida".

A ciência vê o homem como uma agregação de átomos temporariamente unidos por uma misteriosa força chamada princípio de vida. Para o materialista, a única diferença entre um corpo vivo e um morto é que no primeiro essa força é ativa e no outro, latente. Quanto extintas ou completamente latentes, as moléculas obedecem a uma atração superior, que as espalha e dissemina pelo espaço.

Essa dispersão deve ser a morte, se é possível conceber uma coisa como a morte, em que as próprias moléculas do corpo morto manifestam uma intensa energia vital. Se a morte é apenas a parada da máquina digestora, locomotiva e pensante, como pode a morte ser real e não relativa, antes que a máquina se quebre por completo e as suas partículas se dispersem? Enquanto algumas delas estão unidas, a força vital centrípeta pode sobrepujar a ação centrífuga dispersiva. Diz Éliphas Lévi: "A mudança atesta o movimento, e o movimento apenas revela a vida. O cadáver não se decomporia se estivesse morto; todas as moléculas que o compõem estão vivas e lutam por separar-se. E imaginais que o espírito se liberta simplesmente para não mais existir? Que o pensamento e o amor podem morrer quando as formas mais grosseiras da matéria não morrem? Se a mudança deve chamar-se morte, morremos e renascemos todos os dias, pois a cada dia nossas formas sofrem uma mudança"[32].

Os cabalistas dizem que um homem não está morto quando o seu corpo está enterrado. A morte nunca é súbita; pois, de acordo com Hermes, nada se opera na Natureza por transições violentas. Tudo é gradual, e assim como é preciso um longo e gradual desenvolvimento para produzir o ser humano, do mesmo modo o tempo é necessário para retirar completamente a vitalidade da carcaça. "A morte não pode ser um fim absoluto, assim como o nascimento não é um início verdadeiro. O nascimento prova a preexistência do ser, e a morte prova a imortalidade", diz o mesmo cabalista francês.

Embora acreditanto implicitamente na ressurreição da filha de Jairo, o chefe da sinagoga, e em outros milagres bíblicos, os cristãos instruídos, que de outro modo se sentiriam indignados ao ser chamados de supersticiosos, acolhem fatos como o de Apolônio e a jovem que segundo o seu biógrafo foi ressuscitada por ele, com uma desdenhosa incredulidade. Diógenes Laércio, que menciona uma mulher ressuscitada por Empédocles, não é tratado com mais respeito[33]; e o nome do taumaturgo pagão, aos olhos dos cristãos, é apenas um sinônimo para impostor. Nossos cientistas são, afinal, um pouco mais racionais; eles agrupam todos os profetas e apóstolos bíblicos e todos os fazedores de milagres pagãos em duas categorias de tolos alucinados e hábeis impostores.

Mas os cristãos e os materialistas poderiam, sem grande esforço de sua parte, mostrar-se leais e lógicos ao mesmo tempo. Para produzirem tais milagres, eles deveriam apenas consentir em compreender o que lêem, e submetê-lo à crítica sem preconceitos de seu melhor julgamento. Vejamos até que ponto isso seria possível. Deixando de lado a incrível ficção de Lázaro, selecionaremos dois casos: a filha do chefe da sinagoga chamada novamente à vida por Jesus, e a noiva coríntia ressuscitada por Apolônio. No primeiro caso, desconsiderando por completo a significativa expressão de Jesus – "*Ela não está morta mas adormecida*"[34], o clero força o seu deus a violar as suas próprias leis e oferecer injustamente a um o que nega a todos os outros, e sem nenhum melhor objetivo em vista do que o de produzir um milagre inútil. No segundo caso, não obstante as palavras do biógrafo de Apolônio, tão claras e precisas que não subsiste a menor razão para distorcê-las, eles acusam Filotrasto de deliberada impostura. Quem poderia ser mais honesto do que ele, quem menos acessível à acusação de mistificação, pois, descrevendo a ressurreição da jovem pelo sábio de Tiana, na presença de uma grande multidão, diz o biógrafo, "ela *parecia* estar morta".

Em outras palavras, ele indica muito claramente um caso de animação suspensa; e, então acrescenta imediatamente, "como a chuva caía muito abundante sobre a jovem", enquanto estava ela sendo carregada à pira, "com a sua face virada para cima, isto, *também*, poderia ter excitado os seus sentidos[35]". Isso não mostra claramente que Filotrasto não viu *nenhum* milagre nessa ressurreição? Isso não implica, ademais, algo como a grande sabedoria e habilidade de Apolônio, "que como Asclepíades tinha o mérito de distinguir com um golpe de vista entre a morte real e a aparente"?[36]

Uma ressurreição, depois de a alma e o espírito se terem inteiramente separado do corpo, e o último fio magnético se ter cortado, é tão impossível quanto para um espírito uma vez desencarnado reencarnar uma vez mais neste mundo, exceto nas circunstâncias descritas nos capítulos anteriores. "Uma folha, uma vez caída, não se religa ao ramo", diz Éliphas Lévi. "A lagarta torna-se uma borboleta, mas a borboleta não retorna ao estado de larva. A Natureza fecha a porta atrás de tudo que passa, e puxa a vida para a frente. As formas passam, o pensamento permanece, e não chama de volta o que uma vez se exauriu."[37]

Por que se imaginaria que Asclepíades e Apolônio gozavam de poderes excepcionais para discernir a morte real? Tem qualquer moderna escola de Medicina este conhecimento para comunicar a seus estudantes? Que as suas autoridades respondam por eles. Os prodígios de Jesus e Apolônio são tão bem atestados que parecem autênticos. Se num e noutro caso a vida foi ou não simplesmente suspensa, resta o fato importante de que por algum poder, peculiar a eles, os dois fazedores de milagres chamaram o aparentemente morto de volta à vida por um instante[38].

É porque o médico moderno ainda não descobriu o segredo que os teurgistas evidentemente possuíam que é negada a possibilidade de ele existir?

Negligenciada como o é agora a Psicologia, e com o estado estranhamente caótico em que se acha a Fisiologia, como o confessam os seus discípulos mais leais, não é certamente muito provável que nossos homens de ciência cedo redescubram o perdido conhecimento dos antigos. Nos dias de outrora, quando os profetas não eram tratados como charlatães, nem os taumaturgos como impostores, havia colégios de vates para ensinar as profecias e as ciências ocultas em geral. Samuel é lembrado como chefe de uma dessas instituições em Ramah; Elias, também, em Jericó. As escolas de *hazim*, profetas ou videntes, eram celebradas em todo o país. Hillel tinha uma academia regular, e Sócrates é bem conhecido por ter enviado vários de seus discípulos para estudarem o *Manticismo*. O estudo da Magia, ou sabedoria, incluía todos os ramos da ciência, tanto a Metafísica como a Física, a Psicologia e a Fisiologia em suas fases comuns e ocultas, e o estudo da Alquimia era universal, pois esta é uma ciência física e espiritual. Portanto, por que duvidar de que os antigos, que estudaram a Natureza sob o seu duplo aspecto, tenham realizado descobertas que para os nossos modernos físicos, que só lhe estudam a letra morta, são um livro fechado?

Assim, a questão não é saber se um corpo *morto* pode ser ressuscitado – pois afirmá-lo seria admitir a possibilidade de um milagre, o que é absurdo –, mas assegurar-nos se as autoridades médicas pretendem determinar o instante preciso da morte. Os cabalistas dizem que a morte ocorre no instante em que o corpo astral, ou o princípio de vida, e o espírito partem para sempre com o corpo astral. O médico científico que nega o corpo astral e o espírito, e não admite a existência de nada a não ser o princípio de vida, julga que a morte ocorre quando a vida está aparentemente extinta. Quando a batida do coração e a ação dos pulmões cessam, e se manifesta o *rigor mortis*, e especialmente quando começa a decomposição, eles afirmam que o paciente está morto. Mas os anais da Medicina formigam de exemplos de "animação suspensa" como resultado da asfixia por afogamento, a inalação de gases e outras causas; sendo a vida restaurada no caso de pessoas afogadas mesmo depois de elas terem estado aparentemente mortas por doze horas.

Nos casos de transe sonambúlico, não falta nenhum dos sinais ordinários da morte; a respiração e o pulso estão extintos; o calor animal desapareceu; os músculos estão rígidos, os olhos vidrados, e o corpo está pálido. No célebre caso do Cel. Townshend, ele mergulhou nesse estado na presença de três médicos, os quais, decorrido um tempo, foram persuadidos de que ele estava realmente morto, e estavam a ponto de deixar a sala quando ele lentamente reviveu. Ele descreve seu dom peculiar dizendo que "podia morrer ou expirar quando lhe aprouvesse, e no entanto, por um esforço, ou *por alguma razão*, podia voltar novamente à vida".

Ocorreu em Moscou, poucos anos atrás, um notável exemplo de morte aparente. A esposa de um rico mercador caiu em estado cataléptico por dezessete dias, durante os quais as autoridades fizeram diversas tentativas para enterrá-la; mas, como a decomposição não se havia manifestado, a família impediu a cerimônia, e ao final do dito período ela voltou à vida.

Os exemplos acima mencionados mostram que os homens mais sábios da profissão médica são incapazes de certificar-se quando uma pessoa está morta. O que eles chamam de "animação suspensa" é esse estado do qual o paciente espontaneamente retorna, através do esforço de seu próprio espírito, que pode ser provocado por qualquer uma de muitas causas. Nesses casos, o corpo astral não partiu do corpo físico; as suas funções externas estão simplesmente suspensas; o paciente está num estado de torpor, e a restauração é apenas uma retomada do corpo astral.

Mas, no caso do que os fisiologistas chamam "morte real", e que não o é realmente, o corpo astral se retirou; talvez a decomposição local se tenha manifestado. Como seria o homem trazido novamente à vida? A resposta é, o corpo interior deve ser forçado a reentrar no corpo exterior, e a vitalidade a ser redespertada neste último. O relógio parou, e deve estar quebrado. Se a morte é absoluta; se os órgãos não cessaram apenas de agir, mas perderam a suscetibilidade de ação renovada, então seria preciso lançar todo o universo no caos para ressuscitar o cadáver – seria preciso um milagre. Mas, como dissemos antes, o homem não morre quando está frio, rijo, sem pulso, sem respiração, e mesmo mostrando sinais de decomposição; ele não está morto quando é enterrado, nem depois, mas quando um certo ponto é atingido. Este ponto é, *quando os órgãos vitais se decompuseram de tal maneira que, reanimando-se, eles não realizariam as suas funções costumeiras;* quando a mola central e a roda denteada da máquina, por assim dizer, estão de tal modo desgastadas pela ferrugem, que elas se quebrariam à primeira volta da chave. Até que esse ponto não seja atingido, o corpo astral pode ser forçado, sem milagre, a reentrar em seu primeiro tabernáculo, por um esforço de sua própria vontade, ou sob o impulso irresistível da vontade de alguém que conheça as potências da Natureza e saiba como dirigi-las. A centelha não se extinguiu, mas está apenas latente – latente como o fogo no sílex, ou o calor no ferro frio.

Nos casos da clarividência cataléptica mais profunda, tais como os obtidos por Du Potet, e descritos muito minuciosamente pelo falecido Prof. William Gregory, em suas *Letters on Animal Magnetism*, o espírito está tão desengajado do corpo que lhe seria impossível reentrar nele sem um esforço da vontade do mesmerizador. O paciente está praticamente morto, e, se deixado a si mesmo, o espírito escaparia para sempre. Embora independente do invólucro físico adormecido, o espírito semilivre ainda está unido a ele por um cordão magnético, descrito pelos clarividentes como de aspecto sombrio e nebuloso em contraste com o brilho inefável da atmosfera astral pela qual eles olham. Plutarco, relatando a história de Tespésio[39], que caiu de uma grande altura, e permaneceu por três dias aparentemente morto, conta-nos a experiência deste durante o seu estado de morte parcial. "Tespésio", diz ele, "observou então que era diferente dos mortos pelos quais estava cercado. (. . .) Eles eram transparentes e cercados de um brilho, mas ele parecia arrastar atrás de si uma radiação negra ou uma linha de sombra." Toda a sua descrição, minuciosa e circunstanciada em seus detalhes, parece ser corroborada pelos clarividentes de todas as épocas, e, até onde esse testemunho pode ser admitido, é importante. Os cabalistas, como os vemos interpretados por Éliphas Lévi, em sua *Science des Esprits*, dizem que "Quando um homem cai em seu sono derradeiro, mergulha em primeiro lugar numa espécie de sonho, antes de ganhar consciência no outro lado da vida. Ele vê, então, numa bela visão, ou num pesadelo terrível, o paraíso ou o inferno, em que ele acreditava durante a sua existência mortal. Eis por que acontece com freqüência a alma aflita voltar violentamente à vida terrestre que acabou de deixar, e por que alguns que estavam realmente mortos, *i.e.*, que, se deixados sós e quietos, teriam passado tranqüilamente para sempre num estado de letargia inconsciente, quando enterrados prematuramente voltam à vida no túmulo"[40].

A esse respeito, o leitor lembrará talvez o caso bem-conhecido do velho que deixou algumas generosas doações em seu testamento a suas sobrinhas órfãs; esse documento tinha sido confiado ao seu filho rico, com injunções para que executasse os seus desejos. Mas assim que ele morreu, o filho, estando só com o cadáver, rasgou o testamento e o queimou. A visão desse ato ímpio aparentemente chamou o espírito errante, e o velho, erguendo-se de seu leito de morte, pronunciou uma terrível maldição contra o miserável horrorizado, e então tornou a cair, e rendeu o espírito – dessa vez para sempre. Dion Boucicault utiliza um incidente desse gênero em seu poderoso drama *Louis XI*; e Charles Kean representou com uma profunda realidade o papel do monarca francês a cena em que o morto volta à vida por alguns instantes e agarra a coroa quando o falso herdeiro dela se aproxima.

Lévi diz que a ressurreição não é impossível enquanto o organismo vital permanece intato, e a alma astral ainda está ao alcance. "A Natureza", diz ele, "nada faz por sobressaltos, e a morte eterna é sempre precedida por um estado que partilha um pouco da natureza da letargia. É um torpor que um grande choque ou o magnetismo de uma vontade são capazes de sobrepujar." Lévi explica dessa maneira a ressurreição do homem morto ao contato com os ossos de Eliseu. Ele a explica dizendo que a alma estava errando nesse momento junto ao corpo; os convivas da cerimônia fúnebre, de acordo com a tradição, foram atacados por salteadores; e como o seu pavor se comunicasse simpateticamente a ela, a alma foi tomada de horror à idéia de ver seus restos profanados, e "reentrou violentamente no corpo para erguê-lo e salvá-lo". Aqueles que acreditam na sobrevivência da alma podem nada ver nesse incidente que tenha um caráter sobrenatural – trata-se apenas de uma manifestação perfeita da lei natural. Narrar a um materialista um caso como esse, ainda que bem atestado, seria uma tarefa inútil; o teólogo, sempre contemplando além da natureza uma providência especial, considera-o um milagre. Diz Éliphas Lévi: "Eles atribuíam a ressurreição ao contato com os ossos de Eliseu; e, logicamente, a adoração de relíquias data dessa época"[41].

Balfour Stewart está certo – os cientistas "nada sabem, ou quase nada, da estrutura e das propriedades últimas da matéria orgânica ou inorgânica".

Estamos agora em terreno tão firme que daremos um novo passo adiante. *O mesmo conhecimento e o mesmo controle das forças ocultas, incluindo a força vital que possibilitou ao faquir deixar temporariamente e depois reentrar em seu corpo, e a Jesus, Apolônio e Eliseu de ressuscitarem os mortos, possibilitou aos antigos hierofantes animarem estátuas, e fazê-las agir e falar como criaturas vivas.* É o mesmo conhecimento e poder que permitiram a Paracelso criar os seus *homunculi*; a Aarão transformar a sua vara numa serpente e num ramo florido; a Moisés cobrir o Egito com rãs e outras pestes; e ao teurgista egípcio de nossos dias vivificar a sua mandrágora pigméia, que tem vida física mas não alma. Não era mais surpreendente para Moisés, em condições favoráveis, chamar à vida grandes répteis e insetos, do que para nosso físico moderno, nas mesmas condições favoráveis, chamar à vida insetos menores, que ele chama de bactérias.

Examinaremos agora, em relação aos fazedores de milagres e aos profetas antigos, as pretensões dos médiuns modernos. Constatamos que eles pretendem reproduzir hoje quase todas as formas de fenômenos relatados nas histórias sagradas e profanas do mundo. Selecionando, dentre a variedade de tais maravilhas, a levitação de pesados objetos inanimados e de corpos humanos, fixaremos nossa atenção nas condições sob as quais o fenômeno se manifesta. A História lembra os nomes de teurgistas pagãos, santos cristãos, faquires hindus e médiuns espiritistas que levitavam e permaneciam suspensos no ar, às vezes por um tempo considerável. O fenômeno não se limitou a um país ou época, mas quase invariavelmente os pacientes foram extáticos religiosos, adeptos da Magia, ou, como agora, médiuns espiritistas.

Consideramos que o fato está tão bem estabelecido que não é necessário um esforço desmedido de nossa parte para fornecer a prova de que manifestações inconscientes do poder do espírito, assim como as façanhas de alta Magia ocorreram em todos os países, em todas as épocas, e com hierofantes assim como através de médiuns irresponsáveis. Quando a atual e aperfeiçoada civilização européia ainda estava em seus começos, a filosofia oculta, já encanecida pela idade, especulava sobre os atributos do homem pela analogia com os de seu Criador. Mais tarde, indivíduos cujos nomes permanecerão para sempre imortais, inscritos no portal da história espiritual do homem, forneceram pessoalmente exemplos da extensão possível do desenvolvimento dos poderes divinos do *microcosmos*. Descrevendo as *Doctrines and Principal Teachers of the Alexandrian School*, diz o Prof. A. Wilder: "Plotino ensinava que há na alma um impulso de retorno, um amor, que a atrai internamente para a sua origem e centro, o bem eterno. Enquanto a pessoa que não compreende como a alma contém o belo em si, procurará por um esforço laborioso reconhecer a beleza no exterior, o homem sábio reconhece-a em si, desenvolve a idéia retirando-a de si mesmo, concentrando a sua atenção, e assim pairando sobre a fonte divina, cuja corrente flui dentro de si. Não se conhece o infinito por meio da razão (. . .) mas por uma faculdade superior à razão, entrando num estado em que o indivíduo, por assim dizer, cessa de ser o seu eu finito, em cujo estado a essência divina lhe é comunicada. Tal é o ÊXTASE"[42].

A propósito de Apolônio, que afirmava que podia ver "o presente e o futuro num espelho claro", devido ao seu modo sóbrio de viver, o professor faz a seguinte bela observação: "Isto é o que se pode chamar de *fotografia espiritual*. A alma é a câmara na qual os fatos e os eventos, o futuro, o passado e o presente, estão como que fixados; e a mente torna-se consciente deles. Além do nosso mundo ordinário limitado, tudo é um dia ou um estado; o passado e o futuro estão compreendidos no presente"[43].

Eram "médiuns" esses homens semelhantes a Deus, como pretendem os espiritistas ortodoxos? De modo algum, se pelo termo compreendemos os "sensitivos doentes", que nasceram com uma organização peculiar, e que em proporção aos seus poderes se desenvolveram mais ou menos sujeitos à influência irresistível de espíritos diversos, puramente humanos, elementares ou elementais. Isso é incontestável, se consideramos todo indivíduo como um médium em cuja atmosfera magnética os habitantes das esferas invisíveis superiores podem mover-se, e agir, e viver. Neste sentido, toda pessoa é um médium. A mediunidade pode ser 1º) autodesenvolvida; 2º) motivada por influências estranhas; ou 3º) pode permanecer em estado latente por toda a vida. *O leitor deve ter em mente a definição do termo, pois, a não ser que isso seja claramente compreendido, a confusão será inevitável.* A mediunidade dessa espécie pode ser ativa ou passiva, repelente ou receptiva, positiva ou negativa. A mediunidade é medida pela qualidade da aura pela qual o indivíduo é envolvido. Ela pode ser densa, nebulosa, nociva, mefítica, nauseabunda para o espírito puro e atrair apenas aqueles seres abomináveis que se comprazem com ela, como a enguia o faz nas águas turvas, ou pode ser pura, cristalina, límpida, opalescente como a aurora. Tudo depende do caráter moral do médium.

Em torno de homens como Apolônio, Jâmblico, Plotino e Porfírio condensava-se este nimbo celeste. Ele era engendrado pelo poder de suas próprias almas em estreita harmonia com seus espíritos; pela moralidade e santidade sobre-humanas de suas vidas, e ajudados pela contínua contemplação extática interior. As puras influências espirituais podiam aproximar-se de tais homens. Radiando à sua volta uma atmosfera de beneficência divina, eles punham em fuga os maus espíritos. Não apenas não é possível a estes existirem em sua aura, mas eles não podem permanecer mesmo na de pessoas obsedadas, se o taumaturgo exerce a sua vontade, ou mesmo se aproxima delas. Isto é MEDIAÇÃO, não *mediunidade*. Tais pessoas são templos nos quais habita o espírito do Deus vivo; mas se o templo está maculado pela admissão de paixões, pensamentos ou desejos maus, o mediador cai na esfera da feitiçaria. A porta está aberta; os espíritos puros se retiram e os maus entram de tropel. Isto ainda é mediação, ainda que má; o feiticeiro, assim como o mágico puro, forma a sua própria aura e submete à sua vontade os espíritos inferiores que lhe são afins.

Mas a mediunidade, como hoje se compreende e se manifesta, é uma coisa diferente. As circunstâncias, independentemente de sua própria vontade, podem, por ocasião do nascimento ou depois, modificar a aura de uma pessoa, de modo que manifestações estranhas, físicas e mentais, diabólicas ou angélicas, podem ocorrer. Tal mediunidade, assim como a mediação acima mencionada, existe na Terra desde que o homem nela fez a sua primeira aparição. A primeira é a submissão da carne fraca e mortal pelo controle e pelas sugestões de outros espíritos e inteligências que não o nosso próprio demônio imortal. É literalmente a *obsessão* e a *possessão*; e médiuns que se orgulham de ser os escravos fiéis de seus "guias", e que repudiam com indignação a idéia de "controlar" as manifestações, "não podem contestar o fato de maneira consistente. Essa mediunidade é simbolizada na história de Eva sucumbindo às artimanhas da serpente; de Pandora espreitando a caixa proibida e deixando escapar ao mundo a tristeza e o mal, e por Maria Madalena, que depois de ter sido obsedada por 'sete demônios', foi finalmente redimida pela luta vitoriosa de seu espírito imortal, tocado pela presença de um santo mediador, contra o obsessor". Essa mediunidade, benéfica ou maléfica, é sempre *passiva*. Felizes são os puros de espírito, que repelem inconscientemente, graças à pureza de sua natureza interior, os sombrios espíritos do mal. Pois na verdade eles não têm outras armas de defesa a não ser a bondade e a pureza inatas. A mediunidade, tal como é praticada em nossos dias, é um dom bem menos admirável do que o manto de Nesso.

"Conhece-se a árvore por seus frutos." Lado a lado com os médiuns passivos no progresso da história do mundo, aparecem os mediadores ativos. Nós os designamos por esse nome à falta de um melhor. Os antigos feiticeiros e mágicos, e os que tinham um "espírito familiar", comerciavam com os seus dons; e a mulher de Obeah de En-Dor, tão bem retratado por Henry More, embora ela possa ter sacrificado um filhote para Saul, aceitava dinheiro de outros visitantes. Na Índia, os prestidigitadores, que, diga-se de passagem, o são menos do que muitos médiuns modernos, e os Essaoua, ou feiticeiros e encantadores de serpentes da Ásia e da África, todos exercem seus dons por causa do dinheiro. Não se dá o mesmo com os mediadores ou hierofantes. Buddha recusou o trono do pai para ser um mendicante. O "Filho do Homem não tinha onde repousar a cabeça"; os apóstolos eleitos não tinham "nem ouro, nem prata, nem bronze em suas bolsas". Apolônio deu metade de sua fortuna a seus familiares, e a outra metade aos pobres; Jâmblico e Plotino eram célebres por sua caridade e abnegação; os faquires, ou santos mendicantes da Índia, são fielmente descritos por Jacolliot; os essênios pitagóricos e os terapeutas acreditavam que suas mãos definhariam ao contato com o dinheiro. Quando ofereciam dinheiro aos apóstolos para que comunicassem seus poderes espirituais, Pedro, embora a Bíblia o mostre como um covarde e por três vezes como um renegado, repelia indignado a oferta, dizendo: "Que teu dinheiro pereça contigo, pois pensas que o dom do Senhor pode ser comprado com dinheiro"[44]. Esses homens eram mediadores, guiados apenas por seu próprio espírito pessoal, ou alma divina, e servindo-se da ajuda de espíritos apenas até onde estes se conservassem no bom caminho.

Longe de nós o pensamento de lançar uma mácula injusta sobre os médiuns físicos. Exauridos por diversas inteligências, reduzidos pela influência predominante dos espíritos – à qual suas naturezas fracas e nervosas são incapazes de resistir – a um estado mórbido, que ao fim se torna crônico, eles são impedidos por essas "influências" de assumir outra ocupação. Eles se tornam mental e fisicamente incapazes para qualquer outra atividade. Quem pode julgá-los severamente quando, lançados numa situação extrema, são constrangidos a aceitar a mediunidade como um negócio? E o céu sabe, como bem o demonstraram os últimos acontecimentos, se essa profissão deve ser invejada

Dendara: Primeiro Hall do Hipostilo
De Émile Chassinat, *Le Temple de Dendara*, 1934

por quem quer que seja! Não são os médiuns, os médiuns leais, *verdadeiros* e honestos que jamais censuraríamos, mas seus patrões, os espiritistas.

Diz-se que Plotino, quando lhe pediram que assistisse à adoração pública dos deuses, respondeu altivamente: "Cabe a eles (os espíritos) virem a mim"[45]. Jâmblico afirmava e provava, por seu próprio caso, que nossa alma pode atingir a comunhão com as inteligências superiores, de "natureza mais elevada que a nossa própria", e expulsava cuidadosamente de suas cerimônias teúrgicas[46] todos os espíritos inferiores, ou maus demônios, que ele ensinava os discípulos a reconhecer. Proclo, que "elaborou toda a teosofia e a teurgia de seus predecessores num sistema completo", de acordo com o Prof. Wilder[47], "acreditava com Jâmblico na possibilidade de obter um poder divino, que, ultrapassando a vida mundana, tornava o indivíduo um órgão da Divindade". Ele ensinava ainda que havia uma "senha mística que conduziria uma pessoa de uma ordem de seres espirituais a outra, mais e mais alto, até que ela chegasse ao divino absoluto". Apolônio desprezava os feiticeiros e os "adivinhos vulgares", e afirmava que era o seu "modo de vida sóbrio peculiar" que "produziu a acuidade dos sentidos e criou outras faculdades, de modo que coisas maiores e mais notáveis podiam ter lugar". Jesus proclamava ser o homem *o senhor do Sabbath*, e ao seu comando os espíritos terrestres e elementares fugiam de suas moradas temporárias; um poder que foi partilhado por Apolônio e por muitos da Irmandade dos Essênios da Judéia e do Monte Carmelo.

É inegável que deve ter havido boas razões para que os antigos perseguissem os médiuns *desregrados*. De outro modo, por que, ao tempo de Moisés e Davi e Samuel, teriam eles encorajado a profecia e a premonição, a Astrologia e a adivinhação, e mantido escolas e colégios nos quais esses dons naturais eram fortificados e desenvolvidos, ao passo que os feiticeiros e os que adivinhavam pelo espírito de *Ob* foram condenados à morte? Mesmo ao tempo de Cristo, os pobres médiuns oprimidos foram lançados nos túmulos e lugares desertos fora dos muros da cidade. Por que essa injustiça aparentemente grosseira? Por que o banimento, a perseguição e a morte terem sido a paga dos médiuns físicos daqueles dias, e todas as comunidades de taumaturgos – como os essênios – serem não apenas toleradas, mas reverenciadas? É porque os antigos, ao contrário de nós, podiam "provar" os espíritos e discernir a diferença entre espíritos bons e maus, os humanos e os elementais. Eles também sabiam que o relacionamento com espíritos desregrados trazia ruína para o indivíduo e desastre para a comunidade.

Essa maneira de ver a mediunidade pode ser insólita e talvez repugnante a muitos espiritistas modernos; mas é a visão ensinada na filosofia antiga, e demonstrada pela experiência da Humanidade desde tempos imemoriais.

É um erro dizer que um médium tem *poderes* desenvolvidos. Um médium passivo não tem poder. Ele tem uma certa condição moral e física que produz emanações, ou uma aura, na qual as inteligências que o guiam podem viver e pela qual elas se manifestam. Ele é apenas o veículo através do qual *elas* exercem seu poder. Essa aura varia dia a dia, e, segundo as experiências do Sr. Crookes, mesmo de hora em hora. É um efeito externo que resulta de causas internas. A condição moral do médium determina a espécie dos espíritos que vêm; e os espíritos que vêm influenciam reciprocamente o médium, intelectual, física e moralmente. A perfeição de sua mediunidade está na razão da sua passividade, e o perigo em que ele incorre está no mesmo grau. Quando ele está completamente "desenvolvido" – perfeitamente passivo – , o seu próprio espírito astral pode ser paralisado, mesmo retirado de seu corpo, que é então ocupado por um elemental, ou, o que é pior, por um monstro humano da oitava esfera, que dele se serve como se fosse o seu próprio corpo. Muito freqüentemente a causa dos crimes mais célebres deve ser procurada em tais possessões.

Como a mediunidade física depende da passividade, o seu antídoto é óbvio; *o médium deve cessar de ser passivo*. Os espíritos nunca controlam pessoas de caráter positivo que estão determinadas a resistir a todas as influências estranhas. Levam ao vício os fracos e os pobres de espírito que eles conseguem levar ao vício. Se os elementais que produzem milagres e os demônios desencarnados chamados de elementares fossem de fato os anjos guardiães, como se acreditou nos últimos trinta anos, por que não deram eles a seus médiuns fiéis pelo menos boa saúde e felicidade doméstica? Por que os abandonam nos momentos críticos do julgamento, quando acusados de fraude? É notório que os melhores médiuns físicos são doentios, ou, às vezes, o que é ainda pior, inclinados a um ou outro vício anormal. Por que esses "guias" curadores, que fazem seus médiuns exercerem o papel de terapeutas e taumaturgos para outros, não lhes dão a dádiva de um robusto vigor físico? Os antigos taumaturgos e os apóstolos gozavam geralmente, se não invariavelmente, de boa saúde; seu magnetismo nunca trazia ao doente qualquer mácula física ou moral; e eles nunca foram acusados de VAMPIRISMO, como o faz muito justamente um jornal espírita contra alguns médiuns curadores[48].

Se aplicarmos a lei acima da mediunidade e da mediação ao tema da levitação, com que abrimos a presente discussão, que descobriremos? Temos aqui um médium e um indivíduo da classe dos mediadores, ambos levitados – o primeiro numa sessão, o segundo em oração ou em contemplação extática. O médium, por ser passivo, deve *ser elevado*; o extático, por ser ativo, deve levitar a si próprio. O primeiro é elevado por seus espíritos familiares – quaisquer que sejam eles e onde quer que se encontrem –, o segundo, pelo poder de sua própria alma anelante. Podemos qualificá-los indiscriminadamente de *médiuns*?

Poder-se-ia objetar, no entanto, que os mesmos fenômenos são produzidos tanto na presença de um médium moderno como na de um santo antigo. Sem dúvida; e assim era também nos dias de Moisés; pois acreditamos que o triunfo sobre os mágicos do Faraó por ele proclamado no *Êxodo* é simplesmente uma fanfarronice nacional da parte do "povo eleito"[49]. Que o poder que produziu os seus fenômenos produziu também o dos mágicos, os quais foram, aliás, os primeiros tutores de Moisés e o instruíram em sua "sabedoria", é muito provável. Mas mesmo naqueles dias eles parecem ter bem apreciado a diferença entre fenômenos aparentemente idênticos. A divindade tutelar nacional dos hebreus (que não é o Pai Superior)[50] proíbe expressamente, no *Deuteronômio*[51], o seu povo de "imitar as abominações de outras nações. (. . .) passar *pelo fogo*, ou utilizar a *adivinhação*, ou ser um observador do tempo ou um encantador, ou um *mago*, ou um *consultor de espíritos familiares*, ou um necromancista".

Que diferença havia então entre todos os fenômenos que acima enumeramos quando produzidos pelas "outras nações" e quando realizados pelos profetas? Evidentemente, havia alguma boa razão para isso; e encontramo-la na *Primeira Epístola*, IV, de João, que diz: "Não acrediteis em *qualquer* espírito, mas provai os espíritos para saber se vêm de Deus, porque muitos falsos profetas se introduziram no mundo".

O único padrão ao alcance dos espiritistas e dos médiuns de hoje pelo qual eles podem provar os espíritos é julgar: 1) por suas ações e palavras; 2) por sua prontidão em manifestar-se; e 3) se o objeto em vista é digno da aparição de um "espírito *desencarnado*, ou se pode desculpar alguém por perturbar *os mortos*". Saul estava a ponto de destruir a si e a seus filhos, mas Samuel lhe perguntou: "Por que me incomodaste fazendo-me subir?"[52] Mas as "inteligências" que visitam as salas de sessão espírita acorrem ao primeiro sinal de qualquer farsante que procura um passatempo para a sua ociosidade.

No *London Spiritualist* de 14 de julho deparamos com um longo artigo, no qual o autor procura provar que "os maravilhosos prodígios do presente, que pertencem ao chamado Espiritismo moderno, são de caráter idêntico ao das experiências dos patriarcas e dos apóstolos de outrora".

Somos forçados a contraditar sem rodeios uma tal afirmação. Eles são idênticos apenas na medida em que são os mesmos poderes e forças ocultos da Natureza que os produzem. Mas embora esses poderes e forças possam ser, e muito seguramente o são, dirigidos por inteligências invisíveis, diferem mais em essência, caráter e objetivos do que a própria Humanidade, composta, tal como é hoje, de homens brancos, pretos, pardos, vermelhos e amarelos, e numerosos santos e criminosos, gênios e idiotas. O autor pode, por exemplo, recorrer aos serviços de um orangotango aprisionado ou de um ilhéu do Mar do Sul, mas o único fato de ter um servo não o torna idêntico a Aristóteles e Alexandre. O autor compara Ezequiel "levitado" e postado na "porta oriental da casa do Senhor"[53], com as levitações de certos médiuns, e os três jovens hebreus na "fornalha ardente" com outros médiuns *à prova de fogo*; a "luz do espírito" do Rei João é assimilada à "lâmpada ardente" de Abraão; e finalmente, depois de numerosas comparações análogas, o caso dos irmãos Davenport, libertados da prisão de Oswego, é comparado com o de Pedro libertado da prisão pelo "anjo do Senhor"!

Ora, exceto a história de Saul e Samuel, não se encontra um único exemplo na Bíblia da "*evocação* dos mortos". No que concerne à sua legalidade, a asserção é contraditada por todos os profetas. Moisés decretou a pena de morte para aqueles que evocam os espíritos dos mortos, os "necromancistas". Em nenhum lugar do *Velho Testamento*, nem em Homero, nem em Virgílio a comunhão com os mortos é qualificada a não ser como necromancia. Fílon, o Judeu, faz Saul dizer que se ele banisse da face da Terra todos os adivinhos e necromancistas o seu nome lhe sobreviveria.

Uma das maiores razões para isso era a doutrina dos antigos, segundo a qual nenhuma alma provinda da "morada dos eleitos" retornará à Terra, salvo nas raras ocasiões em que a sua aparição poderia ser solicitada para realizar algum grande objetivo em vista, e assim trazer algum benefício para a Humanidade. Neste último caso a "alma" não precisa ser *evocada*. Ela envia a sua poderosa mensagem ou por um *simulacro* evanescente de si mesma, ou por intermédio de mensageiro, que podem aparecer sob forma *material*, e personificar fielmente o falecido. As almas que podiam ser evocadas tão facilmente eram consideradas como um comércio pouco útil e não isento de perigo. Eram as almas, ou antes, as *larvae* provindas da região infernal do limbo – o *Sheol*, a região conhecida pelos cabalistas como a oitava esfera, mas muito diferente do Inferno ou Hades ortodoxo dos antigos mitologistas. Horácio descreve essa evocação e a cerimônia que a acompanha, e Maimônides dá-nos detalhes do rito judeu. Toda cerimônia necromântica era realizada em lugares elevados e em montanhas, e o sangue era utilizado para aplacar esses *vampiros* humanos[54].

"Não posso impedir os feiticeiros de se apoderarem de seus ossos", diz o poeta. "Vê o sangue que eles derramam na vala para atrair as *almas* que vão proferir os seus oráculos!" "*Cruor in fossam confusus, ut inde manes elicirent, animas responsa daturas.*"[55]

"As *almas*", diz Porfírio, "preferem, a tudo mais, *sangue fresco derramado*, que parece restaurar-lhes por algum tempo certas faculdades da vida."[56]

Quanto às materializações, elas são profusamente relatadas nos textos sagrados. Mas, eram operadas sob as mesmas condições que nas sessões modernas? A escuridão, ao que parece, não era requerida naqueles dias de patriarcas e de poderes mágicos. Os três anjos que apareceram a Abraão beberam à plena luz do dia, pois "ele estava sentado na entrada da tenda, *no calor do dia*"[57], diz o livro de *Gênese*. Os espíritos de Elias e de Moisés apareceram igualmente à luz do dia, e não é provável que Cristo e os Apóstolos estivessem escalando uma montanha durante a noite. Jesus é apresentado aparecendo a Maria Madalena no jardim, às primeiras horas do dia; aos Apóstolos, em três momentos distintos, e geralmente de dia; uma vez "quando já amanhecera"[58]. Mesmo quando o asno de Balaam viu o anjo "materializado", estava-se à plena luz da Lua.

Estamos dispostos a concordar com o autor em questão em que encontramos na vida de Cristo – e, podemos acrescentar, no *Velho Testamento* também – "um relato ininterrupto das manifestações psíquicas", mas nada sobre as *mediúnicas*, de caráter físico, se excetuarmos a visita de Saul a Sedecla, a mulher Obeah de En-Dor. Essa distinção é de vital importância.

De fato, a promessa do Mestre foi claramente expressa: "Em verdade, realizareis obras maiores do que estas", obras de mediação. De acordo com Joel, o tempo virá em que haverá uma expansão do espírito divino: "Vossos filhos e vossas filhas", diz ele, "profetizarão, vossos velhos verão sonhos, vossos jovens terão visões". O tempo chegou e eles fazem todas essas coisas agora; o Espiritismo tem seus videntes e mártires, seus profetas e curadores. Como Moisés, e Davi, e Joram, existem médiuns que recebem comunicações escritas de autênticos espíritos planetários e humanos. O maior amigo da causa na França, Leymarie, acabou por definhar numa cela de prisão, e, como se diz em tocante linguagem, ele "não é mais um homem, mas um *número* no registro da prisão".

Há poucos, pouquíssimos, oradores na tribuna espiritista que falam por inspiração, e, se sabem o que se diz, eles estão no estado descrito por Daniel: "Não me restou força alguma. Ouvi então o som de suas palavras: e ao ouvir o som de suas palavras, adormeci profundamente"[59]. E há médiuns, esses de que falamos, para os quais a profecia de Samuel poderia ter sido escrita: "O espírito do Senhor virá sobre ti, e entrarás em delírio com ele e *te transformarás em outro homem*"[60]. Mas onde, na longa lista de prodígios da Bíblia, podemos ler sobre guitarras voadoras, tambores ressonantes, e sinos batendo, oferecidos em quartos imersos em profunda escuridão como prova da imortalidade?

Quando Cristo foi acusado de expulsar os demônios pelo poder de Belzebu, ele o negou, e replicou amargamente perguntando: "Por qual poder vossos filhos e discípulos os expulsaram?". Os espiritistas afirmam que Jesus era um médium, que ele era controlado por um ou muitos espíritos; mas quando a imputação lhe foi feita diretamente, ele disse que nada tinha a ver com isso. "Não temos razão em dizer que és um samaritano, e que tens um demônio?" [*daimonion*, um Obeah, ou espírito familiar no texto hebraico]. Jesus respondeu, "Eu não tenho um demônio"[61].

O autor de que tomamos as citações acima estabelece também um paralelo entre os vôos aéreos de Filipe e Ezequiel e da Sra. Guppy e outros médiuns modernos. Ele ignora ou esquece o fato de que enquanto a levitação ocorria como um efeito em ambas as classes de casos, as causas produtoras eram totalmente diferentes. Já indicamos a natureza dessa diferença. A levitação pode ser produzida consciente ou inconscientemente a esse respeito. O prestidigitador determina antecipadamente que ele será levitado, por quanto tempo e com que peso; ele regula as forças ocultas em conseqüência. O faquir produz o mesmo efeito pelo poder de sua aspiração e vontade, e, exceto quando em estado extático, mantém controle sobre seus movimentos. Assim faz o sacerdote do Sião, quando, no pagode sagrado, se eleva a cinqüenta pés de altura com uma candeia na mão, e voa de um ídolo a outro, iluminando os nichos, suportando-se a si mesmo, e parando com tanta facilidade como se estivesse em solo firme. Há pessoas que viram e testemunharam o fato. Os oficiais da esquadra russa que recentemente circunavegou o globo, e estacionou por longo tempo nas águas japonesas, relatam o fato de que, além de muitas outras maravilhas, eles viram prestidigitadores caminharem no ar de uma copa a outra das árvores, sem o menor apoio[62]. Eles viram também as façanhas do mastro e da corda que sobe, descritos pelo Cel. Olcott em seu *People from the Other World*, e que foram tão criticadas por alguns espiritistas e médiuns cujo zelo é maior do que a sua sabedoria. As citações do Cel. Yule e outros autores, dadas noutras partes desta obra, parecem pôr fora de dúvida a possibilidade de que esses efeitos são produzidos.

Tais fenômenos, quando ocorriam à parte dos ritos religiosos, na Índia, no Japão, no Tibete, no Sião, e outros países "pagãos", fenômenos centenas de vezes mais diversos e estonteantes do que os jamais vistos na Europa ou na América civilizada, nunca foram atribuídos aos espíritos dos mortos. Os pitris nada têm a fazer em tais exibições públicas. E basta-nos apenas consultar a lista dos principais demônios ou espíritos elementais para descobrir que os seus próprios nomes indicam as suas profissões, ou, para dizê-lo mais claramente, o truque a que cada variedade deles é mais afeita. Temos assim o Mâdana, um nome genérico que indica os espíritos elementais perversos, metade burros, metade monstros, pois Mâdana significa aquele que olha como uma vaca. Ele é amigo dos feiticeiros maliciosos e ajuda-os a realizar os seus desígnios demoníacos de vingança atacando os homens e o gado com doenças e mortes súbitas.

O *Śūdāla-mâdana*, ou demônio do cemitério, corresponde aos nossos vampiros. Ele se compraz com os locais em que crimes e assassínios foram cometidos, junto aos túmulos e aos lugares de execuções. Ele ajuda o prestidigitador em todos os fenômenos do fogo assim como Kutti Shāttana, os diabretes trampolineiros. *Śudala*, dizem eles, é um demônio metade de fogo, metade de água, pois ele recebeu de Śiva permissão para assumir qualquer forma que desejasse e transformar uma coisa em outra; e quando não está no fogo, ele está na água. É ele que impede as pessoas "de verem o que *não* vêem". O *Śula-mâdana* é outro fantasma turbulento. Ele é o demônio da fornalha, experiente na arte de moldar e de cozer. Se vós vos tornais seus amigos, ele não vos injuriará; mas ai daquele que cai em sua ira. *Śula* significa cumprimentos e lisonjas, e porque ele geralmente se mantém sob a terra, é para ele que um prestidigitador deve olhar para obter ajuda para extrair uma árvore de uma semente num quarto de hora e fazer desabrochar os seus frutos.

Kumila-mâdana é a própria *ondina*. É um espírito elemental da água, e seu nome significa *rebentar como uma bolha*. É um diabrete muito amigo e alegre, e auxiliará um amigo em qualquer coisa relativa à sua esfera; fará chover e mostrará o futuro e o presente àqueles que recorrerem à hidromancia ou à adivinhação por água.

Poruthû-mâdana é o demônio "lutador"; ele é o mais forte de todos; e sempre que há façanhas em que a força física é requerida, tais como as *levitações*, ou a domesticação de animais selvagens, ele auxiliará o realizador mantendo-o sobre o solo ou subjugará uma fera selvagem antes que o domador tenha tempo de pronunciar seu encantamento. Assim, todas as "manifestações físicas" têm a sua própria classe de espíritos elementais para supervisioná-las.

Mas voltando às levitações de corpos humanos e corpos inanimados, nas modernas salas de sessão, devemos remeter o leitor à Introdução desta obra. (Ver "Aerobacia".) A propósito da história de Simão, o Mago, expusemos a explicação dos antigos para a maneira pela qual a levitação e o transporte dos corpos pesados podiam ser produzidos. Tentaremos sugerir agora uma hipótese para o mesmo fenômeno em relação aos *médiuns*, *i. e.*, pessoas que se supõe estarem inconscientes no instante dos fenômenos, os quais os fiéis pretendem sejam produzidos por "espíritos" desencarnados. Não precisamos repetir o que já foi suficientemente explicado antes. A aerobacia consciente sob condições eletromagnéticas é possível apenas aos *adeptos* que nunca foram subjugados por uma influência estranha – permanecem senhores de sua VONTADE.

Portanto, a levitação, queremos dizer, deve sempre ocorrer em obediência à lei – uma lei tão inexorável como a que faz um corpo não afetado por ela permanecer no chão. E onde deveríamos buscar essa lei a não ser na teoria da atração molecular? Trata-se de hipótese científica segundo a qual a forma da força que reúne a matéria nebulosa ou estelar num turbilhão é a eletricidade; e a química moderna está sendo totalmente reconstruída com base na teoria das polaridades elétricas dos átomos. A tromba d'água, o tornado, o tufão, o ciclone e o furacão, são todos, indubitavelmente, o resultado da ação elétrica. Esse fenômeno foi estudado tanto no solo como na atmosfera, tendo as observações sido feitas na terra e num balão plainando sobre o vórtice de uma tempestade.

Ora, essa força, sob as condições de secura e de calor atmosférico na superfície da Terra, pode acumular uma energia dinâmica capaz de elevar enormes volumes de água, de comprimir as partículas da atmosfera, e de arrasar um país, desenraizando florestas, erguendo rochas, e reduzindo edifícios a pedaços. A máquina elétrica de vento gera correntes induzidas de eletricidade magnética, tão grandemente poderosas que produzem uma luz que permite ler os caracteres mais finos, numa noite escura, à distância de duas milhas do lugar em que a máquina opera.

Já no ano de 1600, Gilbert, em seu *De Magnete*, enunciara o princípio de que o próprio globo é um vasto ímã, e alguns de nossos cientistas mais avançados estão começando a compreender que o homem possui também essa propriedade, e que as atrações e repulsões mútuas dos indivíduos podem pelo menos em parte encontrar a sua explicação neste fato. A experiência dos assistentes nos círculos espiritistas corrobora essa opinião. Diz o Prof. Nichola Wagner, da Universidade de São Petersburgo: "O calor, *ou talvez a eletricidade dos investigadores* situados no círculo, deve concentrar-se na mesa e transformar-se gradualmente em movimentos. Ao mesmo tempo, ou um pouco depois, a força psíquica se reúne para assistir os outros dois poderes. Por *força psíquica* entendo o que se desenvolve a partir de todas as outras forças de nosso organismo. A combinação de várias forças separadas em algo geral, e capazes, quando reunidas, de manifestar-se num certo grau, de acordo com o indivíduo". Ele considera que o progresso dos fenômenos é afetado pela frieza ou secura da atmosfera. Ora, lembrando o que se disse a propósito das formas mais sutis de energia que os hermetistas provaram existir na Natureza, e aceitando a hipótese enunciada pelo Sr. Wagner de que "o poder que produz essas manifestações está centrado nos médiuns", não poderia o médium, criando em si mesmo um núcleo tão perfeito em seu gênero quanto o sistema de ímãs de aço permanentes da bateria de Wild, produzir correntes astrais suficientemente fortes para elevar em seu vórtice mesmo um corpo tão ponderável quanto a forma humana? Não é necessário que o objeto erguido assuma um movimento giratório, pois o fenômeno que observamos, ao contrário do turbilhão, é dirigido por uma inteligência capaz de manter o corpo elevado na corrente ascendente e de impedi-lo de girar.

A levitação nesse caso seria um fenômeno puramente mecânico. O corpo inerte do médium passivo é elevado por um vórtice criado seja pelos espíritos elementais – possivelmente, em alguns casos, por espíritos humanos, e às vezes por meio de causas morbíficas, como nos casos dos sonâmbulos doentes do Prof. Perty. A levitação do adepto é, ao contrário, um efeito eletromagnético, como acabamos de constatar. Ele tornou a polaridade de seu corpo oposta à da atmosfera, e idêntica à da terra; por conseguinte, atraída pela primeira, mantendo a consciência nesse ínterim. Uma levitação fenomênica dessa natureza é possível também quando a doença modificou a polaridade corporal de um paciente, pois ela o faz sempre em grau maior ou menor. Mas, em tal caso, a pessoa levitada não teria provavelmente consciência de seu ato.

Numa série de observações sobre turbilhões, feita em 1859, na bacia das Montanhas Rochosas, "um jornal foi elevado (. . .) à altura de mais ou menos duzentos pés; e lá oscilou em vários sentidos, durante um tempo considerável, sempre seguindo o movimento para a frente"[63]. Os cientistas dirão naturalmente que não se pode traçar um paralelo entre esse caso e a levitação humana; que nenhum vórtice pode se formar numa sala capaz de elevar um médium; mas essa é uma questão de luz astral e espírito, que têm suas próprias leis dinâmicas peculiares. Aqueles que compreendem estas últimas afirmam que o concurso de pessoas trabalhando sob excitação mental, que reage sobre o sistema físico, projeta emanações eletromagnéticas que, quando suficientemente intensas, podem perturbar toda a atmosfera ambiente. Pode-se gerar realmente força bastante para criar um vórtice elétrico, suficientemente poderoso para produzir muitos fenômenos estranhos. Desse ponto de vista, os dervixes rodopiantes, e as danças selvagens, os balanços, a gesticulação, a música e os gritos dos devotos serão compreendidos como tendo todos um objetivo comum em vista – isto é, a criação de tais condições astrais próprias para favorecer a produção de fenômenos psíquicos e físicos. A razão de ser das revivificações religiosas será também mais bem compreendida se não se perder de vista esse princípio.

Mas há ainda um outro ponto a considerar. Se o médium é um núcleo de magnetismo e um condutor dessa força, ele estará sujeito às mesmas leis que um condutor metálico, e será atraído por seu ímã. Se, por conseqüência, um núcleo magnético de força necessária fosse formado diretamente sobre ele pelos poderes invisíveis que governam as manifestações, por que não se ergueria o seu corpo em sua direção, a despeito da gravidade terrestre? Sabemos que, no caso de um médium que não tem consciência do progresso da operação, cumpre admitir em primeiro lugar o fato de uma tal inteligência e em segundo lugar a possibilidade de a experiência ser conduzida na forma descrita; mas, em face das múltiplas evidências oferecidas, não apenas em nossas próprias pesquisas, que não pretendem ter qualquer autoridade, mas também nas do Sr. Crookes, e em um grande número de outras, em muitos países e em épocas diversas, não podemos deixar de oferecer esta hipótese, mesmo sabendo que é inútil defender um caso que os cientistas não examinarão com paciência, ainda que sancionado pelos mais renomados de seus pares.

Já em 1836 o público fora informado de certos fenômenos que eram tão extraordinários, se não mais, quanto todas as manifestações que se produzem em nossos dias. A famosa correspondência entre dois célebres mesmerizadores, Deleuze e Billot, foi publicada na França, e os prodígios discutidos durante algum tempo em todas as sociedades. Billot acreditava firmemente na aparição de espíritos, pois, como diz, ele os viu e tocou. Deleuze estava tão convencido desta verdade quanto Billot, e declarou que a imortalidade da alma e a reaparição dos mortos, ou antes de suas sombras, eram em sua opinião o fato mais bem demonstrado. Objetos materiais lhe foram trazidos de lugares distantes por mãos invisíveis, e ele dialogou com inteligências invisíveis acerca dos assuntos mais importantes. "A esse respeito", assinala ele, "não posso conceber como os seres espirituais são capazes de transportar materiais."[64] Mais cético e menos intuitivo do que Billot, ele não obstante concordava com este em que "a questão do Espiritismo não é uma questão de opinião, mas de *fatos*".

É exatamente essa a conclusão a que finalmente chegou o Prof. Wagner, de São Petersburgo. No segundo opúsculo sobre *Mediumistic Phenomena*, que publicou em dezembro de 1875, ele administra ao Sr. Shkliarevsky, um de seus críticos materialistas, a seguinte reprimenda: "Mesmo que as manifestações espiritistas fossem frágeis e esporádicas, nós, homens de ciência, não deveríamos nos enganar com as teorias da ação muscular inconsciente, ou da cerebração inconsciente de nossos cérebros, e pôr abaixo tudo o mais de um só golpe como importuno. (. . .) Mas agora que os prodígios se tornaram patentes; que os espíritos se mostraram sob formas tangíveis e materiais, que podem ser tocados e manipulados à vontade por qualquer cético instruído como vós, e mesmo pesados e medidos, não podemos mais lutar, pois toda resistência se torna absurda – ela pode conduzir à loucura. Tentai então compreendê-los, e procurai ser mais humildes diante da possibilidade de fatos impossíveis".

O ferro é imantado apenas temporariamente, mas o aço o é permanentemente, pelo contato com o ímã. Ora, o aço não é senão um ferro que passou por um processo de carbonização, e esse processo no entanto alterou completamente a natureza do metal, pelo menos no que concerne às suas relações com o ímã. Dessa maneira, pode-se dizer que o médium é apenas uma pessoa comum que é magnetizada pelo influxo proveniente da luz astral; e como a permanência da propriedade magnética no metal é medida pela sua maior ou menor semelhança com o aço, não podemos dizer que a intensidade e a permanência do poder mediúnico são proporcionais à saturação do médium pela força magnética ou astral?

Esse estado de saturação pode ser congênito, ou ser obtido por um ou outro desses processos: pelo processo mesmérico; pela ação dos espíritos; ou pela ação de sua própria vontade. Ademais, o estado parece hereditário, como qualquer outra peculiaridade física ou mental, pois muitos, e podemos dizer os maiores médiuns, herdaram, de alguma maneira, a mediunidade dos seus progenitores. Os pacientes mesmerizados passam facilmente para as formas superiores de clarividência e de mediunidade (agora assim chamada), como Gregory, Deleuze, Puységur, Du Potet, e outros nos informam. Quanto ao processo de auto-saturação, temos apenas que retornar à explicação dos devotos sacerdotais do Japão, do Sião, da China, da Índia, do Tibete e do Egito, assim como das nações européias, a fim de certificarmo-nos de sua realidade. Uma longa persistência na firme determinação de subjugar a matéria provoca um estado no qual não apenas podemos nos tornar insensíveis às impressões externas, mas também até mesmo simular a morte, como já vimos. O extático fortalece sua força de vontade, a ponto de lançar sobre si, como num vórtice, as potências que residem na luz astral, suprindo assim as suas próprias reservas naturais.

Os fenômenos do Mesmerismo só se explicam pela hipótese da projeção de uma corrente de força provinda do operador e remetida ao paciente. Se um homem pode projetar esta força por um exercício da vontade, o que o impede de atraí-la para si invertendo a corrente? A não ser que se pretenda que a força é gerada em seu corpo e não pode ser atraída de qualquer outra fonte. Mas mesmo nesta hipótese, se ela pode gerar um suprimento superabundante para saturar outra pessoa, ou mesmo um objeto inanimado por sua vontade, por que não pode gerá-la em excesso de modo a autosaturar-se?

Em sua obra sobre *Antropologia*, o Prof. J. R. Buchanan constata a tendência dos gestos naturais para seguir a direção dos órgãos frenológicos; a atitude de combatividade sendo para baixo e para trás; a da esperança e da espiritualidade para cima e para frente; a da firmeza para cima e para trás; e assim por diante. Os adeptos da ciência hermética conhecem tão bem esse princípio que explicam a levitação de seus próprios corpos, quando ela ocorre de modo imprevisto, dizendo que o pensamento está fixado tão intensamente sobre um ponto sobre eles que, quando o corpo está totalmente imbuído de força astral, ele segue a aspiração mental, e eleva-se no espaço tão facilmente quanto uma rolha, mantida sob a água, se eleva à superfície quando a sua força ascensional lhe permite fazê-lo. A vertigem que algumas pessoas sentem quando estão à beira de um abismo explica-se pelo mesmo princípio. As crianças que têm pouca ou nenhuma imaginação ativa, e em quem a experiência não teve tempo suficiente para incutir medo, raramente, ou nunca, se atordoam; mas o adulto de um certo temperamento mental, vendo o abismo e pintando em sua fantasia imaginativa as conseqüências da queda, deixa-se levar pela atração da Terra, e *a menos que o encanto da fascinação* seja quebrado, seu corpo lhe seguirá o pensamento até o fundo do precipício.

Que essa vertigem é puramente um caso de temperamento prova-o o fato de que algumas pessoas nunca experimentam a sensação, e a pesquisa provavelmente revelará que tais pessoas são desprovidas da faculdade imaginativa. Temos um caso em mente – um cavalheiro que, em 1858, tinha tanto sangue-frio que horrorizou as testemunhas permanecendo sobre a cimalha do *Arc de Triomphe*, em Paris, com os braços cruzados, e os pés semi-elevados sobre a borda; mas, depois, sofrendo de miopia, foi tomado de pânico ao tentar cruzar uma passarela sobre o pátio do hotel, de mais de dois pés e meio de largura, que não oferecia perigo algum. Ele olhava para o chão, dava livre curso à sua imaginação, e cairia se não se sentasse rapidamente.

É um dogma da ciência o de que o movimento perpétuo é impossível; outro dogma é o de que a afirmação segundo a qual os hermetistas descobriram o elixir da vida, e que alguns deles, utilizando-o, prolongaram a sua existência além dos limites ordinários, não passa de uma absurda superstição. E pretender que os metais mais grosseiros foram transmutados em ouro e que o solvente universal foi descoberto excita apenas o desprezo num século que coroou o edifício da Filosofia com uma cúpula de protoplasma. Declara-se a primeira uma *impossibilidade física*; tanto quanto, segundo Babinet, o astrônomo, "a levitação de um objeto sem contato"[65]; a segunda, uma divagação fisiológica emanada de um cérebro doente; a terceira, um absurdo químico.

Balfour Stewart diz que embora um cientista não possa afirmar que "está perfeitamente a par de todas as forças da Natureza, e não possa provar que o movimento perpétuo é impossível, pois, na verdade, sabe muito pouco sobre essas forças (...) ele pensa *que penetrou no espírito e nos desígnios da Natureza*, e em conseqüência nega ao mesmo tempo a possibilidade de uma tal máquina"[66]. Se ele descobriu os desígnios da natureza, certamente não lhe penetrou *o espírito*, pois nega a sua existência em mais de um sentido; e negando o espírito, ele impede essa perfeita compreensão da lei universal que redimiria a Filosofia moderna de seus milhares de mortificantes dilemas e enganos. Se a negação do Prof. B. Stewart não se funda numa analogia melhor do que a de seu contemporâneo francês Babinet, ele corre o perigo de sofrer uma humilhante catástrofe como a deste último. O próprio universo ilustra a realidade do movimento perpétuo; e a teoria atômica, esse bálsamo salutar para os espíritos esgotados de nossos exploradores cósmicos, baseia-se nesse movimento. O telescópio que procura através do espaço, e o microscópio que descobre os mistérios do pequeno mundo numa gota d'água, revelam a mesma lei em operação; e, como tudo embaixo é semelhante a tudo em cima, quem se arriscaria a afirmar que quando a conservação da matéria for mais bem-conhecida, e as duas forças adicionais dos cabalistas forem acrescentadas ao catálogo da ciência ortodoxa, não se descobrirá como construir uma máquina que possa correr sem fricção e que se proveja de energia à medida de suas necessidades? "Cinqüenta anos atrás", diz o venerável Sr. de Lara[67], "um jornal de Hamburgo, reproduzindo de um jornal inglês o relato da abertura da estrada de ferro Manchester-Liverpool, declarou-o uma grosseira impostura; e passou dos limites ao dizer: 'eis até onde vai a credulidade do inglês' "; a moral da história é evidente. A recente descoberta por um químico americano da um composto chamado METALINA dá margem à crença de que a fricção possa ser evitada em larga medida. Uma coisa é certa, quando um homem descobrir o movimento perpétuo, ele será capaz de compreender por analogia todos os segredos da Natureza; progresso na razão direta da resistência.

Podemos dizer o mesmo do elixir da vida, pelo qual se compreende a vida física, pois a alma é naturalmente imortal apenas por causa de sua imorredoura união divina com o espírito. Mas *contínua* ou *perpétua* não significa sem-fim. Os cabalistas nunca afirmaram que a vida física sem-fim ou o movimento perpétuo são possíveis. O axioma hermético sustenta que apenas a Primeira Causa e as suas emanações diretas, nossos espíritos (centelhas oriundas do Sol central eterno que serão reabsorvidas por ele no final dos tempos), são incorruptíveis e eternas. Mas, possuindo o conhecimento das forças ocultas da Natureza, ainda não descobertas pelos materialistas, eles afirmavam que a vida física e o movimento mecânico poderiam prolongar-se indefinidamente. A pedra filosofal tinha mais de um sentido vinculado à sua origem misteriosa. Diz o Prof. Wilder: "O estudo da Alquimia era mesmo mais universal do que os vários autores que escreveram sobre ela parecem entender, e ela sempre foi o auxiliar das ciências ocultas da Magia, da Necromancia, e da Astrologia, se é que não se confundia com elas, provavelmente porque estas eram originalmente apenas formas de um espiritismo que existiu em todas as épocas da história humana"[68].

O que mais nos surpreende é que os mesmos homens que encaram o corpo humano simplesmente como uma "máquina digestiva", fazem objeção à idéia de que, se algum equivalente da metalina fosse aplicado entre as suas moléculas, ela correria sem fricção. O corpo humano provém da terra, ou do pó, segundo o *Gênese*; tal categoria destrói as pretensões dos analistas modernos quanto à descoberta original da natureza dos constituintes inorgânicos do corpo humano. Se o autor do *Gênese* conhecia tal fato, e Aristóteles ensinava a identidade entre os princípios da vida das plantas, dos animais e dos homens, nossa filiação com a mãe terra parece ter sido estabelecida há muito tempo.

Elie de Beaumont reafirmou recentemente a antiga doutrina de Hermes segundo a qual existe uma circulação terrestre comparável à do sangue do homem[69]. Ora, desde que essa doutrina, que afirma que a Natureza renova continuamente as suas energias exauridas pela absorção da fonte de energia, é tão velha quanto o mundo, por que discordaria a criança de seus pais? Por que não pode o homem, descobrindo a fonte e a natureza de sua energia recuperativa, extrair da própria terra o suco ou a quintessência com a qual restaurar as suas forças? Esse *pode* ter sido o grande segredo dos alquimistas. Cessai a circulação dos fluidos terrestres e teremos estagnação, putrefação, morte; cessai a circulação dos fluidos no homem, e a estagnação, a absorção, a calcificação devido à velhice e a morte serão a consequência. Se os alquimistas tivessem simplesmente descoberto algum composto químico capaz de manter os canais de nossa circulação desobstruídos, todo o resto não se seguiria facilmente? E por que, perguntamos, se as águas de superfície de certas fontes minerais têm tal virtude na cura da doença e da restauração do vigor físico, é ilógico dizer que, se pudéssemos obter os primeiros produtos do alambique da Natureza nas entranhas da Terra, poderíamos descobrir, talvez, que a fonte da juventude não era afinal um mito? Jennings afirma que o elixir era produzido nos laboratórios químicos secretos da Natureza por alguns adeptos; e Robert Boyle, o químico, menciona um vinho medicinal ou cordial que o Dr. Lefevre experimentou numa velha com extraordinário resultado.

A Alquimia é tão antiga quanto a própria tradição. "O primeiro relato autêntico a esse respeito", diz William Godwin, "é um édito de Diocleciano, por volta de 300 anos depois de Cristo, ordenando que se fizesse uma diligente busca no Egito de todos os livros antigos que tratassem da arte de fazer ouro e prata, a fim de jogá-los ao fogo. Esse édito presume necessariamente uma certa antiguidade do ofício; e a História fabulosa registra Salomão, Pitágoras e Hermes entre os seus adeptos mais célebres"[70].

E a questão da transmutação – desse alkahest ou solvente universal, que vem após o elixir da vida na ordem dos três agentes químicos? É a idéia tão absurda a ponto de não merecer nenhum crédito neste século de descobertas químicas? Como explicaríamos as anedotas históricas de homens que realmente fizeram ouro e que o abandonaram; e das testemunhas que declararam tê-los visto realizando a prova? Libávio, Geberus, Arnoldo, Tomás de Aquino, Bernard de Como, Joannes, Penot, Quercetanus Geber, o pai árabe da alquimia européia, Eugênio Filaletes, Baptista Porta, Rubens, Dornesius, Vogelius, Irinaeus Philaletha Cosmopolita, e muitos alquimistas medievais e filósofos herméticos confirmam o fato[*]. Devemos acreditar que todos eles são visionários e lunáticos, esses grandes e sábios eruditos? Francesco Picus, em sua obra *De Auro*, apresenta dezoito exemplos em que o ouro foi produzido em sua presença por meios artificiais; e Thomas Vaughan[71], tendo ido a um ourives para vender 1.200 marcos de ouro, quando o homem suspeitosamente afirmou que o ouro era puro demais para ter sido extraído de uma mina, pôs-se a correr, deixando o dinheiro lá. Num capítulo

---

*   Muitos desses nomes são inidentificáveis, mas pudemos colher a seguinte informação:

Bernard de Como (Bernardus Comer), um dominicano do início do século XVI, um Censor Fidei e autor de *Lucernam inquisitorum hereticae pravitatis*, 1566. Alguns dos seus manuscritos estão na Biblioteca Dominicana de Bolonha.

Bernard Georges Penot (Penotus) (1522-1620), alquimista francês que estudou especialmente Paracelso na Universidade de Basel, e escreveu o *Theatrum chemicum*, 1616.

Quercetanus (também Quercetus e A. Quercu) é Joseph Duchesne, Seigneur de La Violette, um médico francês nascido em Esture, em 1546; morto em Paris, em 1609. "Médecin ordinaire" de Henrique IV em Paris, em 1593. Escreveu muitas obras. (N. do Org.)

precedente citamos o testemunho de inúmeros autores a propósito desse assunto.

Marco Polo conta-nos que em algumas montanhas do Tibete, que ele denomina *Chingintalas*, há veios de uma substância constitutiva da *Salamandra*: "Pois a verdade é que a salamandra não é um animal, como alegam em todas as partes do mundo, mas uma substância encontrada na terra". Ele acrescenta que um turco de nome Zurficar lhe contou que estava procurando salamandras para o Grande Khan, naquelas regiões, pelo espaço de três anos. "Ele disse que o meio para encontrá-las era escavar naquela montanha até encontrar um certo veio. A substância desse veio é então retirada e esmigalhada, e, após esse tratamento, ela se divide, por assim dizer, em fibras de lã. São então tecidas. (...) Inicialmente, esses toalhetes não são muito brancos, mas, colocando-os no fogo por algum tempo, eles se tornam tão brancos quanto a neve."[72]

Portanto, como atestam várias autoridades, essa substância mineral é o famoso *Asbestos*[73], que o Rev. A. Williamson diz encontrar-se em Shantung. Mas não é apenas um fio incombustível que se pode tirar dele. Um óleo, que tem diversas propriedades verdadeiramente extraordinárias, pode ser dele extraído, e o segredo de suas virtudes permanece guardado por certos lamas e adeptos hindus. Quando friccionado no corpo, ele não deixa nenhuma mancha ou marca, mas, não obstante, depois de ter sido assim friccionado, o local pode ser lavado com sabão e água quente ou fria, sem que a virtude da unção seja sequer afetada. A pessoa assim friccionada pode, sem medo, atravessar o fogo mais quente; e a não ser a sufocação, ela sairá ilesa. Outra propriedade do óleo é que, quando combinado com *outra substância*, que não temos a liberdade de indicar, e exposto aos raios da Lua, em certas noites indicadas pelos astrólogos nativos, ele dá origem a estranhas criaturas. Podemos chamá-las de infusórios em certo sentido, mas elas crescem e se desenvolvem. Falando de Caximira, Marco Polo observa que eles têm um estonteante conhecimento das *diabruras* dos encantamentos, pois chegam a fazer os seus ídolos falarem[74].

Até hoje os maiores místicos mágicos dessas regiões podem ser encontrados em Caximira. As várias seitas religiosas desse país sempre tiveram a reputação de exercer poderes sobrenaturais, e eram o ponto de reunião dos sábios. Como assinala o Cel. Yule, "Vambery conta-nos que mesmo em nossos dias, dervixes da Caximira se distinguem de seus colegas maometanos pela *sagacidade*, pelas artes secretas, pela habilidade nos exorcismos, etc."[75]

Mas todos os químicos modernos não são igualmente dogmáticos em negar a possibilidade dessa transmutação. O Dr. Peisse, Desprez e mesmo o negador de tudo, Louis Figuier, de Paris, parecem estar longe de rejeitar a idéia. Diz o Dr. Wilder: "A possibilidade de reduzir os elementos à sua forma primária, como se acredita que existiam na massa ígnea da qual se acredita que a crosta da Terra se formou, não é considerada pelos físicos como uma idéia tão absurda como se quis dar a entender. Existe um parentesco ordinariamente tão estreito entre os metais, que parece indicar uma identidade original. As pessoas que chamamos de alquimistas podem, em conseqüência, ter devotado suas energias para investigar essas matérias, como Lavoisier, Ravy, Faraday e outros de nossos dias explicaram os mistérios da química"[76]. Um sábio teósofo, um médico praticante deste país, que estudou as ciências ocultas e a Alquimia por mais de trinta anos, conseguiu reduzir os elementos à sua forma primária, e fazer o que se chama de "terra pré-adâmica". Ela surge na forma de um precipitado terrestre oriundo da água pura, que, ao ser agitado, apresenta as cores mais opalescentes e vívidas.

"O segredo", dizem os alquimistas, como que se deleitando com a ignorância dos não iniciados, "é um amálgama de sal, enxofre e mercúrio combinados três vezes no Azoth, pela tripla sublimação e pela tripla fixação."

"Que ridículo absurdo !", exclama um sábio químico moderno. E no entanto, os discípulos do grande Hermes compreendem o que precede assim como um bacharel da Universidade de Harvard entende o sentido do que ensina o seu professor de Química, quando este diz: "Com um grupo oxidrílico podemos produzir compostos monoatômicos; utilizai dois grupos, podemos formar em torno do mesmo esqueleto um certo número de compostos biatômicos. (. . .) Acrescentai ao núcleo três grupos oxidrílicos, e dele resultarão compostos triatômicos, entre os quais se encontra uma substância muito familiar:

$$H-O-\underset{\underset{H}{|}}{\overset{\overset{H}{|}}{C}}-\underset{\underset{\underset{H}{|}}{O}}{\overset{\overset{H}{|}}{C}}-\underset{\underset{H}{|}}{\overset{\overset{H}{|}}{C}}-O-H$$

Glicerina".

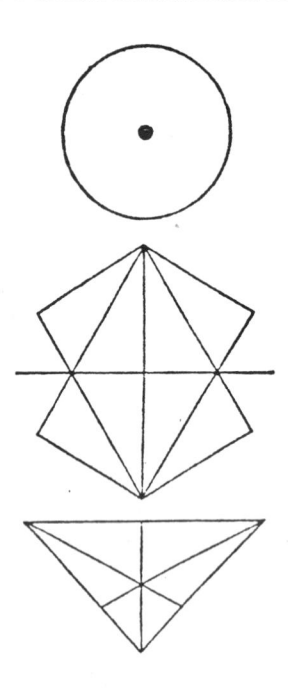

"Prenda-te", diz o alquimista, "às quatro letras do tetragrama dispostas da seguinte maneira: As letras do nome inefável estão aí, embora não possas distingui-las de início. O axioma incomunicável está cabalisticamente nele encerrado, e é isso o que os mestres chamam de mágico." O arcano – as quatro emanações do âkâśa, o princípio de VIDA, que é representado em sua terceira transmutação pelo Sol ardente, o olho do mundo, ou de Osíris, como os egípcios o chamavam. Um olho que vela ternamente a sua filha mais jovem, esposa, e irmã – Ísis, nossa mãe Terra. Vede o que Hermes, o mestre três vezes grande, diz a respeito dela: "Seu pai é o Sol, sua mãe é a Lua"[77]. Ele a atrai e acaricia, e então a repele por uma força impulsora. Cabe ao estudante hermético observar seus movimentos, agarrar suas correntes sutis, guiar e dirigi-las com a ajuda do *athanor*, a alavanca de Arquimedes do alquimista. O que é este misterioso *athanor*? Pode o físico dizer-nos – ele que o vê e observa diariamente? Sim, ele o vê; mas compreende ele os caracteres secretamente cifrados traçados por um dedo divino sobre toda concha do mar na profundeza dos oceanos; sobre toda folha que treme na brisa; na estrela brilhante cujas linhas estelares não passam aos seus olhos de linhas mais ou menos luminosas de hidrogênio?

"Deus *geometriza*", disse Platão[78]. "As leis da Natureza são os pensamentos de Deus", exclamava Oërsted, há 2.000 anos. "Seus pensamentos são imutáveis", repetia o estudante solitário da tradição hermética, "é por isso que devemos procurar a Verdade na harmonia e no equilíbrio perfeito de todas as coisas." E assim, procedendo da unidade indivisível, ele descobre duas forças contrárias, que emanam dela, cada uma agindo sobre a outra e produzindo o equilíbrio, e as três são apenas uma, a Mônada Eterna de Pitágoras. O ponto primordial é um círculo; o círculo, quadrando-se a partir dos quatro pontos cardeais, torna-se quaternário, o quadrado perfeito, tendo em cada um de seus quatros ângulos uma letra do nome mirífico, o Tetragrama sagrado. São os quatro Buddhas que vieram e passaram; a *tetractys* pitagórica – absorvida e transformada pelo único NÃO-SER eterno.

A tradição declara que sobre o cadáver de Hermes, em Hebron, um Isarim, um iniciado, descobriu a tábua conhecida como *Smaragdine*. Ela contém, em algumas sentenças, a essência da sabedoria hermética. Àqueles que os lêem apenas com os olhos do corpo, os preceitos nada sugerirão de novo ou extraordinário, pois ela começa simplesmente por dizer que não fala de coisas fictícias, mas do que é verdadeiro e certo.

"O que está embaixo é igual ao que está em cima, e o que está em cima é semelhante ao que está embaixo para realizar os prodígios de uma coisa.

"Assim como todas as coisas foram produzidas pela mediação de um ser, de igual maneira todas as coisas foram produzidas a partir deste *por adaptação*.

"Seu pai é o Sol; sua mãe, a Lua.

"É a causa de toda perfeição por toda a Terra.

"Seu poder é perfeito, *se ela se transforma em terra*.

"Separai a terra do fogo, o sutil do grosseiro, agindo com prudência e bom senso.

"Subi com a maior sagacidade da Terra ao céu, e então descei novamente à Terra, e reuni o poder das coisas inferiores e superiores; possuireis assim a luz de todo o mundo, e toda obscuridade afastar-se-á de vós.

"Essa coisa tem mais força do que a própria força, porque *ela dominará toda coisa sutil* e *penetrará toda coisa sólida*.

"Por ela foi o mundo formado (. . .)"[79].

Essa coisa misteriosa é o agente universal, mágico, a luz astral, que, pela correlação de suas forças, fornece o alkahest, a pedra filosofal, e o elixir da vida. A filosofia hermética chama-o *Azoth*, a alma do mundo, a virgem celeste, o grande Magnes, etc., etc. A ciência física conhece-a como "calor, luz, eletricidade e magnetismo"; mas ignorando as suas propriedades espirituais e o poder oculto contido no éter, rejeita tudo que ignora. Ela explica e retrata as formas cristalinas dos flocos de neve, suas modificações de um prisma hexagonal que produz uma infinidade de agulhas delicadas. Ela as estudou tão perfeitamente que calculou, com a mais extraordinária exatidão matemática, que todas essas agulhas divergem uma das outras por um ângulo de 60°. Pode ela dizer-nos a causa dessa "infinita variedade de formas estranhas"[80], cada uma das quais é em si uma figura geométrica perfeita? Essas corolas congeladas, semelhantes a estrelas e flores, podem ser, ao que supõe a ciência materialista, uma chuva de mensagens derramadas por mãos espirituais dos mundos superiores para os olhos espirituais inferiores lerem.

A cruz filosófica, as duas linhas que correm em direções opostas, a horizontal e a perpendicular, a altura e a largura, que a Divindade geometrizante divide num ponto de interseção, e que forma tanto o quartenário mágico quanto o científico, quando é inscrito no quadrado perfeito, é a base do ocultista. Em seu recinto místico repousa a chave mestra que abre a porta de toda ciência, tanto física como espiritual. Ela simboliza nossa existência humana, pois o círculo da vida circunscreve os quatro pontos da cruz, que representa sucessivamente o nascimento, a vida, a morte e a IMORTALIDADE. Tudo neste mundo é uma trindade completada pelo quaternário[81], e todo elemento é divisível segundo este mesmo princípio. A Filosofia pode dividir o homem *ad infinitum*, assim como a ciência física dividiu os quatro elementos primeiros e principais em várias dezenas de outros; ela não conseguirá modificar nenhum. Nascimento, vida e morte serão uma trindade completa apenas ao fim do ciclo. Mesmo que a ciência consiga modificar a imortalidade desejada em aniquilação, ela sempre será um quaternário, pois Deus "geometriza"!

Eis por que será talvez um dia permitido à Alquimia falar de seu sal, do mercúrio, do enxofre, e do azoto, e de seus símbolos e letras miríficas, e repetir, com o expositor da *Síntese dos compostos orgânicos*, que "cumpre lembrar que o agrupamento não é um *jogo de fantasia*, e que uma boa razão pode ser dada para a posição de cada letra"[82].

O Dr. Peisse, de Paris, escreveu, em 1863, o que segue:

"Uma palavra sobre a Alquimia. O que devemos pensar da arte hermética? É correto acreditar que podemos transmutar os metais e fazer ouro? Bem, os homens positivos, *esprits forts* do século XIX, sabem que o Sr. Figuier, doutor em ciência e em Medicina, analista químico da Escola de Farmácia de Paris, não deseja pronunciar-se a esse respeito. Ele duvida, ele hesita. Ele conhece diversos alquimistas (pois há muitos) que, baseando-se nas modernas descobertas químicas, e especialmente na singular circunstância dos equivalentes demonstrados pelo Sr. Dumas, pretendem que os metais não são corpos simples, elementos verdadeiros no sentido pleno da palavra, e que em conseqüência podem ser produzidos pelo processo da decomposição. (...) Isto me encoraja a avançar um pouco mais, e candidamente confessar que me surpreenderia moderadamente se visse alguém fazendo ouro. Tenho apenas uma razão a dar, mas ela me parece suficiente: o ouro nunca existiu; ele foi produzido por algum trabalho químico ou qualquer outro no seio da matéria em fusão de nosso globo[83]; talvez porções dele ainda estejam em processo de formação. Os pretensos corpos simples de nossa Química são muito provavelmente produtos secundários, na formação da massa terrestre. Provou-o a água, um dos elementos mais respeitáveis dos físicos antigos. Hoje, nós criamos água. Por que não poderíamos produzir ouro? Um eminente pesquisador, o Sr. Desprez, fabricou diamantes. Certo, esse diamante é apenas um *diamante científico*, um diamante filosófico, que não tem nenhum valor; mas, apesar disso, minha posição se mantém. Ademais, não nos deixamos levar por simples conjecturas. Há um homem vivo que, numa memória enviada aos círculos científicos, em 1853, compreendeu estas palavras – eu descobri o método de produzir ouro artificial, eu fiz ouro. Esse adepto é o Sr. Theodore Tifferau, ex-preparador de Química da *École Professionelle et Supérieure* de Nantes"[84]. [*] O Cardeal de Rohan, a famosa vítima da conspiração do colar de diamantes, testemunhou que viu o Conde Cagliostro fazer ouro e diamantes. Presumimos

---

Consultar a esse respeito as *Conférences* de Tiffereau apresentadas à Académie des Sciences de Paris, que podem ser encontradas num pequeno livro intitulado *L'or et la transmutation des métaux*, publicado em Paris, em 1924, por Charcornac Frères. (N. do Org.)

que os que estão de acordo com o Prof. T. Sterry Hunt, membro da Sociedade Real, não serão tolerantes para com a teoria do Dr. Peisse, pois acreditam que todos os nossos depósitos metalíferos devem-se à ação da vida orgânica. Portanto, até que eles se ponham de acordo, fazendo-nos conhecer a verdadeira natureza do ouro, e se ele é o produto de uma alquimia vulcânica interior ou da segregação e filtragem da superfície, deixá-los-emos resolver a sua querela, e nesse ínterim daremos crédito aos filósofos antigos.

O Prof. Belfour Stewart, que ninguém pensará em classificar entre as mentes iliberais; que com mais lealdade e mais freqüência do que qualquer um de seus colegas admite as falhas da ciência moderna, mostra-se, não obstante, tão preconceituoso quanto os outros cientistas no que diz respeito a essa questão. Sendo a luz perpétua apenas um outro nome para o movimento perpétuo, diz-nos ele, e sendo este último impossível uma vez que não temos meios de equilibrar a perda de material combustível, uma luz hermética é, conseqüentemente, uma impossibilidade[85]. Observando o fato de que "supunha-se que a luz perpétua resultava de poderes *mágicos*", e observando ademais que tal luz não é "certamente desta terra, onde a luz e todas as outras formas de energia superior são essencialmente evanescentes", esse cavalheiro argumenta como se os filósofos herméticos tivessem sempre pretendido que a chama em discussão fosse uma chama terrestre comum, resultante da combustão de material luminífero. A esse respeito os filósofos sempre foram constantemente malcompreendidos e mal-interpretados.

Quantas grandes mentalidades – incrédulas de início – , após terem estudado a "doutrina secreta", modificaram suas opiniões e descobriram o quanto estavam erradas! E como parece contraditório, descobriu num certo momento o Sr. Balfour Stewart citando algumas máximas filosóficas de Bacon – que ele chama de pai da ciência experimental – e dizendo "(. . .) deveríamos certamente tirar uma lição dessas observações (. . .) e ser muito cautelosos *antes de rejeitar qualquer ramo do conhecimento* ou corrente de pensamento por essencialmente inúteis", e rejeitando em outra ocasião, como *totalmente impossíveis*, as pretensões dos alquimistas! Ele mostra Aristóteles "levando em consideração a idéia de que a luz não é um corpo qualquer, ou a emanação de qualquer corpo, e que portanto a luz é uma energia ou uma ação"[86]; e no entanto, embora os antigos tenham sido os primeiros a mostrar, através de Demócrito, a John Dalton a doutrina dos átomos, e através de Pitágoras e mesmo dos oráculos caldeus mais antigos a do éter como um agente universal, as suas idéias, diz Stewart, "não eram fecundas". Ele admite que eles "possuíram gênio e força intelectual", mas acrescenta que "eram falhos nas concepções físicas, e, em conseqüência, as suas idéias não eram fecundas"[87].

Toda a presente obra é um protesto contra essa maneira tão negligente de julgar os antigos. Para ser-se de fato competente para criticar as suas idéias, e assegurar-se de que as suas idéias eram distintas e "apropriadas aos fatos", cumpre tê-las estudado a fundo. É ocioso repetir o que já dissemos, repetidas vezes, e que todo erudito deveria saber; ou seja, que a quintessência de seus conhecimentos estava nas mãos dos sacerdotes, que nunca os escreveram, e nas dos "iniciados" que, como Platão, *não ousaram* escrevê-los. Eis por que as poucas especulações sobre os universos material e espiritual que eles consignaram por escrito não possibilitaram à posteridade julgá-los apropriadamente, mesmo se os primeiros vândalos cristãos, os cruzados posteriores e os fanáticos da Idade Média não tivessem destruído três partes do que restara da biblioteca de Alexandria e de suas escolas posteriores. O Prof. Draper mostra que só o Cardeal Ximenes "jogou à fogueira, nas praças de Granada, 80.000 manuscritos árabes, muitos dos quais traduções de autores clássicos"[88]. Nas bibliotecas do Vaticano descobriram-se passagens inteiras dos tratados mais raros e preciosos dos antigos rasurados e apagados no propósito de entrelinhá-los com absurdas salmodias!

Quem então, dentre aqueles que voltam as costas à "doutrina secreta" por ser ela "antifilosófica" e, como tal, indigna de um pensamento científico, tem o direito de dizer que estudou os antigos; que está a par de tudo que eles sabiam, e que, conhecendo agora muito mais do que eles, sabe que eles pouco ou nada sabiam? Tal "doutrina secreta" contém o alfa e o ômega da ciência universal; nela se encontram a base e a chave de todo conhecimento antigo e moderno; e é somente nessa doutrina "antifilosófica" que permanece enterrado o *absoluto* na filosofia dos problemas obscuros da vida e da morte.

"As grandes energias da Natureza só se conhecem por seus efeitos, disse Paley. Parafraseando a sentença, diremos que as grandes realizações dos dias de outrora só são conhecidas pela posteridade através de seus efeitos. Se alguém toma um livro sobre Alquimia, e nele vê as especulações sobre o ouro e a luz dos irmãos Rosa-Cruz, certamente se surpreenderá, pela simples razão de que nada entende. "O ouro hermético", poderá ele ler, "é o produto dos raios solares, ou da luz espargida invisivelmente e magicamente pelo corpo do mundo. A luz é ouro sublimado, resgatado magicamente pela atração estelar invisível das profundezas da matéria. O ouro é portanto o depósito de luz que se engendra a si próprio. A luz do mundo celestial é ouro sutil, vaporoso, magicamente exaltado, ou o '*espírito da chama*'. O ouro extrai as naturezas inferiores nos metais, e, intensificando-os e multiplicando-os, converte-os em ouro como ele."[89]

Não obstante, fatos são fatos; e como diz Billot a respeito do Espiritismo, observaremos o mesmo a propósito do ocultismo em geral e da Alquimia em particular – não é uma questão de opinião mas de *fatos*, os homens de ciência qualificam uma lâmpada inextinguível de *impossibilidade*, e no entanto pessoas de nosso próprio século, assim como dos dias de ignorância e superstição, as encontram queimando com uma chama brilhante em antigas cavernas fechadas há séculos; e outras pessoas que possuem o segredo de conservar tais chamas por vários séculos. Os homens de ciência dizem que o Espiritismo antigo e moderno, a Magia e o Mesmerismo são charlatanismo e ilusão; mas há 800 milhões de homens e mulheres perfeitamente sãos sobre a face da Terra que acreditam neles. A quem devemos dar crédito?

"Demócrito", diz Luciano[90], "não acreditava (em milagres) (...) ele procurou descobrir o método pelo qual os teurgistas podiam produzi-los; numa palavra, a sua filosofia levou-o à conclusão de que a Magia estava inteiramente confinada à aplicação e à *imitação* das leis e das obras da Natureza."

Ora, a opinião do "gaio filósofo" é da maior importância para nós, já que os Magi deixados por Xerxes em Abdera foram os seus instrutores, e porque ele estudou a magia, durante um tempo considerável, com os sacerdotes egípcios[91]. Por cerca de noventa anos dos cento e nove que viveu, esse grande filósofo fez experiências, e anotou-as num livro, que, de acordo com Petrônio[92], *tratava da Natureza* – fatos que ele próprio havia verificado. E nós o vemos não somente recusando acreditar nos *milagres*, que rejeita por completo, mas afirmando que todos os que foram autenticados por testemunhas ocorreram ou poderiam ter ocorrido, pois todos, mesmo os mais incríveis, foram produzidos de acordo com as "*leis secretas da Natureza*".

"O dia em que uma das proposições de Euclides será contestada está ainda por vir", diz o Prof. Draper[93], exaltando os aristotélicos às custas dos pitagóricos e platônicos. Recusar-nos-emos, nesse caso, a acreditar em inúmeras autoridades bem informadas (Lemprière entre outras), que afirmam que os quinze livros dos *Elementos* não devem ser todos atribuídos a Euclides, e que muitas das mais valiosas verdades e demonstrações contidas neles devem sua existência a Pitágoras, Tales e Eudóxio? Que Euclides, não obstante o seu gênio, foi o *primeiro* que as ordenou, e apenas intercalou algumas teorias próprias para transformar o conjunto num sistema geométrico completo e coerente? E se essas autoridades estão certas, é então novamente com o Sol central da ciência metafísica – Pitágoras e sua escola – que os modernos estão diretamente em dívida, homens como Eratóstenes, o geômetra e cosmógrafo mundialmente famoso, Arquimedes, e mesmo Ptolomeu, apesar de seus erros obstinados. Não fosse a ciência exata desses homens, e os fragmentos das obras que nos deixaram e sobre as quais Galileu baseou suas especulações, os grandes sacerdotes do século XIX poderiam talvez ainda se achar sob a tutela da Igreja, e estar filosofando, em 1876, sobre a cosmogonia de Agostinho e de Bede, a rotação da abóbada celeste em torno da Terra, e a majestosa planura desta.

O século XIX parece positivamente estar condenado a humilhantes confissões. Feltre (Itália) erige uma estátua pública "a *Panfilo Castaldi, o ilustre inventor dos caracteres móveis de impressão*", e acrescenta em sua inscrição a generosa confissão de que a Itália lhe rende "*um tributo de honra por muito tempo delongado*". Mas mal tinha sido a estátua instalada quando os feltrenses foram aconselhados pelo Cel. Yule a "convertê-la em honrosa cal". Ele prova que mais de um viajante além de Marco Polo trouxe da China tipos móveis de madeira e exemplares de livros chineses cujo texto fora totalmente impresso por tais blocos de madeira[94]. Vimos em diversas lamaserias tibetanas, em que havia oficinas de impressão, esses blocos preservados como curiosidades. Eles são conhecidos por serem antiquíssimos, pois os tipos foram aperfeiçoados, e os antigos abandonados ao tempo dos primeiros registros do Lamaísmo budista. Portanto, eles devem ter existido na China antes da era cristã.

Que cada um pondere as sábias palavras do Prof. Roscoe, em sua conferência sobre *A análise do espectro*. "As verdades em estado de infância devem tornar-se úteis. Nem vós nem eu, talvez, podemos ver o *como* ou o *quando*, mas que o tempo virá a qualquer momento, e que então os segredos mais obscuros da Natureza serão empregados para benefício da Humanidade, ninguém que sabe algo a respeito da ciência pode por um instante duvidar. Quem poderia prever que a descoberta de que as pernas de uma rã morta saltam quando tocadas por dois metais conduziria em poucos anos à descoberta do telégrafo elétrico?"

O Prof. Roscoe, visitando Kinchoff e Bunsen quando faziam as suas grandes descobertas sobre a natureza das linhas de Fraunhoffer, diz que *cintilou* em sua mente a idéia de que há ferro no Sol, apresentando assim mais uma evidência a acrescentar a um milhão de outras de que as grandes descobertas vêm comumente como uma cintilação, e não por indução. Há muito mais cintilações reservadas para nós. Descobrir-se-á, talvez, que uma das últimas centelhas da ciência moderna – o belo espectro verde da prata – não tem nada de novo, e que era, apesar da raridade e da "grande inferioridade de seus instrumentos ópticos", bem conhecida dos antigos químicos e físicos. A prata e o verde foram relacionados muito antes dos dias de Hermes. Luna, ou Astarte (a prata hermética), é um dos dois símbolos principais dos Rosa-cruzes. É um axioma hermético o de que "a causa do esplendor e da variedade das cores mergulha profundamente nas afinidades da Natureza; existe uma aliança singular e misteriosa entre cores e sons". Os cabalistas põem a sua "natureza média" em relação direta com a Lua; e o raio verde ocupa o ponto central entre os outros, sendo colocado no meio do espectro. Os sacerdotes egípcios cantavam as *sete* vogais como um hino dirigido a Serapis; e ao som da *sétima* vogal, e ao "sétimo raio" do Sol levante, a estátua de Memnon respondia[95]. As recentes descobertas demonstram as maravilhosas propriedades da luz azul-violeta – o *sétimo* raio do espectro prismático, quimicamente o mais poderoso de todos, que corresponde à nota mais alta da escala musical. A teoria rosa-cruz de que todo o universo é um instrumento musical é a doutrina pitagórica da música das esferas. Os·sons e as cores são números espirituais; assim como os sete raios prismáticos procedem de um ponto do céu, do mesmo modo os sete poderes da Natureza, cada um deles um número, são as sete radiações da Unidade, o Sol espiritual central.

"Feliz aquele que compreende os números espirituais e que percebe a sua poderosa influência!", exclama Platão. E feliz, podemos acrescentar, aquele que, percorrendo o labirinto da correlação de forças, não esquece de remontá-las ao Sol invisível!

Os futuros experimentadores colherão a honra de demonstrar que os tons musicais exercem um maravilhoso efeito sobre o crescimento da vegetação. E com o anúncio desta falácia não científica, fecharemos o presente capítulo, e continuaremos a lembrar o paciente leitor de certas coisas que os antigos conheciam, e que os modernos *pensam* que conhecem.

NOTAS

1. Ver Éliphas Lévi, *La science des esprits*, Prefácio.
2. [J. A. C. Kerner, *Die Seherin von Prevorst*, etc., 1829.]
3. Henri Maudsley, *Body and Mind*, parte II, Ensaio sobre Swedenborg.
4. Josiah P. Cooke, *The New Chemistry*, p. 101.
5. Henry Maudsley, *Body and Mind*, "The Limits of Philosophical Inquiry", p. 266.
6. *Scientific American*, vol. XIX, 12 de agosto de 1868, p. 99.
7. [Exotérico? Sentido incerto!]
8. Le Conte, "Correl. of Vital, etc. ", em *Pop. Science Monthly*, IV, dezembro, 1873, p. 170.
9. A macieira silvestre.
10. Incorreto; a palavra hindustâni para macaco é *rûkhchadhâ*. Provavelmente, quer-se dizer *chokra*, um pequeno criado nativo.
11. Col. Henry Yule, *The Book of Ser Marco Polo*, etc., vol. I, p. 307; ed. 1875.
12. Marsino Delrio, *Disquisitionum magicarum libri sex*, livro II, p. 34, 100; Lugduni, 1608. Cf. Yule, *op. cit.*, vol. I, p. 306.
13. Yule, *op. cit.*, vol. I, p. 307-08 [citando f. Valentijn, *Oud en Nieuw Oost-Indien*, V, p. 52-4; Amsterdam, 1724-1726; e o *Itinerary* de Ricold of Monte Croce].
14. *Ibid.*, vol. I, p. 308-09. [*Voyages d'Ibn Batoutah*, IV, p. 39, 290; Paris, 1853.]
15. Edward Meltons, *Elgelsch Edelmans Zeldzaame en Gedenkwaardige Zee en Land Reizen*, Amsterdam, 1702, p. 468.
16. *Tûzuk-i-Jahângîrî, or Memoirs of the Emperor Jahângîr*, p. 99, 102.
17. J. Hugues Bennett, *Text Book of Physiology*, etc.; Edinburgh, 1870, p. 37-50.
18. [*Curiosités inouïes*, etc., Paris, 1629, 1631; trad. ingl., 1650.]

19. C. Crowe, *The Night-Side of Nature*, p. 110.
20. *Thoughts on the Birth and Generation of Things.*
21. [XIV, 32.]
22. Plínio, *Nat. Hist.*, VII, lii, 174; Plutarco, *Do demônio de Sócrates*, § 22.
23. *De varietate rerum*, VIII, 43; ed. 1557.
24. Nasse, *Zeitschrift für psychische Ärzte*, 1820.
25. W. G. Osborne, *The Court and Camp of Ranjít Singh*, p. 49-52; ed. 1840. J. Braid, *Observations on Trance*.
26. A Sra. Catherine Crowe, em sua *Night-Side of Nature*, p. 118, fornece-nos os detalhes de um sepultamento análogo de um faquir, na presença do Gen. Ventura, juntamente com o Mahârâja e muitos de seus Sardârs. O agente político de Ludhiana estava "presente quando ele foi desenterrado, dez meses depois do sepultamento". O ataúde ou caixão que continha o faquir "foi enterrado numa câmara mortuária, recoberto e compactado com terra, após o que grãos de milho foram semeados no local, e sentinelas colocadas para guardá-lo. O Mahârâja, contudo, era tão cético que, a despeito de todas essas precauções, por duas vezes no curso dos dez meses o fez desenterrar e examinar, e em cada vez encontrou-se o faquir *exatamente no mesmo estado* em que tinha sido encerrado".
27. Em Salverte, *The Phil. of Magic*, II, p. 111, nota.
28. A. Corn. Celsus, *De medicina*, livro II, cap. VI.
29. *Hist. Nat.*, livro VII, cap. III.
30. [*Treatise on the Plague*, livro IV.]
31. *Morning Herald*, 21 de julho de 1836.
32. *La Science des esprits.*
33. [*Vidas*, "Empédocles", § 61.]
34. [*Mateus*, IX, 24.]
35. Filóstrato, *Vida de Apolônio*, IV, xiv
36. Salverte, *The Phil. of Magic*, II, p. 112
37. *La science des esprits*, parte II, cap. II.
38. Seria de grande proveito para a Humanidade se os nossos médicos modernos possuíssem essa mesma inestimável faculdade, pois assim teríamos menos registros de mortes horríveis ocorridas *depois* da inumação. A Sra. Catherine Crowe, em *The Night-Side of Nature*, lembra *cinco* de tais casos no capítulo sobre "Casos de Transe", ocorridos apenas na Inglaterra, e durante o século atual. Entre esses está o do Dr. Walker de Dublin e de um Sr. S., cuja madrasta foi acusada de tê-lo envenenado, e que, ao ser desenterrado, foi encontrado com o rosto voltado para baixo.
39. [*Dos castigos divinos*, § 22.]
40. [Parte II, cap. II.]
41. [*La scince des esprits*, parte III, cap. II.]
42. A. Wilder, *New Platonism and Alchemy*, p. 12-3.
43. *Ibid.*, p. 15.
44. [*Atos*, VIII, 20.]
45. [Porfírio, *Vida de Plotino*, X.]
46. Jâmblico foi o fundador da teurgia neoplatônica.
47. *New Platonism and Alchemy*, Albany, N. Y., 1869.
48. Ver *Medium and Daybreak*, 7 de julho de 1876, p. 428.
49. [*Êxodo*, VII, 11; VIII, 19.]
50. Mais adiante provaremos positivamente que o *Velho Testamento* menciona um culto prestado pelos israelitas a mais de um deus. O *El Shaddai* de Abraão e Jacó não era o *Jeová* de Moisés,

ou o Senhor Deus reverenciado por eles durante os quarenta anos no deserto. E o Deus do Exército de Amós não é, se devemos acreditar em suas próprias palavras, o Deus Mosaico, a divindade sinaíta, pois eis o que está escrito: "Eu odeio, eu desprezo as vossas festas (. . .) não me agradam as vossas oferendas (. . .) Por acaso ofereceste-*me* sacrifícios e oferendas no deserto, durante quarenta anos, ó casa de Israel? (. . .) Não, mas *fabricastes o tabernáculo de vosso Moloch e de vosso Chiun* [Saturno], vossas imagens, estrela de vossos deuses, que fabricastes para vós (. . .) Por isso, eu vos deportarei (. . .) disse o *Senhor, cujo nome é O Deus dos Exércitos*" (*Amós*, V, 21-7).

51. Capítulo XVII, 9-11.

52. [*1 Samuel*, XXVIII, 15] Este "subir", dito pelo espírito de um profeta, cuja morada deveria situar-se certamente no céu, e que, por conseqüência, deveria ter dito "descer", é muito sugestivo em si para um cristão que localiza o paraíso e o inferno em dois pontos opostos.

53. *Ezequiel*, III, 12-4.

54. William Howitt, *History of the Supernatural*, vol. II, cap. I.

55. Horácio, *Sátiras*, I, VIII, 28-9.

56. Porfírio, *De abstinentia*, II, §§ 42 e 47.

57. *Gênese*, XVIII, 1.

58. *João*, XXI, 4.

59. *Daniel*, X, 8-9.

60. *1 Samuel*, X, 6.

61. *João*, VIII, 48-9.

62. Nosso informante, que foi uma testemunha ocular dos acontecimentos, é o Sr. N-ff de São Petersburgo, que estava afeto à nau capitânea *Almaz*, se não nos enganamos.

63. "Quais eram as forças em jogo que causavam esta oscilação do jornal?", pergunta J. W. Phelps, que cita o fato. "Havia o rápido movimento ascensional do ar aquecido, o movimento descendente do ar frio, o movimento de translação da brisa da superfície, e o movimento circular do redemoinho. Mas como se poderiam eles combinar de modo a produzir a oscilação?" (Conferência sobre "A força explicada eletricamente", 1859, p. 98.)

64. [G. P. Billot, *Recherches psychologiques sur la cause des phénomènes*, etc., p. 20.]

65. *Revue des Deux Mondes*, 1858, p. 414.

66. *The Conservation of Energy*, p. 149-50.

67. *Vide* vol. I, p. 491, dos *Collected Writings*, para as informações sobre ele.

68. [*New Platonism and Alchemy*, p. 23, rodapé.]

69. [*Recherches*, etc., 1830.]

70. [*Lives of the Necromancers*, Londres, 1876, p. 18-9.]

71. Eugênio Filaletes.

72. H. Yule, *The Book of Ser Marco Polo*, etc., vol. I, p. 215; ed. 1875.

73. Ver Sage, *Dictionnaire général des tissus*, II, p. 1-12.

74. Yule, *op. cit.*, vol. I, p. 175.

75. A. Vámbery, *Travels in Central Asia*, p. 9. Cf. Yule, *op. cit.*, vol. I, p. 161.

76. "Alchemy, or the Hermetic Philosophy", em *New Platonism and Alchemy*, p. 24-5.

77. [Tábua Esmeraldina.]

78. Ver Plutarco, *Simposíacas*, livro VIII, ii. "Diogeniana começou e disse: 'Vamos admitir Platão à conferência e perguntar-lhe o que quer dizer quando afirma – supondo-se que a frase seja sua – que *Deus sempre age como um geômetra*'. Eu disse: 'Esta sentença não foi claramente formulada em nenhuma de suas obras; mas há boas razões para que ela seja sua, e ela se assemelha bastante à sua maneira de exprimir-se'. Tíndaro acrescentou então: 'Ele exalta a geometria como uma ciência que arranca os homens dos objetos sensíveis, e os faz voltarem-se para a Natureza inteligível e Eterna – cuja contemplação é o objetivo da Filosofia, assim como uma exposição dos mistérios de iniciação nos ritos sagrados'."

79. [*The Secret Doctrine*, vol. II, pp., 109-13; e Fabricius, *Bibl. Graeca*, I, cap. X.]
80. Prof. Ed. L. Youmans, *A Class-Book of Chemistry*, p. 40.
81. Nas nações antigas a Divindade era uma trindade completada por uma deusa – o *Arba-il*, ou Deus quádruplo [*Sepher Yetzîrah*, I].
82. J. Cooke, *The New Chemistry*, Conferência XIII, p. 311.
83. A teoria do Prof. T. Sterry Hunt sobre os depósitos metalíferos contradiz esta afirmação; mas tal teoria é correta?
84. L. Peisse: *La Médecine et les médecins*, etc., vol. I, p. 57 e segs.
85. *The Conservation of Energy*, p. 149-50.
86. *Ibid.*, p. 135.
87. *Ibid.*, p. 136.
88. [*The Hist. of the Conflict*, etc., p. 104.]
89. Extract from Robertus de Fluctibus em H. Jennings, *The Rosicrucians*, 1870, p. 335-36.
90. *Philopseudês*.
91. Diógenes Laércio, *Vidas*, etc., "Demócrito", §§ 34 e 35.
92. *Satyricon*, LXXXVIII, Cf. M. Vitrúvio Pólio, *Da arquitetura*, IX, iii.
93. *Hist. of the Conflict*, etc., p. 33.
94. *The Book of Ser Marco Polo*, etc., vol. I, Introd., p. 133-35; ed. 1875.
95. Cf. Tácito, *Anais*, II, 1xi; Filóstrato, *Vida de Apolônio*, VI, iv.

CAPÍTULO XIV

"Os acontecimentos desta nossa cidade de Saïs estão registrados em nossos escritos sagrados durante um período de 8.000 anos."
PLATÃO, *Timeu*, 23 E.

"Os egípcios afirmam que do reino de Heracles ao de Amasis transcorreram 17.000 anos."
HERÓDOTO, *História*, II, § 43.

"Não pode o teólogo extrair luz da fé pura e primitiva, que resplende dos hieróglifos egípcios, para ilustrar a imortalidade da alma e uma ressurreição final? O historiador não se dignará mencionar a origem anterior de toda arte e de toda ciência no Egito, mil anos antes que os pelasgos salpicassem as ilhas e os cabos do Arquipélago com as suas fortalezas e templos?"
GLIDDON, *Ancient Egypt*, p. 31.

Como se deu o Egito a conhecer? Quando rompeu a aurora daquela civilização, cuja perfeição assombrosa é sugerida pelas peças e fragmentos que os arqueólogos nos fornecem? Ai de nós! os lábios de Memnon estão selados e não mais emitem oráculos; a Esfinge tornou-se, com sua mudez, uma charada maior do que o enigma proposto a Édipo.

O que o Egito ensinou a outros, ele certamente não o conseguiu pelo intercâmbio de idéias e de descobertas com os seus vizinhos semitas, nem deles recebeu estímulo. "Quanto mais aprendemos dos egípcios", observa o autor de um artigo recente, "mais maravilhosos eles parecem ser!"[1] [*] De quem teria o Egito aprendido as suas artes assombrosas, cujos segredos morreram com ele? Ele não enviou agentes a todas as partes do mundo para aprender o que os outros sabiam; mas os sábios das nações vizinhas recorreram a ele para lograr o conhecimento. Encerrando-se orgulhosamente em seu domínio encantado, a formosa rainha do deserto criou maravilhas como que por artes de uma varinha mágica. "Nada", observa o mesmo autor que já citamos em outro lugar, "prova que a civilização e o conhecimento nascem e prosperam com ele como no caso de outros povos, mas tudo parece aplicar-se com a mesma perfeição, *às datas mais*

---

[*] Esse artigo foi escrito pelo Major-General William Hamley. Há um outro artigo de sua lavra no número de setembro de 1870 de *Blackwood's Edinburgh Magazine*, p. 302-21, sobre como os egípcios antigos viveram e morreram. Muitos fatos mencionados por Hamley no seu artigo de agosto de 1870 estão entrelaçados no texto do Cap. XIV de *Ísis sem véu* e apenas algumas das passagens estão abonadas. (N. do Org.)

antigas. É fato provado pela História que nenhuma nação sabia tanto quanto o Egito".

Podemos assinalar como uma razão para esta observação o fato de que até muito recentemente nada se soubesse da Índia antiga? Que essas duas nações, Índia e Egito, eram aparentadas? Que elas eram as mais antigas no grupo das nações; e que os etíopes orientais – vigorosos construtores – vieram da Índia como um povo maduro, trazendo consigo a sua civilização e colonizando o talvez desocupado território egípcio? Mas reservamos uma elaboração mais completa desse tema para nosso IV volume[2].

"A mecânica", diz Eusèbe Salverte, "foi levada pelos antigos a um ponto de perfeição que nunca foi atingido nos tempos modernos. Podemos perguntar se as suas invenções foram superadas em nosso século? Certamente não; e hoje, com todos os meios que o progresso da ciência e da descoberta moderna colocou nas mãos do mecânico, elas não foram criticadas pelas numerosas dificuldades enfrentadas pela tentativa de erigir sobre um pedestal um daqueles monólitos que os egípcios construíram, há quarenta séculos e em número tão grande, diante dos seus edifícios sagrados"[3].

Tão longe quanto possamos retroceder na História, até o reino de Menes, o mais antigo dos reis sobre o qual conhecemos alguma coisa, encontramos provas de que os egípcios estavam mais familiarizados com a Hidrostática e com a Engenharia Hidráulica do que nós próprios. A obra gigantesca de inverter o curso do Nilo – ou antes, do principal dos seus braços – e de levá-lo a Mênfis foi realizada durante o reinado desse monarca, que nos parece tão distanciado no abismo do tempo quanto uma estrela que brilha no ponto mais longínquo da abóbada celeste. Diz Wilkinson: "Menes calculou exatamente a resistência que era preciso vencer e construiu um dique cujas barreiras grandiosas e aterros enormes levaram a água para a direção leste e desde aquela época o rio está contido no seu novo leito"[4]. Heródoto deixou-nos uma descrição poética mas precisa do lago Moeris, que leva o nome do Faraó que obrigou que este lençol artificial se formasse[5].

O historiador, na sua descrição, afirma que esse lago media cerca de 724.000 metros de circunferência e 90 de profundidade. Era alimentado, através de canais artificiais, pelo Nilo e servia para reservar uma parte do transbordamento anual para irrigação das terras que se situavam muitas milhas ao seu redor. Os seus portões, as suas represas e as suas eclusas contra enchentes e os mecanismos apropriados foram construídos com a maior habilidade. Os romanos, num período muito mais recente, obtiveram dos egípcios as suas noções de construções hidráulicas, mas o nosso progresso mais recente na ciência da Hidrostática demonstrou a existência de uma grande deficiência de sua parte em alguns ramos desse conhecimento. Assim, por exemplo, se estiveram familiarizados com o que se chama a grande lei em Hidrostática, eles parecem ter tido menos familiaridade com aquilo que os nossos engenheiros modernos conhecem como juntas à prova d'água. O seu desconhecimento está suficientemente provado pelo fato de transportarem a água por meio de grandes aquedutos nivelados, em vez de fazê-lo com menos custo por meio de canos de ferro distribuídos subterraneamente. Mas os egípcios evidentemente empregavam um método muitas vezes superior em seus canais e em suas instalações artificiais para distribuição de água. Apesar disso, os engenheiros modernos empregados por de Lesseps para o Canal de Suez – que aprenderam dos romanos tudo o que a sua arte lhes poderia ensinar, sendo que os romanos haviam assimilado o seu conhecimento dos egípcios – zombaram da sugestão de que poderiam procurar um meio para corrigir algumas imperfeições da sua obra através do estudo do conteúdo de vários museus egípcios. Não obstante, os engenheiros foram bem-sucedidos em dar às barreiras daquele "fosso longo e feio", como o Prof. Carpenter denomina o Canal de Suez, força suficiente para torná-lo uma via aquática navegável, em vez de uma armadilha de lodo para barcos, como era anteriormente.

Os depósitos aluviais do Nilo, durante os últimos trinta séculos, alteraram completamente a área do Delta, de maneira que ele está continuamente avançando para o mar e aumentando o território de Khedive. Nos tempos antigos, a desembocadura principal do rio era chamada *Pelusiana* e o canal aberto por um dos reis – o canal de Necho – levava de Suez este braço[6]. Após a derrota de Antonio e Cleópatra, em Áccio, propôs-se que uma porção da esquadra passasse pelo canal em direção ao Mar Vermelho, o que mostra a profundidade da água que aqueles engenheiros primitivos haviam represado. Colonos do Colorado e do Arizona aproveitaram recentemente grandes extensões de terra estéril por meio de um sistema de irrigação; não receberam dos jornais da época o mínimo elogio por sua ingenuidade. Mas, a uma distância de cerca de 804 quilômetros do Cairo, estende-se uma faixa de terra aproveitada ao deserto e tornada, de acordo com o Prof. Carpenter, "a mais fértil de toda a superfície da terra". Diz ele que, "por milhares de anos, esses braços-canais têm transportado água fresca do Nilo para fertilizar tanto a terra dessa longa faixa estreita quanto a do Delta". Ele descreve "a rede de canais do Delta, que data de um período antigo dos monarcas egípcios"[7].

A província francesa de Artois deu o seu nome ao poço artesiano, pois que esta estratégia de Engenharia foi utilizada pela primeira vez nesse distrito; mas, se consultarmos os registros chineses, veremos que tais poços eram comuns muitos séculos antes da era cristã.

Se nos voltarmos agora para a arquitetura, veremos passar diante dos nossos olhos maravilhas indescritíveis. Referindo-se aos templos de Philae, Abu Simbel, Dendera, Edfu e Karnak, o Prof. Carpenter observa que "essas construções estupendas e belas (. . .) essas pirâmides e esses templos gigantescos" têm "uma vastidão e uma beleza" que "ainda impressionam após o lapso de muitos milhares de anos". Ele está assombrado com "o caráter admirável do acabamento da obra; as pedras, em muitos casos, foram assentadas com uma exatidão tão surpreendente, que dificilmente uma faca poderia infiltrar-se entre as juntas". Observou em sua peregrinação arqueológica diletante uma daquelas "curiosas coincidências" que Sua Santidade, o Papa, acharia interessante de estudo. Ele está falando do *Livro dos mortos* egípcio, esculpido sobre os velhos monumentos, e da crença antiga na imortalidade da alma. "Ora, é mais extraordinário", diz o professor, "notar que não só esta crença, mas também a linguagem em que ela era expressa à época do Egito antigo, antecipou a da revelação cristã. Pois nesse *Livro dos mortos* são utilizadas frases que encontramos no *Novo Testamento* em relação ao dia do Juízo Final; e ele admite que este hierograma foi "gravado, provavelmente, 2.000 anos antes da Era de Cristo."

De acordo com Bunsen[8], de quem se diz ter feito os cálculos mais perfeitos, a massa de alvenaria da pirâmide de Quéops mede 8.651.655 metros e pesaria 6.316.000 toneladas. A quantidade imensa de pedras quadradas mostra-nos a habilidade sem paralelo dos pedreiros egípcios. Falando da grande pirâmide, Kenrick diz: "As juntas são mal perceptíveis, não mais largas do que a espessura da folha de papel prateado e o cimento é tão retentivo, que fragmentos de pedras do revestimento continuam na sua posição original, apesar do lapso de muitos séculos e da violência com que elas foram retiradas"[9]. Quem, dentre os nossos arquitetos e químicos modernos, redescobrirá o cimento indestrutível das construções egípcias mais antigas?

"A habilidade dos antigos pedreiros", diz Bunsen, "revela-se acentuadamente na extração de blocos gigantescos, dos quais foram cortados obeliscos e estátuas colossais – obeliscos de cerca de 27 metros de altura e estátuas de aproximadamente 20 metros, feitos de uma pedra!" Há muito mais. Eles não dinamitavam os blocos para esses monumentos, mas adotaram o seguinte método científico: em vez de usar grandes cunhas de ferro, que poderiam ter rachado a pedra, "eles cavavam um pequeno sulco por toda a extensão de, talvez, 30 metros, e aí inseriam, próximas umas das outras, um grande número de estacas de madeira seca; depois, despejavam água no sulco e as cunhas, inchando e estourando simultaneamente, com uma força tremenda, rompiam a pedra gigantesca, simplesmente como um diamante corta um vidro".

Os geógrafos e os geólogos modernos demonstraram que esses monólitos foram trazidos de uma distância prodigiosa e ficaram confusos nas suas conjecturas sobre como o transporte teria sido efetuado. Os velhos manuscritos dizem que isso foi feito com a ajuda de trilhos portáteis. Estes repousavam sobre bolsas infladas feitas de couro tornado indestrutível pelo mesmo processo usado para preservar as múmias. Esses engenhosos colchões de ar evitavam que os trilhos afundassem na areia profunda. Manetho menciona-os e observa que eles eram tão bem-preparados, que poderiam resistir, por muitos séculos, à deterioração.

A data das centenas de pirâmides do vale do Nilo é impossível de ser fixada por qualquer uma das regras da ciência moderna; mas Heródoto informa-nos que cada rei erigiu uma delas para comemorar o seu reino e servir como seu sepulcro. Mas Heródoto não disse tudo, embora ele soubesse que o objetivo *real* da pirâmide era muito diferente daquele que ele lhe atribui. Não fossem os seus escrúpulos religiosos, ele teria podido acrescentar que, externamente, ela simbolizava o princípio criativo da Natureza e também ilustrava os princípios de Geometria, Matemática, Astrologia e Astronomia. Internamente, era um templo majestoso, em cujos recessos sombrios eram realizados os mistérios e cujas paredes freqüentemente testemunhavam as cenas de iniciação dos membros da família real. O sarcófago pórfiro, que o Prof. Piazzi Smyth, Astronomer-Royal da Escócia, reduz à condição de um grande caixote para armazenar cereais, era a *pia batismal* da qual emergia o neófito, que então "nascia de novo" e se tornava um *adepto*.

Heródoto dá-nos, todavia, uma idéia justa do labor enorme despendido no transporte de um desses gigantescos blocos de granito. Cada bloco media cerca de 10 metros de comprimento, 6 de largura e 3 de altura. Estima o seu peso em 300 toneladas e em 2.000 o número de homens necessários para transportá-lo em três anos de Syene a Saïs, Nilo abaixo[10]. Gliddon, em seu *Ancient Egypt*, cita de Plínio uma descrição dos preparativos para o transporte de um obelisco erigido em Alexandria por Ptolomeu Filadelfo. Um canal foi aberto desde o Nilo até o local em que ele repousa. Dois barcos flutuavam sob ele; foram carregados com pedras de 30 centímetros cúbicos cada uma; calculado o peso do obelisco pelos engenheiros, a carga dos barcos era exatamente proporcional a ele, de maneira que eles ficassem suficientemente submersos para passar sob o monólito quando este fosse colocado sobre o canal, atravessando-o de um lado a outro. Depois, as pedras foram gradualmente removidas, os barcos flutuaram, ergueram o obelisco e ele flutuou rio abaixo[11].

Na seção egípcia do Museu de Dresden, ou de Berlim, não nos lembramos de qual deles, está uma pintura que representa um operário subindo por uma pirâmide inacabada com uma cesta de areia às costas. Isto sugeriu a alguns egiptólogos a idéia de que os blocos das pirâmides eram manufaturados quimicamente *in loco*. Alguns engenheiros modernos acreditam que o cimento Portland, um silicato duplo de cal e alumina, seja o cimento imperecível dos antigos. Mas, por outro lado, o Prof. Carpenter afirma que as pirâmides, com exceção do granito do seu revestimento, são formadas daquilo que "os geólogos chamam de calcário *numulítico*. Este é mais novo do que o velho giz e é feito de conchas de animais chamados *numulites* – que são como pequenas moedas de tamanho aproximado à moeda de um xelim"[*]. Embora esta questão discutível deva ser resolvida, ninguém, de Heródoto e Plínio até o último engenheiro errante que olhou para esses monumentos de dinastias imperiais há muito tempo desmoronadas, foi capaz de nos mostrar como as massas gigantescas foram transportadas e levantadas no local. Bunsen atribui ao Egito uma antiguidade de 20.000 anos. Mas mesmo nessa questão só seremos levados a conjecturas se dependermos das autoridades modernas. Elas nem nos podem dizer para que as pirâmides foram construídas, em que dinastia a primeira delas foi erigida, nem o material com que foram edificadas. Para eles, tudo é conjectura.

O Prof. Smyth deu-nos, da grande pirâmide, a descrição matemática mais exata que se pode encontrar na literatura a esse respeito[**]. Mas depois de mostrar os aspectos astronômicos da estrutura, ele aprecia tão pouco o pensamento egípcio antigo, que afirma realmente que o sarcófago pórfiro da câmara do rei é a unidade de medida das duas nações mais iluminadas da Terra – "a Inglaterra e a América". Um dos *Livros de Hermes* afirma que uma das pirâmides repousa sobre uma praia marítima, "cujas ondas arremetem com fúria poderosa contra a sua base". Isto implica que as características geográficas do país se modificaram e pode indicar que devemos atribuir a esses "celeiros", "observatórios mágico-astrológicos" e "sepulcros reais" uma origem que antecede o sublevantamento do Saara e de outros desertos. Isto também implicaria uma antiguidade maior do que os poucos milênios de anos tão generosamente atribuídos a elas pelos egiptólogos.

O Dr. E. Rebold, um arqueólogo francês de algum renome, dá aos seus leitores um vislumbre da cultura que prevaleceu 5.000 (?) anos antes de Cristo, dizendo que não havia naquele tempo mais do que "trinta ou quarenta colégios de sacerdotes que estudavam ciências ocultas e magia prática"[12].

Um redator do *National Quarterly Review*[13] diz que "As escavações recentes feitas nas ruínas de Cartago trouxeram à luz traços de uma civilização, de um refinamento de arte e de luxo, que deve ter mesmo eclipsado o da Roma antiga; e quando o *fiat* foi pronunciado, *Delenda est Carthago*, a senhora do mundo sabia muito bem que ela estava prestes a destruir algo maior do que ela, pois, enquanto um império dominava o mundo apenas pela força dos seus braços, o outro era o último e mais perfeito representante de uma raça que havia, séculos antes que Roma sonhasse com isso, controlado a civilização, a cultura e a inteligência da Humanidade". Esta Cartago é a única que

---

* As pedras de revestimento eram calcário branco, no qual não ocorrem conchas marinhas. Restaram pouquíssimas delas. Os blocos enormes que formam o corpo principal das pirâmides foram extraídos no próprio local em que elas foram construídas. Em eras geológicas, o platô das pirâmides foi o leito do oceano e, assim, as pedras estão cheias de todas as espécies fossilizadas da vida marinha, desde conchas até esqueletos de vacas marinhas. Tais formações são conhecidas como *calcário numulítico*. (N. do Org.)
** As medidas mais exatas do Prof. W. M. Flinders podem ser encontradas no seu livro *The Pyramids and Temples of Gizeh*, que foi publicado em Londres, em 1883. (N. do Org.)

de acordo com Apiano estava em pé já em 1234 a.c., ou 50 anos antes da tomada de Tróia, e não aquela que popularmente se supõe ter sido construída por Dido (Elissa ou Astartê) quatro séculos depois.

Temos aqui uma nova ilustração da verdade da doutrina dos ciclos. O reconhecimento de Draper da erudição astronômica dos antigos egípcios é singularmente apoiado por um fato interessante citado pelo Sr. J. M. Peebles de uma conferência proferida em Filadélfia pelo falecido astrônomo Prof. O. M'Knight Mitchel. Sobre o ataúde de uma múmia, que está agora no Museu Britânico, fora delineado o zodíaco com as posições exatas dos planetas à época do equinócio de outono no ano de 1722 a.C. O Prof. Mitchel calculou a posição exata dos corpos celestes pertencentes ao nosso sistema solar na época indicada. "O resultado", diz o Sr. Peebles, "eu o dei em minhas obras: 'Para meu espanto (. . .) verificou-se que, a 7 de outubro de 1722 a.c., a Lua e os planetas ocupavam nos céus os pontos exatos marcados sobre o ataúde que está no Museu Britânico'."[14]

O Prof. John Fiske, em seu ataque furioso à *History of the Intellectual Development of Europe* do Dr. Draper, ergue a sua pena contra a doutrina da progressão cíclica, observando que "nunca conhecemos o início e o fim de um ciclo histórico e não temos nenhuma garantia introdutória para acreditar que estamos agora atravessando um deles"[15]. Censura o autor dessa obra eloqüente e refletida pela "disposição excêntrica exibida ao longo de toda a sua obra, não apenas ao atribuir a melhor parte da cultura grega a uma fonte egípcia, mas também ao exaltar uniformemente a civilização não-européia às custas da européia". Acreditamos que esta "disposição excêntrica" poderia ser sancionada diretamente pelas confissões dos próprios grandes historiadores gregos. O Prof. Fiske poderia, com proveito, ler Heródoto mais uma vez. O "Pai da História" confessa mais de uma vez que a Grécia deve tudo ao Egito. Quanto à sua afirmação de que o mundo nunca conheceu o início e o fim de um ciclo histórico, devemos apenas olhar retrospectivamente para as muitas nações gloriosas que desapareceram, isto é, chegaram ao fim de seus grandes ciclos nacionais. Comparai o Egito daquela época, com a sua perfeição de arte, ciência e religião, as suas cidades gloriosas e os seus monumentos e a sua população formigante, com o Egito de hoje: povoado por estranhos, as suas ruínas são abrigo de morcegos e de serpentes e poucos coptas são os únicos herdeiros sobreviventes de toda aquela grandeza – e vede se a teoria cíclica não se sustenta. Diz Gliddon, agora contestado pelo Sr. Fiske "Os filósofos, os astrônomos, os químicos, os pintores, os arquitetos e os médicos devem voltar ao Egito para aprender a origem da língua e da escrita, do calendário e do movimento solar; da arte de cortar o granito com um cinzel de *cobre* e de dar elasticidade a uma espada de *cobre*; de fazer vidro com os matizes variegados do arco-íris; de mover blocos únicos de sienito polido, com *novecentas toneladas* de peso, a qualquer distância, por terra e água; de construir *arcos*, redondos e pontiagudos, com uma precisão que ainda hoje não foi superada, e que antecedem em 2.000 anos a 'Cloaca Magna' de Roma; de esculpir uma *coluna dórica* 1.000 anos antes que os dóricos fossem conhecidos na História – de pintar *afrescos* em cores imperecíveis e de conhecimento prático de anatomia".

"Todo artesão pode contemplar, nos monumentos egípcios, o progresso da sua arte há 4.000 anos atrás; e, seja uma pessoa que conserta veículos de rodas construindo uma carroça, um sapateiro enrolando o seu retrós, um cortador de couro utilizando um tipo antigo de faca mas ainda hoje considerado como o melhor, um tecelão trabalhando com a mesma lançadeira, um ferreiro usando aquela forma idêntica de maçarico apenas recentemente reconhecida como a mais eficiente, o entalhador de sinetes cortando, em hieróglifos, nomes tais como o de Schoopho, há cerca de 4.300 anos (. . .) *todos esses*, e muitas outras evidências mais espantosas da prioridade egípcia, exigem agora apenas uma olhadela às estampas de Rossellini."[16]

"Na verdade", exclama o Sr. Peebles, "os templos e os túmulos ramseanos maravilharam mais ao grego Heródoto do que a nós!"[17]

Mas, apesar de tudo, a mão impiedosa do tempo caiu pesadamente sobre os monumentos egípcios que alguns deles teriam caído no esquecimento não fossem os *Livros de Hermes*. Rei após rei e dinastia após dinastia passaram num cortejo cintilante diante dos olhos de gerações sucessivas e suas famas se espalharam pelo globo habitável. O mesmo manto de esquecimento caiu sobre eles e igualmente sobre os seus monumentos, antes que a primeira de nossas autoridades históricas, Heródoto, preservasse, para a posteridade, a lembrança daquela maravilha do mundo, o grande Labirinto. A cronologia bíblica, aceita desde há muito tempo, limitou tanto as mentes não só do clero, mas também de nossos cientistas mal desagrilhoados, que, no tratamento dos restos pré-históricos de diferentes partes do mundo, se pode perceber neles um medo constante de ultrapassar o período de 6.000 anos até agora admitido pela Teologia como a idade do mundo.

Heródoto já encontrou o Labirinto em ruínas; não obstante, a sua admiração pelo gênio dos seus construtores não conheceu limites. Considerou-o muito mais maravilhoso do que as próprias pirâmides e, como testemunha ocular que foi, descreve-o minuciosamente. Os eruditos franceses e prussianos, bem como outros egiptologistas, concordam quanto à sua localização e identificaram as suas nobres ruínas. Além disso, confirmam a narrativa feita pelo velho historiador. Heródoto diz que encontrou ali 3.000 câmaras, metade ao nível do chão e metade abaixo dele. "As câmaras superiores", diz ele, "eu mesmo as percorri e examinei em detalhes. Nas subterrâneas [que *devem existir até hoje*, como sabem todos os arqueólogos] os guardas do edifício não me deixaram entrar, pois elas contêm os sepulcros dos reis que construíram o Labirinto e também os dos crocodilos sagrados. As câmaras superiores, eu as vi e examinei com os meus próprios olhos e acho que elas excedem todas as outras obras humanas." Na tradução de Rawlinson, Heródoto diz: "As passagens entre as casas e o meandros variados dos caminhos entre os pátios excitavam em mim uma admiração infinita à medida que eu passava dos pátios para as câmaras e dali para as colunatas, e das colunatas para outras casas, e novamente para casas não vistas anteriormente. O teto era feito de pedra, como as paredes; e as paredes estavam primorosamente guarnecidas de esculturas; todos pátios estavam circundados de claustros com colunatas de pedras brancas, e esculpidas também primorosamente. No ângulo do Labirinto há uma pirâmide de 74 metros de altura, com grandes figuras esculpidas, na qual se entra por uma vasta passagem subterrânea"[18].

Se assim era o Labirinto, quando visto por Heródoto, que tal seria, nesse caso, a antiga Tebas, a cidade destruída no período de Psamético, que reinou 530 anos antes da destruição de Tróia? Achamos que, à sua época, Mênfis era a capital, ao passo que da gloriosa Tebas restaram apenas *ruínas*. Bem, se nós – que só podemos fazer uma estimativa a partir das ruínas daquilo que já eram ruínas muitos séculos antes da nossa era – estamos estupefatos ao contemplá-la, qual teria sido o aspecto geral de Tebas nos dias de sua glória? Karnak – templo, palácio, ruínas ou seja lá como os arqueólogos a chamem – é agora o seu único representante. Mas tão solitária quanto se apresente, emblema adequado do majestoso império, como se tivesse sido esquecida pelo tempo na marcha dos séculos, ela testemunha a arte e a habilidade dos antigos. Deve ser, sem dúvida, desprovido de percepção espiritual de gênio aquele que não consegue tanto sentir quanto ver a grandeza intelectual da raça que a planejou e construiu.

Champollion, que passou quase toda a sua vida explorando restos arqueológicos, dá expansão às suas emoções na seguinte descrição de Karnak: "O terreno coberto pela massa de edifícios restantes é quadrado; e cada lado mede 549 metros. (. . .) Fica-se pasmado e *dominado pela grandeza* desses vestígios sublimes e por toda parte se vê a prodigalidade e a magnificência da artesania. (. . .) Nenhum povo dos tempos antigos ou modernos levou a arte da arquitetura a uma escala tão sublime, tão grandiosa como a que existiu entre os antigos egípcios; e a imaginação, que na Europa eleva-se com os nossos pórticos, interrompe-se e *cai impotente* aos pés das 140 colunas do hipostilo de Karnak! A Catedral de Nôtre-Dame caberia em qualquer um desses saguões e nem tocaria o seu teto, mas seria apenas um pequeno ornamento no centro do saguão"[19].

Um redator de um número de 1870 de um periódico inglês[20], falando evidentemente com a autoridade de um viajante que descreve o que viu, expressa-se da seguinte maneira: "Pátios, saguões, portais, colunas, obeliscos, figuras monolíticas, esculturas, longas fileiras de esfinges existem em tamanha profusão [em Karnak], que a visão é demais para a compreensão moderna".

Diz Denon, um viajante francês: "É muito difícil acreditar, depois de vê-la, na realidade da existência de tantos edifícios reunidos num só lugar, com as suas dimensões, na perseverança firme que a sua construção exigiu e nos custos incalculáveis de tanta magnificência, que o espectador duvida se está desperto ou se sonha ao contemplar tanta grandeza (. . .) Há lagos e montanhas *no recinto do santuário*. Esses dois edifícios foram selecionados como exemplos de uma lista *quase inesgotável*. Todo o vale e delta do Nilo, das cataratas ao mar, estava coberto de templos, palácios, túmulos, pirâmides, obeliscos e colunas. A execução das esculturas está acima de qualquer elogio. A perfeição mecânica com que os artistas trabalharam em granito, serpentina, brecha e basalto é maravilhosa, de acordo com todos os peritos (. . .) os animais e as plantas parecem tão bons quanto naturais e os objetos artificiais estão magnificamente esculpidos; batalhas em mar e em terra, cenas da vida doméstica encontram-se em todos os seus baixos-revelos"[21].

"Os monumentos", diz um autor francês, "que ali impressionam o viajante, enchem a sua mente de grandes idéias. À visão dos colossos e dos obeliscos soberbos, que parecem ultrapassar os limites da natureza humana, ele só pode exclamar 'Isto foi obra de homem', e esse sentimento parece enobrecer a sua existência."[22]

Por sua vez, o Dr. Richardson, falando do Templo de Dendera, diz: "As figuras femininas são tão bem-executadas, que só lhes falta falar, e elas possuem uma brandura de feições e de expressão que nunca foi superada"[23].

Cada uma dessas pedras está coberta de hieróglifos e, quanto mais antigas, mais belamente as encontramos cinzeladas. Isto não fornece uma nova prova de que a História recebeu o seu primeiro lampejo quando as artes já começavam a degenerar entre eles? As incrições dos obeliscos foram cortadas a uma profundidade de duas polegadas, às vezes mais, e o foram no mais alto grau de perfeição. Pode-se ter uma idéia da sua profundidade pelo fato de que os árabes, por uma pequena paga, podem subir às vezes ao topo de um obelisco inserindo os dedos dos seus pés e das mãos nas escavações dos hieróglifos. Todavia, não restou nenhuma dúvida histórica de que todas essas obras, em que a solidez rivaliza com a beleza da sua execução, foram realizadas antes dos dias do Êxodo. (Todos os arqueólogos concordam agora em dizer que, quanto mais retrocedemos na História, melhores e mais sofisticadas se tornam essas artes.) Estas opiniões conflitam com a opinião individual do Sr. Fiske, que pretende fazer-nos acreditar que "as esculturas que estão sobre esses monumentos [do Egito, do Industão e da Assíria], além disso, anunciam uma condição bastante *mal desenvolvida* das faculdades artísticas"[24]. Não, o erudito cavalheiro vai mais longe. Juntando a sua voz à de Lewis na oposição contra os reclamos da erudição – que pertence por direito às castas sacerdotais da Antiguidade – ele observa desdenhosamente que "a teoria extravagante de uma ciência profunda possuída pelo sacerdócio egípcio desde uma Antiguidade remota e comunicada a filósofos gregos itinerantes foi completamente destruída [?] por Sir G. C. Lewis[25] (. . .) ao passo que, com relação ao Egito e ao Industão, assim como à Assíria, pode-se dizer que os monumentos colossais que adornavam esses países desde os tempos pré-históricos testemunham para os primeiros a prevalência de um despotismo bárbaro, totalmente incomparável com a nobreza social e, portanto, com um progresso bem-sustentado"[26].

Um argumento curioso, na verdade. Se a medida e a grandeza de monumentos públicos devem servir para a nossa posteridade como um padrão pelo qual se deva estimar aproximadamente o "progresso da civilização" atingido pelos seus construtores, deveria ser prudente, talvez, para a América, tão orgulhosa dos seus alegados progresso e liberdade, ananicar as suas construções de uma vez na História. De outra maneira, de acordo com a teoria do Prof. Fiske, os arqueólogos de 3877 d.C. aplicarão à "América antiga" de 1877 a regra de Lewis – e dirão que os *antigos* Estados Unidos "podem ser considerados como um *latifundium* cultivado por toda a população, na qualidade de escravos do rei (do presidente)". É por causa do fato de as raças arianas de pele branca nunca terem nascido como "construtores", como os etíopes orientais ou os caucásicos de pele escura[27], e de, portanto, nunca terem sido capazes de competir com estes últimos em tais estruturas colossais, que podemos chegar à conclusão de que esses templos e essas pirâmides grandiosas só puderam ter sido erguidas sob o chicote de um déspota impiedoso? Estranha lógica! Seria mais prudente, realmente, nos atermos aos "rigorosos cânones da crítica" expostos por Lewis e Grote e confessar honestamente de uma vez que sabemos mesmo tão pouco dessas nações antigas e que, exceto especulações puramente hipotéticas, a menos que estudemos na mesma direção dos sacerdotes antigos, temos pouquíssima oportunidade no futuro. Só sabemos o que eles permitiram que um não-iniciado soubesse, mas o pouco que aprendemos deles por dedução seria suficiente para nos assegurarmos de que, mesmo no século XIX, com todas as nossas reivindicações de supremacia nas artes e nas ciências, somos totalmente incapazes, não diremos de construir alguma coisa como os monumentos do Egito, do Industão ou da Assíria, mas até de redescobrir pelo menos as antigas "artes *perdidas*". Além disso, Sir Gardner Wilkinson dá uma expressão convincente ao seu ponto de vista sobre os tesouros exumados da Antiguidade ao acrescentar que "ele não pode delinear nenhum *modo primitivo* de vida, nenhum costume bárbaro – mas apenas uma espécie de civilização estacionária – valendo-se de dados *pertencentes aos períodos mais remotos*". Até este ponto, a Arqueologia discorda da Geologia, que afirma que quanto mais vestígios de homens eles descobrirem, mais bárbaros esses homens lhes parecerão. É duvidoso dizer que a Geologia já esgotou o campo de pesquisa que lhe foi proporcionado pelas cavernas e que as opiniões dos geólogos, que estão baseadas em suas experiências atuais, podem ser radicalmente modificadas, quando eles chegarem a descobrir os restos dos ancestrais do povo que eles agora chamam de habitantes das cavernas.

O que melhor ilustra a teoria dos ciclos do que o fato que relatamos a seguir? Aproximadamente em 7000 a.C., nas escolas de Tales e de Pitágoras ensinava-se a doutrina do verdadeiro movimento da Terra, da sua forma e de todo o sistema heliocêntrico. E, em 317 d.C., Lactâncio, o preceptor de Crispo César, filho de Constantino, o Grande, ensinava ao seu discípulo que a Terra era um plano rodeado pelo céu, que é composto de fogo e água, e o prevenia contra a doutrina herética da forma globular da Terra![28]

Quantas vezes, no orgulho de alguma nova descoberta, quando lançamos um olhar para o passado, encontramos, para nossa consternação, certos vestígios que indicam a possibilidade, se não a certeza, de que a alegada descoberta não era totalmente desconhecida dos antigos.

Afirma-se geralmente que nem os habitantes primitivos dos tempos mosaicos, nem mesmo as nações mais civilizadas do período ptolomaico estavam familiarizados com a eletricidade. Se continuamos impassíveis diante dessa opinião, não o fazemos por falta de provas em contrário. Podemos desdenhar da pesquisa de um significado profundo em algumas frases características de Sérvio e de outros escritores; não podemos obliterá-las pois que, em algum dia futuro, esse significado aparecerá diante de nós com toda a sua verdade. "Os primeiros habitantes da Terra", diz ele, "nunca levavam o fogo aos seus altares, mas, com as suas preces, traziam para baixo o fogo celestial."[29] "Prometeu descobriu e revelou aos homens a arte de atrair o raio para baixo; e, por meio do método que lhes ensinou, eles atraíam para baixo o fogo que estava nas regiões superiores.[30]"

Se, depois de ponderarmos estas palavras, ainda atribuímo-las à fraseologia das fábulas mitológicas, será maior a nossa confusão, para tratar o assunto, ao voltarmos à época de Numa, o rei-filósofo, tão renomado por sua erudição esotérica. Não podemos acusá-lo de ignorância e superstição, nem de credulidade; pois, a acreditar piamente na história, ele se empenhou atentamente em destruir o politeísmo e a adoração de ídolos. Dissuadiu de tal maneira os romanos de praticarem a idolatria, que, por cerca de dois séculos, nem estátuas, nem imagens, apareceram em seus templos. Por outro lado, historiadores antigos contam-nos que o conhecimento que Numa possuía sobre física natural era notável. A tradição afirma que ele fora iniciado pelos sacerdotes das divindades etruscas e instruído por eles no segredo de forçar Júpiter, o Fulminante, a descer à Terra[31]. Ovídio mostra que Júpiter Elício começou a ser adorado pelos romanos a partir dessa época. Salverte é de opinião que, antes que Franklin descobrisse a sua refinada eletricidade, Numa a experimentara com muito sucesso e que Tullus Hostilius foi a primeira vítima do perigoso "convidado celestial" registrada na História. Tito Lívio e Plínio narram que esse príncipe encontrara nos *Livros de Numa* instruções sobre os sacrifícios secretos oferecidos a Júpiter Elício, e cometeu um erro e, em conseqüência, "foi atingido por um raio e destruído em seu próprio palácio"[32].

Salverte observa que Plínio, na exposição dos segredos científicos de Numa, "utiliza expressões que parecem indicar dois processos distintos"; um obtinha o raio (*impetrare*), o outro forçava-o a cair (*cogere*)[33]. "Guiado pelo livro de Numa", diz Lúcio Piso, citado por Plínio, "Tullus Hostilius invocou a ajuda de Júpiter. (. . .) Mas, cumprindo imperfeitamente o rito, pereceu, fulminado pelo raio."[34]

Remontando à origem do conhecimento do trovão e do raio por parte dos sacerdotes etruscos, temos que Tarchon, o introdutor da teurgia entre eles, desejando defender a sua casa contra o raio, rodeou-a com uma cerca viva de briônia branca[35], uma planta trepadeira que tem a propriedade de afastar os raios. O pára-raios metálico pontiagudo, que devemos aparentemente a Franklin, talvez seja apenas uma *redescoberta*. Há muitas medalhas que parecem indicar firmemente que o princípio era conhecido desde muito tempo. O templo de Juno tinha o seu teto eriçado de agudas folhas de espada[36].

Se possuímos tão poucas provas de que os antigos tivessem quaisquer noções claras de *todos* os efeitos da eletricidade, há muita evidência, de qualquer modo, de que estavam perfeitamente familiarizados com a eletricidade em si mesma. "Ben David", diz o autor de *The Philosophy of Magic*, "afirmou que Moisés possuía algum conhecimento dos fenômenos de eletricidade." O Prof. Hirt, de Berlim, é desta opinião. Michaelis observa – *em primeiro lugar*: "não há nenhuma indicação de que um raio tenha destruído o Templo de Jerusalém, durante um milhar de anos. *Em segundo lugar*, de acordo com Josefo[37], uma floresta de pontas (...) de ouro, muito agudas, cobria o teto do templo. (...) *Em terceiro lugar*, esse teto comunicava-se com as cavernas da colina sobre a qual o templo se erguia por meio de canos que estavam conectados com a armadura exterior do edifício, pelo que as pontas serviriam de condutores"[38].

Amiano Marcelino, famoso historiador do século IV, geralmente estimado pela veracidade e exatidão de suas afirmações, diz que "Os magos conservavam perpetuamente em seus fornos o fogo que eles miraculosamente receberam do céu"[39]. Há uma frase no *Upnek-hat* hindu que diz o seguinte: "Conhecer o fogo, o Sol, a Lua e o raio representa três quartos da ciência de Deus"[40].

Finalmente, Salverte mostra que, nos dias de Ktésias, "a Índia estava familiarizada com o uso de condutores de raios". Esse historiador afirma claramente que "o ferro colocado no centro de uma fonte (...) e trabalhado sob a forma de uma espada, *com a ponta voltada para cima*, possuía, tão logo fosse fixado no solo, a propriedade de afastar tempestades, granizo e raios"[41]. Poderia ele ser mais direto?

Alguns escritores modernos negam o fato de que um grande espelho tivesse sido colocado no farol do porto de Alexandria com o objetivo de descobrir navios a grande distância no mar. Mas o renomado Buffon acreditava nisso; ele confessa francamente que, "Se o espelho de aço ou de ferro polido existiu realmente, como eu firmemente acredito, aos antigos pertence a honra da invenção do *telescópio*"[42].

J. L. Stephens, em sua obra sobre o Oriente[43], afirma que encontrou ferrovias no alto Egito cujos sulcos estavam revestidos de ferro[*]. Canova, Powers e outros escultores célebres de nossos tempos modernos sentem-se honrados por ser comparados ao Fídias da Antigüidade, se bem que a estrita justiça, talvez, vacilasse ante esta extrema adulação.

O Prof. Jowett duvida da história da Atlântida relatada no *Timeu*; e os registros de 8.000 e 9.000 anos parecem-lhe uma antiga trapaça. Mas Bunsen observa: "Não há nada de improvável em si mesmo nas reminiscências e nos registros dos grandes eventos do Egito de 9000 a.C. (...) pois (...) as origens do Egito remontam ao nono milênio" antes de Cristo[44]. Então, que tal as primitivas fortalezas ciclópicas da Grécia antiga? Podem as muralhas de Tiro, sobre as quais, segundo os relatos arqueológicos,

---

* Essa obra de J. L. Stephens foi consultada, mas nada encontramos ali. (N. do Org.)

"mesmo entre os antigos eram consideradas (...) obras ciclópicas"[45], serem anteriores às pirâmides? Massas de rochas – algumas delas iguais a um cubo de 2 metros; as menores, como diz Pausânias, não podiam ser removidas por uma junta de bois –, depositadas nos muros de 4 metros de espessura de sólida alvenaria e com cerca de 12 metros de altura, ainda se acredita que elas sejam obra de homens de raças desconhecidas pela nossa História!

As pesquisas de Wilkinson trouxeram à luz o fato de que muitas invenções que chamamos de modernas, e das quais nos ufanamos, foram completadas pelos antigos egípcios[46]. O papiro recentemente descoberto por Ebers, arqueólogo alemão, prova que nem as nossas perucas postiças e pós para suavizar a cútis nem os dentifrícios representavam segredos para eles. Mais de um médico moderno – mesmo dentre aqueles que se anunciam "especialistas em doenças nervosas" – tirariam proveito de uma consulta aos *Livros médicos de Hermes*, que contêm prescrições de real valor terapêutico.

Os egípcios, como vimos, sobressaíram-se em todas as artes. Fabricaram um papel de qualidade tão excelente, que resiste à ação destruidora do tempo. "Eles retiravam a polpa do papiro", diz nosso escritor anônimo, mencionado anteriormente, "dissecavam e abriam a fibra e, achatando-a por meio de um processo conhecido por eles, tornavam-na tão fina quanto o nosso papel vegetal, mas muito mais durável. (...) Às vezes cortavam-na em tiras e as grudavam; muitos desses documentos escritos ainda existem." O papiro encontrado na tumba da múmia da Rainha e um outro achado no sarcófago da "Chambre de la Reine", em Gizé, apresentam a aparência da mais fina musselina acetinada, ao mesmo tempo que possuem a durabilidade do melhor pergaminho. Durante um tempo bastante longo nossos sábios acreditaram que o papiro fora introduzido por Alexandre Magno – da mesma forma que imaginaram tivessem sido introduzidas muitas outras coisas –, "mas Lepsius encontrou o sinal hieroglífico do rolo de papiro em tumbas e em monumentos da décima-segunda dinastia; o mesmo sinal foi encontrado mais tarde sobre documentos da quarta dinastia", e agora provou-se que a arte da escrita era conhecida e usada desde os dias de Menes, o protomonarca; e, assim, descobriu-se finalmente que a arte e o seu sistema de escrita eram perfeitos e completos *desde o início*.

É a Champollion que devemos a primeira interpretação da sua estranha escrita; e, não fosse o seu trabalho, levado a efeito durante toda a sua vida, continuaríamos ainda mal-informados quanto ao significado de todas essas letras gravadas, e os antigos ainda seriam considerados ignorantes pelos modernos aos quais eles superaram enormemente em algumas artes e ciências. "Ele foi o primeiro a descobrir que maravilhoso relato os egípcios tinham para contar a quem pudesse ler os seus manuscritos e registros intermináveis. Eles os prepararam sobre todo lugar e todo objeto que se mostrava capaz de receber caracteres. (...) Gravaram-nos e cinzelaram-nos e esculpiram-nos sobre monumentos; traçaram-nos sobre móveis, rochas, pedras, paredes, ataúdes e túmulos, bem como sobre o papiro. (...) Os quadros das suas vidas cotidianas, em seus mínimos detalhes, estão agora sendo desembaraçados diante dos nossos olhos fascinados da maneira mais assombrosa. (...) Nada, ao que saibamos, parece ter sido passado por alto pelos egípcios antigos. (...) A história de 'Sesostris' mostra-nos muito bem que ele e seu povo eram versados na arte e na prática da guerra. (...) Os quadros mostram quão formidáveis eram quando travavam uma batalha. Construíram máquinas de guerra. (...) Homero afirma que, em certa ocasião, de cada uma das 100 portas de Tebas, saíram 200 homens em cavalos e carros de guerra; estes eram magnificamente construídos e muito leves em comparação com os nossos pesados, deselegantes e desconfortáveis carros modernos de artilharia." Kenrick descreve-os nos seguintes termos: "Em suma, como todos os princípios essenciais que regulam a construção e o esboço de carros estão exemplificados nos carros de guerra dos Faraós, assim também não há nada que o gosto e o luxo modernos tenham planejado para a sua decoração para o qual não encontremos um protótipo nos monumentos da décima-oitava dinastia"[47]. Molas – molas *metálicas* – foram encontradas neles e, apesar da investigação superficial de Wilkinson feita nesse sentido, e da descrição dessas molas nos seus estudos, encontramos provas de que elas eram usadas para evitar os solavancos em suas corridas muito rápidas. Os baixos-relevos representam batalhas em todo o seu fragor e empenhadas pelejas onde se percebem até em seus mínimos detalhes os costumes guerreiros dos egípcios. Os homens armados com artilharia pesada lutavam em cotas de malhas, a infantaria possuía túnicas acolchoadas e elmos de feltro, com revestimentos metálicos que os protegiam melhor. Muratori, inventor italiano moderno que, há cerca de dez anos, introduziu a sua "couraça impenetrável", não fez senão seguir em sua invenção o que ele pôde retirar do antigo método que lhe sugeriu a idéia. O processo de tornar objetos tais como papelão, feltro e outros tecidos impenetráveis aos cortes ou golpes de qualquer arma pontiaguda está agora alinhado entre as artes perdidas. Muratori não obteve sucesso senão imperfeitamente ao preparar essas couraças de feltro e, apesar das consecuções ostentadas pela Química moderna, ele não pôde extrair dela nenhum preparado adequado para levar a cabo o seu objeto e falhou.

A perfeição a que a Química chegou nos tempos antigos pode ser inferida de um fato mencionado por Virey. Em suas dissertações[48] ele mostra que Asclepiodotus, um general de Mitridates, reproduziu quimicamente as exalações deletérias da gruta sagrada. Esses vapores, como os de Cumae, punham a pitonisa num frenesi mântico.

Os egípcios usavam arcos, espadas de dois gumes e adagas, azagaias, arpões e lanças. As tropas leves armavam-se de dardos e de fundas; os aurigas portavam maças e achas-de-armas; em operações de sítio eram perfeitas. "Os assaltantes", diz o anônimo escritor, "avançavam, formando uma linha estreita e longa, cuja ponta era protegida por uma máquina trifacetada impenetrável que era empurrada à sua frente sobre uma espécie de rolo por um esquadrão invisível de homens. Eles haviam coberto as passagens subterrâneas com alçapões, escadas, e a arte da escalada e da estratégia militar fora levada por eles à perfeição. (. . .) O aríete da bateria lhes era tão familiar quanto outras coisas; sendo tão peritos em abrir pedreiras, sabiam como colocar uma mina num muro e pô-lo abaixo." O mesmo escritor observa que é muito mais seguro, para nós, mencionar o que os egípcios *sabiam* do que o que eles não *sabiam*, pois cada dia traz uma nova descoberta de seu maravilhoso conhecimento; "e se", continua ele, "descobrirmos que eles usavam pistolas Armstrong, esse fato não seria mais espantoso do que muitos fatos já trazidos à luz".

A prova de que eles eram proficientes em ciências matemáticas repousa no fato de que os matemáticos antigos, a quem veneramos como os pais da Geometria, vieram ao Egito para se instruírem. Diz o Prof. Chas. P. Smyth, citado pelo Sr. Peebles, que "o conhecimento sobre Geometria dos construtores das pirâmides principiou de onde o de Euclides terminou". Antes que a Grécia passasse a existir, as artes, entre os egípcios, estavam maduras e velhas. A medida do solo, uma arte que repousa na Geometria, certamente os egípcios a conheciam muito bem, pois, de acordo com a *Bíblia*, Josué, tendo conquistado a Terra Santa, possuía habilidade bastante para dividi-la. E como podia um povo ser tão hábil em Filosofia Natural, como os egípcios o eram, se não fossem proporcionalmente hábeis em Psicologia e Filosofia espiritual? O templo era a sementeira da mais elevada civilização e só ele possuía aquele conhecimento elevado de Magia que era em si mesmo a quintessência da Filosofia Natural. Os poderes ocultos da Natureza eram ensinados com o maior sigilo, e as curas mais maravilhosas eram realizadas durante a execução dos mistérios. Heródoto reconhece[49] que os gregos aprenderam tudo o que sabiam, inclusive os serviços sagrados do templo, com os egípcios e, por causa disso, os seus templos principais eram dedicados a divindades egípcias. Melampo, famoso curandeiro e adivinho de Argos, costumava usar os seus medicamentos "à maneira dos egípcios", de quem obtivera o seu conhecimento, quando desejava que a sua cura fosse completamente efetiva. Ele curou Iphicles da sua impotência e debilidade por meio de *ferrugem*, de acordo com as instruções de Mantius, o seu *dormidor magnético*, ou oráculo[50]. Sprengel dá muitos exemplos maravilhosos dessas curas mágicas em sua *Geschichte der Arzneikunde*[51].

Diodoro, em sua obra sobre os egípcios[52], diz que Ísis era digna da imortalidade, pois todas as nações da Terra testemunham o poder dessa deusa para curar doenças por meio da sua influência. "Isto está provado", diz ele, "não por fábulas, como entre os gregos, mas por fatos autênticos." Galeno recorda muitos meios terapêuticos que eram conservados nos templos, nas alas específicas para as curas. Menciona também um remédio universal que em seu tempo era chamado de *Ísis*[53].

As doutrinas de muitos filósofos gregos, que foram instruídos no Egito, demonstram a sua profunda erudição. Orfeu, que, segundo Artapano, era um discípulo de Moisés[54], e Pitágoras, Heródoto e Platão devem a sua filosofia aos mesmos templos em que o sábio Solon foi instruído pelos sacerdotes. "Aristides relata", diz Plínio, "que as letras foram inventadas no Egito por uma pessoa cujo nome era Menos, quinze mil anos antes de Phoroneus, o mais antigo rei da Grécia."[55] Jablonski prova que o sistema heliocêntrico, assim como a esfericidade da Terra, eram conhecidos pelos sacerdotes do Egito desde tempos imemoriais. "Essa teoria", acrescenta, "Pitágoras tomou-a dos egípcios, que a receberam dos brâmanes da Índia."[56] Fénelon, o ilustre arcebispo de Cambrai, em suas *Lives of the Ancient Philosophers*[57], dá crédito a Pitágoras e ao seu conhecimento e diz que, além de ensinar os seus discípulos que, dado que a Terra era redonda, os antípodas deviam ser uma realidade, uma vez que ela era totalmente habitada, este grande matemático foi o primeiro a descobrir que as estrelas da manhã e da tarde eram a mesma estrela. Se considerarmos, agora, que Pitágoras viveu aproximadamente 700 anos a.C., por volta da décima-sexta olimpíada, e ensinou este fato num período tão longíquo, devemos acreditar que ele já era conhecido por outros antes dele. As obras de Aristóteles, Diógenes e Laércio e muitos outros em que se menciona Pitágoras demonstram que ele havia aprendido dos egípcios algo da obliqüidade da elíptica, da composição estrelada da Via-Láctea e da luz emprestada da Lua.

Wilkinson, corroborado posteriormente por outros, diz que os egípcios dividiam o tempo, conheciam a verdadeira extensão do ano e a precessão dos equinócios[58]. Registrando o surgimento e o desaparecimento dos astros, eles compreenderam as influências particulares que procedem das posições e das conjunções de todos os corpos celestiais e, por conseguinte, os seus sacerdotes, profetizando mudanças meteorológicas tão exatamente quanto os nossos astrônomos modernos, podiam, ademais, astrologizar através dos movimentos astrais. Embora o solene e eloqüente Cícero possa estar parcialmente certo em sua indignação contra os exageros dos sacerdotes babilônicos, que "afirmam que preservaram em monumentos observações astronômicas que se estendem por um intervalo de 470.000 anos"[59]. Ainda assim, o período em que a Astronomia chegou à sua perfeição com os antigos está *além* do alcance do cálculo moderno.

Um redator de um dos nossos jornais científicos observa "que toda ciência em seu crescimento passa por três estágios. Primeiramente temos o estágio da observação, quando os fatos são coletados e registrados por muitas mentes em muitos lugares. Depois, temos o estágio da generalização, em que esses fatos cuidadosamente verificados são organizados metodicamente, generalizados sistematicamente e classificados logicamente, para que se possa deduzir deles e elucidar com eles as leis que regulam as suas regras e ordens. Finalmente, temos o estágio da profecia, em que essas leis são aplicadas a fim de que a ocorrência dos eventos possa ser predita com exatidão infalível". Se, muitos milhares de anos antes de Cristo, os astrônomos chineses e caldeus predisseram os eclipses – quanto a estes últimos, não importa se pelo ciclo de Saros ou não –, o fato ainda é o mesmo. Eles alcançaram o último e mais elevado estágio da ciência astronômica – eles *profetizaram*. Se eles puderam, no ano de 1722 a.C., delinear o zodíaco com as posições exatas dos planetas à época do equinócio de outono – e tão certeiramente quanto o Prof. Mitchel, o astrônomo, provou –, então eles conheciam com perfeição as leis que regulam "fatos cuidadosamente verificados" e aplicavam-nas com tanta segurança quanto os nossos astrônomos modernos. Além disso, diz-se que a Astronomia no nosso século é a "única ciência que atingiu completamente o *último estágio* (. . .) as outras ciências ainda estão em vários estágios de crescimento; a Eletricidade, em alguns ramos, chegou ao terceiro estágio, mas em muitos deles ainda está no período infantil"[60]. Percebemo-lo nas exasperantes confissões dos próprios homens de ciência e não temos dúvida a respeito desta triste realidade do século XIX, nós que pertencemos a ele. Não acontece a mesma coisa em relação aos homens que viveram nos dias da glória da Caldéia, da Assíria e da Babilônia. *Nada* sabemos dos estágios que eles atingiram em outras ciências, exceto que em Astronomia eles se igualaram a nós, pois também chegaram ao *terceiro* e último estágio. Em sua conferência sobre as *Artes Perdidas*, Wendell Phillips descreve muito artisticamente esta situação. "Parecemos imaginar", diz ele, "que, se o conhecimento morrer conosco ou não, ele certamente começou conosco. (. . .) Temos um juízo compassivo, uma piedade terna para com a estreiteza, a ignorância e a escuridão das épocas passadas." Para ilustrar nossa própria idéia com a frase de encerramento do conferencista favorito, podemos confessar que empreendemos este capítulo, que em certos sentido interrompe a nossa narrativa, para indagar dos nossos homens de ciência se eles estão certos de que estão se gabando *"na linha certa"*.

Assim, lemos sobre um povo que, de acordo com alguns escritores eruditos, emergiu da idade do bronze para a subseqüente idade do ferro[61]. "Se Caldéia, Assíria e Babilônia apresentaram *antiguidades estupendas e veneráveis que retrocedem à noite do tempo*, a Pérsia também possuía as suas maravilhas de épocas posteriores. Os pórticos de Persépolis abundavam em portentosas esculturas, – entalhes, esmaltes, bibliotecas de alabastro, obeliscos, esfinges, touros colossais. Ecbatana [na Média], o fresco retiro de verão dos reis persas, era defendida por sete muros circulares de blocos desbastados e polidos que, em sucessão de alturas cada vez maiores a partir do centro e com cores diferenciadas, estão em concordância astrológica com os sete planetas. O palácio era coberto com *telhas de prata*; as suas vigas eram revestidas de ouro. À meia-noite, em seus saguões, o Sol era rivalizado por mais de uma fileira de archotes alimentados com petróleo. Um paraíso, esse luxo dos monarcas do Oriente, estava plantado no meio da cidade. O império persa (...) era verdadeiramente o jardim do mundo. (...) Em Babilônia ainda perduravam os seus muros, pouco mais de 96 quilômetros de raio e, após as destruições de três séculos e de três conquistadores, ainda com mais de 24 metros de altura; havia ainda as ruínas do templo do Bel cingido de nuvens; no seu topo estava plantado o observatório em que os misteriosos astrônomos caldeus mantinham a sua comunhão noturna com os astros; ainda perduravam vestígios dos dois palácios, com os seus jardins suspensos, nos quais havia árvores crescendo ao ar livre, e os destroços da maquinaria hidráulica que fornecia água do rio. No lago artificial, com o seu vasto aparato de aquedutos e de eclusas, as neves derretidas das montanhas encontravam um caminho e eram confinadas na sua travessia da cidade pelos aterros do Eufrates. Mais maravilhoso do que tudo, talvez, *fosse o túnel construído sob o leito do rio.*"[62]

Em seu *Die ältesten Spuren des Menschen in Europa*, Albrecht Müller propõe um nome descritivo da idade em que vivemos e sugere que "idade de papel" fosse talvez tão bom quanto qualquer outro que fosse discutido. Não concordamos com o erudito professor. Nossa opinião firme é que gerações sucessivas denominarão a nossa, no melhor dos casos, como idade do *latão*; no pior dos casos, como da albata ou do oróide.

O pensamento do comentarista e do crítico atuais a respeito da erudição antiga está limitado pelo *exoterismo* dos templos e corre paralelamente a ele; o seu discernimento ou é de má vontade ou é incapaz de penetrar nos áditos solenes de outrora, onde o hierofante instruía o neófito no sentido de que este considerasse a adoração pública em sua verdadeira luz. Nenhum sábio antigo teria ensinado que o homem é o rei da criação e que o céu estrelado e a nossa mãe Terra foram criados para o seu bem. Quem duvidar dessa afirmação deve recorrer aos *Oráculos caldaicos* de Zoroastro e encontrar ali a corroboração destas nossas palavras vazada nos seguintes termos:

> "Não volteis vossa mente para as vastas medidas da terra;
> Pois a planta da verdade não está sobre o solo.
> Nem tomeis as medidas do Sol, colhendo regras,
> Pois ele é levado pela vontade eterna do Pai, *não para vosso bem;*
> Esquecei-vos do impetuoso curso da Lua;
> Pois ela sempre corre por obra da necessidade.
> A progressão dos astros *não foi gerada para o vosso bem*"[63].

Estranho ensinamento esse que provém daqueles que se acredita terem adorado o Sol, a Lua e a hoste estelar como deuses. Estando a profundidade sublime dos preceitos mágicos *além* do alcance do pensamento materialista moderno, os filósofos caldeus são acusados, junto com as massas ignorantes, de sabeísmo e de adoração do Sol.

Há uma grande diferença entre a adoração *verdadeira* ensinada àqueles que se mostravam dignos, e as religiões de estado. Os mágicos são acusados de todas as espécies de superstição, mas eis o que o mesmo *Oráculo* diz:

> "O amplo vôo aéreo dos pássaros *não é verdadeiro,*
> Nem as dissecações das entranhas das vítimas; são meros brinquedos,
> A *base da fraude mercenária*; fugi deles
> Se quereis abrir o paraíso sagrado da piedade
> Em que se reúnem a virtude, a sabedoria e a eqüidade"[64].

Certamente, não são aqueles que previnem o povo contra a "fraude mercenária" que devem ser acusados dela; e se eles executavam atos que parecem ser miraculosos, quem pode com imparcialidade pretender negar que eles tivessem sido realizados apenas porque possuíam um conhecimento de Filosofia Natural e de ciência psicológica que estava num grau desconhecido de nossas escolas?

O que não sabiam eles? Está muito bem demonstrado o fato de que o meridiano verdadeiro foi corretamente determinado antes que a primeira pirâmide fosse construída. Eles possuíam relógios e quadrantes para medir o tempo; o seu côvado era a unidade estabelecida para a medida linear, correspondente a 1,707 pés da medida inglesa; segundo Heródoto, também era conhecida uma unidade de peso; quanto à moeda, possuíam anéis de ouro e de prata valorizados pelo peso; possuíam modalidades decimais e duodecimais de cálculo desde os tempos mais antigos e eram proficientes em álgebra: como poderiam eles, de outra maneira, colocar em operação poderes mecânicos tão imensos, se eles não tivessem compreendido completamente a filosofia daquilo que chamamos de poderes mecânicos?

Também já foi provado que a arte de fazer linho e tecidos finos era um dos ramos do seu conhecimento, pois a *Bíblia* fala disso. José se apresentou ao Faraó com uma veste de fino linho, uma corrente de ouro e muitas outras coisas. O linho do Egito era famoso em todo o mundo. As múmias eram todas envolvidas nele e o linho continua magnificamente preservado. Plínio[65] fala de uma certa peça de roupa enviada 600 anos antes de Cristo pelo rei Amasis a Lindus: cada fio do tecido era formado de 365 fios menores torcidos juntos. Heródoto nos dá[66], em sua descrição de Ísis e dos mistérios realizados em sua honra, uma idéia da beleza e da "maciez admirável do linho tecido pelos sacerdotes". Estes usavam sapatos de papiro e vestimentas de *fino linho*, porque essa deusa foi a primeira que os ensinou a usá-los; e, assim, além de serem chamados de *Isiaci*, ou sacerdotes de Ísis, eles também eram conhecidos como *Linigera*, ou "os que vestem linho". Esse linho era fiado e tingido naquelas cores brilhantes e vistosas, cujo segredo está agora entre as artes perdidas. Freqüentemente encontramos, sobre as múmias, os mais belos bordados e filetes que ornamentam as suas camisas; muitas dessas camisas podem ser vistas no museu de Bulak (Cairo) e são inigualáveis em beleza; os desenhos são requintados e o trabalho parece ter sido imenso. A elaborada e muito elogiada tapeçaria Gobelin é apenas uma produção grosseira quando comparada a alguns dos bordados dos antigos egípcios. Basta-nos uma referência ao *Êxodo* para descobrirmos quão hábil era a artesania dos discípulos israelitas dos egípcios no seu tabernáculo e na sua arca sagrada. As vestes sacerdotais, com as suas decorações de "romãs e sinos dourados", e o *thummim*, ou o peitoral adornado de jóias, do sumo sacerdote, são descritos por Josefo como sendo de beleza sem igual e de maravilhosa artesania[67]; e ainda está fora de dúvida o fato de que os judeus adotaram os seus ritos e cerimônias, e mesmo a vestimenta especial dos seus levitas, dos egípcios. Clemente de Alexandria reconhece-o muito relutantemente, e assim também o fazem Orígenes e outros padres da Igreja, alguns dos quais, como rotina, atribuem a coincidência a um artifício hábil de Satã na antecipação de eventos. Proctor, o astrônomo, diz em um de seus livros que "o notável peitoral vestido pelo sumo sacerdote judeu derivou diretamente dos egípcios". A própria palavra *thummim* é evidentemente de origem egípcia, emprestada por Moisés, como o resto; pois, páginas adiante, diz o Sr. Proctor que, "na freqüentemente repetida pintura do julgamento, o egípcio morto é visto sendo conduzido pelo deus Horus[*], ao

---

* Parece-nos que Proctor se equivoca na interpretação desta figura.

passo que 'Anubis coloca em um dos pratos da balança um vaso que se supõe conter as suas boas ações e, no outro, o emblema da verdade, uma representação de Thmei, a deusa da Verdade, que também estava sobre o peitoral judicial'. Wilkinson, em seu *Manners and Customs of the Ancient Egyptians*, mostra que o *thummim* hebraico é uma forma plural da palavra Thmei"[68].

Todas as artes ornamentais parecem ter sido conhecidas dos egípcios. A sua joalheria de ouro, prata e pedras preciosas era magnificamente executada; assim também o trabalho de cortar, polir e engastá-las executado por seus lapidários no mais fino estilo. Alguém disse que o anel de uma múmia egípcia – se estamos bem lembrados – foi a peça de joalheria mais artística mostrada na Exposição de Londres de 1851. A imitação de pedras preciosas ou vidro está muito longe de qualquer uma feita em nossos dias; e a esmeralda, diz-se, foi imitada à perfeição.

Em Pompéia, diz Wendell Phillips, foi descoberto um quarto cheio de vidros; havia vidro esmerilhado, vidro para janelas e vidro colorido de todo tipo. Padres católicos que passaram pela China há 200 anos viram um vidro, transparente e incolor, cheio de um licor feito pelos chineses que parecia ser tão incolor quanto a água. "O licor foi despejado sobre o vidro e então, olhando-se por meio dele, parecia estar cheio de peixes. Despejaram-no e repetiram o experimento e de novo ele estava cheio de peixes." Em Roma, exibiram um pedaço de vidro, de um vidro transparente, "que haviam trazido para mostrar que nada havia ali escondido, mas no centro do vidro havia uma gota de vidro colorido, grande talvez como uma pêra, mosqueada como um pato (. . .) e que nem mesmo um pincel em miniatura poderia fazer com tanta perfeição. Revelou-se que esta gota de vidro líquido deve ter sido derramada, porque não havia pintura. Isso deve ter sido feito por um calor maior do que o do processo de recozimento, porque esse processo apresenta falhas"[69]. Em relação à sua maravilhosa arte de imitar pedras preciosas, o conferencista fala do "famoso vaso da Catedral de Gênova", que foi considerado durante muitos séculos como "uma sólida esmeralda". "A lenda católica romana a seu respeito diz que ele era um dos tesouros que a Rainha de Sabá oferecera a Salomão, e era idêntico ao cálice em que o Salvador bebeu na Última Ceia."[70] Posteriormente descobriu-se que não se tratava de uma esmeralda, mas de uma imitação; e quando Napoleão o levou a Paris e o doou ao Instituto, os cientistas viram-se obrigados a confessar que *não se tratava de uma pedra*, e não disseram o que ele realmente era.

Adiante, falando da habilidade dos antigos em peças de metal, o mesmo conferencista narra que, "quando os ingleses pilharam o Palácio de Verão do Imperador da China, os artistas europeus ficaram surpresos ao ver os vasos de metal de todo tipo curiosamente trabalhados, que excediam em muito a gabada habilidade dos artesãos da Europa". As tribos africanas do interior do país deram aos vizinhos *navalhas melhores* do que aquelas que eles usavam. "George Thompson disse-me", acrescenta ele, "que viu um homem em Calcutá atirar para o ar um punhado de seda crua e um hindu cortá-la em pedaços com o seu sabre de aço nativo." Ele conclui com a observação perspicaz de que "o aço é o maior triunfo da metalurgia, e a metalurgia é a glória da Química". Isso também é válido para as raças egípcias e semíticas antigas. Elas extraíam ouro e o separavam com a maior destreza. O cobre, o chumbo e o ferro eram encontrados em abundância nas proximidades do Mar Vermelho.

Numa conferência proferida em 1870 sobre os *Ancient Cave-Men of Devon*, o Sr. W. Pengelly, F. R. S., afirmou, baseado na autoridade de alguns egiptologistas, que o primeiro ferro a ser usado no Egito era ferro *meteórico*, de acordo com a menção mais antiga do metal que pode ser encontrada num documento egípcio, que o chama de "pedra caída do céu"[71]. Isto implicaria a idéia de que só o ferro que foi usado naquela época era um meteorito. Este deve ser o caso do começo do período abrangido por nossas explorações geológicas atuais, mas, até que possamos calcular com exatidão mais apurada a idade de nossas ruínas escavadas, quem pode dizer que não estejamos cometendo um erro de possivelmente muitas centenas de milhares de anos? A leviandade de se dogmatizar sobre o fato de que os caldeus e os egípcios *não* conheciam mineração e metalurgia está, pelo menos parcialmente, demonstrada pelas descobertas do Cel. Howard Vyse[72]. Além disso, muitas dessas pedras preciosas que só são encontradas a grande profundidade nas minas são mencionadas por Homero e nas escrituras hebraicas. Verificaram os cientistas a época precisa em que os poços de mineração foram cavados pela primeira vez pela Humanidade? Segundo o Dr. A. C. Hamlin, na Índia, as artes dos ourives e dos lapidadores foram praticadas desde uma "antiguidade desconhecida". O fato de que os egípcios ou sabiam desde os tempos mais remotos como temperar o aço, ou possuíam algo melhor e mais perfeito do que o implemento necessário em nossos dias para o trabalho de cinzelar, é uma alternativa de que os arqueólogos não podem escapar. Como poderiam eles ter produzido uma cinzelagem tão artística, ou feito uma escultura como eles fizeram? Os críticos podem escolher entre ambas as possibilidades; de acordo com eles, as ferramentas de aço da têmpera mais refinada, ou outros meios de cortar sienita, granito e basalto; que, no último caso, deve ser acrescentado ao longo catálogo das artes perdidas.

O Prof. Albrecht Müller diz: "Podemos atribuir a introdução da manufatura do bronze na Europa a uma grande raça que emigrou da Ásia há cerca de 5.000 anos, chamada ária ou ariana. (. . .) A civilização do Oriente precedeu a do Ocidente em muitos séculos. (. . .) Há muitas provas de que um considerável grau de cultura existiu no seu começo. O bronze estava em uso, *mas também o ferro*. A cerâmica não só era moldada no barro, mas também muito bem queimada. As manufaturas de vidro, ouro e prata encontram-se aí pela primeira vez. Em lugares solitários das montanhas ainda se encontram escória e restos de *fornos* para fundir ferro. Sem dúvida, essa escória deve ser atribuída à ação vulcânica, mas ela está em lugares onde nunca existiram vulcões"[73].

Mas é no processo de preparação das múmias que a habilidade desse povo maravilhoso se exemplifica no mais alto grau. Só aqueles que fizeram um estudo especial do assunto podem avaliar a dose de habilidade, de paciência e de conhecimento exigida para a realização dessa obra indestrutível, que se efetuava durante meses a fio. Tanto a Química quanto a cirurgia eram chamadas a auxiliar. As múmias, se deixadas ao clima seco do Egito, parecem ser praticamente imperecíveis; e, mesmo quando removidas, após um repouso de milhares de anos, não apresentam sinais de alteração. "O corpo", diz Heródoto, "era preenchido com mirra, cássia e outras gomas e, depois, saturado com natrão (. . .)."[74] Seguia-se, então, o maravilhoso enfaixamento do corpo embalsamado, tão artisticamente executado, que os bandagistas modernos profissionais estão perdidos de admiração para com a sua excelência. Diz o Dr. Granville: "(. . .) não existe uma única forma de bandagem conhecida pela cirurgia moderna de que não existam exemplos [*melhores e mais hábeis*] nos enfaixamentos das múmias egípcias. As tiras de linho não possuem nenhuma juntura e se estendem por quase 1.000 *metros*. Rossellini[75] fornece um depoimento similar para a maravilhosa variedade e habilidade com que as bandagens foram aplicadas e entrelaçadas". Não havia uma única fratura no corpo humano que não pudesse ser reparada com sucesso pelo médico sacerdotal daqueles tempos remotos.

Quem não se lembra da excitação produzida há cerca de 25 anos com a descoberta da anestesia? O gás óxido nitroso, o éter sulfúrico e clórico, o clorofórmio, o "gás hilariante", além de várias outras combinações, foram bem-recebidos como tantas bênçãos celestiais por parte da porção sofredora da Humanidade. O pobre Dr. Horace Wells, de Hartford, em 1844, foi o descobridor e os Drs. Morton e Jackson colheram as honras e os benefícios em 1846, como sói acontecer nesses casos. Os anestésicos foram proclamados "a maior descoberta jamais feita". E, embora o famoso *Letheon* de Morton e Jackson (um composto de éter sulfúrico), o clorofórmio de Sir James Y. Simpson e o gás óxido nitroso, introduzido por Colton, em 1843, e por Dunham e Smith, fossem ocasionalmente testados por casos fatais, nada impediu que esses cavalheiros fossem considerados como benfeitores públicos. Os pacientes colocados com sucesso para dormir, às vezes não despertavam mais; que importa, se outros eram socorridos? Os médicos nos garantem que os acidentes só acontecem raramente. Talvez seja porque os agentes anestésicos benéficos são tão parcimoniosamente aplicados, que eles falham em seus efeitos durante a metade do tempo, deixando o doente paralisado por alguns segundos em seus movimentos externos, mas sentindo a dor tão agudamente quanto antes. Em geral, todavia, o clorofórmio e o gás hilariante são descobertas benéficas. Mas foram eles os primeiros anestésicos a serem descobertos, estritamente falando? Dioscórides fala da pedra de Mênfis (*lapis memphiticus*) e a descreve como um pequeno seixo – redondo, polido e muito faiscante. Reduzido a pó e aplicado como ungüento sobre a parte do corpo que o cirurgião deveria operar, com o seu escalpelo ou fogo, ele preservava a região, e *apenas essa região*, de qualquer dor da operação. Nesse ínterim, ele era perfeitamente inócuo à constituição física do paciente, que conservava toda a sua consciência, de maneira alguma perigoso em seus efeitos, e agia até que fosse retirado da parte afetada. Quando misturado com vinho ou água, toda sensação de sofrimento era completamente amortecida[76]. Plínio também fornece uma descrição dessa pedra[77].

Desde tempos imemoriais, os brâmanes possuíam segredos tão ou mais valiosos. A viúva, determinada ao auto-sacrifício de concremação, chamado *Sahamarana*, não sentia nenhum temor de sofrer a mínima dor, pois as chamas mais ardentes a consumiriam sem que uma só pontada de agonia fosse experimentada por ela. As plantas sagradas que coroavam o seu rosto, quando ela era conduzida em cerimônia à pira funeral; a raiz sagrada colhida à meia-noite no lugar em que o Ganges e o Jumnâ misturam as suas águas; e o processo de untar o corpo da viúva auto-apontada com *ghee* e óleos sagrados, depois que ela se tivesse banhado com todas as suas roupas e jóias – são outros tantos anestésicos *mágicos*. Apoiada por aqueles que ela vai abandonar em corpo, ela caminha por três vezes ao redor do seu leito ardente e, depois de lhes dar adeus, é lançada sobre o corpo morto do seu marido e deixa este mundo sem um único momento de sofrimento. "Um semifluido", diz um escritor missionário, testemunha ocular de muitas dessas cerimônias, "o *ghee* é lançado sobre a pira; inflama-se instantaneamente e a viúva *drogada* morre rapidamente de *sufocação* antes que o fogo alcance o seu corpo."[78]

Não exatamente assim, se a cerimônia sagrada for conduzida segundo os ritos prescritos. As viúvas nunca são drogadas no sentido em que estamos acostumados a compreender a palavra. Só medidas preventivas são tomadas contra um martírio físico inútil – a atroz agonia do abrasamento. A sua mente está tão livre e clara quanto antes, e mesmo até mais do que antes. Acreditando firmemente nas promessas de uma vida futura, toda a sua mente está absorta na contemplação da bem-aventurança que se avizinha – a beatitude da "liberdade", que ela está prestes a alcançar. Ela geralmente morre com um sorriso de êxtase celestial em suas feições; e se alguém deve sofrer no momento da retribuição, não será a zelosa devota da sua fé, mas os brâmanes astuciosos que sabem muito bem que um rito cruel como esse nunca foi prescrito[79][*]. Quanto à vítima, depois de ter sido consumida, ela se torna uma *satî* – pureza transcendente – e é canonizada após a sua morte.

O Egito é a terra natal e o berço da Química. Kenrick mostra[80] que a raiz da palavra é *chemi* ou *chem*, que era o nome da região (*Salmos*, CV, 27)[**]. A química das cores parece ter sido bem-conhecida naquela região. Fatos são fatos. Onde, dentre os nossos pintores, devemos procurar pelo artista que possa decorar nossas paredes com cores imperecíveis? Séculos depois que nossas construções pigméias tenham sido redu-

---

* Em relação ao rito da *satî*, deve-se ter em mente que o *Rigveda* (X, 18, 8) ordena que o brâmane faça a viúva se deitar lado a lado com o cadáver, *antes* de a pira ser acesa, e então, após a realização de determinados ritos, retirá-la da pira funerária e entoar para ela, ruidosamente, a seguinte estrofe:

"Levanta, mulher, vem ao mundo dos seres vivos, tu que dormes ao lado do sem-vida. Vem; tu te tornaste mãe graças ao marido por quem tua mão foi anteriormente tomada".

Esta é a tradução de Horace H. Wilson no *Journal of the Royal Asiatic Society*, vol. XVI (1854), p. 201-14, em seu ensaio intitulado "On the Supposed Vaidik Authority for the Burning of Hindu Widows, etc.".

Assim, as mulheres presentes à cremação limpavam os olhos com um colírio, e o brâmane lhes dirigia a seguinte estrofe (*Rigveda* X, 18, 7):

"Possam estas mulheres, que não são viúvas, que têm bons maridos, que são mães, entrar com ungüentos e manteiga clarificada: sem lágrimas, sem tristeza, que elas entrem antes de todos na habitação".

São precisamente as últimas palavras que foram distorcidas pelos brâmanes da maneira mais astuta e sutil. O original dessas palavras é: *ârohantu janayo yonimagre*, que significa literalmente "que as mães antes de todos entrem no útero do altar". Trocando uma letra da última palavra *agre*, que eles alteraram para *agneh* (fogo), os brâmanes adquiriram o direito por séculos sem fim de enviar as viúvas ao *yonim agneh*, o "útero do fogo".

Preceitos similares podem ser encontrados também no *Atharvaveda* (XII, 2, 31; e XVIII, 3, 57), e no *Taittirîya-Âranyaka* (VI, 10, 2) do *Yajurveda*. Consultar também: John Wilson, *History of the Suppression of Infanticide in Western India under the Government of Bombay*, 1855; H. J. Bushby, *Widow-Burning, A Narrative*, Londres, 1855; e o cap. XX da narrativa de H. P. B., "From the Caves and Jungles of Hindostan", que faz parte dos *Collected Writings*, à qual o compilador e tradutor juntou fatos adicionais relativos a esse assunto numa longa nota de rodapé. (N. do Org.)

** O nome antigo usual para o Egito era *Kemet* ou *Kem*. Significa "o negro" e refere-se à cor da terra. Quando a inundação do Nilo terminava, a terra emergia com um negro purpurejante. O nome oficial para os egípcios era *Kentiu* ou *Kemiu*, mas eles geralmente faziam referência a si mesmos como "humanidade" (*remeth*). Outro nome para o Egito era *Ta-meri*, "a terra amada".

É provável que *Chemi* seja uma forma anterior de *Kem* ou *Kemet*, com o *t* elidido especialmente no Novo Reinado e posteriormente. Também pode provir de *Shemau*, o nome do Alto Egito. Havia uma tendência nos períodos posteriores a transformar o *k* em *kh*, que em copta se torna *sh*.

O termo arábico *al-kîmiyâ'* (de onde provém o nosso *alquimia*) é composto do prefixo *al* e de *kîmiyâ'*, uma palavra que era usada para denotar uma certa substância por meio da qual a transmutação de metais básicos em ouro podia ser efetuada; também indicava um método pelo qual se chega a obter algo, e era sinônimo de *iksîr* (*al-iksîr*, de que provém o nosso *elixir*).

Uma escola de pensamento deriva a palavra *Chemi* de *Kemet* ou *Khem*, o termo egípcio. Com base nessa derivação, explica-se a Alquimia como "arte egípcia". Uma outra escola deriva a palavra do grego *Chumeia* (χυμεία), a arte de combinar metais; ou dos seus termos cognatos *chuma* (χύμα), "o que goteja ou flui", *chumos* (χυμός), o suco das plantas, e *cheô* (χέω), misturar, vazar, despejar, fundir metal, dissolver. O termo egípcio para "solo negro" ocorre em Plutarco como *chêmia* (χημία). Seria difícil nos pronunciarmos sobre os méritos dessas duas escolas de pensamento. (N. do Org.).

zidas a pó e as cidades que as cercam se transformem em pilhas informes de tijolo e argamassa, com nomes esquecidos – muito tempo depois disso os saguões de Karnak e de Luxor (El-Uxor) ainda estarão de pé; e as radiantes pinturas murais desta última ainda estarão brilhantes e vívidas daqui a 4.000 anos, como o estiveram há 4.000 anos e estão hoje. "O embalsamento e a pintura de afrescos", diz nosso autor, "não foram uma descoberta casual para os egípcios, mas elaborados a partir de definições e de máximas, como qualquer indução de Faraday."

Nossos italianos modernos gabam-se de seus vasos e pinturas etruscos; as bordas decorativas dos vasos gregos provocam a admiração dos amantes da Antiguidade e são atribuídas aos gregos, ao passo que, de fato, "elas eram apenas cópias dos vasos egípcios". As suas figuras podem ser encontradas a qualquer hora sobre os muros de um túmulo da época de Amenhotep I, um período em que a Grécia ainda não existia.

Onde, em nosso século, podemos apontar alguma coisa que seja comparável aos templos abertos na rocha de Abu Simbel na Núbia Inferior? Pode-se ver ali figuras sentadas com 21 metros de altura, talhadas a mão. O torso da estátua de Ramsés II, em Tebas, mede 18 metros nos ombros e outro tanto em proporção. Ao lado dessa escultura titânica as nossas parecem de pigmeus. O ferro era conhecido dos egípcios pelo menos antes da construção da primeira pirâmide, o que aconteceu há cerca de 20.000 anos, segundo Bunsen. A prova permaneceu escondida por muitos milhares de anos na pirâmide de Quéops, até que o *Cel. Howard Vyse a encontrasse no molde de uma peça de metal, em uma das juntas, onde havia sido evidentemente colocado na época em que a pirâmide foi construída pela primeira vez*[*]. Os egiptólogos fazem muitas deduções do fato de os antigos estarem perfeitamente familiarizados com a metalurgia nos tempos pré-históricos. "Até hoje podemos encontrar no Sinai grandes montes de escória, produzidos por fundição."[81] A metalurgia e a Química, tal como foram praticadas naqueles dias, eram conhecidas como *Alquimia* e estavam no centro da magia pré-histórica. Além disso, Moisés provou o seu conhecimento de química alquímica quando pulverizou o bezerro de ouro e espargiu o pó sobre a água.

Se nos voltarmos agora para a navegação, seremos capazes de provar, com base em autoridades sólidas, que Necho II equipou uma frota no Mar Vermelho e a despachou para explorações. A frota esteve ausente por cerca de dois anos e, em vez de retornar pelo Estreito de Babelmandeb, como era desejado, velejou de volta pelo Estreito de Gibraltar. Heródoto não poderia conceder aos egípcios uma façanha marítima dessa envergadura. Eles espalharam, diz ele, a notícia de que, "voltando para casa, tinham o nascer do sol em sua mão direita; algo que para mim é incrível"[82]. "E no entanto", observa o autor do artigo mencionado até aqui, "essa incrível afirmação está agora provada como *incontestável*, de uma maneira que seria facilmente compreendida por quem dobrou o Cabo da Boa Esperança." Assim, está provado que o mais antigo desses povos

---

* Faz-se referência aqui à obra do Cel. H. Vyse – *Operations carried out at the Pyramids of Gizeh in 1837*, Londres, 1840-1842, 2 vols., 4to. As opiniões relativas a essa peça de ferro diferem entre os egiptólogos atuais. Alguns dizem que ela *não é antiga*. Parece ter sido uma peça chata de ferro, um tanto enferrujada, e semelhante a uma lâmina quebrada de enxada, que escorregara para uma das juntas antes largas na alvenaria central da pirâmide. De acordo com outros pesquisadores, isto ocorreu em algum tempo entre a demolição do revestimento da Pirâmide e os tempos modernos. Eles salientam que os egípcios não conheciam o minério de ferro propriamente dito, embora haja muito dele no deserto oriental, e que só conheciam o ferro de origem meteórica, que sempre contém uma certa porcentagem de níquel. (N. do Org.)

realizou um feito que se atribuiu a Colombo muitos séculos mais tarde. Eles dizem que ancoraram duas vezes na sua viagem; semearam milho, colheram-no e, velejando novamente, pilotaram em triunfo por entre as Colunas de Hércules e com direção leste ao longo do Mediterrâneo. "Havia um povo", acrescenta, "muito mais merecedor do termo '*veteres*' do que os romanos e gregos. (. . .) Os gregos, jovens no seu conhecimento, fizeram soar uma trombeta diante de si e chamaram todo o mundo para admirar a sua habilidade. O antigo Egito, nascido maduro em sua sabedoria, estava tão seguro das suas aquisições que não provocou a admiração e não se preocupou com a opinião dos petulantes gregos mais do que não nos preocupamos hoje com os sucessos de um habitante das ilhas Fiji."

"Ó Sólon, ó Sólon", disse o mais antigo sacerdote egípcio àquele sábio. "Vós, gregos, sois infantis, não tendes opinião antiga, nenhuma disciplina de longa data!" E muito surpreso, na verdade, ficou o grande Solon, quando os sacerdotes do Egito lhe disseram que muitos deuses e muitas deusas do Panteão grego eram apenas deuses do Egito disfarçados. Zonaras disse, com efeito: "Todas essas coisas nos vieram da Caldéia para o Egito e, de lá, foram trazidas para os gregos".

Sir David Brewster fornece uma brilhante descrição de muitos autômatos; e o século XVIII orgulha-se daquela obra-prima da arte mecânica, o "flautista de Vaucanson". O pouco que podemos respigar de informação positiva sobre o assunto nos escritores antigos garante a crença de que os mecânicos eruditos dos dias de Arquimedes, e alguns deles são muito anteriores ao grande siracusano, não eram menos ignorantes nem mais engenhosos do que os nossos inventores modernos. Archytas, um nativo de Tarento, na Itália, instrutor de Platão, um filósofo ilustre por suas consecuções matemáticas e por suas maravilhosas descobertas no campo da mecânica prática, construiu um pombo de madeira. Deve ter sido um mecanismo extraordinariamente engenhoso, pois ele voava, batia as asas e se mantinha no ar por tempo considerável. Este homem habilidoso, que viveu 400 anos antes de Cristo, inventou, além do pombo de madeira, a hélice, o guindaste e várias outras máquinas hidráulicas[83].

O Egito espremia as suas próprias uvas e fazia o seu próprio vinho. Nada de notável nisto, por enquanto, mas ele fermentava a sua própria cerveja, e em grande quantidade – dizem os nossos egiptólogos. O papiro de Ebers prova agora, sem dúvida, que os egípcios usavam a cerveja 2.000 anos antes de Cristo. A sua cerveja deve ter sido forte e excelente – como tudo o que faziam. O vidro era manufaturado em todas as suas variedades. Em muitas das esculturas egípcias encontramos cenas de pessoas soprando vidro e fazendo garrafas; ocasionalmente, durante pesquisas arqueológicas, encontraram-se vidros e cristais, e eles parecem ter sido muito bonitos. Sir Gardner Wilkinson diz que os egípcios cortavam, moíam e cinzelavam o vidro, e possuíam também a arte de introduzir ouro entre as duas superfícies dessa substância. Eles imitavam com vidro pérolas, esmeraldas e todas as pedras preciosas com grande perfeição[84].

Da mesma maneira, os egípcios mais antigos cultivavam as artes musicais e entendiam bem o efeito da harmonia musical e da sua influência sobre o espírito humano. Podemos encontrar nas esculturas e nas gravuras mais antigas cenas em que músicos tocam vários instrumentos. A música era usada no departamento de cura dos templos para curar distúrbios nervosos. Descobrimos em muitos monumentos homens tocando em conjuntos num concerto; o regente marca o tempo com batidas de mãos. Assim, podemos provar que eles compreendiam as leis da harmonia. Possuíam a sua música sagrada, doméstica e militar. A lira, a harpa e a flauta eram usadas em concertos sagrados:

para ocasiões festivas tinham a guitarra, a flauta simples ou dupla e as castanholas; para as tropas, e durante o serviço militar, tinham trombetas, tamborins, tambores e címbalos. Várias espécies de harpas foram inventadas por eles, tais como a lira, *sambuke* e *asor*; algumas delas possuíam mais de vinte cordas. A superioridade da lira egípcia sobre a grega é um fato admitido. O material de que eram feitos esses instrumentos era freqüentemente muito custoso e a madeira, rara; todos eram magnificamente entalhados; os egípcios o importavam, às vezes, de países muito distantes; alguns eram pintados, marchetados de madrepérolas e ornados de couro colorido. Usavam categute para as cordas, como nós. Pitágoras estudou Música no Egito e fez dela uma ciência regular na Itália. Mas os egípcios eram geralmente considerados na Antiguidade como os melhores mestres de Música na Grécia. Eles sabiam muito bem como extrair sons harmoniosos de um instrumento por meio do acréscimo de notas, bem como a multiplicação de notas por meio do encurtamento das cordas; este conhecimento mostra um grande progresso na arte musical. Falando sobre harpas encontradas numa tumba de Tebas, Bruce observa que elas "derrotam todos os relatos feitos sobre o estágio primitivo da Música e dos instrumentos musicais no Oriente, e são, em conjunto, em sua forma, ornamento e compasso, uma prova incontestável, *mais forte do que mil citações gregas*, de que a Geometria, o Desenho, a Mecânica e a Música havia chegado a uma perfeição extrema quando esses instrumentos foram feitos e de que o período com que datamos a invenção dessas artes era apenas *o começo da era da sua restauração*"[85].

Sobre os muros do palácio de Amenhotep II, em Tebas, o rei está representado num jogo de xadrez com a rainha. Esse monarca reinou muito antes da guerra de Tróia. Na Índia, sabe-se que o jogo é conhecido há pelo menos 5.000 anos.

Quanto ao seu conhecimento de Medicina, agora que um dos *Livros de Hermes* foi encontrado e traduzido por Ebers, os egípcios podem falar por si mesmos[86]. As *manipulações curativas* dos sacerdotes – que sabiam como empurrar o sangue para baixo, interromper a sua circulação por alguns momentos, etc. – parecem provar que eles conheciam a circulação do sangue. Um estudo mais cuidadoso dos seus baixos-relevos, que representam cenas que ocorrem nos saguões de cura dos vários templos, demonstraria facilmente este fato. Eles possuíam mais de uma especialidade – o que garante certamente a crença de que eles perdiam menos pacientes do que os médicos de hoje. Algumas autoridades também afirmam que foram os egípcios o primeiro povo do mundo a introduzir o julgamento por júri, embora nós mesmos duvidemos disso.

Mas os egípcios não foram o único povo de épocas remotas cujas consecuções os colocam em posição tão dominante aos olhos da posteridade. Ao lado de outros cuja história está atualmente oculta pelas névoas da Antiguidade – tais como as raças pré-históricas das duas Américas, de Creta, de Troad, dos Lacustres, do continente submerso da lendária Atlântida, agora alinhada entre os mitos –, os feitos dos fenícios quase os marcam com o caráter de semideuses.

O redator do *National Quarterly Review*, citado anteriormente, diz que os fenícios foram os primeiros navegadores do mundo, fundaram a maioria das colônias do Mediterrâneo e viajaram para qualquer lugar onde houvesse uma região habitada. Visitaram as regiões árticas, de onde trouxeram relatos de dias eternos que não possuíam noite e que Homero nos preservou na *Odisséia*[87]. Das Ilhas Britânicas eles importaram o estanho para a África, e a Espanha era o sítio favorito para as suas colônias. A descrição de Charybdis corresponde tão completamente ao redemoinho, que este escritor diz: "É difícil imaginar que ela tivesse tido um protótipo". As suas explorações, parece, estenderam-se em todas as direções, as suas velas branquearam tanto o Oceano Índico quanto os fiordes noruegueses. Diferentes escritores atribuíram-lhes a instalação de localidades remotas, ao passo que toda a costa meridional do Mediterrâneo foi ocupada por suas cidades. Uma grande porção do território africano parece ter sido povoada pelas raças expulsas por Josué e pelos filhos de Israel. Na época em que Procópio escreveu, colunas eram levantadas na Mauritânia Tingitana com a seguinte inscrição, em caracteres fenícios: "Somos os que escaparam ao bandido Josué, o filho de Nun ou Navé"[88].

Alguns supõem que esses navegadores intrépidos das águas árticas e antárticas tenham sido os progenitores das raças que construíram os templos e os palácios de Palenque e de Uxmal, de Copán e de Arica[89]. Brasseur de Bourbourg dá-nos muitas informações sobre os modos e os costumes, a arquitetura e a arte, e especialmente sobre a Magia e sobre os mágicos dos antigos mexicanos[*]. Conta-nos que Votan, o seu fabuloso herói e o maior dos seus mágicos, voltando de uma longa viagem, visitou o rei Salomão na época da construção do templo. Este Votan parece ser idêntico ao terrível Quetzalcohuatl que aparece em todas as lendas mexicanas; e estas lendas apresentam curiosamente uma semelhança notável, na medida em que relatam as viagens e as aventuras dos Hittim, com os relatos da *Bíblia* hebraica sobre os hevitas, os descendentes de Heth, filho de Canaã. O registro conta-nos que Votan "forneceu a Salomão os detalhes mais valiosos sobre os homens, os animais e as plantas e também sobre o ouro e as pedras preciosas do Ocidente, mas recusou sem rodeios oferecer qualquer indício da rota em que viajara, ou da maneira de alcançar o misterioso continente". O próprio Salomão faz um relato dessa entrevista em sua *História das maravilhas do Universo*, em que o chefe Votan figura sob a alegoria de *Serpente Navegadora*[90][**]. Stephens, entregando-se

---

* O termo "mexicanos", bem como o nome "México", é usado em *Ísis sem véu* de maneira um tanto livre. Possuíam na época de H. P. B. uma aplicação mais geral do que hoje. Vários países da América Central eram às vezes referidos como "México" e a cadeia central de montanhas que se estende para a América do Sul era indicada pela denominação abrangente de Cordilleras. O leitor deve ter este fato em mente para que esse não seja interpretado erradamente; isto pode ter sido uma generalização corrente na época de H. P. B., mas hoje ela não é mais permitida. (N. do Org.)
** Algum erro se insinua no texto neste ponto, devido a causas com as quais não podemos atinar. Melhor do que alterar o texto, apensamos a nota seguinte que, achamos, ajudará a esclarecer a matéria.

Brasseur de Bourbourg, ao escrever sobre o assunto, menciona o nome de D. Ramón de Ordoñez y Aguiar, um nativo que era um eclesiástico em Chiapas. Escreveu uma obra intitulada *Historia del cielo y de la tierra*, que consistia de duas partes: uma, dedicada à mitologia, e outra, à história dos Tzendales. Após alguns anos, possivelmente por volta de 1794, enviou o manuscrito à Espanha, para ser publicado, mas as autoridades não permitiram a sua publicação. De Bourbourg teve acesso às notas do manuscrito de Ordoñez e copiou muitas das passagens em que ele estava particularmente interessado. Parece que a parte II dessa obra tratava dos ancestrais de Votan e da emigração dessas pessoas de terras distantes para o continente sul-americano. Ordoñez fala de uma obra histórica escrita por Votan e intitulada *Provas de que sou uma Serpente* (título francês dado por ele: *Preuve que je suis Couleuvre*) e de Bourbourg diz que encontrou alguns fragmentos dessa obra entre os manuscritos de Ordoñez. Algumas passagens falavam de uma viagem que Votan empreendeu àquilo que se poderia chamar de "países antigos", onde ele aparentemente visitara o rei Salomão, dando-lhe informações valiosas sobre as terras de onde vinha.

De qualquer maneira, o texto de H. P. B. torna-se confuso neste ponto e faz parecer que foi Salomão quem escreveu uma obra histórica, ao passo que na realidade foi Votan quem o fez. Um outro problema é saber até que ponto se pode confiar no relato de Ordoñez. Pode-se dizer, no entanto, que alguns antropólogos atuais reavivaram uma velha teoria segundo a qual tribos fenícias colonizaram certas partes do chamado Novo Mundo e o assunto tem sido discutido novamente por autoridades sérias e competentes. (N. do Org.)

à antecipação de que "uma chave mais certeira do que a da pedra de Rosetta será descoberta" e pela qual os hieróglifos americanos poderiam ser lidos, diz que se acredita que os descendentes dos Caciques e dos Astecas ainda sobrevivem nas fortalezas inacessíveis das Cordilheiras – "vastidões que nunca foram penetradas pelo homem branco, (...) vivendo como os seus pais viveram, erigindo as mesmas construções (...) 'com ornamentos de escultura e de gesso'; 'grandes pátios' e 'torres elevadas com longas escadas', e ainda escavando em tabletes de pedras os mesmos hieróglifos misteriosos". Ele acrescenta: "Volto-me para essa região vasta e desconhecida, não atravessada por uma estrada sequer, em que a imaginação pinta aquela misteriosa cidade vista do mais alto topo das cordilheiras dos habitantes aborígines inconquistados, não visitados e não buscados"[91].

À parte o fato de essa misteriosa cidade ter sido vista a uma grande distância por viajantes ousados, não há nenhuma probabilidade intrínseca de sua existência, pois quem pode dizer no que se tornou o povo primitivo que fugiu à vista dos bandidos rapaces de Cortez e Pizarro? O Dr. Tschudi, em sua obra sobre o Peru[92], conta-nos de uma lenda índia segundo a qual um cortejo de 10.000 lhamas, carregadas de ouro para completar o infortunado resgate do Inca, foi detido nos Andes pela notícia da sua morte e o enorme tesouro foi tão cuidadosamente ocultado, que dele jamais se encontrou sinal algum. Ele, bem como Prescott e outros escritores, informa-nos de que os índios preservam até hoje as suas tradições antigas e a sua carta sacerdotal e obedecem implicitamente às ordens de governantes que escolhem dentre eles próprios, embora sejam ao mesmo tempo nominalmente católicos e estejam sujeitos às autoridades peruanas. As cerimônias mágicas praticadas por seus ancestrais ainda prevalecem entre eles e os fenômenos mágicos costumam ocorrer. Tão persistentes são eles em sua lealdade ao passado, que parece impossível que possam estabelecer relações com alguma fonte central de autoridade que apóia e fortalece constantemente a sua fé, mantendo-a viva. Será que as fontes dessa fé imorredoura repousam nessa cidade misteriosa, com a qual estão em comunhão secreta? Ou devemos pensar que tudo o que se disse acima é apenas uma "coincidência curiosa?"

A história dessa cidade misteriosa foi contada a Stephens por um padre espanhol em 1838-1839. O padre jurou-lhe que havia visto a cidade com os seus próprios olhos e deu a Stephens os seguintes detalhes, que o viajante acredita firmemente serem reais. O padre da pequena aldeia próxima às ruínas de Santa Cruz del Quiché ouviu falar da cidade desconhecida na aldeia de Chajul. "Era, então, jovem e com muita fadiga subiu ao topo nu da Sierra, da qual, de uma altura de cerca de 3.500 metros, olhou para a imensa planície que se estendia para o Yucatán e para o Golfo do México e viu, a uma grande distância, uma grande cidade espalhada sobre uma grande área, com torreões, branca e brilhante ao Sol." A tradição diz que "nenhum homem branco jamais chegou a essa cidade; que os habitantes falam a língua maia, sabem que os estrangeiros conquistaram toda a sua terra e assassinaram todo homem branco que tentou penetrar em seu território. (...) Não têm moeda (...) nem cavalos, gado, mulas ou outros animais domésticos – exceto corujas, e os galos, que mantêm em subterrâneos para evitar que o seu canto seja ouvido"[93].

Aproximadamente a mesma descrição nos foi dada pessoalmente, cerca de vinte anos atrás, por um velho padre nativo que conhecemos no Peru e com quem aconteceu mantermos negócios. Ele passara toda a sua vida tentando em vão esconder o seu ódio para com os conquistadores – "bandidos", ele os denominou; e, como ele confessou, manteve amigos entre eles e com a religião católica para o bem do seu povo, mas era de verdade um adorador do Sol do fundo do coração. Viajara na qualidade de missionário nativo *convertido* e fora a Santa Cruz e, como ele afirmou solenemente, chegara a ver algumas pessoas do seu povo por uma "passagem subterrânea" que levava à cidade misteriosa. Acreditamos no seu relato; pois um homem que está para morrer raramente inventará histórias infundadas; e esta vimos corroborada nas *Travels* de Stephens. Além disso, sabemos de duas outras cidades completamente desconhecidas dos viajantes europeus; não que os habitantes desejem particularmente se esconder, pois pessoas de países budistas freqüentemente os vêm visitar. Mas as suas cidades não estão nos mapas europeus e asiáticos; e, por causa dos missionários cristãos, zelosos e empreendedores, e talvez por razões ainda mais misteriosas que lhes são próprias, os poucos nativos de outros países que sabem da existência dessas duas cidades nunca as mencionam. A Natureza providenciou esconderijos estranhos e abrigos seguros para os seus favoritos; e infelizmente está muito longe dos ditos países civilizados compreender que o homem é livre para adorar a Divindade da maneira pela qual os seus pais o fizeram.

Mesmo o erudito e sério Max Müller é de algum modo incapaz de se livrar de *coincidências*. Para ele, elas surgem sob a forma das descobertas mais inesperadas. Esses mexicanos, por exemplo, cuja origem obscura, segundo as leis da probabilidade, não tem conexão alguma com os arianos da Índia, concebem, não obstante, como os hindus, um eclipse da Lua como "a Lua sendo devorada por um dragão"[94]. E embora o Prof. Müller admita que um intercâmbio histórico entre os dois povos fora suspeitado por Alexander von Humboldt, e ele mesmo o considere possível, a ocorrência desse fato, acrescenta, "não deve ser o resultado de qualquer intercâmbio histórico". Como afirmamos acima, a origem dos aborígines da América é uma questão muito aborrecida para os que estão interessados em estabelecer a filiação e as migrações dos povos. Apesar do trabalho de Brasseur de Bourbourg e da sua elaborada tradução do *Popol-Vuh*, que se diz ter sido escrito por Ixtlilxóchitl[*], após considerar o seu conteúdo, o antiquário continua na escuridão. Lemos o *Popol-Vuh* na sua tradução original[95] e a resenha feita por Max Müller, e do primeiro irradia-se uma luz de tal brilho que não há uma maravilha que não cegasse os cientistas céticos. Mas até onde possa um autor ser julgado por seus escritos, o Prof. Max Müller é um cético honesto; e, além disso, pouquíssimas coisas importantes escapam à sua atenção. Como é, então, que um homem de erudição imensa e rara – acostumado a abranger com um único olhar de águia as tradições, os costumes religiosos e as superstições de um povo, detectando a menor similaridade e anotando os mínimos detalhes – falhou no atribuir qualquer importância, ou talvez mesmo suspeitar, àquilo que a humilde autora deste volume, que não tem treinamento científico nem erudição, em certa medida apreendeu à primeira vista? Tão enganadora e injustificada quanto possa parecer essa observação, parece-nos que a ciência perde mais do que ganha ao negligenciar a literatura esotérica antiga e mesmo medieval, ou, antes, o que resta dela. E para quem se dedica a esse estudo, mais de uma coincidência é transformada em resultado natural de causas antecedentes demonstráveis. Pensamos que podemos compreender quando o Prof. Müller confessa que "de vez em quando (. . .)

---

* Não existe informação fidedigna a respeito da autoria do *Popol-Vuh*. Talvez isto se deva a alguma confusão feita por algum outro escritor. A única coisa que, de certa maneira, está relacionada com esse nome é uma obra bastante recente intitulada *Historia chichimeca*. – *Relaciones*, de Fernando de Alva Ixtlilxóchitl, e publicada em 1848. (N. do Org.)

alguém imagina que vê certos períodos e certas paisagens, mas na página seguinte tudo é caos novamente"[96]. Porque a maior parte dos cientistas se fixa tão-só para os aspectos da História, eliminando aquilo que tratam como "vago, contraditório, miraculoso, absurdo". Apesar da sensação de que havia "um fundamento de concepções nobres, que foi coberto e distorcido por um renovo de *nonsense* fantástico", o Prof. Müller em nada pode ajudar ao comparar esse *nonsense* às fábulas da *Mil e uma noites*.

Longe de nós a pretensão ridícula de criticar um cientista tão digno de admiração por sua erudição como Max Müller. Mas em nada ajudaríamos se disséssemos que mesmo no *nonsense* fantástico dos *Contos das mil e uma noites* tudo deve ser digno de atenção se isso não ajudasse no desenvolvimento de alguma verdade histórica. A *Odisséia* de Homero ultrapassa em *nonsense* fantástico todos os contos das *Mil e uma noites* reunidos; e, apesar disso, provou-se que muitos dos seus mitos estão acima da criação da imaginação do antigo poeta. Os lestrigonianos, que devoraram os companheiros de Ulisses, são identificados à terrível raça canibal[97] de que se diz ter habitado as cavernas da Noruega. A Geologia verificou, em suas descobertas, algumas das afirmações de Homero, que foram consideradas durante muitos séculos apenas como alucinações poéticas. A luz diurna perpétua experimentada por esta raça de lestrigonianos indica que eles habitavam no Cabo Norte, onde, durante todo o verão, há luz diurna perpétua. Os fiordes noruegueses estão perfeitamente descritos por Homero em sua *Odisséia*, livro X, 86 e segs., e a estatura gigantesca dos lestrigonianos é demonstrada por ossos humanos de extensão incomum que foram encontrados em cavernas situadas nos arredores dessa região e que os geólogos supõem ter pertencido a uma raça extinta antes da imigração ariana. Charybdis, como vimos, foi afiançado na descrição do turbilhão; e as Rochas Moventes[98], nos enormes *icebergs* dos mares árticos.

Seria, na verdade, muito estranho se as tentativas consecutivas, por ocasião da criação do homem, descritas na *cosmogonia quíchua*[99] não suegerissem nenhuma comparação com alguns apócrifos, com os livros judaicos sagrados e com as teorias cabalísticas da criação. Mesmo o *Livro de Jasher*, condenado como fraude grosseira no século XII, pode fornecer mais de uma pista para o estabelecimento da relação entre a população de Ur dos caldeus, onde a Magia floresceu antes dos dias de Abraão, e a das Américas Central e do Norte. Os seres divinos, "rebaixados ao nível da natureza humana", não realizam façanhas ou artifícios mais estranhos ou incríveis do que as *performances* maravilhosas de Moisés e dos mágicos dos faraós, sendo que muitas dessas são exatamente similares em sua natureza. E quando, além disso, em acréscimo a este último fato, encontramos uma grande semelhança entre certos termos cabalísticos comuns a ambos os hemisférios, deve haver algo mais do que um mero acidente a ser responsabilizado por esta circunstância. Muitas dessas façanhas têm claramente um parentesco comum. A história dos dois irmãos da América Central, que, antes de empreenderem a sua viagem a Xibalta, "plantaram cada um deles uma cana no meio da casa da sua avó para que ela pudessse saber, segundo elas florescessem ou murchassem, se eles estariam vivos ou mortos"[100], tem o seu correspondente análogo nas crenças de muitos outros países. Nos *Tales and Traditions of the Russian People*, de I. P. Sacharoff (Rússia), pode-se encontrar uma narrativa similar e identificar esta crença em várias outras lendas. E esses contos de fadas eram correntes na Rússia muitos séculos antes que a América fosse descoberta.

Podemos ficar um pouco surpresos ao reconhecer nos deuses de Stonehenge as divindades de Delfos e da Babilônia. Bel e o Dragão, Apolo e Píton, Osíris e Typhon são apenas um mesmo deus ocultado sob vários nomes e viajaram por todo o mundo. O Both-al da Irlanda aponta diretamente para o seu primeiro parente, o Betylos dos gregos e o Beth-al de Canaã. "A História", diz H. de la Villemarqué, "que não toma notas de fatos relativos a esses tempos tão distantes, pode alegar ignorância, mas a ciência das línguas afirma. A Filologia, com uma probabilidade que cresce diariamente, reatou a cadeia mal rompida que liga o Oriente e o Ocidente."[101]

Não menos notável é a descoberta de uma semelhança entre os mitos orientais e os contos e as tradições russos antigos, pois é absolutamente natural procurar uma similaridade entre as crenças das famílias semíticas e arianas. Mas, quando descobrimos uma identidade quase perfeita entre o caráter de Czarevna Militrissa – que tem uma *lua* na testa, que está em perigo constante de ser devorada por *Zmei Gorinitch* (a Serpente ou Dragão), que representa um papel importante em todos os contos populares russos – e características similares nas lendas mexicanas que descem até os mínimos detalhes, devemos parar e nos perguntar se não existe aí mais do que uma simples coincidência.

Essa tradição do Dragão e do Sol – ocasionalmente substituídos pela Lua – despertou ecos nas partes mais remotas do mundo. Ela deve ser responsabilizada com toda certeza pela religião heliólatra universal de outrora. Houve uma época em que a Ásia, a Europa, a África e a América estavam cobertas de templos consagrados ao Sol e aos dragões. Os sacerdotes assumiam os nomes das suas divindades e, assim, as suas tradições se espalharam como uma rede por todo o globo: "Bel e o Dragão eram uniformemente acoplados e o sacerdote da religião ófita assumia também uniformemente *o nome do seu deus*"[102]. Mas, ainda, "se a concepção original é natural e inteligível (. . .) e a sua ocorrência não deve ser vista como o resultado de qualquer intercâmbio histórico", como nos diz o Prof. Müller, os detalhes são tão extraordinariamente similares, que não podemos ficar satisfeitos com dizer que o enigma está completamente resolvido. Estando a origem dessa adoração simbólica universal oculta na noite do tempo, devemos ter muito mais oportunidades para chegar à verdade com a identificação da fonte mesma dessas tradições. E onde está essa fonte? Kircher situa a origem da adoração ófita e heliólatra e a forma cônica de monumentos e obeliscos no egípcio Hermes Trismegisto[103]. Onde, então, a não ser nos livros herméticos, devemos procurar por essa informação tão desejada? É provável que os autores modernos possam saber mais, ou tanto, dos mitos e cultos antigos quanto os homens que os ensinaram aos seus contemporâneos? Evidentemente, são necessárias duas coisas: em primeiro lugar, encontrar os *Livros de Hermes* que faltam; em segundo, a chave com que *compreender* esses livros, pois lê-los não seria suficiente. Tendo falhado nessa operação, os nossos eruditos estão entregues a especulações infrutíferas, a exemplo dos geógrafos que desperdiçam as suas energias numa questão vã como a das fontes do Nilo. Realmente, a terra do Egito é uma outra moradia do mistério!

Sem parar de discutir se Hermes foi o "Príncipe da Magia pós-diluviana", como des Mousseaux o chama[104], ou antediluviana, o que talvez seja mais provável, uma coisa é certa: a autenticidade, a fidedignidade e a utilidade dos *Livros de Hermes* – ou antes do que resta das 36 obras atribuídas ao mago egípcio – estão amplamente reconhecidas por Champollion, filho, e corroboradas por Champollion-Figeac, que menciona o fato. Bem, se por meio de uma verificação cuidadosa das obras cabalísticas, que derivaram todas desse depósito universal do conhecimento esotérico, encontramos os fac-símiles dos muitos ditos milagres executados por arte mágica, igualmente reproduzidos pelos quíchuas; e se mesmo nos fragmentos restantes do *Popol-Vuh* original há prova suficiente de que os costumes religiosos das raças mexicanas, peruanas e de outras raças americanas são praticamente idênticos aos dos antigos fenícios, babilônicos e egípcios; e se, além disso, descobrirmos que muitos dos seus termos religiosos têm etimologicamente a mesma origem – como devemos nós deixar de acreditar que eles são os descendentes daqueles cujos ancestrais "escaparam ao bandido Josué, o filho de Nun"?[105] "Nuñez de la Vega diz que Nin, ou Imos, dos tzendales, era o Nino dos babilônicos."[106]

É possível que, por enquanto, isso seja uma coincidência, bem como o fato de a identificação de um a outro repousar num argumento muito fraco. "Mas sabe-se", acrescenta de Bourbourg, "que esse príncipe, e de acordo com outros, o seu pai, Bel, ou Baal, recebeu, como o Nin dos tzendales, as homenagens dos seus súditos sob a forma de uma serpente." Esta última afirmação, além de ser fantástica, está corroborada pelos registros babilônicos. É bem verdade que os fenícios representavam o Sol com a imagem de um dragão; mas assim o fizeram todos os outros povos heliólatras. Belo, o primeiro rei da dinastia assíria, foi, segundo Castor – e Eusébio, que o menciona –, deificado, isto é, colocado entre os deuses apenas "após a sua morte"[107]. Assim, nem ele nem seu filho Nino, ou Nin, poderiam ter recebido os seus súditos sob a forma de uma serpente, como o fizeram os tzendales. Bel, segundo os cristãos, é Baal; e Baal é o Diabo, dado que assim os profetas da Bíblia designavam toda divindade dos seus vizinhos; portanto, Belo, Nino e o Nin mexicano são serpentes e diabos; e, como o Diabo, o pai do mal, é uma entre as muitas formas sob as quais aparece o nome serpente, eles são o Diabo. Estranha lógica! Por que não dizer que Nino, o Assírio, representado como marido e vítima da ambiciosa Semíramis, era sumo sacerdote e rei do seu país? E como tal usava ele, sobre a sua tiara, os emblemas sagrados do dragão e do Sol. Além disso, como o sacerdote assumisse geralmente o nome do seu deus, diz-se que Nino recebeu seus súditos como a representação desse deus-serpente. A idéia é preeminentemente católica romana e significa muito pouco, como todas as suas invenções. Se Nuñez de la Vega estava tão ansioso por estabelecer uma afiliação entre os mexicanos e os adoradores bíblicos do Sol e da serpente, por que ele não apresentou uma outra e melhor similaridade entre eles sem identificar nos ninivitas e nos tzendales os cascos e os chifres do Diabo cristão?

Para começar, ele deveria ter apontado a *Historia de Guatemala* de Fuentes y Gusmán e o *Manuscrito* de Don Juan de Torres, nato do último rei dos quíchuas. Esse documento, de que se diz estar em poder do general do exército designado por Pedro de Alvarado, afirma que os próprios toltecas descendem da casa de Israel, que foram libertados por Moisés e que, após atravessarem o Mar Morto, renderam-se à idolatria. Depois disso, tendo-se separado dos seus companheiros e sob a liderança de um chefe chamado Tanub, vagaram e, indo de um continente a outro, chegaram a um lugar chamado Sete Cavernas, no Reino do México, onde fundaram a famosa cidade de Tula, etc.[108]

Se for dado a essa afirmação um crédito maior do que o que ela tem merecido, será simplesmente pelo fato de que ela passou pelas mãos do Padre Francis Vásquez, historiador da Ordem de São Francisco[109], e essa circunstância, para usar a expressão empregada por des Mousseaux quando este se refere à obra do padre e secularizado Abade Huc, "não foi calculada para merecer a nossa confiança". Mas existe um outro ponto muito importante, se não mais, de que parece ter escapado à falsificação feita pelos zelosos padres católicos e que repousa principalmente na tradição indígena. Um famoso

A Esfinge e a Pirâmide de Quéops, perto de Gisé

rei tolteca, cujo nome está misturado às lendas misteriosas de Utatlán, a capital arruinada do grande reino indígena, usava o nome bíblico de Balam Acán[110]; sendo o primeiro nome preeminentemente caldeu, lembra-nos ele imediatamente de Balaam e do seu burro com voz humana. Além da afirmação de Lord Kingsborough[111], que encontrou uma semelhança muito grande entre a língua dos astecas (a língua mãe) e o hebraico, muitas das figuras dos baixos-relevos de Palenque e muitos ídolos feitos de *terra cotta* exumados em Santa Cruz del Quiché possuem em suas cabeças faixas com uma protuberância quadrada sobre elas, bem sobre a testa, muito similares aos filactérios usados pelos fariseus hebraicos de outrora, no momento em que se entregavam às preces, e mesmo pelos devotos dos nossos dias, particularmente os judeus da Polônia e da Rússia. Mas como isso deve ser apenas imaginação de nossa parte, afinal, não insistiremos nos detalhes.

Baseados no testemunho dos antigos, corroborado pelas descobertas modernas, sabemos que existiram numerosas catacumbas no Egito e na Caldéia, algumas delas de extensão muito grande. As mais famosas foram as criptas subterrâneas de Tebas e de Mênfis. A primeira, que começava no lado ocidental do Nilo, estendia-se até o deserto líbio e era conhecida como catacumbas, ou passagens, da *Serpente*. Era ali que se realizavam os mistérios sagrados do *kuklos anagkês*, o "Ciclo Inevitável", mais comumente conhecido como o "círculo de necessidade"; um julgamento inexorável era imposto a cada alma após a morte corporal e quando ela já fora julgada na região amentiana.

No livro de Bourbourg, Votan, o semideus mexicano, narrando a sua expedição, descreve uma passagem subterrânea que corria por baixo da terra e terminava na raiz do céu, acrescentando que essa passagem era um buraco de cobra, "*un agujero de culebra*", e que ele foi ali admitido por ser "um filho das cobras", ou uma serpente[112].

Isto, na verdade, é muito sugestivo; pois a sua descrição do *buraco de cobra* é a da antiga cripta egípcia mencionada acima. Além disso, os hierofantes do Egito e da Babilônia nomeavam-se geralmente "filhos do deus-Serpente" ou "Filhos do Dragão"; não porque – como des Mousseaux faria os seus leitores acreditarem – eles fossem a progênie do íncubo-Satã, a velha serpente do Éden, mas porque nos mistérios a serpente era o símbolo da SABEDORIA e da imortalidade. "O sacerdote assírio traz sempre o nome do seu deus", diz Movers[113]. Os druidas das regiões celto-britânicas também se nomeavam cobras. "Sou uma Serpente, sou um Druida!" diz Taliesin[114][*]. A Karnak egípcia é irmã gêmea da Carnac da Bretanha, significando esta última Carnac o monte da serpente. A Dracôncia cobria antigamente a superfície do globo e esses templos eram consagrados ao dragão, apenas porque ele era o símbolo do Sol, que, por sua vez, era o símbolo do deus superior – o fenício Elon ou Elyon, que Abraão reconhecia como El Elyon[115]. Além do sobrenome de serpente, os druidas eram chamados de "construtores", "arquitetos"; a imensa grandeza dos seus templos e monumentos era tal, que mesmo agora os seus vestígios pulverizados assustam os cálculos matemáticos dos nossos engenheiros modernos.

De Bourbourg insinua que os chefes de nome Votan, o Quetzalcohuatl, ou serpente divindade dos mexicanos, são os descendentes de Ham e Canaã. "Eu sou Hivim", dizem eles. "Sendo um Hivim, sou da grande raça do Dragão (cobra). Sou a

---

* Isto pode ser verificado em *Buarth Beirdd – the Cattlepen of the Bards*, que está em *The Four Ancient Books of Wales*, etc., de Wm. F. Skene, Edimburgo, 1868; o Terceiro Livro chama-se "Book of Taliesin". Este assunto foi tratado novamente por H. P. B. em *The Secret Doctrine*, vol. II, p. 380. (N. do Org.)

própria serpente, pois sou um Hivim."[116] E des Mousseaux, alegrando-se com o fato de que ele próprio acredita no trilho da serpente, ou antes do Diabo, apressa-se em explicar: "Segundo os comentadores mais eruditos dos nossos livros sagrados, os Chivim ou Hivim, ou *Hevitas*, descendem de Heth, filho de Canaã, filho de Ham", *o maldito!*[117]

Mas a pesquisa moderna demonstrou, com evidência inimpugnável, que todo o quadro genealógico do décimo capítulo do *Gênese* refere-se a heróis imaginários e que os versículos finais do nono são pouco mais do que uma parte da alegoria caldaica de Xisuthros e do dilúvio mítico, compilada e organizada para preencher o arcabouço de Noé. Mas suponhamos que os descendentes desses cananeus, "os malditos", se indignassem com o ultraje não-merecido. Ser-lhes-ia muito mais fácil virar a mesa e responder a essa indireta, baseados numa *fábula*, com um *fato* provado por arqueólogos e estudiosos da simbologia – a saber, que Seth, o terceiro filho de Adão, o antepassado de todo Israel, o ancestral de Noé e progenitor do "povo escolhido", não é outro senão Hermes, o deus da sabedoria, também chamado Thoth, Tat, Seth, Set e *Sat-an*; e que ele era, além disso, quando considerado sob este aspecto mau, Typhon, o Satã egípcio, que também era *Set*. Para o povo judeu – cujos homens cultos, como Filo ou Josefo, o historiador, consideram os seus livros mosaicos como uma alegoria – essa descoberta importa muito pouco. Mas para os cristãos, que, como des Mousseaux, muito tolamente aceitam as narrativas da *Bíblia* como história literal, o caso é muito diferente.

Concordamos com esse piedoso escritor no que diz respeito à afiliação; e sentimos a cada dia que passa que alguns dos povos da América Central serão identificados com os fenícios e com os israelitas mosaicos, bem como sentimos também que será provado que estes últimos se dedicaram pertinazmente à mesma idolatria – se a idolatria existe – do Sol e à adoração da serpente, como os mexicanos. Há provas – provas bíblicas – de que dois dos filhos de Jacó, Levi e Dan, bem como Judá, casaram-se com mulheres cananéias e seguiram os cultos das suas esposas. Naturalmente, todo cristão protestará, mas a prova pode ser encontrada mesmo na *Bíblia* traduzida, mutilada como se pode vê-la hoje. Jacó, ao morrer, descreve assim os seus filhos: "Venha a ser Dan", diz ele, "como uma *serpente* no caminho, uma *cerastes* na vereda, que morde a unha do cavalo para que caia para trás o seu cavaleiro. Eu esperei a tua salvação, Senhor!". A respeito de Simão e de Levi, o patriarca (ou Israel) observa que eles (...) "são irmãos; instrumentos de *crueldade* estão em suas casas. Ó minha alma, não tome parte *no seu segredo*, não participe da *sua assembléia*"[118]. Bem, no original, as palavras "seu segredo" lêem-se – o seu SOD[119]. E *SOD* era o nome dos grandes mistérios de Baal, Adonis e Baco, que eram todos eles deuses do Sol e tinham serpentes como símbolos. Os cabalistas explicam a alegoria das serpentes ferozes dizendo que esse era o nome dado à tribo de Levi, a todos os *levitas* em suma, e que Moisés era o chefe dos *Sodales*[120]. E este é o momento de provarmos nossas afirmações.

Moisés é mencionado por muitos historiadores antigos como um sacerdote egípcio; Manetho diz que ele era um hierofante de Hierópolis e um sacerdote do culto do deus do Sol Osíris e que o seu nome era Osarsiph. Os historiadores modernos, que aceitam o fato de que ele "aprendera *toda* a sabedoria" dos egípcios, também devem submeter à interpretação correta da palavra sabedoria aquilo que se conhecia em todo o mundo como um sinônimo de *iniciação* nos mistérios sagrados dos *Magos*. Nunca acometeu o leitor da *Bíblia* a idéia de que um estranho nascido em seus país e levado a um país estrangeiro *não pudesse ser e não fosse admitido* – não queremos dizer à iniciação final, o mistério maior de todos, mas pelo menos a partilhar do conhecimento do sacerdócio menor, ao qual pertenciam os mistérios *menores?* No *Gênese*, XLIII, 32, lemos que nenhum egípcio podia sentar-se para comer pão com os irmãos de José, "pois isso é uma abominação para os egípcios". Mas que os egípcios comeram "com ele (José) servidos à parte". Isso prova duas coisas: 1) que José, o que quer que tivesse no coração, havia, em aparência pelo menos, mudado a sua religião, casado com a filha de um sacerdote da nação "idólatra" e se tornado ele próprio um egípcio; de outra maneira, os nativos não teriam comido pão com ele. E 2) que Moisés, posteriormente, se não fosse um egípcio de nascimento, tornou-se egípcio ao ser admitido no sacerdócio e, assim, era um SODALE. Por indução, a narrativa da "serpente de bronze" (o caduceu de Mercúrio ou Asclépio, o filho do deus do Sol Apolo-Píton) tornou-se lógica e natural. Devemos ter em mente que a filha do Faraó, que salvou Moisés e o adotou, é chamada por Josefo de *Thermuthis*; e que este, segundo Wilkinson, é o nome da *áspide* consagrada a Ísis[121]; além disso, diz-se que Moisés descende da tribo de *Levi*. Explicaremos mais detalhadamente as idéias cabalísticas relativas aos livros de Moisés e ao grande profeta nos volumes seguintes.

Se Brasseur de Bourbourg e o Chevalier des Mousseaux quisessem investigar a fundo a identidade que existe entre os mexicanos e os cananeus, eles teriam de encontrar provas muito melhores e mais consistentes do que mostrá-los como os descendentes "malditos" de Ham. Por exemplo, eles poderiam ter chamado a atenção para o *Nergal*, o chefe caldeu e assírio dos Magos (*Rab-Mag*), e para o *Nagual*, o feiticeiro chefe dos indígenas mexicanos. Ambos derivam os seus nomes de *Nergal-Sharezer*, o deus assírio, e ambos possuem as mesmas faculdades ou poderes que tem um *daemon* servidor com quem eles se identificam totalmente. O *Nergal* caldeu e assírio guardava o seu *daemon*, na forma de algum animal considerado sagrado, dentro do seu templo; o *Nagual* indígena guarda o seu onde lhe for possível – no lago vizinho, na floresta, ou em casa, sob a forma de um animal doméstico[122].

O jornal *Catholic World*, num número recente, queixa-se amargamente de que o velho elemento pagão dos habitantes aborígines da América não parece estar completamente morto nos Estados Unidos. Mesmo quando as tribos estiveram durante muitos anos sob a proteção dos mestres cristãos, ritos pagãos eram praticados em segredo, e o Criptopaganismo, ou *Nagualismo*, floresce agora, como na época de Montezuma. Diz o jornal: "O Nagualismo e o Vudu" – como ele denomina essas duas seitas estranhas – "são *adoração* inequívoca *do Diabo*. Um relatório enviado às cortes em 1812 por Don Pedro Baptista Pino diz: 'Todos os pueblos têm os seus *artufas* – como os nativos chamam as câmaras subterrâneas de apenas uma porta, onde eles se juntam para realizar as suas proezas e as suas reuniões. São templos impenetráveis (...) e as portas estão sempre fechadas aos espanhóis.

" 'Todos esses pueblos, a despeito do domínio que a religião exerce sobre eles, não podem se esquecer de nenhuma parte das crenças que lhes foram transmitidas e que eles devem cuidadosamente transmitir aos seus descendentes. Donde a adoração que dedicam ao Sol e à Lua e a outros corpos celestiais, o respeito que devotam ao fogo, etc.

" 'Os chefes do pueblo parecem ser, ao mesmo tempo, sacerdotes; cumprem vários ritos simples, com os quais se reconhece o poder do Sol e de Montezuma, bem como o poder (de acordo com alguns relatos) da Grande Serpente, a quem, por ordem de Montezuma, eles devem recorrer para conseguir a vida. Eles também oficiam em certas cerimônias com as quais pedem chuva. Há representações pintadas da Grande Serpente, junto com uma de um homem disforme, de cabelos fulvos, de que se diz ser Montezuma. Desta última havia também, no ano de 1845, no pueblo de Laguna, uma efígie grosseira, ou um ídolo grosseiro, que parecia representar apenas a cabeça da divindade'"[123]

A identidade perfeita dos ritos, das cerimônias e das tradições, e mesmo dos nomes das divindades, entre os mexicanos e os babilônios e os egípcios antigos, é uma prova suficiente de que a América do Sul foi povoada por uma colônia que abriu caminho misteriosamente através do Atlântico. Quando? Em que período? A História silencia-se a esse respeito; mas aqueles que consideram que não existe tradição, santificada pelos séculos, que não tenha um determinado sedimento de verdade no seu centro, acreditam na lenda da *Atlântida*. Há, espalhado pelo mundo, um punhado de estudiosos refletidos e solitários que passam as suas vidas na obscuridade, longe dos rumores do mundo, estudando os grandes problemas dos universos físico e espiritual. Eles têm os seus registros secretos em que estão preservados os frutos dos labores escolásticos da longa linha de reclusos de que eles são os sucessores. O conhecimento dos seus ancestrais primitivos, os sábios da Índia, da Babilônia, de Nínive e da Tebas imperial; as lendas e as tradições comentadas pelos mestres de Solon, de Pitágoras e de Platão, nos saguões de mármore de Heliópolis e de Saïs; tradições que, em sua época, já pareciam brilhar com luz vacilante por entre a cortina de fumaça do passado – tudo isso, e muito mais, está registrado num pergaminho indestrutível e passado com cuidado ciumento de um adepto a outro. Esses homens acreditam que a história da Atlântida não é uma fábula, mas argumentam que em épocas diferentes do passado ilhas imensas, e até continentes, existiram onde agora está um selvagem ermo de águas. Nos seus templos e bibliotecas submersos um arqueólogo encontraria, pudesse ele explorá-los, material suficiente para preencher as lacunas que agora existem naquilo que ele imagina ser a *história*. Eles dizem que numa época remota um viajante poderia atravessar o que é agora o Oceano Atlântico, apesar da distância que separa as terras, cruzando com barcos de um lado a outro por estreitos apertados que então existiam.

A nossa suspeita quanto ao relacionamento entre as raças cisatlânticas e transatlânticas é fortalecida pela leitura das maravilhas executadas por Quetzalcohuatl, o mágico mexicano. O seu cetro deve estar intimamente relacionado ao tradicional bastão de safiras de Moisés, bastão que floresceu no jardim de Raquel-Jethro, seu sogro, e sobre o qual estava gravado o nome inefável[124]. Os "quatros homens" descritos como os quatro ancestrais reais da raça humana – "que não foram gerados pelos deuses, nem nascidos de mulher", mas cuja "criação foi uma maravilha realizada pelo Criador", e que foram feitos depois que falharam três tentativas de manufatura de homens – apresentam igualmente alguns pontos extraordinários de similaridade com as explanações exotéricas dos herméticos[125]; eles também lembram inegavelmente os quatro filhos do Deus da teogonia egípcia. Além disso, como se poderia inferir, a semelhança desse mito com a narrativa relatada no *Gênese* parecerá evidente mesmo para um observador superficial. Esses quatro ancestrais "podiam raciocinar e falar, sua intuição era ilimitada e conheciam todas as coisas ao mesmo tempo. Quando eles renderam graças ao seu Criador por suas existências, *os deuses se assustaram* e sopraram sobre os olhos dos homens uma nuvem que só podiam ver a certa distância e não eram *os próprios deuses*"[126]. Isso nos leva diretamente ao versículo do *Gênese* [III, 22]: "Veja! *o homem se tornou como um de nós* para conhecer o bem e o mal; e agora, que ofereça a sua mão, e tome também da árvore da vida", etc. E, novamente, "enquanto *eles dormiam* Deus lhes deu esposas", etc.

Negamos a mínima intenção de sugerir desrespeitosamente idéias àqueles que são tão sábios que recusem uma sugestão. Mas devemos ter em mente que os tratados autênticos sobre a magia antiga dos conhecimentos caldeu e egípcio não estão espalhados pelas bibliotecas públicas e nem são vendidos em leilão. É um fato, contudo, que eles existem para muitos estudiosos da filosofia arcana. Não é da maior importância para qualquer antiquário estar familiarizado pelo menos superficialmente com o seu conteúdo? "Os quatro ancestrais da raça", acrescenta Max Müller, "parecem ter tido uma vida longa, e quando, finalmente, morreram, eles desapareceram de maneira misteriosa e legaram aos seus filhos o que se chama de *Majestade Oculta*, que nunca devia ser revelada por mãos humanas. Não sabemos o que fosse isso."[127]

Se não existe nenhum relacionamento entre essa "Majestade Oculta" e a glória oculta da *Cabala* caldaica, de que se diz ter sido deixada para trás por Henoc quando este foi convertido de maneira tão misteriosa, então não devemos acreditar em nenhuma prova circunstancial. Mas não seria possível que esses "quatro ancestrais" da raça quíchua tipificassem em seu sentido esotérico os quatro progenitores sucessivos dos homens, mencionados no *Gênese*, I, II e VI? No primeiro capítulo, o primeiro homem é bissexual – "macho e fêmea os criou" – e corresponde às divindades hermafroditas das mitologias posteriores; o segundo, Adão, feito da "poeira do chão" e unissexual, corresponde aos "filhos de Deus" do cap. VI; o terceiro, os gigantes, ou *nephilim*, que são apenas sugeridos na *Bíblia*, mas extensamente explicados em outro lugar; o quarto, os pais dos homens "cujas filhas eram louras".

Tomando-se os fatos aceitos de que os mexicanos possuíam os seus mágicos desde os períodos remotos; de que a mesma observação se aplica a todas as religiões antigas do mundo; de que uma forte semelhança prevalece não só nas formas da sua adoração cerimonial, mas também nos nomes mesmos usados para designar determinados instrumentos mágicos; e, finalmente, de que todas as outras pistas, de acordo com deduções científicas, não deram resultado (algumas porque mergulhadas no abismo sem fundo das coincidências) – por que não podemos recorrer às grandes autoridades em Magia e ver se não existe sob este "renovo de *nonsense* fantástico" um substrato profundo de verdade? Não queremos ser mal-interpretados neste ponto. Não remetemos os cientistas à *Cabala* e aos livros herméticos para ali estudarem Magia, mas às autoridades em Magia a fim de descobrir material para a História e para a Ciência. Não pretendemos nos expor a odiosas denúncias dos acadêmicos por uma indiscriminação como a do pobre des Mousseaux, quando ele tentou forçá-los a ler seu *Mémoire* demonológico e a investigar o Diabo.

A história de Vernal Díaz del Castillo, um seguidor de Cortez, dá-nos uma idéia do refinamento e inteligência extraordinários do povo que eles conquistaram; mas as descrições estão muito longas para ser inseridas aqui. Basta dizer que os astecas em mais de uma maneira pareciam ter sido semelhantes aos egípcios antigos em civilização e em refinamento. Em ambos os povos a Magia, ou a Filosofia Natural arcana, era cultivada no mais alto grau. Acrescente-se que, a Grécia, o "último berço das artes e das ciências", e a Índia, berço de religiões, dedicaram-se e ainda se dedicam ao seu estudo e à sua prática – e quem ousaria não acreditar em sua dignidade quanto a estudos, e em sua profundidade quanto a ciências?

Nunca houve, nem haverá, mais de uma religião universal, pois deve haver apenas uma verdade concernente a Deus. Como uma imensa cadeia cujo final, o alfa, continua emanando invisivelmente de uma Divindade – em *statu abscondito* com toda Teologia primitiva – ela envolve o nosso globo em todas as direções; não deixa de visitar mesmo o canto mais escuro, antes que o outro final, o ômega, volte para trás no seu caminho para ser novamente recebido no lugar de onde emanou pela primeira vez. Nessa cadeia divina foi tecida a simbologia exotérica de todos os povos. As variedades de forma desses povos não têm nenhum poder de afetar a substância da simbologia e, sob os seus tipos ideais diversos do universo de matéria, que simbolizam os seus princípios vivificadores, a incorrupta imagem imaterial do espírito do ser que os guia é a mesma.

Até onde puder ir o intelecto humano na interpretação ideal do universo espiritual, das suas leis e dos seus poderes, a palavra final já foi pronunciada há muitos séculos; e, se as *idéias* de Platão podem ser simplificadas para uma compreensão mais fácil, o espírito da sua substância não pode ser alterado nem eliminado com prejuízo material da verdade. Que os cérebros humanos se submetam à tortura por milhares de anos futuros; que a Teologia deixe perplexa a fé e a arremede com a imposição de dogmas incompreensíveis em metafísica; que a ciência fortaleça o ceticismo, demolindo os vestígios cambaleantes da intuição espiritual da Humanidade, com as suas demonstrações da falibilidade desta última – a verdade eterna nunca será destruída. A sua última expressão possível está em nossa linguagem humana no Logos persa, o *Honover*, ou a Palavra viva *manifesta* de Deus. O *Ahuna-Vairya* zoroastriano é idêntico ao "Eu *sou*" judaico[*]; e o "Grande Espírito" do pobre indígena ignorante é o Brahmâ manifesto dos filósofos hindus. Um destes últimos, Charaka, um médico hindu, que se acredita ter vivido 5.000 anos antes de Cristo, no seu tratado sobre a origem das coisas, chamado *Usa*, expressa-se magnificamente a esse respeito; "Nossa Terra é, como todos os outros corpos luminosos que nos cercam, um dos átomos do imenso Todo do qual exibimos uma pequena concepção quando o chamamos de – o Infinito".

"Existe apenas uma luz e existe apenas uma escuridão" – diz um provérbio siamês. *Daemon est Deus inversus*, o Diabo é a sombra de Deus, afirma o axioma cabalístico universal. A luz poderia existir se não fosse pela escuridão primordial? E o brilhante universo ensolarado não estirou pela primeira vez os seus braços infantis a partir dos cueiros da escuridão e do caos lúgubre? Se a "plenitude d'Aquele que preenche tudo em todos" do Cristianismo é uma revelação, devemos então admitir que, se existe um diabo, ele deve ser incluído nesta *plenitude* e ser uma parte daquilo que "preenche tudo em todos". Desde tempos imemoriais, foi tentada a justificação da Divindade e a Sua separação do mal existente, e o objetivo foi alcançado pela Filosofia Oriental

---

* *Ahûna-Vairyo* (*Ahûnavêr* em pélevi, e *Honover* em parsi) é um dos mantras ou invocações mais importantes dos zoroastrianos. Eis a sua íntegra:

"*Yathâ ahû Vairyo atha ratush ashat ahit hacha*
Vangheush dazda manangho shyaothnanam angheush Mazdai
Khshathremcha Ahurai a Yim dregubio dadat Vastarem".

Um dos colaboradores mais devotados na Índia ao tempo de H. P. B., o Juiz Navrojic Dorabji Khandalavala, em seu ensaio sobre os "Primitive Mazdayasnian Teachings", em *The Theosophist* (vol. VII, novembro e dezembro de 1885), dá a seguinte tradução desse mantra:

"Sendo a Vontade (ou Lei) da Eterna Existência, nada mais que a sua Energia, por meio da Harmonia (*asha*) da mente Perfeita, é o produtor (*dazda*) das manifestações do universo e (é) para Ahura Mazda (o Ente Sábio Vivente) o Poder que dá sustento aos sistemas rotatórios".

antiga com a fundação da *theodikê*; mas as suas idéias metafísicas sobre o *espírito caído* nunca foram desfiguradas pela criação duma personalidade antropomórfica do Diabo, como foi feito posteriormente pelas luzes diretoras da teologia cristã. Um demônio pessoal, que se opõe à Divindade e impede o progresso no seu caminho em direção à perfeição, só deve ser buscado na Terra no seio da Humanidade, não no céu.

É assim que todos os movimentos religiosos da Antiguidade, sem distinção de país ou clima, são a expressão dos mesmos pensamentos idênticos, cuja chave está na doutrina esotérica. Seria inútil, sem estudar esta última, procurar confundir os mistérios ocultados durante séculos nos templos e nas ruínas do Egito e da Assíria, ou nos da América Central, da Colúmbia Britânica ou de Nagkon-Vat, no Camboja. Se cada um deles foi construído por uma nação diferente e se nem essa nação manteve relações com as outras durante séculos – também é certo que todos eles foram planejados e construídos sob a supervisão direta dos sacerdotes. E o clero de cada nação, embora praticasse ritos e cerimônias que podem ter diferido externamente, foi evidentemente iniciado nos mesmos mistérios tradicionais que foram ensinados em todo o mundo.

A fim de estabelecer uma comparação melhor entre os espécimes da arquitetura pré-histórica que podem ser encontrados nos pontos mais opostos do globo, basta apontarmos apenas para as grandiosas ruínas hindus de Ellora no Decão, de Chichén-Itzá, no Yucatán e as ainda maiores ruínas de Copán, em Honduras. Elas apresentam tantos pontos de semelhança, que parece impossível escapar da convicção de que foram construídas por povos movidos pelas mesmas idéias religiosas e que alcançaram um nível da mais alta civilização igual nas artes e nas ciências.

Talvez não exista, no mundo inteiro, um conjunto mais impressionante de ruínas do que Nagkon-Vat, a maravilha e o quebra-cabeças dos arqueólogos europeus que se aventuram no Sião. E, quando dizemos ruínas, é apenas força de expressão; em parte alguma se encontram construções de uma antiguidade tão grande em estado melhor de preservação do que as de Nagkon-Vat, e também as ruínas de Angkorthôm, o grande templo[128].

Escondido muito longe, na província de Siamrap – Sião oriental – , em meio à vegetação tropical mais luxuriante, cercado por quase impenetráveis florestas de palmeiras, de cacaueiros e de noz-de-areca, "a aparência geral do templo é magnífica e romântica, bem como impressionante e nobre", diz o Sr. Vincent, um viajante de nossos dias. "Nós, cuja fortuna é vivermos no século XIX, estamos acostumados a elogiar a perfeição e a preeminência da nossa civilização moderna, ou a grandeza das nossas consecuções em Ciência, Arte, Literatura e não sei que mais, comparadas àquelas dos que chamamos antigos; mas ainda somos forçados a admitir que eles excederam em muito os nossos esforços recentes em muitas coisas, e notavelmente nas Belas Artes da pintura, da arquitetura e da escultura. Estamos apenas procurando um exemplo mais maravilhoso destas últimas, pois em estilo e beleza de arquitetura, solidez de construção e em entalhamento e escultura magníficos e elaborados, o grande *Nagkon-Vat* não tem nada que lhe seja superior, certamente nenhum rival esteja em pé nesta época. A primeira visão das ruínas é assoberbante."[129]

Assim, a opinião de um outro viajante acrescenta-se à de muitos outros que o precederam, aí incluindo arqueólogos e outros críticos competentes, que acreditavam que as ruínas do esplendor passado do Egito não merecem nenhum elogio superior ao de Nagkon-Vat.

De acordo com o nosso projeto, seremos críticos mais imparciais do que nós mesmos para descrever o lugar, dado que, numa obra confessadamente devotada à vindicação dos antigos, o testemunho de um defensor tão entusiasta quanto a autora desta obra pode ser questionado. Vimos, entretanto, Nagkon-Vat em circunstâncias excepcionalmente favoráveis e podemos, portanto, certificar a correção geral da descrição do Sr. Vincent. Ele diz:

"Entramos por um imenso caminho elevado, cujos degraus estavam flanqueados por seis grifos enormes, cada um esculpido num único bloco de pedra. O caminho (...) tem cerca de 220 metros de comprimento e está pavimentado com pedras que medem mais de um metro de comprimento por meio de largura. De cada lado do caminho há lagos artificiais alimentados por mananciais, e cada um deles cobre cerca de 20.000 m² de terreno. (...) O muro externo de *Nagkon-Vat* [a cidade dos mosteiros] mede 800 m², (...) com portões (...) vistosamente entalhados com figuras de deuses e dragões. (...) As fundações têm três metros de altura. (...) Todo o edifício (...) incluindo o teto, é de pedra, *mas sem cimento, e tão estreitamente montadas são as juntas, que mesmo agora mal se pode percebê-las.* (...) A forma da construção é oblonga, com cerca de 240 metros de comprimento e 180 de largura, ao passo que o pagode central mais elevado chega a 70 e tantos metros do chão, e quatro outros, nos ângulos do pátio, medem aproximadamente 45 metros de altura"[130].

As linhas grifadas acima são sugestivas para os viajantes que observaram e se admiraram diante do maravilhoso trabalho de pedreiro executado nas ruínas egípcias. Se os mesmos operários não assentaram os mesmos tijolos em ambos os países, devemos pelo menos pensar que o segredo dessa incomparável construção de paredes era conhecido pelos arquitetos de todas as terras.

"Passando, subimos uma plataforma (...) e entramos no templo propriamente dito através de um pórtico colunado, cuja fachada está magnificamente entalhada em baixo-relevo com temas mitológicos antigos. Deste portal para cada lado, há um corredor com uma fileira dupla de colunas, cortadas – base e capitel – de blocos únicos, com um teto duplo e oval coberto de entalhes e sucessivas esculturas sobre a parede externa. Essa galeria de esculturas, que forma o exterior do templo, consiste de cerca de 800 metros de pinturas contíguas, com quase dois metros de largura, e representa assuntos tomados da mitologia hindu, do *Râmâyana* – o poema épico sânscrito da Índia, formado por 25.000 versos que descrevem as aventuras do deus Râma, filho do rei de Oudh. As lutas do rei do Ceilão e *Hanuman*[131], o deus-macaco, estão representadas graficamente. Nenhuma *chave* foi usada no arco desse corredor. (...) Sobre as paredes está esculpido o imenso número de 100.000 figuras isoladas. (...) Uma pintura [do *Râmâyana*] ocupa perto de 73 metros da parede. (...) Em *Nagkon-Vat* pode-se contar algo como 1.532 colunas sólidas e, em todas as ruínas de Angkor (...) o imenso número de 6.000, a maior parte delas talhadas de blocos únicos e artisticamente entalhada. (...)

"Mas quem construiu *Nagkon-Vat*? e quando foi construída? Homens cultos (...) tentaram formar opiniões a partir de estudos da sua construção, e especialmente da ornamentação" e falharam. "Os historiadores cambojanos nativos", acrescenta Vincent, "estimam em 2.400 anos a construção de *Nagkon-Vat*. (...) Perguntei a um deles há quanto tempo *Nagkon-Vat* havia sido construída. (...) 'Ninguém sabe dizer quando (...) Eu não sei; deve ter brotado do solo ou sido construída por gigantes, ou talvez por anjos'" foi a resposta[132].

Quando Stephens perguntou aos indígenas nativos "Quem construiu Copán? (...) Que nação traçou os desenhos hieroglíficos, esculpiu essas figuras elegantes e esses entalhamentos, esses desenhos emblemáticos?", a resposta entediada que recebeu foi "*Quién sabe?*" – quem sabe! "Tudo é mistério; obscuro, impenetrável mistério", escreve Stephens. "No Egito, os esqueletos colossais dos templos gigantescos suportam (...) toda a nudez da desolação. Aqui, uma imensa floresta amortalhou as ruínas, ocultando-as da visão."[133]

Mas talvez existam muitas circunstâncias, insignificantes para os arqueólogos que não estão familiarizados com as lendas "fúteis e fantasistas" da Antiguidade, que foram por isso passadas por alto; de outra maneira, a descoberta os teria levado para um novo fio de pensamento. Uma delas é a presença invariável do macaco no Egito, no México e nos templos siameses em ruínas. O cinocéfalo egípcio assume as mesmas posturas que o Hanuman hindu e siamês; e, entre os fragmentos esculpidos de Copán, Stephens encontrou restos de macacos ou babuínos colossais, "fortemente semelhantes em linhas gerais e em aparência aos monstruosos animais que uma vez estiveram presos em posição frontal à base do obelisco de Luxor, que agora está em Paris[134], e que, com o nome de cinocéfalos, foram adorados em Tebas". Em quase todos os templos budistas há ídolos de macacos enormes; algumas pessoas têm em suas casas macacos brancos para "afugentar os *maus* espíritos".

"Mostra ter sido civilização", escreve Louis de Carné[135], "no complexo sentido que damos a essa palavra, o fato de se ter encontrado entre os cambojanos tais prodígios de arquitetura? O século de Fídias era o de Sófocles, Sócrates e Platão; Michelangelo e Rafael sucederam Dante. Há épocas luminosas durante as quais a mente humana, desenvolvendo-se em todas as direções, triunfa em todas elas e cria obras-primas *que brotam da mesma inspiração.*" "Nagkon-Vat", conclui Vincent, "deve ser atribuída a um outro povo que não os antigos cambojanos. Mas a quem? (...) Não existe *nenhuma tradição crível; tudo é fábula absurda ou lenda.*"[136]

Esta última frase tornou-se uma espécie de cantilena na boca dos viajantes e dos arqueólogos. Quando eles se derem conta de que não se chegará a nenhuma pista se ela não for buscada nas lendas populares, eles retornarão desencorajados e recusarão um veredito final. Ao mesmo tempo Vincent cita um escritor que observa que essas ruínas "são tão impressionantes quanto as ruínas de Tebas, ou de Mênfis, porém mais misteriosas". Mouhot[137] pensa que elas foram erigidas "por algum antigo Michelangelo" e acrescenta que Nagkon-Vat "é maior do que qualquer coisa que nos foi legada pela Grécia ou por Roma". Ademais, Mouhot atribui a construção a alguma das *tribos perdidas de Israel* e é corroborado nesta opinião por Miche, o bispo francês do Camboja, que confessa que foi surpreendido "pelo caráter hebraico das faces de muitos dos Stiêns selvagens". Henri Mouhot acredita que, "sem exagerar, as partes mais antigas de Angkor podem ser datadas de mais de 2.000 anos". Isso, então, em comparação com as pirâmides as tornaria bastante modernas; essa data é o dado mais incrível, porque se pode provar que as pinturas das paredes pertencem àqueles tempos arcaicos em que Poseidon e os Kabiri eram adorados em todo o continente. Tivesse Nagkon-Vat sido construída, como afirma o Dr. Adolf Bastian[138], "para a recepção do patriarca erudito, Buddhaghosha, que trouxe os livros santos do *Trai-Pidok* do Ceilão"; ou, como o Bispo Pallegoix, que "atribui o erguimento desse edifício ao reino de Phra Pathum Suriving", quando "os livros sagrados dos budistas foram trazidos do Ceilão e o Budismo se tornou a religião dos cambojanos" – como é possível dar razão ao que segue?

"Vemos nesse mesmo templo imagens esculpidas de Buddha, com quatro e até com 32 braços, e de duas ou de 16 cabeças, o Vishnu indiano, deuses *com asas*, cabeças birmanesas, figuras hindus e mitologia do Ceilão. (...) Vereis guerreiros cavalgando elefantes e em carros, soldados a pé com escudo e lança, barcos (...) tigres, grifos (...) serpentes, peixes, crocodilos, bois (...) soldados de grande desenvolvimento físico, com elmos, e algumas pessoas com barba – provavelmente mouros. As figuras", acrescenta o sr. Vincent, "parecem-se às dos grandes monumentos egípcios, um lado parcialmente virado para a frente (...) e eu percebi, além disso, cinco cavaleiros, armados de lança e espada, cavalgando lado a lado, como aqueles que vi nos tabletes assírios do Museu Britânico."[139]

Por nossa parte, queremos acrescentar que existem nas paredes muitas repetições de Dagon, o peixe-homem dos babilônios, e dos deuses kabiri da Samotrácia. Isso pode ter escapado da percepção dos poucos arqueólogos que examinaram o local; mas, com uma inspeção mais estrita, eles os teriam encontrado ali, bem como ao reputado pai dos kabiri – Vulcano, com seus raios e implementos, e perto dele um rei com um cetro na mão, que é a contrapartida do de Cheronaea, ou o dito "cetro de Agamenon", de que se diz ter sido dado a ele de presente pelo deus manco de Lemnos. Em outro lugar encontramos Vulcano, reconhecível por seu martelo e tenazes, mas sob a forma dum macaco, como era representado usualmente pelos egípcios.

Bem, se Nagkon-Vat é essencialmente um templo budista, como é que ele possui em suas paredes baixo-relevo de caráter completamente assírio; e deuses kabiri que, embora sejam universalmente adorados como os mais antigos dos deuses-mistérios asiáticos, foram abandonados duzentos anos antes de Cristo, e os próprios mistérios samotrácios completamente alterados? De onde provém a tradição popular relativa a um Príncipe de Roma entre os cambojanos, uma personagem mencionada por todos os historiadores nativos, que atribuem a ele a fundação do templo? Não seria possível que o próprio *Râmâyana*, o famoso poema épico, fosse o original da *Ilíada* de Homero, como se sugeriu há alguns anos? O Belo Páris, raptando Helena, assemelha-se bastante a Râvana, rei dos gigantes, evadindo-se com Sîtâ, a esposa de Râma. A guerra de Tróia é uma contrapartida da guerra do *Râmâyana*; além disso, Heródoto afirma-nos que os heróis e os deuses troianos datam da Grécia apenas a partir dos dias da *Ilíada*. Neste caso, mesmo Hanuman, o deus-macaco, seria apenas Vulcano disfarçado; tanto mais que a tradição cambojana faz o fundador de Angkor vir de *Roma*, que situam no fim ocidental do mundo, e o Râma hindu partilhar o Ocidente entre os descendentes de Hanuman.

Tão hipotética quanto possa parecer agora, essa sugestão é digna de consideração, mesmo que seja refutada ao final. O Abade Jaquenet, um missionário católico de Cochim, China, sempre pronto a conectar o menor vislumbre de luz histórica com a revelação cristã, escreve: "Quer consideremos as relações comerciais dos judeus (...) quando, no ápice do seu poder, as armadas combinadas de Salomão e de Hiram saíram em busca dos tesouros de Ofir; (...) quer consideremos a dispersão das dez tribos que, em vez de retornarem do cativeiro, se estabeleceram desde as margens do Eufrates até as praias do oceano (...) o brilho da luz da revelação no distante Oriente não é menos incontestável"[140].

Certamente parece "incontestável" o bastante se invertermos a posição e admitirmos que toda a luz que sempre brilhou sobre os israelitas veio para eles desse "distante Oriente", passando primeiramente pelos caldeus e egípcios. A primeira coisa a estabelecer é descobrir quem eram os próprios israelitas; e esta é a questão mais vital. Muitos historiadores parecem reivindicar, com boas razões, que os judeus fossem semelhantes ou idênticos aos fenícios antigos, mas os fenícios eram, sem sombra de dúvida, uma raça etíope; além disso, a raça atual do Punjab está hibridizada com os etíopes asiáticos. Heródoto remonta os hebreus ao Golfo Pérsico; e ao sul desse lugar estavam os himyaritas (os árabes); além, os caldeus e os susinianos primitivos, grandes construtores. Isso parece estabelecer muito bem a sua afinidade etíope. Megástenes diz que os judeus eram uma seita indiana chamada *Kalani* e que a sua teologia se assemelhava à dos indianos[141]. Outros autores suspeitam também que os judeus colonizados eram os *yadus* do Afeganistão – a Índia antiga[142]. Eusébio conta-nos que "os etíopes vieram do rio Indo e se estabeleceram perto do Egito"[*]. Uma pesquisa maior poderia mostrar que os hindus do Tamil, que os missionários acusam de adorar o Diabo – Kutti-Shâttan – , apenas honram, afinal, Seth ou Satan, adorado pelos hititas bíblicos.

Mas se os judeus eram, no crepúsculo da história, fenícios, estes devem ser identificados com as nações que usavam a língua sânscrita antiga. Cartago era uma cidade fenícia; donde o seu nome; pois Tiro era igualmente *Karth*. Na *Bíblia* encontram-se freqüentemente as palavras *Kir, Kirjath*. O seu deus tutelar era chamado *Mel-Karth* (Mel, Baal), ou senhor tutelar da cidade. Em sânscrito, uma cidade ou comunidade era um *Kula* e o seu senhor era *Hari*[143]. Her-cúleo é, portanto, a tradução de Melkarth e sânscrito na origem. Além disso, todas as raças ciclópicas eram fenícias. Na *Odisséia*[144], os kuklopes (cíclopes) são os pastores líbios; e Heródoto descreve-os como mineiros e grandes construtores. Eles são os antigos Titãs ou gigantes, que em Hesíodo forjam raios para Zeus[145]. São os *zamzummim* bíblicos da terra dos gigantes, os *anakim*.

Agora é fácil ver que os escavadores de Ellora, os construtores dos pagodes antigos, os arquitetos de Copán e das ruínas da América Central, os de Nagkon-Vat e os das relíquias do Egito foram, se não da mesma raça, pelo menos da mesma religião – a única ensinada nos mais antigos mistérios. Além disso, as figuras sobre as paredes de Angkor são simplesmente arcaicas, e nada têm a ver com as imagens e com os ídolos de Buddha, que devem ser de origem posterior. "O que dá um interesse peculiar a esta seção", diz o Dr. Bastian, "é o fato de que o artista representou as diferentes nacionalidades com os seus traços distintivos característicos, desde o selvagem de nariz chato no traje ornado de borlas de Pnom e o de cabelos curtos de Lao, até o Rájput de nariz afilado, de espada e escudo, e o *mouro barbado*, fornecendo assim um catálogo de nacionalidades, como outra *coluna de Trajano*, com a conformação física predominante de cada raça. No total, há uma tal prevalência da casta *helenística* nos traços e nos perfis, bem como na atitude elegante dos cavaleiros, que se poderia supor que o velho Xenócrates, após concluir os seus trabalhos em Bombaim, tivesse feito uma excursão no Oriente."[146]

Portanto, se admitirmos que as tribos de Israel tenham tomado parte da construção de Nagkon-Vat, não devem ser elas as tribos enumeradas e enviadas do ermo de Paran em busca da terra de Canaã, mas os seus ancestrais primitivos, o que leva à rejeição de tais tribos, bem como à distribuição de um reflexo da revelação *mosaica*. E onde está a evidência *histórica* externa de que se tenha ouvido alguma coisa sobre essas tribos antes da compilação do *Velho Testamento* por Ezra? Há arqueólogos que consideram

---

* Essa afirmação supostamente feita por Eusébio não foi localizada em nenhum dos seus escritos. No vol. IV, cap. IX, nota 63 consta a mesma afirmação e a referência que ali se faz é ao *Classical Dictionary* de Lemprière, edição de Barker. Essa referência ocorre em *India in Greece*, de E. Pococke, p.205, mas não foi encontrada na obra de Lemprière. (N. do Org.)

as doze tribos como completamente míticas[147], pois nunca existiu uma tribo de Simão e a de Levi era uma *casta*. Resta ainda o mesmo problema a resolver – se os judeus estiveram na Palestina antes de Ciro. Dos filhos de Jacó, que se casaram todos com cananéias, exceto José, cuja esposa era a filha de um sacerdote egípcio do Sol, até o lendário *Livro dos Juízes* existe uma série de casamentos de membros dessas tribos com pessoas dos povos idólatras: "E os filhos de Israel habitaram no meio dos cananeus, e dos hititas, e dos amorreus, e dos fereseus, e dos heveus, e dos jebuseus; e tomaram por mulheres as filhas destes, e deram suas filhas aos filhos deles, e serviam aos seus deuses", diz o terceiro capítulo dos *Juízes*, "(...) e os filhos de Israel esqueceram-se do seu Deus e serviram Baalim e os arvoredos". Esse Baal era Moloch, Melkarth, ou Hércules. Ele era adorado em toda parte para onde iam os fenícios. Como podiam os israelitas manter-se unidos como tribos, enquanto, segundo a própria *Bíblia*, populações inteiras eram ano após ano exterminadas violentamente pelos assírios e por outros conquistadores? "E foi Israel transferido do seu país para a Assíria, até o dia de hoje. E o rei da Assíria trouxe homens da Babilônia, e de Cuta, e de Ava, e de Emat, e de Sefarvaim, e os pôs nas cidades da Samaria *em lugar* dos filhos de Israel."[148]

Se a língua da Palestina tornou-se eventualmente semítica foi por causa da influência assíria; pois a Fenícia tornara-se uma possessão desde a época de Hiram, e os fenícios evidentemente mudaram a sua língua de hamítica para semítica. A Assíria era "a terra de Nemrod" (de *Nimr*, pintado), e Nemrod era Baco, com a sua pele de leopardo. Essa pele de leopardo é um acessório sagrado dos "Mistérios"; era usada tanto nos Mistérios eleusinos quanto nos egípcios; está esculpida nos baixos-relevos das ruínas da América Central, cobrindo as costas dos sacrificantes; é mencionada nas especulações mais antigas dos brâmanes sobre o significado das suas preces sacrificiais, o *Aitareya-Brâhmanam*[149]. É usada no *Agnishtoma*, os *ritos de iniciação* do Mistério do Soma. Quando o neófito "deve nascer novamente", ele é coberto com uma pele de leopardo, da qual emerge como do útero da sua mãe. Os kabiri também eram deuses assírios. Tinham nomes diferentes; na língua comum eram conhecidos como Júpiter e Baco, e às vezes como Axiokersus, Axieros, Axiokersa e Casmilos[150]; e até mesmo o número dessas divindades não era conhecido com certeza pelo povo. Tinham outros nomes na "língua sagrada", conhecida apenas pelos hierofantes e pelos sacerdotes; e "não era lícito mencioná-los". Como é, então, que os encontramos reproduzidos em suas "posturas" samotrácias nas paredes de Nagkon-Vat? Como é, ainda, que os encontramos pronunciados – embora levemente desfigurados – na mesma língua sagrada pelas populações do Sião, do Tibete e da Índia?

O nome kabiri pode ser uma derivação de אבר, *Abir*, grande; הבר, *Hebir*, um astrólogo, ou חבר, *Habir*, um companheiro; e eles eram adorados em Hebron, a cidade dos *anakim* – os gigantes. O nome Abraão, segundo o Dr. Wilder, tem "uma aparência verdadeiramente kabiriana". A palavra *Heber*, ou *Gheber*, pode ser a raiz etimológica dos hebreus, se aplicada a Nemrod e aos gigantes da Bíblia do sexto capítulo do *Gênese*, mas devemos procurar a sua origem num período anterior à época de Moisés. O nome *fenício* traz a sua própria prova. Eles são chamados de Φοίνικες por Manetho, ou *Ph'Anakes*, o que mostra que os Anakes ou *Anakim* de Canaã – por quem o povo de Israel, se não idêntico em raça, havia, por casamentos, sido totalmente absorvido – eram os fenícios, ou os problemáticos *hyksôs*, como afirma Manetho, e sobre os quais Josefo declarou serem eles os ancestrais diretos dos israelitas. Portanto, é nessa miscelânea de opiniões e de autoridades contraditórias e de *alla podrida* histórica que devemos procurar uma solução para o mistério. Enquanto a origem dos *hyksôs* não puder ser localizada, nada de certo saberemos sobre o povo israelita que, conscientemente ou não, confundiu a sua cronologia e a sua origem em novelo tão inextricável. Mas se se puder provar que os *hyksôs* foram os pastores páli do Indo, que se transferiram parcialmente para o Oriente e se apossaram das tribos arianas nômades da Índia, então, talvez, se pudesse dar razão ao fato de os mitos bíblicos se terem misturado com os deuses dos mistérios arianos e asiáticos. Como diz Dunlap: "Os hebreus vieram do Egito entre os cananeus; não há necessidade de se buscá-los além do *Êxodo. Este é o seu começo histórico*. Era muito fácil encobrir este evento remoto pela recitação de tradições míticas e colocando à frente dele um relato da sua origem em que os deuses (Patriarcas) figurassem como seus ancestrais"[151]. Mas não é *o seu começo histórico* a questão mais vital para o mundo da Ciência e da Teologia. É o seu começo *religioso*. E se pudermos remontá-lo aos *hyksôs* – os fenícios, os construtores etíopes e os caldeus – quer seja aos hindus que os caldeus devam a sua erudição, ou quer os brâmanes a devam aos caldeus –, teremos em mãos os meios de delinear cada asserção dogmática dita *revelada* na *Bíblia* à sua origem, que devemos procurar no crepúsculo da história e antes da separação das famílias ariana e semítica. E como podemos fazê-lo melhor ou mais acertadamente do que com os meios fornecidos pela arqueologia? A pictografia pode ser destruída, mas, se ela sobreviver, ela não mentirá; e, se encontramos os mesmos mitos, as mesmas idéias e os mesmos símbolos secretos sobre monumentos em todo o mundo; e se, além disso, for possível mostrar que esses monumentos são anteriores às doze tribos "escolhidas" – então, podemos mostrar sem perigo de erro que, em vez de ser uma *revelação* divina direta, ela foi apenas uma recordação ou tradição incompleta duma tribo que se identificara e se misturara durante séculos antes do aparecimento de Abraão a todas as três grandes famílias do mundo: a saber, a ariana, a semítica e as nações turanianas, se assim pudermos chamar estas últimas.

Os *teraphim* do pai de Abraão, *terah*, os "fazedores de imagens", eram os deuses kabiri, e vemo-los adorados por Micah, pelos danitas e por outros[152]. Os *terafins* eram idênticos aos *serafins*, e estes eram imagens de serpente, cuja origem está no sânscrito *sarpa* (serpente), um símbolo sagrado para todas as divindades na qualidade de um símbolo da imortalidade. *Chiun*, ou o deus *Khîyûn*, adorado pelos hebreus no deserto, é Síva, o hindu[153], bem como Saturno[154]. A história grega mostra que Dardano, o Árcade, depois de tê-los recebido como um dote, levou-os à Samotrácia e dali a Tróia; e eles foram adorados muito antes dos dias de glória de Tiro ou Sidon, embora a primeira tivesse sido construída em 2760 a.C. De onde Dardano os extraiu?

É muito fácil atribuir uma idade a ruínas com base apenas em evidências externas de probabilidade mas, é mais difícil ainda prová-la. Entretanto, as obras em rocha de Ruâd, Berytus e Marathus[*] assemelham-se às de Petra, Baalbek e outras obras etíopes, mesmo externamente. Por outro lado, as afirmações de certos arqueólogos não encontram semelhança alguma entre os templos da América Central e os do Egito e do Sião, e abandonam o simbolismo ligado à língua secreta da pictografia, absolutamente desinteressados dele. Eles vêem os pontos de referência de uma e mesma doutrina em

---

* A ilha de *Ruâd* é a antiga *Arvad* (egípcio *Aruttu*; assírio *Aruádu* e *Arvadu*; grego *Orthôsia*), que se situa a duas ou três milhas de Tartûs (antiga *Tortosa*), na costa de S. Latakia, Síria, a alguma distância da foz do Nahr el-Kebîr (antigo *Eleutheros*). *Berytus* é a atual Beirut, e *Marathus* é a atual Amrît, que é uma cidade próxima de Tartûs. (N. do Org.)

todos esses monumentos e lêem a sua história e a sua afiliação em sinais imperceptíveis para o cientista não-iniciado. Há tradições também; uma destas fala do último dos reis-iniciados (que só raramente foram admitidos nas ordens mais elevadas das Confrarias Orientais), que reinou em 1670. Este rei do Sião foi aquele que foi tão ridicularizado pelo embaixador francês de la Loubère como um lunático que passou toda a sua vida procurando a pedra filosofal.

Um desses marcos misteriosos reside na estrutura peculiar de certos arcos dos templos. O autor de *The Land of the White Elephant* observa como curiosas "a ausência de chave nos arcos da construção e as inscrições indecifráveis"[155]. Nas ruínas de Santa Cruz del Quiché, Stephens encontrou um corredor arcado que também não possuía chave. Descrevendo as desoladas ruínas de Palenque e observando que os arcos dos corredores eram todos construídos sobre este modelo, e os tetos sobre esta forma, ele supõe que "os construtores evidentemente ignoravam os princípios do arco, e o suporte era feito por pedras que se tornavam maiores à medida que se erguiam; como em Ocosingo e em ruínas ciclópicas da Grécia e da Itália"[156]. Em outras construções, embora pertençam ao mesmo grupo, o viajante encontrou a chave faltante, o que representa uma prova suficiente de que a sua omissão em outros lugares foi *premeditada*.

Não podemos procurar a solução do mistério no manual maçônico? A chave tem um significado esotérico que deveria ser, se não o é, muito apreciado pelos maçons superiores. A construção subterrânea mais importante mencionada na descrição da origem da franco-maçonaria é aquela que foi construída por Henoc. O patriarca é levado pela Divindade, que ele vê numa visão, para as *nove* abóbadas. Depois, com a ajuda do seu filho, Mathusalém, ele constrói na terra de Canaã, "nas entranhas da montanha", nove aposentos segundo os modelos que lhe foram mostrados na visão. Cada um deles era coberto por um arco e o ápice de cada um *formava uma chave*, que tinha inscrita sobre si os caracteres miríficos. Cada um destes, além disso, representava um dos nove nomes, identificava em caracteres a simbologia dos atributos pelos quais a Divindade era, de acordo com a antiga franco-maçonaria, conhecida pela irmandade antediluviana. Henoc construiu então dois deltas do mais puro ouro e, traçando dois dos caracteres misteriosos em cada um, colocou um deles no arco mais profundo e confiou o outro a Mathusalém, comunicando-lhe, ao mesmo tempo, outros segredos importantes *agora perdidos para a franco-maçonaria*.

E assim, entre esses segredos arcanos, agora perdidos para os seus sucessores modernos, pode ser encontrado, também, o fato de que as chaves eram usadas no arcos apenas em certas porções dos templos dedicadas a propósitos especiais. Outra similaridade apresentada pelos restos arquiteturais dos monumentos religiosos de todos os países pode ser encontrada na identidade de partes, direção e medidas. Todos esses edifícios pertencem à época de Hermes Trismegisto e, embora o templo possa parecer relativamente moderno ou antigo, descobriu-se que as suas proporções matemáticas correspondem às dos edifícios religiosos egípcios. Há uma disposição similar de pátios, áditos, passagens e escadas; daí, apesar de alguma dissimilaridade no estilo arquitetônico, a inferência autorizável de que em todos eles fossem celebrados ritos religiosos. Diz o Dr. Stukeley, a respeito de Stonehenge: "Esta estrutura não foi erigida segundo nenhuma medida romana, e isto está demonstrado pelo grande número de frações que a medida de cada parte, segundo escalas européias, fornece. Ao contrário, as figuras tornam-se niveladas quando lhes aplicamos a medida do cúbico antigo, que era comum aos filhos hebreus de Shem, bem como aos fenícios e aos egípcios, filhos de Ham [?], e imitadores dos monumentos de pedras não-desbastadas e oraculares"[157].

A presença dos lagos artificiais e a sua disposição peculiar sobre os terrenos consagrados também é um fato de grande importância. Os lagos que estão dentro dos recintos de Karnak, e aqueles que estão encerrados nos fundamentos de Nagkon-Vat e ao redor dos templos da Copán mexicana e de Santa Cruz del Quiché, também apresentam as mesmas peculiaridades. Além de possuir outros significados, toda a área foi distribuída com referência a cálculos cíclicos. Nas estruturas druidas encontram-se os mesmos números sagrados e misteriosos. O círculo de pedras geralmente consiste de 12, 21 ou 36 pedras. Nesses círculos, o ponto central pertence a Assar, Azor, ou o deus no círculo, seja qual for o nome pelo qual possa ser conhecido. Os treze deuses-serpentes mexicanos mantêm um relacionamento distante com as treze pedras das ruínas druidas. O T (tau) e a cruz astronômica do Egito ⊕ são visíveis em muitas aberturas dos restos de Palenque. Num dos baixos-relevos do Palácio de Palenque, no lado oeste, esculpido em hieróglifo, logo abaixo da figura sentada, há um *Tau*. A figura que está em pé, que se apóia sobre a que está sentada, está no ato de cobrir a sua cabeça com a mão esquerda, que segura o véu da iniciação, enquanto estende a sua mão direita, que tem os dedos indicador e médio apontado para o céu. A posição é exatamente aquela de um bispo cristão dando a sua bênção, ou aquela em que Jesus é freqüentemente representado na Última Ceia. Até o deus hindu com cabeça de elefante, Ganeśa, o deus da sabedoria (ou da erudição mágica), pode ser encontrado entre as figuras de estuque das ruínas mexicanas.

Que explicação podem nos dar os arqueólogos, os filólogos – em suma, o exército escolhido dos acadêmicos? Nenhuma. No melhor dos casos, eles têm apenas hipóteses, cada uma das quais será derrubada por aquela que a suceder – uma pseudoverdade, talvez, como a primeira. As chaves para os milagres bíblicos da Antiguidade e dos fenômenos dos dias atuais; os problemas da Psicologia, da Fisiologia e os muitos "elos perdidos" que têm deixado perplexos os cientistas do dia – tudo isso está nas mãos das irmandades secretas. O mistério *deve ser* desvelado um dia qualquer. Mas até lá o ceticismo obscuro interporá constantemente a sua sombra ameaçadora e feia entre as verdades de Deus e a visão espiritual da Humanidade; e muitos são aqueles que, contaminados pela epidemia mortal do nosso século – o materialismo desesperançado – , permanecerão em dúvida e em agonia mortal quanto a saber se o homem, quando morrer, viverá novamente, embora a questão já tenha sido resolvida por muitas gerações de sábios. As respostas estão aí. Elas podem ser encontradas nas páginas de granito gastas pelo tempo dos templos-cavernas, nas esfinges, nos pórticos e nos obeliscos. Estiveram aí por séculos incontáveis e nem o rude assalto do tempo, nem o ainda mais rude assalto das mãos cristãs, conseguiram obliterar os seus registros. Coberta pelos problemas que foram resolvidos – quem pode dizer? talvez pelos antepassados arcaicos dos seus construtores – a solução segue cada questão; e disso o cristão não pode apropriar-se, pois, exceto os iniciados, ninguém compreendeu a escrita mística. A chave estava em custódia daqueles que sabiam como comunicar-se com a Presença invisível e que receberam, dos lábios da própria mãe Natureza, as suas grandes verdades. E assim permaneceram esses monumentos, como sentinelas mudas esquecidas no limiar desse mundo *inobservado*, cujas portões estão abertos apenas para uns poucos escolhidos.

Desafiando a mão do Tempo, a vã pesquisa da ciência profana e os insultos das religiões *reveladas* desvendarão os seus enigmas a apenas alguns dos legatários daqueles aos quais foi confiado o MISTÉRIO. Os lábios frios e pétreos da uma vez oral Memnon e daquelas esfinges intrépidas mantêm os seus segredos bem guardados. Quem os deslacrará? Qual dos nossos anões materialistas modernos e dos nossos saduceus incrédulos ousará erguer o VÉU DE ÍSIS?

NOTAS

1. [Artigo sem assinatura "About What The Old Egyptians Knew", em *Balckwood's Edinburgh Magazine*, vol. 108, agosto de 1870, p. 220 e segs., do qual algumas passagens e alguns fatos estão citados neste capítulo.]

2. Vol. IV, cap. VIII.

3. *The Philosophy of Magic*, I, 240.

4. *[Manners and Customs of the Ancient Egyptians*, 1837. vol. I, p. 89.]

5. [*História*, II, § 149.]

6. [Heródoto, *História*, II, § 158.]

7. [W. B. Carpenter, *Ancient and Modern Egypt*, etc., Londres, 1866.]

8. [*Egypt's Place*, etc., II, p. 155.]

9. [*Ancient Egypt under the Pharaohs*, vol. I, cap. VI, p. 124.]

10. [*História*, II, § 175.]

11. [Plínio, *Nat. Hist.*, XXXVI, xiv.]

12. [*A General Hist. of Freemasonry*, etc., p. 400; Paris, 1861.]

13. Vol. XXXII, nº lxiii, dezembro de 1875, p. 134.

14. J. M. Peebles, *Around the World*, etc., 1875, p. 305.

15. John Fiske, *The North American Review*, art. "The Laws of History", vol. 109, julho de 1869, p. 205.

16. [G. R. Gliddon, *Ancient Egypt*, cap. III, p. 31; 10ª ed., 1847.]

17. J. M. Peebles, *Around the World*, p. 286.

18. [G. Rawlinson, *The History of Herodotus*, vol. II, p. 228.]

19. [J.-F. Champollion, *Lettres* (. . .) *d'Égypte*, etc., p. 98, 303-04.]

20. [*Blackwood's Edinburgh Magazine*.]

21. [*Voyage dans la basse et la haute Égypte*, etc., Paris, 1802, vol. I, p. 258 e segs.]

22. C. E. Savary, *Lettres sur l'Égypte*, vol. II, p. 143-44; 2ª ed., 1786.

23. [R. Richardson, *Travels along the Meditterranean*, etc., vol. I, p. 187.]

24. John Fiske, *North American Review*, art. "The Laws of History", julho de 1869, p. 209.

25. Sir G. C. Lewis, *An Historical Survey of the Astronomy of the Ancients*, Londres, 1862.

26. J. Fiske, *op. cit.*, p. 210.

27. Tentaremos demonstrar no vol. III, cap. VIII, que os etíopes antigos nunca foram uma raça hamítica.

28. [Lactâncio, *Divine Istitutes*, III, xxiv.]

29. Sérvio, *Comm. on Virgil: Aeneid*, XII, 200.

30. *Id., Ecloque*, VI, 42.

31. Ovídio, *Fasti*, III, 285-346.

32. Lívio, *Rom. Hist.*, I, xxxi.

33. Plínio, *Nat. Hist.*, II, liii; cf. Salverte, *Phil. of Magic*, II, p. 156.

34. Plínio, *ibid.*, XXVIII, iv.

35. Columella, *De re rustica*, X, 346 e segs.

36. Cf. *Notice sur les travaux de l'Académie du Gard*, parte I, p. 304-14, de La Boëssière.

37. *Jewish Wars*, livro V, cap. V.

38. *Magasin scientifique de Göttingen*, 3me année, 5me cahier, 1783.

39. Amiano Marcelino, *História*, livro XXIII, cap. VI.

40. A. H. Anquetil-Duperron, *Dupnek'-hat, Brâhman* XI. [Cf. *Chhândogyopanishad*, IV, VII, 3-4.]

41. Ctésias, em *Indica apud Photium Bibl.*, códice lxxii.

42. Buffon, *Oeuvres complètes*, etc., Paris, 1835: vol. I, *Histoire des minéraux*, 6me mémoire, art. ii, p. 450.

43. [*Incidents of Travel in Egypt, Arabia Petraea and the Holy Land*, Nova York, 1837.]

44. *Egypt's Place*, etc., vol. IV, p. 468.

45. *Archaeologia*, Londres, vol. XV, 1806, p. 320: "Remarks on the Fortresses of Ancient Greece", de Wm. Hamilton.

46. [*Manners and Customs of the Ancient Egyptians*.]

47. [J. Kenrick, *Ancient Egypt*, etc., vol. I, cap. XIII, p. 226.]

48. [*Journal de pharmacie*.]

49. *História*, II, § 50.

50. [Apolodoro, *Bibliotheca*, livro I, cap. IX, § 12.]

51. Vol. I, p. 118-19.

52. *Bibliotheca historica*, I, 25.

53. *De compositione medicamentorum per genera*, livro V.

54. Cory, *Anc. Fragm.*, p. 162; ed. 1832.

55. *Nat. Hist.*, VII, lvi, 193.

56. *Pantheon Aegyptiorum*, 1750, Prolegomena, p. c., cap. III.

57. [*Abrégé des vies des anciens philosophes*.]

58. [*Manners and Customs*, etc., 1837, vol. I, p. 268-69; vol. IV, p. 153-54.]

59. Cícero, *De divinatione*, ii, 46.

60. *Telegraphic Journal*; art. "Scientific Prophecy".

61. Professor Albrecht Müller, *Die ältesten Spuren des Menschen in Europa*, § 4, p. 46. Diz o autor: "E esta idade do bronze alcança e ultrapassa o começo do período histórico em alguns países e inclui as grandes épocas dos Impérios assírio e egípcio, *circa* 1500 a.C., e as primeiras eras da idade subseqüente, a do ferro".

62. *History of the Conflict between Religion and Science*, cap. I, p. 10-1.

63. Pselo, 4; em Cory, *Anc. Fragm.*, p. 269; ed. 1832. [Cf. Pselo, em Ap. a Gallaeus, *Sibyllina oracula*, p. 93-4; e Fabrício, *Bibl. Graeca*, livro V, cap. II, § x 1; também J. Opsopäus, *Oracula sibyllina*, Paris, 1607.]

64. *Ibid.*

65. [*Nat. Hist.*, XIX, II, 12.]

66. [*História*, II, § 37.]

67. [*Jewish Wars*, V, V, 7.]

68. Proctor, *Our Place Among Infinities*, p. 309, rodapé; conferência sobre "Saturn and the Sabbath of the Jews". [Cf. Wilkinson, *Manners*, etc., vol. II, p. 26, 28; vol. V, p. 28, 29.]

69. [*The Lost Arts.*, p. 12-4.]

70. [*Ibid.*, p. 14.]

71. [Conferência proferida em Malvern, a 28 de janeiro de 1870, p. 16.]

72. [*Operations* (. . .) *at the Pyramids of Gizeh in 1837*, Londres, 1840-1842.]

73. [*Die ältesten Spuren des Menschen in Europa*, p. 46-7.]

74. [*História*, II, 86.]

75. Citado por Kenrick, *Ancient Egypt*, etc., vol. I, cap. XXII, p. 494.

76. Dioscórides, Περὶ Ὕλης Ἰατρικῆς, livro V, cap. CXV.

77. Plínio, *Hist. Nat.*, livro XXXVI, xi, 56.

78. Le Père Paulin de Saint-Barthélemy, *Voyage aux Indes Orientales*, vol. I, p. 358.

79. Max Müller, o Prof. Wilson e H. J. Bushby, e outros estudiosos do sânscrito, provam que os "eruditos orientais, tanto nativos quanto europeus, mostraram que o rito [de cremação da viúva] não só não foi sancionado, como também proibido por dedução, pelas mais antigas e mais autorizadas Escrituras hindus" (Bushby, *Widow-burning*, p. 21). Ver a conferência de Max Müller sobre "Comparative Mythology". "O Prof. Wilson", diz Max Müller, "foi o primeiro a apontar a falsificação do texto e a alteração de '*yonim agre*' para '*yonim agneh*' [útero de fogo]." "De acordo com os hinos do *Rig-Veda* e com o cerimonial Vaidik contido nos *Grihya-Sûtras*, a esposa acompanha o cadáver do seu marido à pira funerária, mas ali se diz a ela um verso extraído do *Rig-Veda* e lhe é ordenado abandonar o marido e retornar ao mundo dos vivos" (*Chips from a German Workshop*, vol. II, p. 35 e rodapé).

80. [*Ancient Egypt*, etc., vol. I, cap. XII, p. 215.]

81. Desde a história de que Moisés fabricou aí a serpente, ou *seraph*, de bronze que os israelitas adoraram até o reinado de Ezequias.

82. [*História*, IV, § 42.]

83. Aulus Gellius, *Noctes Atticae*, livro X, cap. XII.

84. [*Manners and Customs*, etc., 1837, cap. IX, p. 88, 91.]

85. [*Travels to Discover the Source of the Nile*, etc., 2ª ed., 1873, p. 132.]

86. [Cf. *Papyros Ebers*, etc., Leipzig, 1875.]

87. [Livro X, 86 e segs.]

88. [Procópio, *De bello vandalico*, II, p. 7.]

89. Essa *não* é a nossa opinião. Eles foram provavelmente construídos pelos habitantes da Atlântida.

90. [Brasseur de Bourbourg, *Lettres pour servir d' introduction à l' histoire primitive des nations civilisées de l' Amérique Septentrionale*, p. 55, nota 34.]

91. J. L. Stephens, *Incidents of Travel in Central America*, etc., vol. II, p. 457; 12ª ed., 1846.

92. [J. J. von Tschudi e M. E. de Rivero, *Antiguedades peruanas*, 1851.]

93. [Stephens, *op. cit.*, vol. II, p. 195-96; 12ª ed., 1846.]

94. Max Müller, *Chips from a German Workshop*, 1867, vol. II, p. 272.

95. [Brasseur de Bourbourg, *Popol Vuh. Le livre sacré et les mythes de l' antiquité américaine*, Paris, 1861.]

96. Max Müller, "Popol Vuh", em *Chips*, etc., vol. I, p. 331.

97. Por que não aos sacrifícios de homens na adoração antiga?

98. *Odisséia*, livro XII, versos 59-61, 71 e segs.

99. [*Popol Vuh*, parte I, cap. II, p. 17-27.]

100. Max Müller, *Chips*, etc., vol. II, p. 270.

101. Art. "Poésie des cloîtres céltiques", em *Correspondant*, vol. LX, 1863, p. 570.

102. *Archaeologia*, Londres, 1834, vol. XXV, p. 220: "Observations on Dracontia", do Rev. John Bathurst Deane.

103. *Archaeologia*, vol. XXV, p. 192.

104. [*Les hauts phénomènes*, etc., p. 58.]

105. [Procópio, *De bello vandalico*.]

106. Brasseur de Bourbourg, *Cartas*, etc., IV, p. 52. [Nuñez de la Vega, *Constituciones Diocesanas de Chiapa*, Preâmbulo, § 33.]

107. [Eusébio, *Chronica*, livro I, cap. xiii.]

108. [Ver Domingo Juarros, *Compendio de la historia de la Ciudad de Guatemala*, tomo II, tratado IV, parte I, cap. I; também Stephens, *op. cit.*, II, p. 172.]

109. [*Crónica de la provincia* (. . .) *de Guatemala*, 1714.]

110. [Ver F. A. de Fuentes y Guzmán, *Historia de Guatemala*, etc., vol. II, p. 170.]

111. [*The Antiquities of Mexico*, Londres, 1848.]

112. *Cartas*, etc., IV, p. 56; *Popol Vuh*, Intr., p. lxxxix.

113. *Die Phönizier*, vol. I, p. 70.

114. *Archaeologia*, vol. XXV, p. 220.

115. Cory, *Anc. Fragm.*, p. 9; Eusébio, *Praep. evang.*, livro I, cap. X (36); também *Gênese*, XIV.

116. *Cartas*, etc., p. 49, nota 15, e 51 e segs.

117. *Les hauts phénomènes*, etc., p. 51.

118. *Gênese*, XLIX, 17-8 e 5-6.

119. Dunlap explica a palavra "Sod" como *Arcanum*, mistério religioso, baseado na autoridade do *Lexicon Pentaglotton* de Schindler (1201). "O SEGREDO do Senhor está com aqueles que O temem", dizem os *Salmos*, XXV, 14. Há um erro de tradução por parte dos cristãos, pois se deveria ler "Sod Ihoh (os mistérios de Ihoh) são *para aqueles que O temem*" (Dunlap, *Sòd, the Mysteries of Adoni*, Intr., p. xi). "Al [El] é terrível na grande SOD (assembléia, MISTÉRIOS) dos Kadeshim (o SACERDOTE, o santo, o INICIADO). – *Salmos* LXXXIX, 7." (*Ibid.*)

120. "Os membros dos *colégios de sacerdotes* eram chamados *Sodales*", diz o *Latin Lexicon* de Freund (IV, 448). "SODALÍCIOS foram constituídos nos Mistérios ideanos da PODEROSA MÃE", escreveu Cícero (*De senectute*, § xiii); cf. Dunlap, *op. cit.*, p. xii.

121. Ver Wilkinson, *Manners and Customs*, etc., 1837, vol. V, p. 64, 65 e 239.

122. Brasseur de Bourbourg, *Nations civilisées du Méxique*, vol. I, 382; vol. II, p. 137, 564. [Cf. Fuentes, *Hist. de Guatemala*, II, p. 44-5.]

123. *Catholic World*, N.Y., janeiro de 1877, art. "Nagualism, Voodooism, etc.".

124. [*Números*, XVII, 8.]

125. Em Hesíodo [*Os trabalhos e os dias*, 190-92], Zeus cria a sua *terceira* raça de homens com o freixo. No *Popol Vuh* [I, III, p. 25, 26] diz-se que a *terceira* raça de homens foi criada da árvore "*tzité*" e as mulheres foram feitas da medula dum junco chamado "*zibak*". Também esta é uma estranha coincidência.

126. *Popol Vuh*, III, II, p. 199-205; ver também a resenha de Max Müller, em *Chips*, etc., conferência XIV, p. 313 e segs.

127. [*Chips*, etc., I, p. 340.]

128. [Atualmente conhecida como *Angkor Vat*.]

129. Frank Vincent, Jr., *The Land of the White Elephant*, p. 209.

130. *Op. cit.*, pp. 210-13.

131. Hanuman tem perto de um metro de altura e é negro como carvão. O *Râmâyana*, ao fornecer a biografia desse macaco sagrado, relata que Hanuman era antigamente um chefe tribal poderoso que, tendo-se tornado o maior amigo de Râma, ajudou-o a encontrar a sua esposa, Sîtâ, que fora raptada por Râvana, o poderoso rei dos gigantes, e levada ao Ceilão. Após numerosas aventuras, Hanuman foi apanhado por Râvana quando visitava a cidade do gigante na qualidade de espião de Râma. Por esse crime Râvana untou de óleo a cauda de Hanuman e lhe ateou fogo e foi ao tentar apagá-lo que o macaco-deus se tornou de faces tão negras, que nem ele nem a sua posteridade puderam livrar-se dessa cor. Se devemos acreditar nas lendas hindus, esse mesmo Hanuman foi o *progenitor* dos europeus; uma tradição que, embora estritamente darwiniana, donde científica, não nos lisonjeia de maneira alguma. A lenda afirma que, pelos serviços prestados, Râma, herói e semideus, deu em casamento aos guerreiros-macacos do seu exército as filhas dos gigantes do Ceilão – os *Râkshasas* – e lhes ofereceu, ainda, como dote, todas as partes ocidentais do mundo. Habitando-as desde então, os macacos e as suas esposas-gigantes viveram felizes e tiveram grande número de descendentes. Os últimos são os europeus atuais. Palavras dravídicas são encontradas na Europa ocidental, indicando que havia uma unidade original de raça e de língua entre as populações. Não haveria aí a insinuação de que as tradições são afins, as raças dos elfos e dos gnomos na Europa e a dos macacos, atualmente aparentadas com eles no Industão?

132. [Vincent, *op. cit.*, p. 213-21.]

133. *Incidents of Travel in Central America*, etc., 12ª ed., 1846, vol. I, p. 105.

134. Eles não mais existem, pois só o obelisco foi removido para Paris. [H. P. B.]

135. [*Voyage en Indo-Chine*, etc., Paris, 1872.]

136. Ver *The Land of the White Elephant*, p. 221-22.

137. [*Voyages dans les royaumes de Siam, de Laos, de Cambodge*, etc., 1864.]

138. Presidente da Sociedade Geográfica Real de Berlim. [Cf. o seu *Die Völker des östlichen Asien*, Jena, 1871.]

139. *The Land of the White Elephant*, p. 215, 219-20. [Cf. J. B. Pallegois, *Description du royaume Thaï ou Siam*, 1854.]

140. [Vincent, *op. cit.*, p. 224.]

141. [Em seu *Indica*, Cf. Clement, Alex., *Stromata*, I, 305 D (ed. Colon, 1688.]

142. A palavra fenícia Dido é o feminino de Davi דויד, דוד. Com o nome de Astartê, ela deixou as colônias fenícias e a sua imagem estava na proa dos seus barcos. Mas Davi e Saul são nomes que também pertencem ao Afeganistão.

143. (Prof. A. Wilder) Esse arqueólogo diz: "Considero as raças etíope, cuchita e hamítica como as raças edificadoras e artísticas que adoravam Baal (Sîva), ou Bel – ergueram templos, grutas, pirâmides e usaram uma língua de tipo peculiar. Rawlinson deriva essa língua dos *turanianos* do Industão".

144. [Livro IX, 187-92.]

145. [*Teogonia*, 198-201.]

146. [Vincent, *op. cit.*, p. 216.]

147. O Prof. Alexander Wilder, entre outros.

148. *2 Reis*, XVII, 23, 24.

149. Ver a tradução de Martin Haug.

150. [*Scholia in Apollonium Rhodium*, I, 917.]

151. [*Vestiges of the Spirit-History of Man*, p. 266.]

152. *Juízes*, XVII-XVIII, etc.

153. O *h* do zende é *s* na Índia. Assim, *hapta* é *sapta*; *hindu* é *sindhaya*. (A. Wilder) "(. . .) o *s* freqüentemente se abranda em *h* da Grécia para Calcutá, do Cáucaso para o Egito", diz Dunlap. Assim, as letras *k, h, e s* são intercambiáveis.

154. [Dunlap, *op. cit.*, p. 269. Cf. *Codex mazaraeus*, I, 57, em Dunlap, Söd, *the Son of the Man*, p. 59.]

155. *Op. cit.*, p. 225.

156. *Incidents of Travels*, etc., vol. II, p. 313-14; 12ª ed., 1846.

157. [*Stonehenge, a Temple Restor'd to the British Druids*, Londres, 1740.]

CAPÍTULO XV

STEPHANO – Que há? Temos demônios aqui?
Quereis enredar-nos com os selvagens e índios?
The Tempest, ato II, cena 2, linhas 60-3.

"Temos estudado, tanto quanto é necessário ao nosso objetivo, a *natureza e as funções da alma*; e demonstramos claramente que ela é uma substância distinta do corpo."
Dr. HENRY MORE, *Immortality of the Soule*, 1659, parte III, cap. VI, p. 181.

O CONHECIMENTO É PODER; A IGNORÂNCIA É IMBECILIDADE."
E. HARDINGE-BRITTEN, *Ghost-Land*, p. 439.

A "doutrina secreta" foi por muitos séculos semelhante ao "homem das aflições" a que alude o profeta Isaías. "Quem acreditou em nossas palavras?", repetiram os seus mártires de geração em geração. A doutrina desenvolveu-se diante de seus perseguidores "como uma tenra planta ou como uma raiz plantada em solo árido; ela não tem forma, nem atrativos (...) é desprezada e rejeitada pelos homens; e eles lhe viram os rostos... Eles não a estimam"[1].

Não é necessário entrar em controvérsias para saber se essa doutrina concorda ou não com a tendência iconoclasta dos céticos de nosso tempo. Ela concorda com a *verdade*, e basta. Seria ocioso esperar que os seus detratores e os seus caluniadores lhe dessem crédito. Mas a tenaz vitalidade que ela exibe sobre todo o globo, em toda a parte em que há um grupo de homens para discuti-la, é a melhor prova de que a semente plantada por nossos pais no "outro lado do dilúvio" era a de um poderoso carvalho, não o esposo de uma teologia fungóide. Nenhuma luz lançada pelo ridículo humano pode cair no solo, e nenhum raio arremessado pelos vulcanos da ciência é bastante poderoso para fulminar o tronco, ou mesmo arranhar os ramos da árvore universal do CONHECIMENTO.

Temos apenas que ignorar a sua letra que mata e agarrar o espírito sutil de sua sabedoria oculta para descobrir dissimuladas nos *Livros de Hermes* – sejam eles o modelo ou a cópia de todos os outros – as evidências da verdade e da filosofia que sentimos que *deve* basear-se nas leis eternas. Compreendemos instintivamente que, por mais finitos que sejam os poderes do homem enquanto este ainda está encarnado, eles devem estar em estreita relação com os atributos de uma Divindade infinita; e tornamo-nos capazes de apreciar melhor o sentido oculto do dom prodigalizado pelos *Elohim* a *Adão*: "Vê, eu te dei tudo que está sobre a face da Terra (. . .) *subjuga-os* e "exerce teu poder" SOBRE TUDO[2].

Tivessem as alegorias contidas nos primeiros capítulos do *Gênese* sido mais bem-compreendidas, mesmo em seu sentido geográfico e histórico, que nada implica de esotérico, as pretensões de seus verdadeiros intérpretes, os cabalistas, dificilmente teriam sido rejeitadas por tanto tempo. Todo estudioso da Bíblia deve saber que o primeiro e o segundo capítulo do *Gênese* não podem ter saído da mesma pena. Ambos são evidentemente alegorias e parábolas[3], pois as duas narrativas da criação e povoamento de nossa Terra contradizem-se diametralmente em todos os detalhes de ordem, tempo, lugar e métodos empregados na chamada criação. Aceitando as narrativas literalmente, e como um todo, rebaixamos a dignidade da Divindade desconhecida. Fazemo-la descer ao nível dos homens, e dotamo-la da personalidade peculiar do homem, que precisa do "frescor do dia" para refrescar-se; que descansa de suas tarefas; e que é capaz de raiva, vingança, e mesmo de tomar precauções contra o homem, "para que ele não estenda os braços e colha também da árvore da vida". (Uma tácita admissão da Divindade, diga-se de passagem, de que o homem *poderia fazê-lo*, se não fosse impedido simplesmente pela força.) Mas, reconhecendo a nuança alegórica da descrição do que se pode chamar de fatos históricos, colocamos imediatamente os nossos pés em terra firme.

Para começar – o jardim do Éden, enquanto localidade, não é de todo um mito; ele pertence a esses marcos da história que revelam ocasionalmente ao estudante que a Bíblia não é inteiramente uma mera alegoria. "Éden, ou o hebraico גַּן־עֵדֶן, GAN-EDEN, que significa o parque ou o jardim do Éden, é um nome arcaico do país banhado pelo Eufrates e por muitos de seus afluentes, da Ásia e da Armênia ao Mar da Eritréia." No *Livro dos números* caldeu, a sua localização é designada por números; e no manuscrito rosa-cruz cifrado, deixado pelo Conde St. Germain, ele é descrito por completo. Nas Tábuas assírias, é traduzido por *Gan-Dunîas*[4] [*]. "Vede", diz o אלהים, *Elohim* da *Gênese*, "o homem tornou-se como um de nós." Pode-se aceitar os *Elohim* num sentido como *deuses* ou poderes, e tomá-los em outro caso como *Aleim*, ou sacerdotes; os hierofantes iniciados no bem e no mal deste mundo; pois havia um colégio de sacerdotes chamado *Aleim*, e o chefe de sua casta, ou chefe dos hierofantes, era conhecido como *Yava-Aleim*. Ao invés de tornar-se um neófito, e olhar gradualmente o seu conhecimento esotérico por meio de uma iniciação regular, um *Adão*, ou homem, utiliza as suas faculdades intuitivas, e, induzido pela Serpente – a *Mulher* e a matéria – prova da Árvore da Sabedoria – a doutrina esotérica ou secreta – de modo ilegal. Os sacerdotes de Hércules, ou MEL-KARTH, o "Senhor" do Éden, trajavam "túnicas de pele". O texto diz: "E *Yava-Aleim* fez para Adão e sua mulher כתנת עור, , KOTHNOTH OR"[5]. A primeira palavra hebraica, *chitun*, é o grego χιτών, , *chiton*. Ela se tornou uma palavra eslava por adoção da Bíblia, e significa uma *túnica*, uma vestimenta exterior.

Embora contenha o mesmo substrato de verdade esotérica que todas as outras cosmogonias primitivas, a Escritura hebraica traz em si as marcas de sua dupla

---

* Segundo o Prof. Friedrich Delitzsch, o nome comum da Babilônia era Kar-Dunîaś. A forma Gan-Dunîaś é considerada agora um erro de leitura das inscrições, cometido por George Smith. (N. do Org.)

origem. Seu *Gênese* é simplesmente uma reminiscência do cativeiro babilônico. Os nomes de lugares, homens e mesmo de objetos podem ser traçados desde o texto original dos caldeus e dos acádios, seus progenitores e instrutores arianos. Contesta-se energicamente que as tribos da Caldéia, Babilônia e Assíria fossem de algum modo aparentadas aos brâmanes do Industão; mas há mais provas a favor dessa opinião do que o contrário. Os semitas ou os assírios poderiam, talvez, chamar-se turânios, e os mongóis denominar-se citas. Mas se os acádios nunca existiram a não ser na imaginação de alguns filósofos e etnólogos, eles jamais seriam uma tribo turaniana, como alguns assiriólogos esforçaram-se por nos convencer. Eram simplesmente imigrantes a caminho da Ásia Menor, provenientes da Índia, o berço da Humanidade, e seus adeptos sacerdotais demoravam-se para civilizar e iniciar um povo bárbaro. Halévy[6] provou a falácia da mania turaniana, no que concerne ao povo acádio, cujo nome já foi alterado dezena de vezes; e outros cientistas provaram que a civilização babilônica não nasceu nem se desenvolveu naquela região. Foi importada da Índia, e os importadores foram os hindus bramânicos.

O Prof. A. Wilder opina que, se os assírios têm sido chamados de turânios e os mongóis, de citas, neste caso as guerras de Irã e Turan, Zohak e Jemshid, ou Yima, seriam corretamente compreendidas como a luta dos antigos persas contra os esforços dos sátrapas assírios para conquistá-los, a qual terminou pela queda de Nínive; "a aranha tecia sua rede no palácio de Afrasiab"[7].

"Os turânios do Prof. Müller e sua escola", acrescenta nosso correspondente, "eram evidentemente os caucásicos selvagens e nômades de que provêm os construtores camitas ou etiópios; depois os semitas – talvez uma raça híbrida de camitas e arianos; e finalmente os arianos – medos, persas, hindus; e por fim, os povos góticos e eslavos da Europa. Ele supõe que os celtas eram uma raça híbrida, análoga aos assírios – entre os invasores arianos da Europa e a população ibérica (provavelmente etiópia) da Europa." Nesse caso ele deve admitir a possibilidade de nossa afirmação segundo a qual os acádios era uma tribo dos primitivos hindus. Mas se eram brâmanes, do planisfério bramânico propriamente dito (40° de latitude norte), ou da Índia (Industão), ou, ainda, da Índia da Ásia Central, deixaremos aos filólogos dos séculos vindouros decidi-lo.

Uma opinião que para nós significa certeza, demonstrada por um método indutivo próprio, que tememos ser mediocremente apreciada pelos métodos ortodoxos da ciência moderna, baseia-se no que para estes parecem apenas evidências circunstanciais. Durante anos noticiamos repetidamente que as mesmas verdades esotéricas foram expressas por símbolos e alegorias idênticos em países entre os quais jamais se percebeu qualquer filiação histórica. Descobrimos a *Cabala* judia e a Bíblia repetindo os "mitos" babilônicos[8], e as alegorias orientais e caldaicas apresentadas em forma e substância nos mais antigos manuscritos dos talapoin siameses (monges), e nas tradições populares mais antiquíssimas do Ceilão.

Neste país, temos um velho e honrado amigo, que encontramos também em outras partes do globo, um erudito páli, cingalês de origem, que possui uma curiosa folha de palmeira, à qual, mediante processos químicos, se deu uma durabilidade à prova do tempo, e uma enorme concha, ou antes a metade de uma concha – pois ela foi partida em duas. Vemos sobre a folha a representação de um célebre gigante da antiguidade cingalês, cego e destruindo – com os seus braços estendidos, que abarcam as quatro colunas centrais de um pagode – todo o templo sobre a massa dos inimigos armados. Seu cabelo é longo e estende-se quase até o solo. Informou-nos o possuidor dessa curiosa relíquia que o gigante cego era "Somona, o Pequeno", assim chamado em oposição a Somona-Kadom, o Salvador siamês. Além disso, a lenda páli, em seus detalhes importantes, corresponde à do Sansão bíblico.

A concha traz sobre a sua superfície nacarada uma gravura dividida em dois compartimentos, e o seu acabamento é muito mais artístico, quanto à concepção e execução, do que os crucifixos e outros objetos religiosos fabricados com o mesmo material em nossos dias, em Jaffa e Jerusalém. No primeiro painel representa-se Síva, com todos os atributos hindus, sacrificando seu filho – se o único, ou um de muitos, nunca nos demoramos em perguntar. A vítima está deitada sobre uma pira funeral, e o pai plaina no ar sobre ele, com a arma erguida, prestes a atirar; mas a face do deus está virada na direção da selva, numa de cujas árvores gigantescas um rinoceronte enterrou profundamente os cornos e é incapaz de retirá-los. O painel ou divisão seguinte representa o mesmo rinoceronte sobre a pira com a arma enterrada em seu flanco, e a vítima destinada – o filho de Síva – livre, e ajudando o deus a acender o fogo sobre o altar do sacrifício.

Ora, basta-nos lembrar que Síva e o Baal palestino, ou Moloch, e Saturno são idênticos; que Abraão é tido até o presente pelos árabes maometanos como Saturno na Kaaba[9]; que Abraão e Israel eram nomes de Saturno[10]; e que Sanchoniathon nos diz que Saturno oferecia seu único filho em sacrifício ao seu pai Urano, e ainda que ele mesmo se circuncidou e obrigou todos os familiares e aliados a fazerem o mesmo[11], para remontar infalivelmente o mito bíblico à sua fonte. Mas esta fonte não é fenícia, nem caldaica; é simplesmente indiana, e o seu original pode ser encontrado no *Mahâbhârata*. Mas, bramânica ou budista, ela deve ser muito mais antiga do que o *Pentateuco* judeu, compilado por Esdras após o cativeiro babilônico, e revisado pelos rabinos da Grande Sinagoga.

Por isso, estamos bastante seguros para manter a nossa afirmação contra a opinião de muitos homens de saber, os quais, não obstante, consideramos muito mais sábios do que nós. A indução científica é uma coisa, e *o conhecimento dos fatos*, por mais anticientíficos que possam parecer de início, é outra. Mas a ciência descobriu fatos suficientes para informar-nos que originais sânscritos do Nepal foram traduzidos por missionários budistas para quase todas as línguas asiáticas. De igual maneira, manuscritos pális foram traduzidos para o siamês, e levados a Burma e ao Sião; é fácil, portanto, compreender por que as mesmas lendas e muitos mitos religiosos circulavam em todos esses países. Mas Manetho fala-nos também de pastores que imigraram para o Oeste; e quando descobrimos algumas das mais antigas tradições cingaleses na Cabala caldaica e na Bíblia judaica, devemos pensar que os babilônicos estiveram no Ceilão ou na Índia, ou que os antigos pális tinham as mesmas tradições que os acádios, cuja origem é tão incerta. Mesmo supondo que Rawlinson esteja certo, e que os acádios provieram da Armênia, ele não lhes remonta os traços. Como o campo está agora aberto a qualquer gênero de hipóteses, sugerimos que essa tribo poderia igualmente ter chegado à Armênia provinda de além-Indo, seguindo seu curso em direção ao Mar Cáspio – território que outrora também fazia parte da Índia – e daí ao Ponto Euxino. Ou eles poderiam ter vindo originalmente do Ceilão pelo mesmo caminho. É impossível seguir, com algum grau de certeza, as peregrinações dessas tribos arianas nômades; somos, por isso, obrigados a julgar pela inferência, e comparando os seus mitos esotéricos. O próprio Abraão, como todos os nossos cientistas o sabem – poderia ter sido um desses pastores pális que imigraram para o *Oeste*. Diz-se que ele partiu com seu pai, Terah, de "*Ur*, da Caldéia"; e Sir H. Rawlinson descobriu a cidade fenícia de Martu ou Marathos mencionada numa inserção em *Ur*, e faz ver que o seu nome significa o OESTE.

Se as suas línguas, num sentido, parecem contraditar a sua identidade com os brâmanes do Industão, há no entanto outras razões que corroboram a nossa afirmação de que as alegorias bíblicas do *Gênese* devem-se inteiramente a essas tribos nômades. O nome *Ak-ad* é da mesma classe que *Ad-Am, Ha-va,* ou *Ed-En*[12] – "e talvez signifique", diz o Dr. Wilder, "filho de Ad, como os filhos de Ad na Arábia antiga. Na Assíria, *Ak* é criador, e *Ad-ad*, o *único*; e, na Cabala, *Ad-Am* é o filho único, a primeira emanação do Criador invisível. *Ador* era o "Senhor" deus da Síria e o consorte de *Adar-gat*, ou *Aster't*, a deusa síria, que era Vênus, Íris, Ishtan, ou Mylitta, etc.; e cada uma delas era "a mãe *de todo ser vivente*" – a *Magna Mater*.

Assim, enquanto o primeiro, o segundo e o terceiro capítulos do *Gênese* não passam de imitações desfiguradas de outras cosmogonias, o quarto capítulo, a partir do décimo sexto versículo até o final do quinto capítulo, fornece fatos puramente históricos, embora estes nunca tenham sido corretamente interpretados. Foram colhidos, palavra por palavra, do *Livro dos números* secreto da Grande Cabala Oriental. A partir do nascimento de Henoc, o primeiro pai reconhecido da franco-maçonaria, inicia-se a genealogia das chamadas famílias turanianas, arianas e semíticas, se essas denominações estão corretas. Toda mulher é uma terra ou cidade evemerizada; todo homem é patriarca, uma raça, um ramo ou uma subdivisão de uma raça. As mulheres de Lamech dão a chave do enigma, que um bom erudito poderia facilmente decifrar, mesmo sem ter estudado as ciências esotéricas. "E Ad-ah gerou Jabal: ele foi o pai dos que viveram em tendas, e *dos que têm gado*", a raça ariana nômade; "(. , .) e seu irmão era Jubal, que foi o pai de todos os que *tocam harpa e órgão*; (...) e Zillah gerou Tubal-Cain, que ensinou aos homens como *forjar o cobre e o ferro*", etc.[13] Toda palavra tem um significado; mas não é uma *revelação*. É simplesmente uma compilação dos fatos mais *históricos*, embora a História esteja muito perplexa a esse respeito para saber como reivindicá-los. É do Euxino à Caximira, e além, que devemos procurar o braço da Humanidade, e dos filhos de Ad-ah; e deixar o jardim particular do Ed-en sobre o Eufrates aos colegas dos misteriosos astrólogos e magos, os Aleim[14]. Não estranhemos que o vidente do norte, Swedenborg, recomende às pessoas procurarem a PALAVRA PERDIDA entre os hierofantes da Tartária, da China e do Tibete; pois é lá, e somente lá que ela hoje se encontra, embora a descubramos inscrita sobre os monumentos das mais antigas dinastias do Egito.

A grandiosa poesia dos quatro *Vedas*; o *Livro de Hermes*; o *Livro dos números* caldeu; o *Códex nazareno*; a *Cabala* dos Tanaïm; a Sepher Yetzîrâh; o *Livro da Sabedoria* de Shlômôh (Salomão); o tratado secreto sobre *Mukta* e *Baddha*[15], atribuído pelos cabalistas budistas a Kapila, o fundador do sistema Sânkhyâ; os *Brâhmanas*[16], o *Bstan-hgyur*[17] dos tibetanos; todos esses livros têm a mesma base. Variando apenas as alegorias, eles ensinam a mesma doutrina secreta que, uma vez completamente expurgada, provará ser a *Ultima Thule* da verdadeira filosofia, e revelará o que é essa PALAVRA PERDIDA.

É inútil esperar que os cientistas descubram algo de interesse nessas obras, a não ser o que está em relação direta com a filologia ou a mitologia comparada. O próprio Max Müller, ao referir-se à antiga literatura sânscrita, nada vê nela a não ser "absurdos teológicos" e "tolices fantásticas".

Falando dos *Brâhmanas*, repletos de significados *misteriosos*, e, portanto, naturalmente absurdos, diz-nos ele: "A maior parte deles é simplesmente tagarelice, e o que é pior, *tagarelice teológica*". Ninguém que não estivesse antecipadamente a par do "lugar que os *Brâhmanas* ocupam na história do espírito indiano, seria capaz de ler mais do que dez páginas *sem se aborrecer*"[18].

Não devemos nos surpreender com a severa crítica desse erudito cientista. Sem um fio condutor para o sentido real dessa "tagarelice" das concepções religiosas, como podem eles julgar o sentido esotérico pelo exotérico? Encontramos uma resposta numa das conferências extremamente interessantes do sábio alemão: "Nenhum judeu, nenhum romano, nenhum brâmane jamais pensou em converter as pessoas à sua própria forma nacional de adoração. Encarava-se a religião como uma propriedade privada ou nacional. Cumpria guardá-la contra os estrangeiros. Os mais sagrados nomes dos deuses, as orações pelas quais os seus favores podiam ser obtidos eram mantidos em segredo. Nenhuma religião foi mais exclusivista do que a dos brâmanes"[19].

Em conseqüência, quando encontramos eruditos que imaginam, enquanto aprendem o sentido de alguns poucos ritos exotéricos da boca de um *śrotriya*, um sacerdote brâmane iniciado nos mistérios sacrificiais, que são capazes de interpretar todos os símbolos, e que examinaram minuciosamente as religiões hindus, não podemos deixar de admirar a extensão de seus erros científicos. E mais ainda quando vemos o próprio Max Müller afirmar que uma vez que "um brâmane de nascimento – ou melhor, de *duplo nascimento* – não poderia fazê-lo, nem mesmo a casta mais baixa, a dos śudras, abriria suas fileiras a um estrangeiro". Menos possível ainda é que se permitisse ao estrangeiro desvelar para o mundo os seus mais sagrados mistérios religiosos, cujo segredo foi tão cuidadosamente guardado contra a profanação durante séculos incalculáveis.

Não; os nossos cientistas não compreendem – ou melhor, não podem compreender – corretamente a antiga literatura hindu, assim como um ateu ou materialista é incapaz de apreciar em seu justo valor as aspirações de um vidente, de um místico, cuja vida é devotada à contemplação. Eles têm o perfeito direito de confortar-se com o doce acalanto de sua auto-admiração, e com a consciência de seu grande saber; mas não o de inculcar no mundo os seus próprios erros, fazendo-o acreditar que resolveram o último problema do pensamento antigo na literatura, sânscrita ou não; que não há, atrás da "tagarelice" externa, muito mais do que jamais sonhou a nossa moderna filosofia exata; ou que acima e além da correta tradução de palavras e frases sânscritas, não há nenhum pensamento mais profundo, inteligível a alguns dos descendentes daqueles que o velaram nas primeiras horas do dia da Terra, se não o é ao leitor profano.

Não nos surpreendemos de maneira alguma se um materialista, e mesmo um cristão ortodoxo, é incapaz de ler as antigas obras bramânicas ou a sua prole, a *Cabala*, o *Codex* de Bardesanes, ou as *Escrituras* judaicas sem se revoltar com a sua imodéstia e aparente falta do que o leitor não iniciado se compraz em chamar de "senso comum". Mas se dificilmente podemos reprovar-lhes tal sentimento, especialmente no caso da literatura hebraica e mesmo da grega e da latina, e estamos prontos a concordar com o Prof. Fiske em que "é sinal de sabedoria não se contentar com evidências imperfeitas", por outro lado temos o direito de esperar que eles reconheçam que não é menos sinal de honestidade confessar a ignorância nos casos em que a questão tem dois lados e em cuja solução o cientista pode enganar-se tão facilmente quanto qualquer ignorante. Quando vemos o Prof. Draper, em sua definição dos períodos, na obra *Intelectual Development of Europe*[20], classificar a época que vai desde os dias de Sócrates, o precursor e mestre *de Platão*, a Carneades, como "idade da fé"; e a de Fílon até a destruição das escolas neoplatônicas por Justiniano, como "idade da decrepitude", podemos inferir que o erudito professor sabe tão pouco sobre a real tendência da filosofia grega e das escolas áticas quanto conhecia o verdadeiro caráter de Giordano Bruno. De modo que quando vemos um dos maiores eruditos sanscritistas afirmar, baseado em sua própria não verificada autoridade, que "a maior parte dos *Brâhmanas* não passa de tagarelice teológica", lamentamos profundamente pensar que o Prof. Müller deve estar muito mais familiarizado com os velhos verbos e nomes sânscritos do que com o pensamento sânscrito; e que um erudito tão geralmente propenso a fazer justiça às religiões e aos homens de antigamente faz tão efetivamente o jogo dos teólogos cristãos. "Qual a utilidade do sânscrito?", exclama Jacquemont, que pronunciou sozinho muito mais falsas afirmações a respeito do Oriente do que todos os orientalistas reunidos. Desse ponto de vista, não haveria nenhuma, na verdade. Se devêssemos trocar um cadáver por outro, tanto valeria dissecar a letra morta da Bíblia judia quanto a dos *Vedas*. Aquele que não é vivificado intuitivamente pelo espírito religioso de outrora jamais verá além da "tagarelice" exotérica.

Quando lemos, pela primeira vez, que "na cavidade do crânio do Microposopos – a Grande Face – jaz oculta a SABEDORIA aérea que não está aberta em parte alguma; e que ela não foi descoberta, nem aberta"; ou ainda que "o nariz do 'ancião dos dias' é *Vida* em toda parte", estamos inclinados a tomar tais frases como as incoerentes divagações de um lunático. E quando, ademais, somos informados pelo *Codex nazaraeus*[21] de que "ela, o *Spiritus*", convida seu filho Karabtanos, "que é tolo e insensato", a praticar um crime contra a natureza com a sua própria mãe, estamos de fato dispostos a pôr o livro de lado, com repulsa. Mas é apenas essa tolice sem sentido que tal linguagem rude e mesmo obscena expressa? Deve-se tanto julgá-la por sua aparência externa quanto os símbolos sexuais das religiões egípcia e hindu, ou a grosseira liberdade de expressão da própria Bíblia "sagrada". Ou a alegoria de Eva e a serpente tentadora do Éden. O espírito inquieto, sempre insinuante, uma vez "caído na matéria", tenta Eva, ou Hava, que representa fisicamente a matéria caótica "tola e insensata". Pois a *matéria*, Karabtanos, é o filho do *Espírito*, ou o *Spiritus* dos nazarenos, a *Sophia-Achamoth*, e esta é a filha do espírito puro, intelectual, o sopro divino. Quando a ciência efetivamente nos tiver demonstrado a origem da matéria, e provado a falácia dos ocultistas e dos filósofos antigos que sustentavam (como hoje sustentam os seus seguidores) que a matéria é apenas uma das correlações do espírito, então o mundo dos céticos terá o direito de rejeitar a Sabedoria antiga, ou de lançar a acusação de obscenidade ao rosto das religiões antigas.

"Desde tempos imemoriais", diz a Sra. Lydia Maria Child, "um emblema foi adorado no Industão como o signo da criação, ou da origem da vida. É o símbolo mais comum de Síva [Bala, ou Mahâ-Deva], e relaciona-se universalmente ao seu culto. (...) Síva não era meramente o reprodutor de formas humanas; ele representava o princípio frutificador, o poder generativo que preenche o universo. (. . .) Pequenas imagens desse emblema esculpidas em mármore, ouro ou cristal são utilizadas como ornamentos em volta do pescoço. (. . .) O emblema materno é igualmente um símbolo religioso, e os adoradores de Vishnu representam-no sobre a testa por uma marca horizontal. (. . .) É estranho que eles encarem com reverência o grande mistério do nascimento do homem? Eram *eles* impuros por encará-lo assim? Ou somos nós impuros porque *não* o encaramos dessa maneira? Viajamos bastante, e as estradas foram maculadas desde que os velhos anacoretas falaram, pela primeira vez, de Deus e da alma, nas profundezas solenes de seus primeiros santuários. Não zombemos de sua maneira de buscar a Causa infinita e incompreensível através de todos os mistérios da Natureza, para que, assim fazendo, não lancemos a sombra de nossa própria grosseria sobre a sua simplicidade patriarcal."[22]

Muitos são os eruditos que tentaram, com a sua melhor habilidade, fazer justiça à Índia antiga. Colebrooke, Sir William Jones, Barthelémy St.-Hilaire, Lassen, Weber, Strange, Burnouf, Hardy e finalmente Jacolliot, todos testemunharam as suas realizações na legislação, na ética, na filosofia e na religião. Nenhum povo do mundo jamais atingiu a grandeza de pensamento nas concepções ideais da Divindade e de sua prole, o HOMEM, do que os metafísicos e teólogos sânscritos. "Minhas queixas contra muitos tradutores e orientalistas", diz Jacolliot, "embora admire o seu profundo conhecimento, é que, *não tendo vivido na Índia*, faltam-lhes a justeza de expressão e a compreensão do sentido simbólico dos cantos poéticos, das orações e das cerimônias; incorrendo eles não raro em erros materiais, seja de tradução ou de julgamento."[23] Mais adiante, esse autor, que, devido a uma longa permanência na Índia e ao estudo de sua literatura, está melhor qualificado para dar seu testemunho do que os que nunca lá estiveram, diz-nos que "a vida de várias gerações seria insuficiente apenas para ler as obras que a Índia antiga nos deixou sobre História, Ética (*moral*), poesia, Filosofia, Religião, diversas ciências, e Medicina". E no entanto Louis Jacolliot só pôde julgar pelos poucos fragmentos a que teve acesso, sempre dependendo da cortesia e da amizade de uns poucos brâmanes dos quais conseguira tornar-se íntimo. Mostraram-lhe *todos* eles os seus tesouros? Explicaram-lhe *tudo* que ele desejava saber? Duvidamo-lo, pois, do contrário, ele próprio não teria julgado as suas cerimônias religiosas tão precipitadamente como o fez em várias ocasiões, apenas baseado em evidências circunstanciais.

Todavia, nenhum viajante se mostrou mais leal ou mais imparcial em face da Índia do que Jacolliot. Se é severo com a sua atual degradação, ele o é ainda mais com aqueles que a motivaram – a casta sacerdotal dos últimos séculos –, e sua censura é proporcional à intensidade com que aprecia a sua grandeza passada. Ele aponta as fontes de onde procederam as revelações de todos os credos antigos, inclusive os *Livros de Moisés*, e indica diretamente a Índia como o berço da Humanidade, a mãe de todas as outras nações, e o ninho de todas as artes perdidas e ciências da Antiguidade, que a própria Índia Antiga já havia perdido nas trevas cimérias das idades arcaicas. "Estudar a Índia", diz ele, "é remontar a Humanidade às suas fontes."

"Do mesmo modo como a sociedade moderna esbarra a cada passo com a Antiguidade", acrescenta, "como nossos poetas têm copiado Homero e Virgílio, Sófocles e Eurípedes, Plauto e Terêncio; como nossos filósofos têm buscado inspiração em Sócrates, Pitágoras, Platão e Aristóteles; como nossos historiadores tomam Tito Lívio, Salústio ou Tácito por modelo; e os nossos oradores, Demóstenes e Cícero; nossos médicos estudam Hipócrates, e os nossos códigos transcrevem Justiniano – assim também a própria Antiguidade teve uma outra Antiguidade para estudar, imitar e copiar. O que há de mais simples e mais lógico? Não procedem as pessoas umas das outras? Circunscrevem-se os conhecimentos, penosamente adquiridos por uma nação, ao seu próprio território, e morrem com a geração que os produziu? Há algum absurdo em sugerir que a Índia de 6.000 anos atrás, brilhante, civilizada, transbordando de gente, tenha impresso sobre o Egito, a Pérsia, a Judéia, a Grécia e Roma, um selo tão indelével, impressões tão profundas como as que os últimos imprimiram sobre nós?

"É tempo de livrarmo-nos dos preconceitos que representam os antigos tendo quase espontaneamente as idéias filosóficas, religiosas e morais mais elevadas – dos preconceitos que em sua ingênua admiração explicam tudo, no domínio da ciência, das artes e das letras pela intuição de alguns poucos grandes homens, e na da religião pela revelação."[24]

Acreditamos que não está longe o dia em que os adversários desse sagaz e erudito autor serão silenciados pela força das evidências irrefutáveis. E quando os *fatos* confirmarem as suas teorias e asserções, o que descobrirá o mundo? Que é à Índia, o país menos explorado, e menos conhecido do que qualquer outro, a que todas as outras grandes nações do mundo devem as suas línguas, as suas artes, as suas ideologias e a sua civilização. O progresso dessa nação, que se estagnou séculos antes de nossa era, até paralisar-se por completo nas seguintes; mas em sua literatura achamos a prova irrefutável de suas passadas glórias. Se não fosse tão espinhoso o estudo do sânscrito, por certo se despertaria a inclinação pela literatura indiana, comparavelmente mais rica e copiosa que nenhuma outra. Até agora, o público em geral, em busca de informações, teve que contar com uns poucos eruditos que, não obstante a sua grande sabedoria e fidedignidade, não estão à altura de traduzir e comentar mais do que uns poucos livros extraídos do número quase incontável de obras que, não obstante o vandalismo dos missionários, ainda restaram para mostrar o poderoso volume da literatura sânscrita. E para cumprir tal tarefa requerer-se-ia o trabalho de toda a vida de um europeu. Eis por que as pessoas julgam apressadamente, e cometem com freqüência os erros mais crassos.

Muito recentemente, um certo Rev. Dunlop Moore, de New Brighton, Pensilvânia, determinado a mostrar de um só golpe a sua sabedoria e a sua piedade, atacou a afirmação feita por um teósofo num discurso pronunciado durante a cremação do Barão de Palm segundo a qual o *Código de Manu* já existia mil anos antes de Moisés. "Todos os orientalistas de algum valor", diz ele, "estão agora de acordo em que os *Preceitos de Manu* foram escritos em épocas diferentes. *A parte mais antiga da coleção data provavelmente do sexto século antes da era Cristã.*"[25] Pensem o que pensarem os outros orientalistas encontrados por esse pândita da Pensilvânia, Sir William Jones é de opinião diferente. "É claro", diz ele, "que as *Leis de Manu*[26], tal como as possuímos, e que compreendem apenas 680 *slokas*, não podem ser a obra atribuída a Sumati, a qual é provavelmente a descrita sob o nome de *Vriddha-Mânava*, ou *Antigo Código de Manu*, que ainda não foi inteiramente reconstruído, embora muitas passagens do livro tenham sido preservadas pela tradição, e sejam citadas com freqüência pelos comentadores".

"Lemos no prefácio ao tratado sobre legislação por Nârada", diz Jacolliot, "escrito por um de seus adeptos, um dependente do poder bramânico: 'Manu, tendo

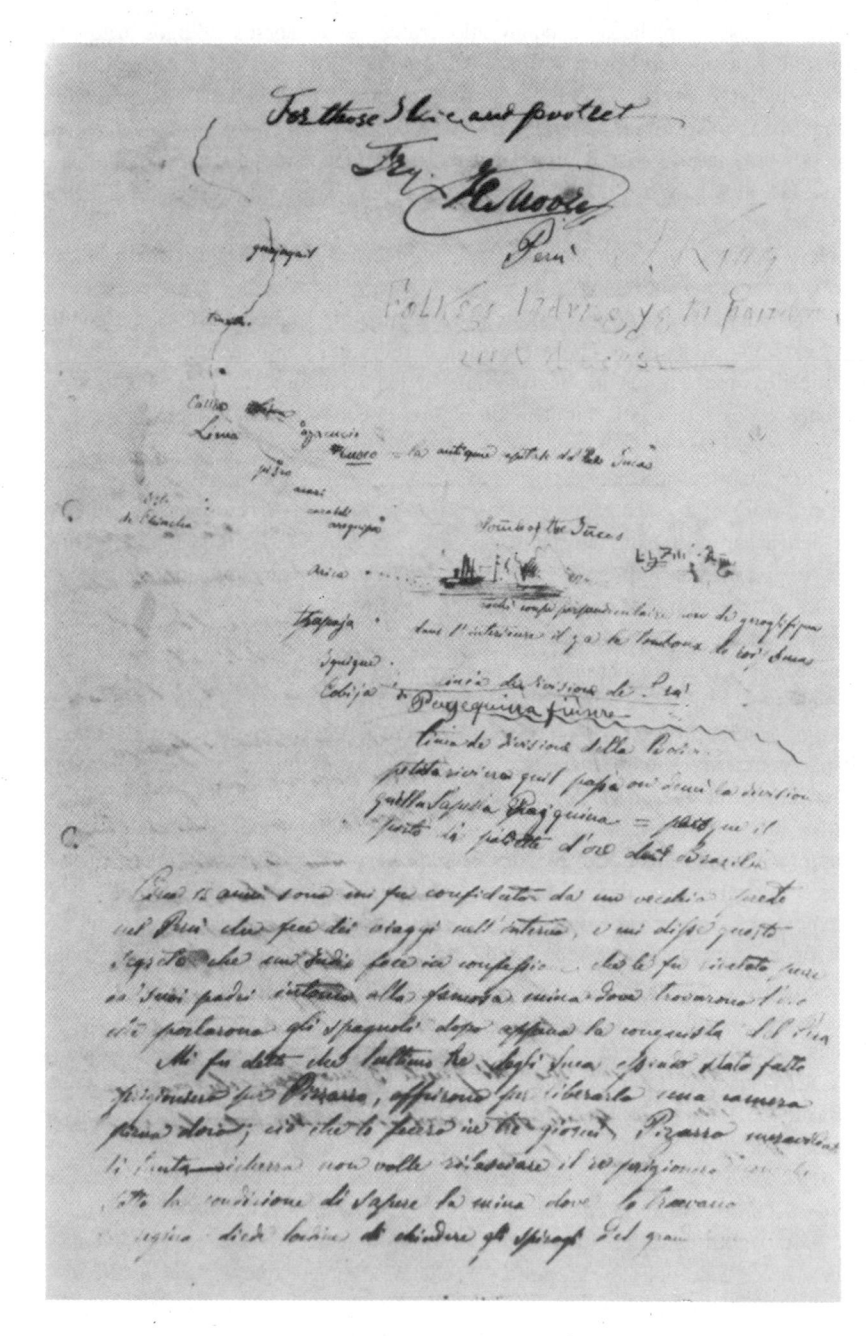

Fac-símile de um Documento dos
Arquivos da Sociedade Teosófica, Adyar
(*página um do documento*)

Fac-símile de um Documento dos
Arquivos da Sociedade Teosófica, Adyar
(*página dois do documento*)

escrito as leis de Brahmâ em 100.000 *ślokas*, ou dísticos, que formavam vinte e quatro livros e mil capítulos, entregou a obra a Nârada, o sábio dos sábios, que a abreviou para o uso das pessoas em 12.000 versos, e a entregou ao filho de Brighu, de nome Sumati, que, para maior compreensão, os reduziu a 4.000'."[27]

Aqui temos a opinião de Sir William Jones, que, em 1794, afirmava que os fragmentos em posse dos europeus não podiam ser *O Antigo Código de Manu*, e o de Louis Jacolliot, que, em 1868, depois de consultar todas as autoridades, e acrescentar-lhes o resultado de suas próprias, longas e pacientes pesquisas, escreve o seguinte: "As leis hindus foram codificadas por Manu *há mais de 3.000 anos antes da era cristã* e copiadas por toda a Antiguidade, mormente por Roma, que só nos deixou um código escrito – o *Código de Justiniano*; o qual foi adotado por todas as legislações modernas"[28].

Em outro volume, intitulado *Christna et le Christ,* numa acusação científica a um adversário católico piedoso mas muito erudito, M. Texton de Ravisi, que tenta provar que a ortografia do nome Christna não é confirmada por sua ortografia sânscrita – e que não o consegue –, assinala Jacolliot: "Sabemos que o legislador Manu perde-se na noite dos tempos pré-históricos da Índia; e que nenhum indianista ousou recusar-lhe o título de o mais antigo legislador do mundo" (p. 350).

Mas Jacolliot jamais ouviu falar do Rev. Dunlop Moore. É essa a razão talvez por que ele e diversos outros indologistas procuram provar que muitos textos védicos, assim como os de Manu, enviados à Europa pela Sociedade Asiática de Calcutá, *não são de modo algum textos genuínos*, mas devem-se aos astuciosos esforços tentativos de certos missionários jesuítas para induzir a ciência em erro com a ajuda de obras apócrifas concebidas ao mesmo tempo para lançar sobre a história da Índia antiga uma nuvem de incerteza e obscuridade, e sobre os brâmanes e pânditas modernos a suspeita de sistemática interpolação. "Esses fatos", acrescenta ele, "que estão tão bem estabelecidos na Índia a ponto de não serem sequer questionados, *devem ser revelados à Europa*."[29]

Além disso, o *Código de Manu*, conhecido pelos orientalistas europeus como o que é comentado por Brighu, não constitui uma parte do antigo Manu denominado *Vriddha-Mânava*. Embora apenas pequenos fragmentos tenham sido descobertos por nossos cientistas, há cópias integrais da obra em determinados templos; e Jacolliot prova que os textos enviados à Europa estão em completo desacordo com os mesmos textos descobertos nos pagodes da Índia Meridional. Podemos também citar, atendendo à nossa finalidade, Sir William Jones, que, recriminando Kullûka, observa que este parece nunca ter considerado em seus comentários que "as leis de Manu *restringem-se aos três primeiros séculos*".[30]

De acordo com os cálculos, estamos agora na era de *Kali-Yuga*, a quarta, que se conta a partir da de *Satya* ou *Krita-Yuga*, a era *primeira* em que a tradição situa as leis de Manu, e cuja autenticidade Sir William Jones implicitamente aceitou. Admitindo tudo o que se poderia dizer dos enormes exageros da cronologia hindu – que, vale salientar, harmoniza-se muito mais com a Geologia e a Antropologia modernas do que a caricata cronologia de 6.000 anos da *Escritura* judia –, como cerca de 4.500 anos decorreram desde o início da quarta era, ou *Kali-Yuga*, temos aqui a prova de que um de nossos maiores orientalistas, se não o maior – e além do mais um cristão, não um teósofo –, acreditava que Manu é muitos mil anos mais antigo do que Moisés. Evidentemente, de duas uma: ou cumpriria refazer a história indiana de acordo com o *Presbyterian Banner*, ou os outros autores dessa folha deveriam estudar a literatura hindu antes de se porem a criticar novamente os teosofistas.

Mas à parte as opiniões particulares desses reverendos cavalheiros, cujas idéias pouco nos importa, encontramos mesmo na *New American Cyclopaedia* uma decidida tendência para contestar a antiguidade e importância da literatura hindu. As *leis de Manu*, diz um dos autores, "não datam além do século III a.C." Essa denominação é muito elástica. Se por *Leis de Manu* o autor entende o *resumo* dessas leis, compiladas e ordenadas pelos últimos brâmanes a fim de servir como uma autoridade em seus ambiciosos projetos, e no propósito de criar para si uma regra de dominação, então, nesse caso, eles podem estar certos, embora estejamos preparados para contestar até mesmo esse ponto. Seja como for, é tão conveniente tomar esse resumo pelas genuínas leis antigas codificadas por Manu, quanto afirmar que a Bíblia hebraica não data além do século X de nossa era, porque não temos nenhum manuscrito hebraico mais antigo do que ela, ou que os poemas da *Ilíada* de Homero não eram conhecidos nem foram escritos antes que se descobrisse o seu primeiro manuscrito autêntico. Não existe nenhum manuscrito sânscrito em posse de eruditos europeus que tenha mais de quatrocentos ou quinhentos anos[31], fato que não os impede de consignar aos *Vedas* uma antiguidade de quatro ou cinco mil anos. Existem os mais fortes argumentos possíveis em favor da grande antiguidade dos *Livros de Manu*, e sem nos darmos ao trabalho de citar as opiniões de vários eruditos, dentre os quais não encontramos dois que estejam de acordo, apresentaremos o nosso; pelo menos no que concerne à afirmação mais injustificável da *Cyclopaedia*.

Se, como prova Jacolliot, texto na mão[32], o *Código de Justiniano* foi copiado das *Leis de Manu*, é preciso, antes de mais nada, verificar a idade do primeiro; não enquanto código redigido e perfeito, mas no que respeita à sua origem. Respondê-lo não é difícil, segundo acreditamos.

De acordo com Varrão, Roma foi edificada no ano 3961 do período Juliano (754 a.C.). A Lei Romana, tal como foi compilada por ordem de Justiniano, e conhecida como *Corpus Juris Civilis*, não era um código. Embora nada se conheça realmente sobre as autoridades originais, a fonte principal da qual o *jus scriptum*, ou lei escrita, derivou era o *jus non scriptum*, ou a lei do costume. Ora, é precisamente sobre esta *lei do costume* que baseamos nossos argumentos. A lei das doze tábuas, além disso, foi compilada por volta de 300 A. U. C.[33], e mesmo ela, que concerne à lei privada, foi compilada *a partir de fontes ainda mais antigas*. Portanto, se se descobriu que essas fontes antigas concordam perfeitamente com as *Leis de Manu*, que os brâmanes afirmam terem sido codificadas no *Krita-Yuga*, era anterior à atual *Kali-Yuga*, devemos então supor que essa fonte das "Doze Tábuas", enquanto leis de *costume* e tradição, eram pelo menos por várias centenas de anos mais antigas do que os seus copistas. Apenas isso nos reporta a mais de 1.000 anos a.C.

Reconhece-se que o *Mânava-Dharma-Śastra*, que enfeixa o sistema cosmológico hindu, é quase tão antigo quanto os *Vedas*; e mesmo Colebrooke assinala a estes o século XV a.C. Ora, qual é a etimologia do nome *Mânava-Dharma-Śastra*? Trata-se de um composto de *Manu*; *dharma*, instituto; e *śastra*, regra ou lei. Como então poderiam as leis de Manu datar apenas do terceiro século antes da nossa era cristã?

O *Código* hindu jamais pretendeu ser uma revelação divina. A distinção feita pelos próprios brâmanes entre os *Vedas* e todos os outros livros sagrados, ainda que de respeitável antiguidade, é uma prova disso. Enquanto todas as seitas afirmam que os *Vedas* são a palavra direta de Deus – *śruti* (revelação) – o *Código de Manu* é por elas simplesmente designado como *smriti*, uma coleção de tradições orais. Essas tradições, ou "recordações", figuram entre as mais antigas e mais reverenciadas no país. Mas o argumento mais forte em favor de sua antiguidade, e da estima geral em que são tidos, repousa no seguinte fato. Os brâmanes incontestavelmente remodelaram essas tradições numa época remota, e fizeram muitas das leis atuais, tal como constam no *Código de Manu*, para responder aos seus propósitos ambiciosos. Em conseqüência, eles deveriam tê-lo feito numa época em que a cremação das viúvas (*sutti*) não era praticada nem cogitada, e isso há aproximadamente 2.500 anos. O *Código de Manu*, assim como os *Vedas*, não faz menção alguma a uma lei tão atroz! Quem não sabe, a menos que esteja completamente desinformado sobre a história da Índia, que esse país esteve à beira de uma rebelião religiosa ocasionada pela proibição do *sutti* pelo governo inglês? Os brâmanes invocaram um verso do *Rig-Veda* que o ordenava. Mas provou-se recentemente que esse verso havia sido falsificado[34]. Se os brâmanes foram os únicos autores do *Código de Manu*, ou se o codificaram por completo não muito antes da época de Alexandre, ao invés de simplesmente preenchê-lo com interpolações para responder aos seus objetivos, como é possível que eles tenham negligenciado esse aspecto importantíssimo, e assim posto em perigo a sua autoridade? Apenas esse fato demonstra que o *Código* deve ser alinhado entre os seus livros mais antigos.

É com base na força de tais evidências circunstanciais – a da razão e a da lógica – que afirmamos que, se o Egito deu à Grécia a sua civilização, e esta a levou a Roma, o próprio Egito recebeu, naqueles séculos desconhecidos, quando reinava Menes[35], suas leis, suas instituições, suas artes e suas ciências da Índia pré-védica[36]; e que portanto é nessa antiga iniciadora dos sacerdotes – adeptos de todos os outros países – que devemos buscar a chave dos grandes mistérios da Humanidade.

E quando dizemos indiscriminadamente "Índia", não pensamos na Índia de nossos dias modernos; mas na do período arcaico. Nos tempos antigos, alguns países que agora conhecemos por outros nomes chamavam-se todos Índia. Havia uma Índia Alta, uma Baixa e uma Índia Ocidental, que é hoje a Pérsia-Irã. Os países que agora se chamam Tibete, Mongólia, e Grande Tartária eram também considerados pelos escritores antigos como Índia. Apresentaremos agora uma lenda relativa àqueles lugares que a ciência hoje reconhece como o berço da Humanidade.

Diz a tradição, e explicam os registros do *Grande Livro*, que muito antes da época de Ad-am e de sua curiosa mulher He-va, onde atualmente só se encontram lagos secos e desolados desertos nus, havia um vasto mar interior, que se estendia sobre a Ásia central, ao norte da soberana cordilheira do Himalaia, e de seu prolongamento ocidental. Uma ilha, que por sua inigualável beleza não tinha rival no mundo, era habitada pelos últimos remanescentes da raça que precede a nossa. Essa raça podia viver com igual facilidade na água, no ar ou no fogo, pois possuía um controle ilimitado sobre os elementos. Eram os "Filhos de Deus"; não aqueles que viram as filhas dos homens, mas os verdadeiros *Elohim*, embora na Cabala oriental eles tenham um outro nome. Foram eles que ensinaram aos homens os segredos mais maravilhosos da Natureza, e lhe revelaram a "palavra" inefável e atualmente *perdida*. Essa palavra, que não é uma palavra, percorreu o globo, e ressoou ainda como um remoto eco no coração de alguns homens privilegiados. Os hierofantes de todos os Colégios Sacerdotais estavam a par da existência dessa ilha, mas a "palavra" era conhecida apenas pelos *Yava-Aleim*, ou mestres principais de todos os colégios; que a passavam ao seu sucessor apenas no instante da morte. Havia vários de tais colégios, e os antigos autores clássicos fazem menção a eles.

Já vimos que é uma das tradições universais aceitas por todos os povos antigos a de que houve muitas raças de homens anteriores às nossas raças atuais. Cada uma delas era muito distinta da precedente; e todas desapareceram quando a seguinte fez a sua aparição. No *Manu* mencionam-se claramente seis de tais raças que teriam se sucedido umas às outras[37].

"Desde Manu-Svayambhuva (o menor, que corresponde ao Adão Cadmo), que proveio de Svayambhuva, ou o Ser que existe por si mesmo, descenderam seis outros Manus (homens que simbolizam os progenitores), cada um dos quais deu origem a *uma raça* de homens. (. . .) Esses Manus, todos poderosos, dos quais Svayambhuva é o primeiro, produziram e dirigiram cada um, *em seu período – antara –*, este mundo composto de seres móveis e imóveis."[38]

No *Śiva-Purâna*[39], lê-se o seguinte:

"Ó Śiva, deus do fogo, possas tu destruir meus pecados, como o fogo destrói a grama seca da floresta. É por teu poderoso Alento que Âdima [o primeiro homem] e Heva [a perfeição da vida em sânscrito], *os ancestrais dessa raça de homens*, receberam a vida e cobriram o mundo com os seus descendentes".

Não havia nenhuma comunicação por mar com a bela ilha, mas passagens subterrâneas conhecidas apenas pelos chefes comunicavam-se com ela em todas as direções. A tradição fala de muitas dessas majestosas ruínas da Índia, Ellora, Elephanta, e das cavernas de Ajunta (cadeia de Chandon), que pertenciam outrora a esses colégios, e com as quais se comunicavam tais caminhos subterrâneos[40]. Quem poderá dizer que a Atlântida perdida – que é também mencionada no *Livro Secreto*, mas sob um outro nome pronunciado na língua sagrada – não existia naqueles dias? O grande continente perdido não poderia ter-se situado talvez ao sul da Ásia, estendendo-se da Índia à Tasmânia?[41] Se a hipótese atualmente tão contestada e positivamente negada por alguns sábios autores que a encaram como uma brincadeira de Platão algum dia se confirmar, então os cientistas acreditarão talvez que a descrição do continente habitado por deuses não era de todo uma fábula. E eles poderão então compreender que as insinuações veladas de Platão e o fato de ele atribuir a narrativa a Sólon e aos sacerdotes egípcios foram, na verdade, apenas um meio prudente de comunicar o fato ao mundo e combinar habilmente verdade e ficção, de modo a desassociar-se de uma história que as obrigações impostas pela iniciação o proibiam de divulgar.

E como poderia o nome Atlântida ter sido inventado por Platão? Atlântida *não* é um nome grego, e sua construção não apresenta elementos gregos. Brasseur de Bourbourg tentou demonstrá-lo anos atrás, e Baldwin, em *Prehistoric Nations and Ancient America*, cita esse autor, que declara que "as palavras *Atlas* e *Atlântico* não encontram etimologia satisfatória em qualquer linguagem conhecida na Europa. Eles não são gregos, e não podem ser referidos a qualquer língua conhecida do Mundo Antigo. Mas na língua Nahuatl (ou tolteca) encontramos imediatamente o radical *a*, *atl*, que significa água, guerra, e o alto da cabeça. Dele provém uma série de palavras, como *atlan*, à margem ou no meio da água; da qual temos o adjetivo *Atlântico*. Temos também *atlaca*, combater. (. . .) Havia uma cidade de nome *Atlan* quando o continente foi descoberto por Colombo, na entrada do golfo de Urahe, em Darien, com um bom porto. Ela reduziu-se atualmente a um *pueblo* [aldeia] pouco importante, de nome Aclà"⁴².

Não é extraordinario, para dizer o menos, encontrar na América uma cidade conhecida por um nome que contém um elemento puramente local, estranho ademais a qualquer outro país, na pretensa *ficção* de um filósofo do século IV a.C.? O mesmo se pode dizer do nome *América*, que seria mais justo reportar ao Meru, a montanha sagrada no centro dos *sete* continentes, de acordo com a tradição hindu, do que a Américo Vespúcio [*]. Aduzimos as seguintes razões em favor de nosso argumento:

1º) Americ, Amerrique ou Amerique é o nome dado na Nicarágua a um planalto ou a uma cadeia de montanhas que se localiza entre Juigalpa e Libertad, na província de Chontales, e que se estendem por um lado ao país dos Índios Carcas, e por outro ao país dos Índios Ramos⁴³.

---

*   Amerigo Mateu Vespucci nasceu em Florença, Itália, em março de 1454, que, de acordo com a contagem florentina, era 1453. Foi batizado a 18 de março de 1454, uma segunda-feira. O dia 25 de março, dia da Anunciação, era considerado na época o dia do Ano Novo. G. Uzielli, nas suas notas à *Vita e lettere di Amerigo Vespucci*, de Angelo Maria Bandini (Florença, 1898, p. 68 ff.), estabeleceu definitivamente o ano de nascimento como 1454, valendo-se da certidão de batismo da Catedral. Bandini dera o ano de 1462, tomado dos Arquivos do Estado, e ela foi aceita pelos escritores posteriores. Há uma linha na certidão de batismo do Duomo, escrita com a data de 18 de março, que diz: "Amerigho et Matteo di ser Nastagio di ser Amerigho Vespucci, po S. Lu Dognisci". O último nome significa Santa Lucia d'Ognissanti.

O pai de Amerigo, cujo nome familiar era Stagio, viveu de 1426 a 1482, e o seu avô, também Amerigo, de 1394 a 1471. Uma confusão desnecessária se estabeleceu a respeito do primeiro nome de Amerigo Vespucci. Atualmente ele é o mesmo que qualquer uma das suas variantes, tais como Amaralic, Aymerillot, Amaury, Emery e mesmo Maury. Na Toscana, Amaralic torna-se Amerigo. Americus Vespuccius (ou Vespucius) é a forma latinizada.

A famosa carta de Amerigo escrita de Lisboa em março ou abril de 1503 a Lorenzo Piero Francesco di Medici descreve a sua viagem de março de 1501 – setembro de 1502; o seu texto original em italiano foi perdido, mas possuímos a tradução latina feita por um intérprete que se denomina Jocundus, e que foi impressa em cerca de nove edições logo após ter sido escrita, das quais as duas primeiras edições – chamadas respectivamente *Mundus Novus* e *Epistola Alberici de Novo Mundo* – sem lugar ou data, que apareceram antes de 1504, e a terceira, de 1504 (*Mundus Novus*), em Augsburgo. Foi traduzida do português para o italiano em 1507 por Fracan de Montalboddo, com o título de *Paesi novamente retrovati, et Novo Mundo da Alberico Vesputio Florentino intitulato*.

Tendo esses fatos em vista, parece que o primeiro nome de Vespuccio apareceu em mais de uma ocasião como *Albericus* ou *Alberico*, um nome que também existe nas suas formas latinas de Albricus e Albrius e, nas suas modificações posteriores, como Albri e Aubrey.

Consultar: Germán Arciniegas, *Amerigo and the New World*. The Life and Times of Amerigo Vespucci, Translated from Spanish by Harriet de Onís. Nova York: Alfred A. Knopf, 1955, xvi + 323 p. Índice Bibliográfico. – F. A. de Varnhagen, *Amerígo Vespucci. Son caractère, ses écrits*, etc. Londres: Trübner & Co., 1868, 124 p. – Henri Vignaud, *Améric Vespuce 1451-1512*, etc. Paris: E. Leroux, 1917, ix + 421 p.; apresenta uma data errada para o nascimento de Amerigo. – Stefan Zweig, *Amerigo. A Comedy of Errors in History*. Traduzido do alemão por Andrew St. James. Nova York: The Viking Press, 1942, 128 p., fac-símile. (N. do Org.)

Ic ou *ique*, como sufixo, significa grande, como *cacique*, etc. [*]

Colombo menciona, em sua quarta viagem, a aldeia de *Cariai*, provavelmente *Caîcai*. A localidade abundava em feiticeiros, ou curandeiros; e situava-se na região da cordilheira da América, a 3.000 pés de altura.

Todavia, ele não faz menção a esse nome.

O nome *America Provincia* apareceu pela primeira vez num mapa publicado em St. Dié, em 1507[*. *]. Até essa data, acreditava-se que a região já fazia parte da Índia. Em 1522, a Nicarágua foi conquistada por Gil Gonzáles de Ávila.

---

*   A afirmação de Jules Marcou sobre uma cadeia de montanhas chamada Americ ou Amerrique foi questionada por algumas pessoas que também expressaram dúvida sobre a narrativa de Thomas Belt em sua obra sobre a Nicarágua. O fato, no entanto, foi confirmado por muitas autoridades. Manuel F. de Peralta, Enviado da Costa Rica em Washington, D. C., perguntando sobre ela, recebeu uma resposta inequívoca de A. Cárdenas, Presidente da Nicarágua, datada de 22 de maio de 1886, em que afirma que "existe realmente nesta República [Departamento de Chontales] uma cadeia de montanhas conhecida pelo nome de 'Amerrisque', e é muito provável que o Sr. Belt tenha visitado estas montanhas. Nessa cadeia vive uma tribo de indígenas chamados Amerrisques (. . .)". (Cf. o artigo "The Origin of the Name 'America'", de Geo. C. Harlbut, no *Journal of the American Geographical Society of New York*, vol, XVIII, 1886, p. 301-16.)

Duas outras cartas, ainda disponíveis, dizem respeito ao assunto; foram escritas por J. D. Rodríguez a Jules Marcou e estão datadas de Washington, D. C., 29 de dezembro de 1887 e 12 de julho de 1888, respectivamente. Rodrígues serviu a Thomas Belt e viveu por longo tempo no Departamento de Chontales. Ambas as cartas confirmam a afirmação feita pelo Presidente A. Cárdenas de que o povo do país pronuncia a palavra *Amerrisque*, ao passo que os nativos da tribo parecem dizer antes *Amerrique*. (Cf. a segunda parte do artigo de Harlbut mencionado acima, no mesmo *Journal*, vol. XX, 1888, p. 183-96.) Mais informações pertinentes podem ser encontradas em *America, its Geographical History, 1492-1892*, de Walter B. Scaife, Baltimore: Johns Hopkins Press, 1892. (N. do Org.)

**   Amerigo Vespucci escreveu, de Portugal, em Setembro de 1504, uma carta possivelmente endereçada a Piero Soderini, seu condiscípulo, *gonfaloniere* de Florença de 1502 a 1512. Do original italiano (do qual ainda existem quatro cópias impressas, sem local ou data, mas provavelmente anteriores a 1507) fez-se uma versão francesa e, desta, uma tradução latina, publicada em Saint-Dié, na Lorraine, em abril de 1507. Saint-Dié foi fundada por São Deodato de Nevers (também Deodatum, Theodatus, St. Deodati) no século XVII com o apoio de René II, duque de Lorraine. O Cônego de Saint-Dié, naquela época, era Vautrin Lud. Seu sobrinho, Nicholas Lud, convenceu-o a instalar ali uma gráfica. O cartógrafo e revisor desse estabelecimento era Martin Waldseemüller, que usava como pseudônimo o nome grego de Hylacomylus. Foi nessa gráfica que foi impresso um pequeno livro intitulado *Cosmographiae Introductio*, que consiste de 52 p. de texto e um mapa. Contém um Prefácio escrito por Waldseemüller, um Epílogo e nove breves capítulos. Estes são seguidos pela versão latina da carta de Amerigo a Soderini e pelo famoso mapa de Waldseemüller, um planisfério cujo original esteve perdido por séculos e foi encontrado no Castelo Wolfegg de Württemberg, num livro ali descoberto pelo Prof. Joseph Fisher, em 1900. O livro de Waldseemüller deixou a gráfica a 25 de abril de 1507. Nesse mapa aparece, pela primeira vez, o nome *America*, um fato que hoje está comemorado numa placa de mármore colocada em 1911 na casa de Nicholas Lud em Saint-Dié, onde estava a gráfica de Vautrin.

No nono capítulo do livro há nove linhas que, traduzidas do latim, se lêem:

"Mas agora que essas partes do mundo foram amplamente examinadas e uma outra quarta foi descoberta por Americu Vesputiu (como se verá), não vejo razão para não a chamarmos de América, isto é, terra de Americus, pois Americus é o seu descobridor, homem de muita sagacidade, já que a Europa e a Ásia receberam na antigüidade nomes de mulheres".

Na época, o nome *América* foi dado a um corpo de terras que correspondia mais ou menos à América do Sul. Como a descoberta revelou a existência de um outro vasto domínio ao norte, o nome foi estendido para ambos os continentes. (N. do Org.)

2º) "Os nórdicos, que visitaram o continente no século X, uma costa plana recoberta de espessa floresta", chamaram-no *Markland*, de *mark*, floresta⁴⁴. O *r* devia soar de modo vibrante, como em *marrick*. Uma palavra semelhante encontra-se na região do Himalaia, e o nome da Montanha do Mundo, Meru, pronuncia-se em alguns dialetos Meruah, com a letra *h* fortemente aspirada. A idéia principal, contudo, é mostrar como dois povos podem aceitar talvez uma palavra de som semelhante, cada um utilizando-a em seu próprio sentido, e aplicando-a ao mesmo território.

"É mais plausível", diz o Prof. Wilder, "que o Estado da América Central, em que descobrimos o nome *Americ* significando [como o Meru hindu, podemos acrescentar] grande montanha, tenha dado o nome ao continente. Vespúcio utilizaria o seu sobrenome se tivesse a intenção de denominar o continente. Se a teoria do Abade de Bourbourg, que aponta *Atlan* como a raiz de Atlas ou Atlântico, fosse reconhecida, as duas hipóteses poderiam perfeitamente estar em acordo. Como Platão não foi o único autor que tratou de um mundo além das colunas de Hércules, e como o oceano é ainda pouco profundo e apresenta plantas marinhas em toda a parte tropical do Atlântico, não é desarrazoado imaginar que esse continente lá se elevava, ou que lá havia um mundo insular próximo. O Pacífico também oferece indicações de ter sido o populoso império insular dos malaios e javaneses – se não um continente entre Norte e Sul. Sabemos que a Lemúria no oceano Índico é um sonho dos cientistas[*]; e que o Saara e a região central da Ásia foram outrora leitos oceânicos."

Para continuar a tradição, devemos acrescentar que a classe dos hierofantes dividia-se em duas categorias distintas: aqueles que eram instruídos pelos "Filhos de Deus" da ilha e eram iniciados na doutrina divina da revelação pura, e aqueles que habitavam a Atlântida perdida – se esse deve ser o seu nome – e que, sendo de outra raça, nasciam com uma visão que abarcava todas as coisas ocultas, e que suplantava tanto a distância quanto os obstáculos materiais. Em suma, eram a quarta raça de homens mencionada no *Popol-Vuh*, cuja visão era ilimitada e que conheciam todas as coisas ao mesmo tempo. Eles eram, talvez, o que hoje chamaríamos de "médiuns de nascença", que não se esforçavam nem sofriam para obter os seus conhecimentos, nem os adquiriam ao preço de qualquer sacrifício. Assim, enquanto os primeiros caminhavam pela trilha de seus instrutores divinos, adquirindo seus conhecimentos passo a passo, e aprendendo ao mesmo tempo a discernir o bem do mal, os *adeptos* por nascimento da Atlântida seguiam cegamente as insinuações do grande e invisível "Dragão", o Rei *Thevetat* (a Serpente do *Gênese*?). Thevetat não aprendeu nem adquiriu seus conhecimentos, mas, para emprestar uma expressão do Dr. Wilder relativamente à Serpente tentadora, era uma "espécie de Sócrates que conhecia sem ter sido iniciado". Assim, sob as malévolas insinuações de seu demônio, Thevetat, a raça Atlântica tornou-se uma nação de *mágicos*, cruéis. Por essa razão, a guerra foi declarada, e a sua história é longa demais para narrar; pode-se encontrar-lhe a essência nas alegorias desfiguradas da raça de Caim, os gigantes, e na de Noé e sua justa família. O conflito chegou ao fim pela submersão da Atlântida; a qual

---

* Lemúria é um nome sugerido por P. L. Sclater, por volta de 1874, para um continente antigo do Oceano Índico que unia Madagascar e a Malásia. O termo foi adotado pelos teósofos para a designação do *habitat* continental da Terceira Raça-Raiz. (N. do Org.)

encontra a sua imitação nas histórias do dilúvio babilônico e mosaico: Os gigantes e mágicos morreram "(...) assim como toda carne, e todo homem". Todos, exceto Xisuthrus e Noé, que são substancialmente idênticos ao grande Pai dos *Thlinkithianos* do *Popul-Vuh*, o livro sagrado dos guatemaltecos, que também fala de sua fuga num grande barco, como o Noé Hindu – *Vaivasvata*.

Se acreditamos na tradição, devemos dar crédito à história posterior, segundo a qual as alianças entre os descendentes dos hierofantes da ilha e os descendentes do Noé atlante deram origem a uma raça mista de homens justos e perversos. Por um lado, o mundo tinha seu Henoc, seu Moisés, seu Gautama Buddha, seus numerosos "Salvadores" e grandes hierofantes; por outro, seus "mágicos *por natureza*", que, devido à falta de freio do poder da própria sabedoria espiritual, e à fragilidade das organizações físicas e mentais, perverteram involuntariamente os seus dons em propósitos perversos. Moisés não tinha uma palavra de censura para os adeptos da profecia e de outros poderes que haviam sido instruídos nos colégios da sabedoria esotérica[45], mencionados na Bíblia. Suas denúncias reservavam-se àqueles que voluntariamente ou não degradavam os poderes herdados de seus ancestrais atlantes colocando-os a serviço de espíritos maus para dano da Humanidade. Sua cólera despertava contra o espírito de *Ob*, não contra o de *Od*. * * *

As ruínas que cobrem as duas Américas, e que se encontram em muitas ilhas das Índias Ocidentais, são todas atribuídas aos atlantes submersos. Assim como os hierofantes do mundo antigo, o qual, ao tempo da Atlântida, estava unido ao novo por terra, os mágicos da nação atualmente submersa dispunham de uma rede de passagens subterrâneas que corriam em todas as direções. A propósito dessas misteriosas catacumbas, relataremos agora uma curiosa história que nos foi contada por um peruano há muito tempo falecido, durante uma viagem que fazíamos juntos pelo interior de seu país. Deve haver alguma verdade nesse relato, pois ele nos foi confirmado posteriormente por um cavalheiro italiano, que viu o lugar e que, não fosse a falta de meios e de tempo, teria verificado ele mesmo a história, ao menos em parte. O informante italiano foi um velho sacerdote, que se inteirou do segredo durante a confissão de um índio peruano. Poderíamos acrescentar, além disso, que o sacerdote foi compelido a fazer a revelação, já que estava nesse momento sob a influência mesmérica do viajante.

A história concerne aos famosos tesouros do último rei inca. O peruano afirmou que desde o bem-conhecido e miserável assassinato deste rei por Pizarro, o segredo é conhecido por todos os índios, exceto os *mestiços*, que não são confiáveis. Reza o seguinte: O inca fora feito prisioneiro, e sua esposa ofereceu, para libertá-lo, um quarto cheio de ouro, "do chão ao teto, até onde o conquistador pudesse alcançar", antes do pôr-do-Sol do terceiro dia. Ela manteve a promessa, mas Pizarro quebrou a sua palavra, de acordo com os aventureiros espanhóis. Maravilhado com a exibição de tais tesouros, o conquistador declarou que não libertaria o prisioneiro, mas que o mataria, a menos que a rainha revelasse o lugar de onde provinha o tesouro. Ele havia ouvido que os incas tinham em algum lugar uma mina inexaurível; uma estrada ou túnel subterrâneo que corria por muitas milhas sob o solo, onde eram mantidos os tesouros acumulados da nação. A infeliz rainha solicitou um prazo, e foi consultar os oráculos. Durante o sacrifício, o grande sacerdote mostrou-lhe no célebre "espelho negro"[46] o assassinato inevitável do esposo, entregasse ela ou não os tesouros da coroa a Pizarro. A rainha ordenou então que se fechasse a entrada, que era uma abertura cavada na muralha rochosa de um precipício. Sob a direção do sacerdote e dos mágicos, o precipício foi então preenchido até o topo com imensos blocos de rocha, e a supefície coberta de modo a ocultar o trabalho. O inca foi assassinado pelos espanhóis e sua infortunada rainha suicidou-se. A cupidez dos espanhóis fracassou devido ao seu próprio excesso e o segredo dos tesouros enterrados foi guardado no coração de uns poucos peruanos fiéis.

Nosso informante peruano acrescentou que em conseqüência de certas indiscrições em várias épocas, muitas pessoas foram enviadas por diversos governos para procurarem o tesouro sob o pretexto da exploração científica. Elas revistaram todo o país, mas sem alcançar o seu objetivo. Até agora essa tradição é confirmada pelos relatos do Dr. Tschuddi e outros historiadores peruanos. Há certos detalhes adicionais que não acreditamos terem sido anteriormente dados a público.

Muitos anos depois de ouvir a história, e a sua comprovação pelo cavalheiro italiano, visitamos novamente o Peru. Partindo de Lima, por água, rumo ao sul, atingimos ao pôr-do-Sol um ponto próximo a Arica, e ficamos impressionados com o aspecto de uma rocha enorme, quase perpendicular, que se elevava em desolada solidão sobre a costa, longe da cordilheira dos Andes. Era a tumba dos incas. Como os últimos raios do Sol poente iluminassem a face da rocha, podia-se distinguir, com um binóculo comum, alguns curiosos hieróglifos inscritos em sua superfície vulcânica.

Quando Cuzco era a capital do Peru, a cidade possuía um templo do Sol – famoso por sua magnificência. Era recoberto com espessas placas de ouro; as paredes eram revestidas com o mesmo metal precioso; e as calhas dos beirais eram também de ouro sólido. Na muralha ocidental os arquitetos tinham inventado uma abertura a fim de que, quando os raios do Sol a tocassem, ela os concentrasse no interior do edifício. Estendendo-se como uma cadeia de ouro de um ponto brilhante a outro, eles cobriram as paredes, iluminando os ídolos carrancudos, e deixando ver certos signos místicos invisíveis em outras horas. Somente decifrando esses hieróglifos – idênticos àqueles que ainda se vêem sobre a tumba dos incas – é que se poderia descobrir o segredo do túnel e de suas passagens. Entre essas, há uma nas proximidades de Cuzco que desafia todas as tentativas de descobri-la. Ela conduz diretamente a um imenso túnel que corre de Cuzco a Lima, e que, derivando em seguida para o sul, se estende até a Bolívia. Em certo ponto ela é interceptada por uma tumba real. Dentro dessa câmara sepulcral há duas portas habilmente dispostas; ou melhor, duas enormes lajes que giram sobre pinos, e que se fecham tão perfeitamente que só se distinguem das outras partes das muralhas esculpidas por sinais secretos, cuja chave está em posse de guardiães fiéis. Uma dessas lajes móveis cobre a entrada meridional do túnel de Lima – a outra, a entrada setentrional do corredor boliviano. Este, correndo na direção sul, passa por Trapaca e Cobijo, pois Arica não é muito distante do pequeno rio chamado Pay'quina[47], que é o limite entre o Peru e a Bolívia.

Não muito longe desse local, acham-se três picos separados que formam um curioso triângulo: fazem parte da cordilheira dos Andes. Segundo a tradição, a única entrada possível para o corredor que conduz ao norte é um desses picos; mas sem o segredo de suas balizas, um regimento de Titãs poderia arrancar em vão as rochas na tentativa de descobri-la. Mas mesmo que alguém conseguisse ganhar a entrada e descobrisse o caminho pela laje móvel da muralha do sepulcro, e tentasse demoli-la, os rochedos superincumbentes estão dispostos de modo a enterrar a tumba, seus tesouros e – como nos disse o misterioso peruano – "um milhar de guerreiros" numa ruína comum. Não há outro acesso à câmara de Arica senão através da porta na montanha próxima ao Pay'quina. Ao longo de toda a extensão do corredor, da Bolívia a Lima e Cuzco, há pequenas salas ocultas repletas de ouro e pedras preciosas de valor incalculável acumulados por várias gerações de Incas.

Possuímos um mapa completo do túnel, do sepulcro, e das portas, que nos foi dado pelo velho peruano[*]. Se alguma vez tivéssemos pensado em tirar proveito do

---

* Ao passo que nenhum "plano acurado do túnel, do sepulcro e das portas" mencionado por H. P. B. jamais tenha sido encontrado entre os seus papéis, há no entanto um curioso documento preservado nos Arquivos da Sociedade Teosófica de Adyar, na Índia, que está reproduzido em fac-símile no presente volume.

Esse documento consiste de uma folha dobrada de papel almaço que contém desenhos e escrita em três das suas quatro páginas. No cimo da página de rosto aparecem duas inscrições distintas. Numa delas se lê: "Para aqueles que amo e protejo. Experimentem". Está assinada por H. Moore. Este, a despeito da grafia óbvia, poderia muito bem ser Henry More (1614-1687), o famoso platônico inglês da escola de Cambridge, cuja colaboração na redação de *Ísis sem véu* está descrita pelo Cel. Olcott em sua obra *Old Diary Leaves*, I, 237-39. É muito tentadora a hipótese de que essa assinatura pertença a um iniciado que se assinou como Robert More numa Carta dirigida ao Cel. Olcott pela Confraria de Luxor (ver *Letters from the Masters of the Wisdom*, segunda série, Carta nº 3), não fossem a grafia diferente do nome e o fato de a letra inicial se assemelhar mais a um H maiúsculo. A outra frase curta está escrita com a antiquada letra de forma usada por John King e está assinada por ele e aconselha que "ponderem e discutam". Ela confirma o fato, apontado pelo Cel. Olcott (*op. cit.*, I, p. 11), de que esse indivíduo ou entidade "tinha uma caligrafia pitoresca e usava esquisitas expressões inglesas antigas".

Ao lado dessas frases curtas e um pouco acima delas está um desenho de parte da costa oeste da América do Sul, que mostra um grande número de cidades costeiras e interioranas, bem como a linha fronteiriça entre o Peru e a Bolívia. No próprio mapa e abaixo dele estão notas explicativas e um esboço. Alguns acreditam que a caligrafia dessas notas pertença a H. P. B., mas é muito difícil que o seja, especialmente como estão escritas, numa mistura antes peculiar e agramatical de francês e italiano, o que mostra que não é esse o caso, uma vez que H. P. B. falava fluentemente essas duas línguas. Uma linha curta está em inglês e, uma outra, em alguma escrita que deve ser oriental.

As cidades e outras localidades geográficas do mapa são: Guayaquil, Trujillo, Callao, Lima, Ayacucho, Cuzco ("antiga capital dos incas"), Pisco, as ilhas de Chincha, Aucari, Caraveli, Arequipa, Arica; e, mais abaixo, Tarapaca, Iquique e Cobija. Diz-se que o rio Payequina (ou Pay'quina) cruza a linha divisória entre a Bolívia e o Peru e traz partículas de ouro do Brasil. Abaixo do esboço, a nota explicativa diz que se trata de uma rocha cortada perpendicularmente com hieróglifos e em cujo interior está o túmulo dos reis incas.

O último terço da página de rosto e toda a segunda página estão ocupados por um texto escrito num italiano bastante peculiar, cuja tradução aproximada é a seguinte:

"Isto me foi confidenciado há cerca de quinze anos por um padre no Peru que faz viagens para o interior e que me contou em segredo isto que lhe foi revelado por um índio em confissão, que lhe disse tê-lo ouvido dos seus pais. Diz respeito à famosa mina em que foi encontrado o ouro que os espanhóis levaram logo após a conquista do Peru.

"Contou-me que foi oferecido pelo resgate do último Rei dos incas, que fora aprisionado por Pizarro, um quarto cheio de ouro, que foi reunido em três dias. Pizarro, espantado com tesouro tão grande, só libertaria o Rei aprisionado com a condição de que lhe fosse indicada a mina de onde proviera o tesouro. A Rainha ordenou que fossem fechados os poços de ventilação do grande túnel, de maneira que os rapaces espanhóis jamais encontrassem a mina. Depois de procurada por muitas comissões de várias nações e por naturalistas, ela ainda se constitui num segredo impenetrável.

"Por uma estranha coincidência aconteceu que, depois de o padre ter revelado a mim este segredo enquanto viajávamos, eu cheguei, quando o Sol se punha, a Arica; uma colina, ou uma rocha elevada, perpendicular no lado que ficava de frente para o mar, mostrou que possuía sobre ela alguns hieróglifos, sobre os quais não pude obter nenhuma explicação do mesmo padre. Mas, alguns meses depois, quando estávamos de volta a Lima, contou-me

segredo, necessitaríamos da cooperação em ampla escala dos governos peruano e boliviano. Para não falar dos obstáculos físicos, nenhum indivíduo nem um pequeno grupo poderia empreender uma tal exploração sem ter que lutar contra o exército de salteadores e malfeitores de que a costa está infestada; e que, na verdade, inclui quase toda a população. A mera tarefa de purificar o ar mefítico do túnel, que não se renovou por séculos, ofereceria sérias dificuldades. É lá, no entanto, que jazem os tesouros; e lá ficarão, diz a tradição, até que os últimos vestígios da dominação espanhola desapareçam por completo da América do Sul e do Norte.

Os tesouros exumados pelo Dr. Schliemann em Micenas despertaram a cupidez popular, e os olhos dos especuladores aventurosos voltaram-se para as localidades em que se supunha estarem enterrados os tesouros dos povos antigos, nas criptas e nas cavernas, ou sob a areia e os depósitos aluvionais. Em torno de nenhuma outra localidade, nem mesmo no Peru, circulam tantas tradições como as que concernem ao deserto de Gobi. Na Tartária Independente esse deserto imenso de areia móvel era outrora, se a tradição está certa, a sede de um dos impérios mais ricos que o mundo já viu. Pretende-se que sob a sua superfície jazem tesouros em jóias, estátuas, armas, utensílios, ouro, e tudo o que indica civilização, luxúria, e artes requintadas como hoje não existem em nenhuma capital da cristandade. A areia de Gobi move-se regularmente de este a oeste, sob a ação das terríveis tormentas que se armam continuamente. Ocasionalmente, alguns dos tesouros ocultos se descobrem, mas nenhum nativo ousa tocá-lo, pois todo o distrito está sob a maldição de um poderoso encantamento. A morte seria a penalidade. Bahti – gnomos odiosos mas fiéis – guardam os tesouros ocultos desse povo pré-histórico, esperando o dia em que a revolução dos períodos cíclicos faça conhecer a sua história para a instrução da Humanidade.

De acordo com a tradição local, a tumba de Ghengis Khan ainda existe nas proximidades do lago Tabasun Nor[*]. Em seu interior repousa o Alexandre

---

ele o seguinte segredo: que Cuzco era a capital do Peru, onde o Templo do Sol costumava estar, e que de uma abertura vulcânica no solo foi lançada uma grande cadeia de ouro que envolveu o Templo com todos os seus ídolos, etc., etc.

"Na vizinhança (ainda não descoberta) está a entrada para um túnel que se estende de Cuzco a Lima, passando pelos Andes e por Arica, onde está a rocha que contém os hieróglifos e a cujos pés estão os túmulos dos Reis incas. Diz-se que a câmara mortuária contém duas portas fechadas, difíceis de ser descobertas; uma abre para o túnel que conduz a Cuzco, e a porta oposta leva à Bolívia, passando por Tarapaca e por Cobija. Na fronteira entre Peru e Bolívia há um rio que é chamado de Pay'quina e nessa área há três colinas em formação triangular (uma continuação da cadeia dos Andes). Numa dessas três colinas – não me lembro de qual delas –, a meio caminho acima, está a porta do fim do túnel". (N. do Org.)

* Tanto quanto se sabe a respeito de Chingîz-Khân (vide René Grousset, *Le conquérant du monde*, Paris, 1944, capítulo final), o seu corpo foi enterrado nas encostas elevadas do Burqan-Qaldun (hoje Kentei), uma montanha ou cadeia de montanhas considerada sagrada pelos mongóis. Dela descem os rios Tola, Kerulen e Onon no NE da atual República dos Povos Mongóis, cerca de 193 quilômetros a NE de Ulan Bator. O túmulo de Chingîz-Khân nunca foi claramente localizado pelos eruditos, e a própria afirmação de H. P. B. no sentido de que ele está "perto do lago Tabasun Nor" não é tão clara quanto possa parecer à primeira vista.

Os nome Tabasun, Dabusun e outras variantes ocorrem em localidades muito distintas do mapa da Mongólia. O mapa da China do *National Geographic Magazine* (1945) apresenta *Dabusun* como um vilarejo da Mongólia exterior, a cerca de 44° a 30' de latitude norte e 115° de mongol, como se estivesse adormecido. Daqui a três séculos ele despertará e conduzirá o seu povo a novas vitórias e a outra ceifa de glórias. Embora essa tradição profética deva ser recebida com um grão de sal, podemos afirmar como um fato que a tumba em si não é uma ficção, e que não se exagerou a sua estonteante riqueza.

O distrito do deserto de Gobi e, de fato, toda a área da Tartária Independente e do Tibete são zelosamente guardados contra a intrusão estrangeira. Os que são autorizados a atravessá-los estão sob a guarda especial e sob a condução de agentes da autoridade superior, e são instados a não fornecer ao mundo exterior informação sobre os lugares e sobre as pessoas. Não fosse tal restrição, poderíamos nós mesmos contribuir aqui com relatos de explorações, aventuras e descobertas que seriam lidos com interesse. Mais cedo ou mais tarde, virá o tempo em que a terrível areia do deserto nos revelará seus segredos por tanto tempo enterrados, e nesse momento a nossa vaidade moderna sofrerá mais de uma mortificação inesperada.

"Os habitantes de Pashai"[48], diz Marco Polo, o intrépido viajante do século XIII, "são grandes adeptos das feitiçarias e das artes *diabólicas*." E seu erudito editor acrescenta: "Pashai, ou Udyana, era o país nativo de Padma Sambhava, um dos principais apóstolos do Lamaísmo, *i. e.,* do Budismo tibetano, e um grande mestre de encantamentos. As doutrinas de Sakya, tais como predominaram em Udyana *nos tempos antigos*, tinham provavelmente um estreito contato com a magia Śivaíta, e os tibetanos ainda consideram essa localidade como a terra clássica da feitiçaria e da bruxaria".

Os "tempos antigos" são exatamente como os "tempos modernos"; nada mudou no que concerne às práticas mágicas, exceto que eles se tornaram ainda mais esotéricos e arcanos, e a cautela dos adeptos cresce na proporção da curiosidade dos

---

longitude leste, muito próximo do rio Kerulen, que corre para o Hulun Nor, e não muito abaixo da Muralha de Chingîz-Khân, a cerca de 804 quilômetros de Ulan Bator. Nenhum lago, todavia, está indicado nesta região, e mesmo o próprio vilarejo não aparece em outros mapas da área. O *Gazetteer n$\underline{o}$ 22, China*, do Comitê Norte-americano de Nomes Geográficos, enumera um lago chamado *Tabun Nor*, também chamado *Ta-pu-su Hu*, cujas coordenadas geográficas são 45°09' norte e 116°30' leste. Está na Mongólia interior. Este fato é apoiado pelo mapa da "Mongólia e das regiões adjacentes", do Serviço de Mapas do Exército, 1942, n$\underline{o}$ 5.204, que apresenta um lago que tem o nome de *Dabasu Nor* mais ou menos nesse lugar; e também pelo "Mapa de toda a Mongólia", de Herbert Mueller, publicado por ele em 53 Pai Ho Yen, Pequim, 1939, onde ocorre no mesmo local um lago chamado *Dabeson Nor*.

O mapa da China do *National Geographic Magazine* (1954) mostra três outros lagos de nome similar, a saber: 1) *Dabasun Nor* ou Yenhai Tzu, praticamente a 40° norte e 108° leste. Talvez seja ele o Yenhai Tze ou o Tayenhai Tze enumerado no *Lippincott's Gazetteer of the World* como um lago salgado do norte do deserto Ordos, na província Suiyuan, na China, a 144 quilômetros OSO de Paotow, além do rio Amarelo, 12 quilômetros de comprimento e 3 de largura, e do qual se extrai o natrão. Dificilmente se poderia duvidar de que este seja o *Dabsoun Nor* do Abade Huc (cf. *Travels*, etc., vol. I, p. 204 e segs.); nas enciclopédias russas é chamado de *Dalay-Dabasun*; 2) *Dabasu Nor*, a oeste de Koko Nor, a cerca de 37° norte e 99° leste. Está a leste dos pântanos Tsaidam; e 3) *Dabasun Nor*, nos pântanos Tsaidam, a 37° norte e 95° leste.

A *Enciclopédia do Islã* fala que o túmulo de Chingîz-Khân está próximo das fontes do Onon e do Kerulen na montanha Burqan-Qaldun, em Ordos, "entre a Grande Muralha e Hoang-Ho". Menciona o fato de que sobre o rio Djamkhak existem atualmente duas bóias de couro em que estão preservados os ossos de Chingîz-Khân, sua sela, sua xícara e seu cachimbo e sacrifícios são feitos em determinados dias aos seus *manes*. Seria impossível dizer se se trata de uma mera tradição ou não.

Do que se disse acima, é óbvio que o problema é sobretudo complicado e exige estudo posterior. (N. do Org.)

viajantes. Hiuen-Tsang diz dos habitantes: "Os homens (. . .) amam o estudo, mas não o seguem com ardor. A ciência das fórmulas mágicas tornou-se para eles uma profissão regular"[49]. Não contradiremos o venerável peregrino chinês a respeito desse ponto, e estamos propensos a admitir que, no século VII, algumas pessoas fizeram "uma profissão" da Magia; também o fazem hoje *algumas* pessoas, mas não certamente os verdadeiros adeptos. Não seria Hiuen-Tsang, o pio e corajoso homem, que arriscou a vida uma centena de vezes para ter a ventura de olhar a sombra de Buddha na caverna de Peshawer, que iria acusar os santos lamas e taumaturgos monásticos de fazerem "uma profissão" mostrando-a aos viajantes. A injunção de Gautama, contida em sua resposta ao rei Prasenajit, seu protetor, que o animou a fazer milagres, deve ter sempre estado na mente de Hiuen-Tsang. "Grande Rei", disse Gautama, "eu não ensino a lei dos meus discípulos dizendo-lhes 'Ide, e diante dos brâmanes e dos notáveis fazei, por meio de vossos poderes sobrenaturais, os maiores milagres de que um homem é capaz'. Eu lhes digo, quando ensino a lei, 'Vivei, ó santos, *ocultando vossas grandes obras, e exibindo vossos pecados*'."

Impressionado com os relatos das exibições mágicas testemunhadas e registradas pelos viajantes de todas as épocas que visitaram a Tartária e o Tibete, o Cel. Yule conclui que os nativos devem ter "à sua disposição toda a enciclopédia dos espiritistas modernos. Duhalde menciona entre as suas bruxarias a arte de produzir por meio de invocações as figuras de Lao-tsé[50] e suas divindades *no ar*; e de *fazer um pincel escrever respostas a perguntas sem que ninguém o toque*"[51].

Essas invocações pertencem aos mistérios religiosos de seus santuários; executada de outro modo, ou com vistas *ao ganho*, elas são consideradas como *bruxaria*, necromancia, e rigorosamente proibidas. A arte de fazer um pincel escrever *sem contato* era conhecida e praticada na China e em outros países muitos séculos antes da era cristã. É o ABC da Magia nesses países.

Quando Hiuen-Tsang desejou adorar a sombra de Buddha, não foi aos "mágicos profissionais" que ele recorreu, mas ao poder de invocação de sua própria alma; ao poder da oração, da fé, e da contemplação. Tudo era sombrio e lúgubre próximo à caverna em que se acreditava que o milagre por vezes ocorria. Hiuen-Tsang entrou e começou as suas devoções. Ele fez 100 saudações, mas não viu nem ouviu nada. Então, julgando-se um pecador, gritou amargamente, e caiu em desespero. Mas no momento em que estava para renunciar a toda esperança, percebeu na muralha ocidental uma frágil luz, que desapareceu. Renovou as orações, dessa vez cheio de esperança, e novamente viu a luz, que brilhou e desapareceu novamente. Após isso, pronunciou um solene juramento: não deixaria a caverna até que tivesse a ventura de ver pelo menos a sombra do "Venerável dos Tempos". Teve que esperar ainda por muito tempo, pois apenas depois de 200 preces foi a caverna subitamente "banhada de luz, e a sombra de Buddha, de uma brilhante cor branca, elevou-se majestosamente sobre a muralha, como quando as nuvens repentinamente se abrem, e, de um golpe, descobrem a maravilhosa imagem de 'Montanha de Luz'. Um radiante esplendor iluminava os traços da fisionomia divina. Hiuen-Tsang estava perdido na contemplação e no prodígio, e não tirava os olhos do sublime e incomparável objeto". Hiuen-Tsang acrescenta em seu próprio diário, *Si-yu-Ki*, que é apenas quando o homem ora com fé sincera e recebeu do alto uma impressão secreta, que ele vê a sombra claramente, mas não pode gozar a visão por muito tempo[52].

Aqueles que são tão propensos a acusar os chineses de irreligião farão bem em ler os *Essays on Buddhism in China and Upper Asia*, de Schott[53]. "Nos anos *Yuan-yen* dos Sung (1086-1093 d.C.) uma piedosa matrona com suas duas servas vivia inteiramente para a Terra da Iluminação. Uma das criadas disse um dia à sua companheira: 'Esta noite eu passarei ao Reino de Amita' [Buddha]. Nessa mesma noite um odor balsâmico encheu a casa, e a criada morreu sem qualquer sofrimento. No dia seguinte a criada sobrevivente disse à sua senhora: 'Ontem a minha falecida companheira surgiu-me num sonho, e disse: 'Graças às perseverantes súplicas de nossa querida patroa, tornei-me habitante do Paraíso, e minha beatitude não pode ser expressa em palavras'. A matrona replicou: 'Se ela me aparecer também, então acreditarei no que dizes'. Na noite seguinte a morta realmente lhe apareceu. A senhora perguntou: 'Posso visitar uma vez a Terra da Iluminação?'. 'Sim', respondeu a alma bem-aventurada; 'deves apenas seguir a tua criada.' A senhora seguiu-a (em seu sonho), e logo viu um lago de extensão incomensurável, semeado de incontáveis flores de lótus brancos e vermelhos, de vários tamanhos, alguns desabrochados e outros fanados. Perguntou o que poderiam significar aquelas flores. A criada respondeu: 'Esses são todos os seres humanos sobre a Terra cujos pensamentos chegaram à Terra da Iluminação. O pensamento que realmente almeja o Paraíso de Amita produz uma flor no Lago Celestial, e esta torna-se cada dia maior e mais gloriosa à medida que avança o autodesenvolvimento da pessoa que ela representa; caso contrário, ela perde a sua glória e se fana'[54]. A matrona desejou saber o nome de um iluminado que repousava sobre uma das flores, coberto com uma roupa ondulante e maravilhosamente resplandecente. Sua antiga criada respondeu: 'Esse é Yangkie'. Perguntou então o nome de outro, e responderam-lhe: 'Esse é Mahu'. A senhora disse então: 'Em que lugar estarei depois de entrar nesta vida?'. A alma Bem-aventurada conduziu-a a um local um pouco mais longe, e mostrou-lhe uma montanha que resplandecia de ouro e azul celeste. 'Aqui', disse ela, 'é a tua futura morada. Pertencerás à primeira ordem de bem-aventurados.' Quando a matrona despertou, procurou informar-se sobre Yangkie e Mahu. O primeiro já havia falecido; o outro ainda vivia e com boa saúde. E assim a senhora aprendeu que a alma daquele que progride em santidade e nunca regride pode já habitar a Terra da Iluminação, mesmo que o corpo ainda permaneça neste mundo transitório."[55]

No mesmo ensaio, outra história chinesa é traduzida, visando ao mesmo fim: "Conheci um homem", diz o autor, "que durante a sua vida havia assassinado muitas criaturas, e que foi surpreendido por um ataque de apoplexia. As penas que estavam reservadas à sua alma carregada de pecados afligiram-me o coração. Visitei-o e exortei-o a chamar por Amita; mas ele recusou obstinadamente. A doença obscurecia-lhe a inteligência; em conseqüência das más ações, o seu coração se tinha endurecido. O que teria à sua frente um homem como este assim que cerrasse os olhos? Nesta vida a noite sucede o dia, e o inverno sucede o outono; isso todo o mundo sabe. Mas que a vida é seguida pela morte, eis algo que ninguém considera. Oh! que cegueira, e que obstinação essa!"[56]

Esses dois exemplos de literatura chinesa dificilmente fortalecem a acusação usual de irreligião e de materialismo total lançada contra essa nação. A primeira historieta mística está repleta de encanto espiritual, e honraria qualquer livro religioso cristão. A segunda não é menos digna de louvor, e não teríamos senão que mudar "Amita" por "Jesus" para termos uma história altamente ortodoxa, do ponto de vista dos sentimentos religiosos e do código da moralidade filosófica.

O seguinte exemplo é ainda mais extraordinário, e citamo-lo para benefício dos cristãos que procuram despertar a fé religiosa:

"Huang-ta-tie, de T'anchen, que viveu sob os Sung, exercia o ofício de ferreiro. Ele costumava invocar ininterruptamente durante o trabalho o nome de Amita Buddha. Um dia ele remeteu a um de seus vizinhos os seguintes versos de sua própria autoria para que os passasse adiante:

> 'Din-don! Os golpes do martelo caem sem cessar
> Até que o ferro se transforme enfim em aço!
> O longo dia do repouso agora vai começar,
> A *Terra da Eterna Felicidade* me chama!'.

"Logo depois ele morreu. Mas seus versos circularam por toda Honan, e muitas pessoas aprenderam a chamar por Buddha"[57].

Negar aos chineses ou a qualquer povo de todas as regiões da Ásia a posse de qualquer conhecimento, ou mesmo a percepção de coisas espirituais é totalmente ridículo. De um a outro confim o país está repleto de místicos, filósofos religiosos, santos budistas, e *mágicos*. A crença num mundo espiritual, povoado de seres invisíveis que, em certas ocasiões, aparecem objetivamente aos mortais, é universal. "De acordo com a crença das nações da Ásia Central", assinala I. J. Schmidt, "a Terra e seu interior, assim como a atmosfera que a circunda, estão repletos de seres espirituais, que exercem uma influência, em parte benéfica, em parte maléfica, sobre toda a natureza orgânica ou inorgânica. (...) Os desertos e outras extensões selvagens e inabitadas, ou as regiões em que as influências da Natureza se manifestam em escala gigantesca e terrível, eram especialmente encarados como a morada principal ou o ponto de encontro dos maus espíritos. É por isso que as estepes de Turan, e particularmente o grade deserto de areia de Gobi, sempre foram vistos como a morada dos seres malignos, desde a mais remota Antiguidade."[58]

Marco Polo – como de hábito – menciona mais de uma vez em seu livro *Viagens* esses astuciosos espíritos naturais dos desertos. Durante séculos, e especialmente no último, as suas estranhas estórias foram completamente rejeitadas. Ninguém lhe dá crédito quando ele diz que testemunhou, várias vezes, com seus próprios olhos, as mais extraordinárias façanhas mágicas executadas pelos homens de Kublai-khan e pelos adeptos de outros países. Em seu leito de morte, Marco Polo foi altamente pressionado a retratar-se de suas pretensas "mentiras"; mas ele jurou solenemente que era verdade o que havia dito, acrescentando "que não narrara senão *metade* do que havia realmente visto"! Não há dúvida alguma de que ele falou a verdade, desde que a edição de Marsden e a do Cel. Yule foram publicadas. O público é especialmente grato ao segundo por ter ele trazido à luz várias autoridades que corroboram o testemunho de Marco Polo, e por ter explicado alguns dos fenômenos de maneira simples, mostrando sem dúvida ser possível que o grande viajante não era apenas um escritor verídico mas também um eminente observador. Defendendo calorosamente seu autor, o consciencioso editor, depois de enumerar mais de um ponto até o presente discutido e rejeitado nas *Viagens* do veneziano, conclui dizendo: "Mais ainda, os dois últimos anos trouxeram uma promessa de luz mesmo sobre o que parecia a mais *fantástica* das histórias de Marco Polo, e o esqueleto de um verdadeiro RUC da Nova Zelândia repousa sobre a mesa do laboratório do Prof. Owen!"[59]

Tendo sido identificado o pássaro monstruoso das *Mil e uma noites*, resta agora *descobrir* e reconhecer que a lâmpada mágica de *Aladim* tem também seu quinhão de verdade.

Descrevendo sua travessia pelo grande deserto de Lop, Marco Polo fala de uma coisa maravilhosa, "que é a seguinte: quando os viajantes estão em marcha durante a noite (...) eles ouvem os espíritos falando. Às vezes os espíritos os chamam pelo nome (...) mesmo durante o dia, ouvem-se esses espíritos falantes. E às vezes ouve-se uma variedade de instrumentos musicais, e ainda mais comumente o som de tambores"[60].

Em suas notas, o tradutor cita o historiador chinês Matwanlin, que confirma os fatos. "Durante a travessia desse deserto, ouvireis sons", diz Matwanlin, "às vezes de cantos, às vezes de gemidos; e é comum os viajantes, ao tentar verificar o que podem ser os sons, se desviarem do caminho, e se perderem completamente, pois eram vozes de espíritos e duendes."[61] "Esses duendes não são peculiares ao deserto de Gobi", acrescenta o editor, "embora este pareça ser o seu refúgio favorito. *O terror inspirado por um vasto e solitário deserto fá-los surgir em todas as localidades semelhantes.*"[62]

O Cel. Yule faria bem em considerar as sérias conseqüências que derivam da aceitação de sua teoria. Se admitimos que os gemidos fantásticos de Gobi devem-se ao "terror inspirado por um vasto e solitário deserto", por que seriam os duendes dos gadarenos (*Lucas*, VIII, 29) objeto de maior consideração? E por que não poderia Jesus ter-se enganado quanto ao tentador impessoal durante os quarenta dias de prova no "deserto"? Estamos propensos a acolher ou rejeitar a teoria enunciada pelo Cel. Yule, mas insistiremos em sua aplicação imparcial em todos os casos. Plínio fala de fantasmas que aparecem e desaparecem nos desertos da África[63]; Ético, o cosmógrafo cristão dos primeiros séculos, menciona, embora incrédulo, as histórias que eram contadas pelas vozes dos cantores e foliões do deserto; e "Mas'udi fala dos *ghûls*, [espíritos que roubam sepulturas e devoram cadáveres] que nos desertos aparecem aos viajantes à noite e nas horas solitárias"[64]; e também de "Apolônio de Tiana e seus companheiros, que num deserto próximo ao Indo, à luz da Lua, viram um *empusa* ou *ghûl* assumindo várias formas. (...) Eles o injuriaram, e o espírito fugiu, emitindo gritos estridentes"[65]. Ibn Batuta relata uma lenda semelhante do Saara Ocidental: "Se o mensageiro está só, os espíritos brincam com ele e o fascinam de tal modo que ele se desvia do seu curso e morre"[66]. Ora, se todas essas coisas são passíveis de uma "explicação racional", e disso não duvidamos no que concerne à maioria dos casos, então os demônios bíblicos do deserto não merecem maior consideração, e deveriam ser submetidos à mesma regra. Eles também são criaturas do terror, da imaginação e da *superstição*; em conseqüência, as narrativas da Bíblia devem ser falsas; e se um único versículo é falso, então uma nuvem se lança sobre a pretensão de todos os demais quanto ao título de revelação *divina*. Uma vez isso admitido, essa coleção de documentos canônicos é pelo menos tão passível de crítica quanto qualquer outro livro de histórias[67].

Há muitas regiões no mundo em que os fenômenos mais estranhos resultaram do que mais tarde se reconheceu serem causas físicas naturais. Na Califórnia do Sul há certos pontos da costa marítima em que a areia, quando remexida, produz um barulhento som musical. Trata-se, como é conhecida, da "areia musical" e supõe-se que o fenômeno é de natureza elétrica. "O som de instrumentos musicais, principalmente de tambores, é um fenômeno de outra classe, e é realmente produzido nas dunas em certas situações quando se remexe a areia", diz o editor de *Marco Polo*. "Uma explicação verdadeiramente notável para um fenômeno dessa espécie, *considerado sobrenatural*, é dada por Frei Odorico, cuja experiência observei no Reg Ruwán, ou areia movente, ao norte de Kabul[68]. Além desse célebre exemplo (...) observei o caso igualmente bem-conhecido do *Sibal Nakics*, ou 'Montanha do Sino', no deserto do Sinai; (...) Uma narrativa chinesa do século X menciona o fenômeno conhecido nas proximidades de Kwachau, no extremo oriental do deserto de Lop, pelo nome de 'areias cantoras'."[69]

Que tudo isso são fenômenos naturais, ninguém pode duvidar. Mas o que pensar das questões e respostas clara e audivelmente dadas e recebidas? Dos diálogos mantidos entre certos viajantes e os espíritos invisíveis, ou seres desconhecidos, que às vezes aparecem diante de toda uma caravana em formas tangíveis? Se tantos milhões de pessoas acreditam que espíritos podem vestir-se com corpos materiais, atrás da cortina de um "médium", e aparecer ao *círculo*, por que recusariam elas a mesma possibilidade aos espíritos elementais dos desertos? Tal é o "ser ou não ser" hamletiano. Se os "espíritos" podem fazer tudo o que os espiritistas lhes atribuem, por que não podem eles aparecer igualmente ao viajante nos desertos e nos ermos? Um recente artigo de um jornal russo atribui tais "vozes de espíritos", no grande deserto de Gobi, ao eco. Uma explicação muito razoável, se se pudesse simplesmente demonstrar que essas vozes apenas repetem o que foi anteriormente pronunciado por uma pessoa viva. Mas quando o "supersticioso" viajante obtém *respostas* inteligentes às suas perguntas, esse *eco* de Gobi mostra um parentesco muito próximo com o famoso eco do Teatro da Porta de Saint-Martin em Paris. "Como vai, senhor?", grita um dos atores na peça. "Bem mal, meu filho; obrigado. Estou ficando velho, muito, muito velho!", responde polidamente o eco!

Que incrédula hilaridade devem ter provocado durante séculos as narrativas supersticiosas e absurdas de Marco Polo, concernentes aos dons "sobrenaturais" de certos encantadores de tubarões e de animais selvagens da Índia, que ele chama de *abraiaman*! Descrevendo a pesca de pérolas no Ceilão, tal como era praticada em seu tempo, ele diz que os mercadores são "obrigados também a pagar uma vigésima parte de tudo o que ganham aos homens que *encantam* os grandes peixes – para impedi-los de ferir os diversos mergulhadores ocupados em procurar pérolas sob a água. Esses encantadores de peixe chamam-se abraiaman (brâmanes?), e seu encantamento dura apenas um dia, pois à noite eles o desfazem, de sorte que os peixes possam causar os danos que quiserem. Esses abraiaman sabem também como encantar feras e pássaros, e qualquer ser vivo"[70].

E eis o que encontramos nas notas explicativas do Cel. Yule, concernentes a essa *degradante* "superstição" asiática: "O relato da pesca de pérolas feito por Marco Polo é ainda substancialmente correto. (...) Nas minas de diamante dos Circars setentrionais, empregam-se brâmanes no ofício análogo de propiciar os gênios tutelares. Os encantadores de tubarões chamam-se em tâmil "Kadal-Katti", "amarradores do mar", e em hindustâni, *hai-banda*, ou "amarradores de tubarão". Em Aripo eles pertencem a uma família que se supõe deter o monopólio do encantamento[71]. O operador chefe é (ou era, não muitos anos atrás) *pago pelo governo*, e também recebia diariamente dez ostras por barco durante a pescaria. Tennent, em sua visita, descobriu que o encarregado dessa função era um *Católico Romano*

Cristão (?), mas isso não parecia afetar o exercício da validade de suas funções. *É notável que apenas um acidente realmente autenticado com os tubarões tenha ocorrido durante todo o período da ocupação britânica*"[72].

Dois itens dos fatos referidos no parágrafo precedente merecem ser justapostos. 1) As autoridades britânicas pagam salários a encantadores de tubarões profissionais para exercerem sua arte; e 2) apenas *uma vida* foi perdida desde a celebração do contrato. (Resta saber se a perda dessa *única* vida ocorreu durante o exercício do *feiticeiro* católico romano). Argumentar-se-á que o salário é pago como concessão a uma *degradante* superstição nativa. Pois bem, seja; mas o que dizer dos tubarões? Recebem também eles salários das autoridades britânicas do Fundo do Serviço Secreto? Todos os que visitaram o Ceilão devem saber que as águas da costa perlífera estão coalhadas de tubarões da espécie mais voraz, e que é perigoso banhar-se, e com maior razão, nelas mergulhar para procurar pérolas. Poderíamos ir mais longe, se quiséssemos, e dar os nomes dos oficiais britânicos do mais alto escalão do serviço indiano, que, depois de recorrerem aos "mágicos" e "feiticeiros" nativos, para encontrar objetos perdidos, ou para desemaranhar mistérios aborrecidos de uma ou outra espécie, e tendo obtido sucesso e expressado ao mesmo tempo *em segredo* a sua gratidão, retiraram-se, e mostraram a sua covardia inata diante do Areópago do mundo, negando publicamente a verdade da Magia, e lançando ao ridículo a "superstição" hindu.

Não muitos anos atrás, uma das piores *superstições* científicas sustentava que o retrato do assassino permanecia impresso no olho do assassinado, e que seria fácil reconhecer o primeiro examinando-se cuidadosamente a retina do segundo. A "superstição" afirmava que a imagem poderia tornar-se ainda mais exata sujeitando o morto a certas fumigações de uma velha, e outras tolices. E agora um jornal americano, de 26 de março de 1877, diz: "Há alguns anos atrás despertou interesse a teoria segundo a qual o último esforço da visão materializava-se e permanecia como um objeto impresso sobre a retina do olho após a morte. Isso se revelou um fato através de uma experiência feita em presença do Dr. Gamgee, Membro da Sociedade Real, de Birmingham, Inglaterra, e do prof. Bunsen, tendo por paciente um coelho vivo. O método adotado para provar os méritos da questão era muito simples: colocando-se os olhos perto de um orifício numa portinhola, eles retinham a sua forma após o animal ser privado da vida".

Se do país da idolatria, da ignorância e da superstição, como certos missionários designam a Índia, voltamos ao chamado centro da civilização – Paris –, encontramos os mesmos princípios da Magia exemplificados sob o nome de Espiritismo *oculto*. O honrado John L. O'Sullivan, Ex-Ministro Plenipotenciário dos Estados Unidos em Portugal, forneceu-nos gentilmente os estranhos detalhes de uma sessão semimágica a que ele recentemente assistiu com várias outras eminentes personalidades, em Paris. Tendo a sua permissão para fazê-lo, publicamos-lhe a missiva na íntegra.

"Nova York, 7 de fevereiro de 1877.

"Obedeço de bom grado à vossa solicitação de um relato escrito do que lhe reportei oralmente, a propósito do que testemunhei em Paris, no último verão, em casa de um médico muito respeitável, cujo nome não tenho autorização para citar, mas a quem, seguindo o costume francês de anonimizar, chamarei de Dr. X.

"Eu lhe fora apresentado por um amigo inglês, muito conhecido nos círculos espiritistas de Londres – o Sr. Gledstones. Cerca de oito a dez outros visitantes estavam presentes, de ambos os sexos. Estávamos sentados em *fauteuils* que ocupavam metade de um longo salão, diante de um espaçoso jardim. Na outra metade do salão havia um grande piano, um grande espaço livre entre ele e nós, e um par de *fauteuils* nesse espaço, colocadas evidentemente para ser ocupadas por outras pessoas. Uma porta perto delas abria-se para os quartos privados.

"O Dr. X. entrou, e falou-nos durante vinte minutos com a rápida e veemente eloqüência francesa, que não procurarei reproduzir. Ele havia investigado durante vinte e cinco anos os mistérios ocultos, de que iria mostrar-nos alguns fenômenos. Seu objetivo era atrair os colegas do mundo científico, mas poucos ou nenhum deles mostrara qualquer interesse. Ele pretendia dentro em breve publicar um livro. Introduziu então duas senhoras, a mais jovem das quais era sua esposa, e a outra (que chamarei de Madame Y), uma médium ou sensitiva, que havia com ele devotado e sacrificado toda a sua vida em prol desse trabalho. Ambas as senhoras estavam de olhos fechados, aparentemente em transe.

"Ele as colocou nas extremidades opostas ao longo do grande piano (que estava fechado), e ordenou-lhes que pusessem as mãos sobre este. Imediatamente, sons começaram a sair de suas cordas, marchas, galopes, tambores, trumpetes, fogo de mosquetes, canhão, gritos, e gemidos – numa palavra, uma *batalha*. Esta durou, posso dizer, de cinco a dez minutos.

"Deveria ter dito que antes de as duas médiuns terem sido introduzidas eu havia escrito a lápis, num pequeno pedaço de papel (por sugestão do Sr. Gledstones, que lá já havia estado), os nomes de três objetos, só conhecidos por mim, a saber, algum compositor *musical*, falecido, uma *flor*, e um *bolo*. Escolhi *Beethoven*, uma *marguerite* (margarida), e uma espécie de bolo francês chamado *plombiéres*, e enrolei o papel numa pelota, que guardei em minha mão, sem deixar que ninguém lhe conhecesse o conteúdo.

"Quando a batalha terminou, ele colocou a Sra. Y. numa das duas *fauteuils*, ficando a Sra. X. sentada à parte num canto da sala, e fui convidado a entregar meu papel dobrado, ou enrolado, à Sra. Y. Ela o segurou (sem abri-lo) entre os dedos, sobre os joelhos. Ela estava vestida de merino branco, caindo-lhe a roupa do pescoço e presa à cintura, sob os raios de luz dos candelabros colocados à direita e à esquerda. Um instante depois ela jogou a pequena bola de papel ao chão e eu a apanhei. O Dr. X. então a fez levantar-se e ordenou-lhe que fizesse "a evocação dos mortos". Ele retirou duas *fauteuils* e colocou em sua mão uma vara de aço de cerca de quatro e meio a cinco pés de comprimento, cuja ponta era encimada por uma pequena cruz – o *Tau* egípcio. Ela desenhou com essa vara um círculo em torno de si, onde se encontrava, de cerca de seis pés de diâmetro. Ela não segurava a cruz como um cabo, mas, ao contrário, prendia a vara pela extremidade oposta. Depois a entregou ao Dr. X. Permaneceu em pé por algum tempo, com os braços soltos e as mãos cruzadas, imóvel, e com os olhos dirigidos um pouco para cima na direção a um dos cantos opostos do longo *salon*. Seus lábios começaram a mover-se, com sons inarticulados, em pequenas frases ou sentenças entrecortadas, exatamente como a recitação de uma litania. Certas palavras, que pareciam nomes, voltavam de tempo em tempo. Elas me pareciam ter consonâncias semelhantes às das línguas orientais que eu pudera ouvir anteriormente. Sua face estava séria e tinha uma grande mobilidade de expressão, e às vezes apresentava um pequeno franzir de sobrancelhas. Suponho que isso durou de quinze a vinte minutos, em meio ao silêncio imóvel de todos os presentes, que contemplavam fixamente a misteriosa cena. Sua recitação cresceu em veemência e rapidez. Ela estendeu enfim um braço para o ponto em que os seus olhos estavam fixados, e com um grito estridente, quase um urro, exclamou: 'BEETHOVEN!' – e caiu para trás, prostrada no chão.

"O Dr. X. correu para ela, fez alguns ansiosos passes magnéticos sobre a face e o pescoço; e apoiou sua cabeça e ombros sobre as almofadas. E ela lá ficou como uma pessoa doente e sofredora, gemendo ocasionalmente, tornando-se inquieta, etc. Suponho que meia hora se passou, durante a qual ela atravessou todas as fases da *morte* gradual (era, disseram-me, a reprodução da morte de Beethoven). Seria muito longo descrever a cena em detalhes, mesmo se eu conseguisse me lembrar de tudo. Olhávamos como se assistíssemos a uma cena de morte real. Direi apenas que o seu pulso cessou; não se podia ouvir nenhuma batida de coração; primeiro suas mãos, depois os braços gelaram, e não se sentia senão um ligeiro calor sob as axilas; mesmo estas se tornaram completamente geladas; os pés e as pernas gelaram da mesma maneira, e incharam de modo impressionante. O doutor convidou-nos todos a nos aproximar e a constatar esses fenômenos. A respiração tornou-se mais e mais ofegante, e cada vez maiz fraca. Enfim ela cessou; a cabeça caiu de lado, as mãos, cujos dedos estavam crispados sob as suas vestes, rolaram também. O doutor disse, 'Agora, ela está morta', e ela de fato parecia assim estar. Com grande rapidez, ele retirou (não sei de onde) duas pequenas *serpentes*, que aparentemente colocou sobre seu pescoço e sob os seios, fazendo também rápidos passes transversais sobre a cabeça e pescoço. Um instante depois ela começou a reviver lentamente, e finalmente o doutor e um par de criados a ergueram e a conduziram aos aposentos privados, de onde ela retornou em seguida. Ele nos disse que tudo isso era muito arriscado, mas sem nenhum perigo, desde que não se perdesse tempo, pois de outro modo a morte, que, segundo ele era real, se tornaria permanente.

"Não preciso mencionar o efeito chocante que toda essa cena produziu sobre os espectadores. Nem lembrar-vos que isso não era um truque de um prestidigitador pago para assombrar. A cena se passou num elegante salão de um médico respeitável, no qual era impossível entrar sem uma apresentação formal, enquanto (além dos fatos fenomênicos) milhares de detalhes indescritíveis de linguagem, maneira, expressão e ação conferiam àqueles minutos garantias de sinceridade e gravidade que convenceram aqueles que os testemunharam, embora seja possível transmiti-las àqueles que apenas ouvem contar ou ler sobre eles.

"Após um instante, a Sra. Y retornou e sentou-se numa das duas *fauteuils* acima mencionadas, e fui convidado a sentar-me na outra ao seu lado. Eu ainda tinha em minha mão a bolinha de papel fechada contendo as três palavras que escrevera em segredo, de que Beethoven era a primeira. Ela sentou-se por alguns minutos com as mãos abertas sobre os joelhos. Elas começaram a mover-se sem parar. 'Ah, isso queima, isso queima', disse ela, e suas feições contraíam-se com uma expressão de dor. Poucos minutos depois ela ergueu um dos joelhos, e este continha uma *marguerite*, a flor que era a segunda palavra que eu havia escrito. Ela ma entregou, e depois de todos os presentes a terem examinado, eu a guardei. O Dr. X disse que a flor era de uma espécie desconhecida naquela parte do país, no que ele certamente estava enganado, pois poucos dias antes eu vira uma igual no mercado de flores de Madeleine. Se essa flor fora *produzida* sob suas mãos, ou se era simplesmente um *apport*, como no fenômeno com o qual estamos familiarizados nas experiências do Espiritismo, eu não sei. Era um ou outro, pois a Sra. Y não possuía flor alguma enquanto esteve sentada ao meu lado, sob uma forte luz, antes de a *marguerite* surgir. A flor estava perfeitamente fresca em todas as suas delicadas pétalas.

"A terceira palavra que eu escrevera sobre o meu pedaço de papel era o nome de um bolo – *plombiéres*. Ela começou então a fazer os movimentos de uma pessoa que come, embora não se visse nenhum bolo, e me perguntou se eu não queria ir em sua companhia a *Plombiéres* – o nome do bolo que eu havia escrito. Isso poderia ser simplesmente um caso de leitura mental.

"A isso seguiu-se uma cena na qual a Sra. X, a esposa do doutor, ao que se dizia, e parecia de fato, era possuída pelo espírito de Beethoven. O doutor dirigiu-se a ela como "Senhor Beethoven". Ela não lhe deu atenção até que ele lhe dissesse o nome em sua orelha. Ela então respondeu com polidas reverências, etc. (Deveis lembrar-vos de que Beethoven era extremamente surdo.) Após uma curta conversação, ele lhe pediu que tocasse, e ela sentou-se ao piano, e executou magnificamente uma de suas conhecidas músicas e alguns improvisos que todos reconheceram como de seu estilo. Ouvi mais tarde de uma senhora amiga da Sra. X que em seu estado normal ela era uma pianista amadora sem dons especiais. Após cerca de meia hora gasta na música e nos diálogos com o caráter de Beethoven, de quem a sua face, e seu cabelo em desalinho pareciam adquirir uma estranha semelhança, o doutor colocou em suas mãos uma folha de papel e um lápis, e pediu-lhe que desenhasse o rosto da pessoa que via à sua frente. Ela desenhou rapidamente um esboço do perfil de uma cabeça e de uma face que se assemelhavam às do busto de Beethoven, embora de um Beethoven mais jovem; e traçou rapidamente um nome, ao pé do desenho, como uma assinatura, 'Beethoven'. Eu conservei o esboço, mas não posso dizer se a letra corresponde à de Beethoven.

"Devido ao avançado da hora, o grupo se dissolveu; e não tive oportunidade de interrogar o Dr. X sobre o que eu havia testemunhado. Mas visitei-o em companhia do Sr. Gledstone alguns dias depois. Descobri que ele admitia a ação dos espíritos, e que era espiritista, mas também algo mais do que isso, tendo estudado longa e profundamente os mistérios ocultos do Oriente. Foi o que compreendi de suas palavras, pois ele parecia preferir remeter-me ao seu livro, que sairá provavelmente a lume no decorrer do presente ano. Notei várias folhas esparsas sobre a mesa, todas cobertas com caracteres orientais desconhecidos para mim – obra da Sra. X em transe, disse ele, em resposta à minha pergunta. Ele nos contou que na cena que eu havia testemunhado, ela se tornou (*i. e.*, como presumo, foi possuída por) *uma sacerdotisa de um dos antigos templos egípcios*, e que a origem disso era a seguinte: Um de seus amigos cientistas adquirira no Egito a múmia de uma sacerdotisa, e lhe dera algumas das bandagens que envolviam o corpo, e foi devido ao contato com esse tecido de 2.000 ou 3.000 anos de idade, e à devoção de toda a sua existência a essa relação oculta, e aos vinte anos de reclusão do mundo, que a médium havia se transformado no que eu vira. O idioma que eu a ouvira falar era a língua sagrada dos templos nos quais ela havia sido instruída, não tanto por inspiração mas sim como nós hoje estudamos línguas, por ditados, exercícios escritos, etc., sendo repreendida e castigada quando se mostrasse preguiçosa ou lenta. Ele disse que Jacolliot o tinha ouvido numa sessão semelhante e reconhecera sons e palavras da mais antiga língua sagrada, tal como foi preservada nos templos da Índia, anterior, se bem me recordo, à época do sânscrito.

"No que concerne às *serpentes* que ele havia empregado na rápida operação de restaurar-lhe a vida, ou antes talvez de impedir a consumação do processo de morte, ele disse que havia um estranho mistério na relação desses répteis com os fenômenos da vida e da morte. Compreendi que eles eram indispensáveis. Insistira-se bastante em nosso silêncio e em nossa inação, mas qualquer tentativa de questioná-lo foi peremptoriamente, quase raivosamente, suprimida. Deveríamos esperar e falar-lhe depois, ou esperar a publicação de seu livro, mas só ele parecia ter o direito de exercer a faculdade da fala durante todas essas práticas – direito que ele usava com grande volubilidade, com toda a eloqüência e a dicção precisa de um francês, combinando cultura científica com vivacidade de imaginação.

"Eu tinha a intenção de retornar a algumas das sessões seguintes, mas soube pelo Sr. Gledstones que ele as havia momentaneamente suspenso, desgostoso com o insucesso em obter a presença dos colegas de profissão e dos homens de ciência para presenciarem o que ele pretendia mostrar-lhes.

"Com exceção de alguns detalhes sem interesse, eis o que posso me lembrar dessa noite estranha e sobrenatural. Eu vos dei confidencialmente o nome e o endereço do Dr. X, pois ele parece trilhar mais ou menos o mesmo caminho que perseguis nos estudos da vossa Sociedade Teosófica. Além disso, sinto-me obrigado a mantê-los em segredo, não tendo a sua autorização para utilizá-lo em qualquer meio que possa levar à publicidade.

"Muito respeitosamente,

"Vosso amigo e obediente servidor,
"J. L. O'SULLIVAN".

Nesse interessante caso, o mero Espiritismo transcendeu a sua rotina e ultrapassou os limites da Magia. Os traços da mediunidade estão aí, na vida dupla levada pela sensitiva Senhora X, na qual ela vive uma existência totalmente distinta da normal, e, devido à subordinação de sua individualidade a uma vontade estranha, torna-se a permutação de uma sacerdotisa do Egito; e na personificação do espírito de Beethoven, e no estado inconsciente e cataléptico em que ela recai. Por outro lado, o poder da vontade exercido pelo Dr. X. sobre a sua sensitiva, o traçar do círculo místico, as evocações, a materialização da flor, a reclusão e a educação da Senhora X, o emprego da vara e de sua forma, a criação e a utilização das serpentes, o evidente controle das forças astrais – tudo isso pertence à Magia. Tais experiências são interessantes e valiosas para a ciência, mas prestam-se ao abuso nas mãos de um profissional menos consciencioso de que o eminente cavalheiro designado como Dr. X. Um verdadeiro cabalista oriental não recomendaria a sua repetição.

Esferas desconhecidas sob nossos pés; esferas ainda mais desconhecidas e ainda mais inexploradas sobre nós; entre as duas um punhado de toupeiras, cegas à grande luz de Deus, e surdas aos murmúrios do mundo invisível, vangloriando-se de guiar a Humanidade. Para onde? Para a frente, afirmam elas; mas temos o direito de duvidar. O maior de nossos fisiólogos, se colocado lado a lado com um faquir hindu, que não sabe nem ler nem escrever, será forçado a admitir que se sente tão tolo como um escolar que não estudou a sua lição. Não é vivisseccionando animais vivos que um fisiólogo certificar-se-á da existência da alma humana, e não será com a ponta do escalpelo que ele poderá extraí-la de um corpo humano. "Que homem são", pergunta Sargeant Cox, o Presidente da Sociedade Psicológica de Londres, "que homem são, que nada sabe sobre magnetismo ou fisiologia, que nunca testemunhou uma experiência nem aprendeu seus princípios, gostaria de passar por *tolo* negando-lhe os fatos e denunciando-lhe a teoria?" A resposta sincera a essa pergunta seria "dois terços de nossos modernos cientistas". A impertinência, se a verdade pode ser impertinente, deve ser deixada à responsabilidade de quem a enunciou – um cientista do pequeno número daqueles que são corajosos e honestos o suficiente para dizer verdades sadias, embora desagradáveis. E não há por que distorcer o real sentido de imputação, pois imediatamente após a irreverente questão, o sábio conferencista assinala agudamente: "O químico toma a eletricidade do eletricista, o fisiólogo socorre-se do geólogo por causa da Geologia – e cada um consideraria uma impertinência do outro se este pronunciasse um juízo sobre um ramo de conhecimento que não lhe é próprio. É estranho, mas tão verdadeiro como estranho, que essa regra racional é inteiramente descartada quando se trata da Psicologia. *Os cientistas físicos julgam-se competentes para pronunciar uma sentença dogmática sobre Psicologia e sobre tudo que se lhe refere, não tendo testemunhado nenhum de seus fenômenos, e ignorando completamente os seus princípios e a sua prática*"[73].

Esperamos sinceramente que os dois eminentes biólogos, o Sr. Mendeleyeff, de São Petersburgo, e o Sr. Ray Lankester, célebre em Londres, suportem tão bravamente esse golpe como o fazem as suas vítimas vivas quando palpitam sob os seus escalpelos de dissecação.

Para que uma crença se torne universal, é preciso que ela se fundamente sobre uma imensa acumulação de fatos, que visem a fortificá-la de uma geração a outra. À testa de tais crenças está a Magia, ou, se se preferir – a Psicologia oculta. Quem, dentre aqueles que apreciam os seus tremendos poderes a partir de seus frágeis e semiparalisados efeitos em nossos países civilizados, ousaria negar em nossos dias as afirmações de Porfírio e Proclo, de que mesmo os objetos inanimados, tais como estátuas de deuses, poderiam ser postos em movimento e exibir uma vida artificial por alguns poucos instantes? Quem pode negar a afirmação? Aqueles que testemunham diariamente sobre as próprias assinaturas que viram mesas e cadeiras moverem-se e caminhar, e lápis escreverem, sem contato? Diógenes Laércio fala-nos de um certo filósofo, Stilpo, que foi exilado de Atenas pelo Areópago, por ter ousado negar publicamente que a Minerva de Fídias era algo mais do que um bloco de mármore[74]. Mas nosso século, depois de ter imitado os antigos em tudo o que era possível, mesmo em suas denominações, tais como "senado", "prefeito", e "cônsul", etc.; e depois de admitir que Napoleão, o Grande, conquistou três quartos da Europa aplicando os princípios de guerra ensinados por César e Alexandre, nosso século julga-se tão superior aos seus preceptores no que concerne à Psicologia que é capaz de enviar ao manicômio todos os que acreditam nas "mesas girantes".

Seja ela qual for, *a religião dos antigos é a religião do futuro*. Mais alguns séculos, e não haverá mais crenças sectárias em nenhuma das grandes religiões da Humanidade. Bramanismo e Budismo, Cristianismo e Maometismo desaparecerão diante do poderoso afluxo de fatos. "Derramarei meu espírito sobre toda a carne", escreve o profeta Joel[75]. "Em verdade vos digo (...) fareis obras maiores do que estas", promete Jesus[76]. Mas isso só ocorrerá quando o mundo retornar à grande religião do passado; ao *conhecimento* dos majestosos sistemas que precederam, em muito, o Bramanismo, e mesmo o monoteísmo primitivo dos antigos caldeus. Até então, devemos nos lembrar dos efeitos diretos do mistério revelado. Os únicos meios com a ajuda dos quais os sábios sacerdotes da Antiguidade podiam inculcar nos grosseiros sentidos das massas a idéia da Onipotência da *vontade* Criadora ou da CAUSA PRIMEIRA; a saber, a animação divina da matéria inerte, a alma nela infundida pela vontade potencial do homem, imagem microcósmica do grande Arquiteto, e o transporte de objetos pesados através do espaço e dos obstáculos materiais.

Por que o piedoso católico romano se desviaria com repulsa das práticas "pagãs" do tamil hindu, por exemplo? Testemunhamos o milagre de San Genaro, na velha boa Nápoles, e vimos o mesmo em Nârgercoil, na Índia. Onde está a diferença? Ferve-se e fumiga-se o sangue coagulado do santo católico em seu frasco de cristal, para satisfação dos *lazzaroni*; e de seu santuário adornado de pedras a imagem do mártir lança sorrisos e bênçãos radiantes à congregação cristã. Por outro lado, uma bola de argila cheia de água é metida no peito aberto do deus Sûran; e enquanto o padre segura seu frasco e produz o seu "milagre" de sangue, o sacerdote hindu enterra uma flecha no peito do deus, e produz o *seu* "milagre", pois o sangue jorra aos borbotões, e a água se transforma em sangue. Os cristãos e os hindus extasiam-se à visão de tal milagre. Por enquanto, não vemos a menor diferença. Mas terá sido o pagão quem aprendeu o truque de San Genaro?

"Sabe, ó Asclépio", diz Hermes, "que assim como o Altíssimo é o pai dos deuses celestes, o homem é *o artesão dos deuses que residem nos templos*, e que se comprazem com a sociedade dos mortais. Fiel à sua origem e natureza, a Humanidade persevera nessa imitação dos poderes divinos; e se o Pai Criador fez à sua imagem os *deuses eternos*, a Humanidade faz por sua vez os seus deuses à sua própria imagem." "Falas das estátuas dos deuses, ó Trismegisto?" "Sim, de fato, Asclépio, e embora seja grande a tua resistência, não percebeste que essas estátuas são *dotadas de razão*, que elas são animadas de uma alma, e que podem realizar os maiores prodígios? Como podemos rejeitar a evidência, quando vemos esses deuses possuindo o dom de predizer o futuro, que são obrigados a revelar, quando forçados a isso pelos encantamentos mágicos, através dos lábios dos sacerdotes e de suas visões? (...) É a maravilha das maravilhas que o homem possa ter inventado e criado os deuses. (...) Na verdade, a fé de nossos ancestrais enganou-se, e em seu orgulho eles erraram no que se refere à essência precisa desses deuses (...) mas descobriram essa arte por si mesmos. Incapazes de criar a alma e o espírito, eles evocam as almas dos anjos e dos demônios a fim de introduzi-las nas estátuas consagradas; e, assim, fazê-las presidir os seus mistérios, comunicando aos ídolos a sua própria faculdade *de fazer o bem tanto quanto o mal*."[77]

Não é somente a Antiguidade que está repleta de provas de que as estátuas e os ídolos dos deuses exibiam inteligência e poderes locomotores. Em pleno século XIX vemos os jornais lembrando as escapadas da estátua da Madona de Lourdes. Essa graciosa dama, a Notre Dame francesa, foge com freqüência para os bosques que cercam a sua residência habitual, a igreja da paróquia. O sacristão foi obrigado mais de uma vez a caçar a fugitiva e trazê-la de volta[78]. Depois disso começa uma série de "milagres", de curas, de profecias, de cartas que caem do céu, e não sei mais o quê. Esses "milagres" são implicitamente aceitos por milhões e milhões de católicos romanos, muitos dos quais pertencem às classes mais inteligentes e mais instruídas. Por que, então, deveríamos desautorizar os testemunhos da mesma espécie, que têm relação com os fenômenos contemporâneos do mesmo gênero, relatados pelos historiadores mais acreditados e mais estimados – por Tito Lívio, por exemplo? "Juno, poderíeis por favor abandonar os muros de Veii, e trocar essa morada pela de Roma?", pergunta à deusa um soldado romano, após a conquista daquela cidade. Juno consente, e inclinando a cabeça em sinal de aprovação, a estátua responde: "Sim, concordo". Além disso, quando se tratou de transportar a estátua, ela instantaneamente *"perdeu o seu imenso peso"*, acrescenta o historiador, e a estátua parecia antes segui-los do que o contrário[79].

Com uma ingenuidade e uma fé que tocam o sublime, des Mousseaux lança-se bravamente aos paralelos perigosos, e apresenta um grande número de exemplos de *milagres* desse gênero, não só cristãos mas também pagãos. Fornece uma lista dessas estátuas andantes de santos e Madonas, que perderam o seu peso, e que se movem como homens e mulheres vivos; e apresenta provas irrefutáveis desses fatos, extraídos de autores clássicos, que descreveram seus *milagres*[80]. Ele tem apenas um pensamento, um desejo violento que a tudo domina – provar aos seus leitores que a Magia existe, e que a esse respeito o Cristianismo leva a palma. Não que os seus milagres sejam mais numerosos, ou mais extraordinários, ou sugestivos do que os dos pagãos. De modo algum; e ele é um historiador conscienciozo no que toca aos fatos e às provas. Mas os seus argumentos e reflexões é que são impagáveis; um gênero de milagres é produzido por Deus, o outro pelo Demônio; ele rebaixa a Divindade e, colocando-A face a face com Satã, permite que o arquiinimigo vença o Criador por longa vantagem. Nenhuma palavra sobre as provas sólidas e evidentes que mostram a diferença substancial entre os dois gêneros de prodígios.

Perguntaremos a razão pela qual ele reconhece em uns a mão de Deus e em outras os cornos e os cascos do Diabo. Ouçamos a resposta: "A Santa Igreja Católica Romana e Apostólica declara que os milagres operados por seus filhos fiéis o são pela vontade de Deus; e todos os outros, obra dos espíritos do Inferno". Muito bem, mas em que se baseia isso? Exibe-se então uma interminável lista de autores canônicos; de santos que lutaram durante toda a vida contra os demônios; e de padres cuja palavra e autoridade são aceitas como "palavra de Deus" pela mesma Igreja. "Vossos ídolos, vossas estátuas consagradas são a morada dos *demônios*", exclama São Cipriano. "Sim, são esses *espíritos* que inspiram vossos sacerdotes, que animam as entranhas de vossas vítimas, que governam o vôo dos pássaros, e que, confundindo incessantemente o erro com a verdade, pronunciam oráculos, e (...) operam prodígios, no propósito de conduzir-vos invencivelmente à sua adoração."[81]

O fanatismo na religião, o fanatismo na ciência, ou o fanatismo em qualquer outra coisa torna-se um passatempo e só pode cegar os nossos sentidos. Sempre será inútil discutir com um fanático. E a esse respeito não podemos deixar de admitir uma vez mais o profundo conhecimento da natureza humana que ditou ao Sr. Sergeant Cox as seguintes palavras, pronunciadas na mesma conferência acima mencionada: "Não existe maior falácia do que aquela que afirma que a verdade prevalece por sua própria força e que basta demonstrá-la para que a aceitem. Na realidade, o desejo da verdade autêntica existe em algumas poucas mentes, e a capacidade para discerni-la em um número ainda menor. Quando os homens dizem que estão procurando a verdade, eles querem dizer que buscam alguma prova para apoiar algum preconceito ou alguma opinião preconcebida. As suas crenças moldam-se segundo seus desejos. Eles vêem tudo, e mais do que isso, o que parece falar a favor do que desejam; mas são cegos como morcegos a tudo que lhes é contrário. Os cientistas não incorrem menos nessa falta comum do que os outros".

Sabemos que desde os tempos mais remotos existiu uma ciência misteriosa e solene, sob o nome de *theopoea*. Esta ciência ensinava a arte de conceder aos vários símbolos dos deuses vida e inteligência temporárias. Estátuas e blocos de matéria inerte tornavam-se animados sob a vontande poderosa do hierofante. O fogo roubado por Prometeu caiu durante a batalha na Terra; durante a luta para abarcar regiões inferiores do firmamento e condensar-se nas ondas do éter cósmico como o *âkâsa* poderoso dos ritos hindus. Nós o respiramos e o absorvemos em nosso sistema orgânico repleto dele desde o instante de nosso nascimento. Mas ele só se forma poderoso sob o influxo da VONTADE e do ESPÍRITO.

Abandonado a si mesmo, este princípio de vida seguirá cegamente as leis da Natureza; e, de acordo com as circunstâncias, produzirá saúde e exuberância de *vida*, ou causará *morte* e dissolução. Mas, guiado pela vontade do adepto, ele se torna obediente; suas correntes restauram o equilíbrio dos corpos orgânicos, preenchem o vazio, e produzem milagres físicos e psicológicos, bem-conhecidos pelos mesmerizadores. Infundidos na matéria inorgânica e inerte, elas criam uma aparência de vida, e portanto de movimento. Se faltar a essa vida uma inteligência individual, uma personalidade, então o operador deve enviar sua *scîn-lâc* [*], seu próprio espírito astral, para animá-la, ou utilizar o seu poder sobre a região dos espíritos da natureza para forçar um deles a *infundir* sua entidade no mármore, na madeira, ou no metal; ou, ainda, ser auxiliado pelos espíritos humanos. Mas estes – exceto a classe dos viciosos e apegados à terra[82] – não *infundirão* sua essência nos objetos inanimados. Deixam as espécies inferiores produzirem o simulacro de vida e animação, e apenas enviam sua influência através das esferas intermediárias, como um raio de luz divina, quando o pretenso "milagre" é requerido para um bom propósito. A condição – e isso é uma lei da natureza espiritual – é a pureza de intenção, a pureza da atmosfera magnética ambiente, e a pureza pessoal do operador. É assim como um "milagre" pagão pode ser muito mais santo do que um milagre cristão.

Quem, dentre os que viram a atuação dos faquires na Índia meridional, pode duvidar da existência da *theopoea* nos tempos antigos? Um cético inveterado, ainda que ansioso para atribuir todos os fenômenos à prestidigitação, vê-se obrigado a comprovar os fatos; e tais fatos podem ser testemunhados diariamente, se assim se desejar. "Eu não ouso", diz ele, falando de Chibh-Chondor, um faquir de Jaffnapatnam, "descrever todos os exercícios que ele apresentou. São coisas que ninguém ousa dizer mesmo depois de havê-las testemunhado, de medo que o acusem de ter sofrido uma inexplicável alucinação! E no entanto, por dez, ou melhor, por vinte vezes, eu vi e revi o faquir obter resultados semelhantes sobre a matéria inerte. (...) Era apenas um brinquedo infantil para o nosso 'encantamento' fazer a chama dos candelabros, que haviam sido colocados, por sua ordem, nos cantos mais remotos do aposento, empalidecerem e extinguirem-se à sua vontade; fazer os móveis caminharem, mesmo os sofás nos quais estávamos sentados, as portas se abrirem e fecharem repetidamente: e tudo isso sem deixar a esteira na qual estava sentado.

"Talvez me digam que eu vi de modo imperfeito. É possível; mas direi que centenas e milhares de pessoas viram e vêem o que eu vi, e coisas ainda mais espantosas; e alguma delas descobriu o segredo, ou foi capaz de reproduzir esses fenômenos? E jamais me cansarei de repetir que tudo isso não ocorreu num palco, repleto de dispositivos mecânicos para uso do operador. Não, é um mendigo de cócoras e desprotegido, que assim brinca com a vossa inteligência, com os vossos sentidos, e com tudo o que concordamos em chamar de leis imutáveis da Natureza, porém que ele parece alterar à vontade!

---

*   *Scîn-lâc* é um termo anglo-saxão que significa Magia, necromancia e feitiçaria, bem como aparição mágica, uma forma espectral, uma aparição ilusória ou um fantasma (*phantasma*). *Scîn-lâeca* é um mágico ou um feiticeiro, e *scîn-lâece*, uma feiticeira. A arte pela qual se produzem aparições ilusórias era conhecida como *scînn-craeft*. Do anglo-saxão *scînan*, brilhar, também foi derivado o termo *scîn-fold*, usado para a idéia dos Campos Elíseos. (N. do Org.)

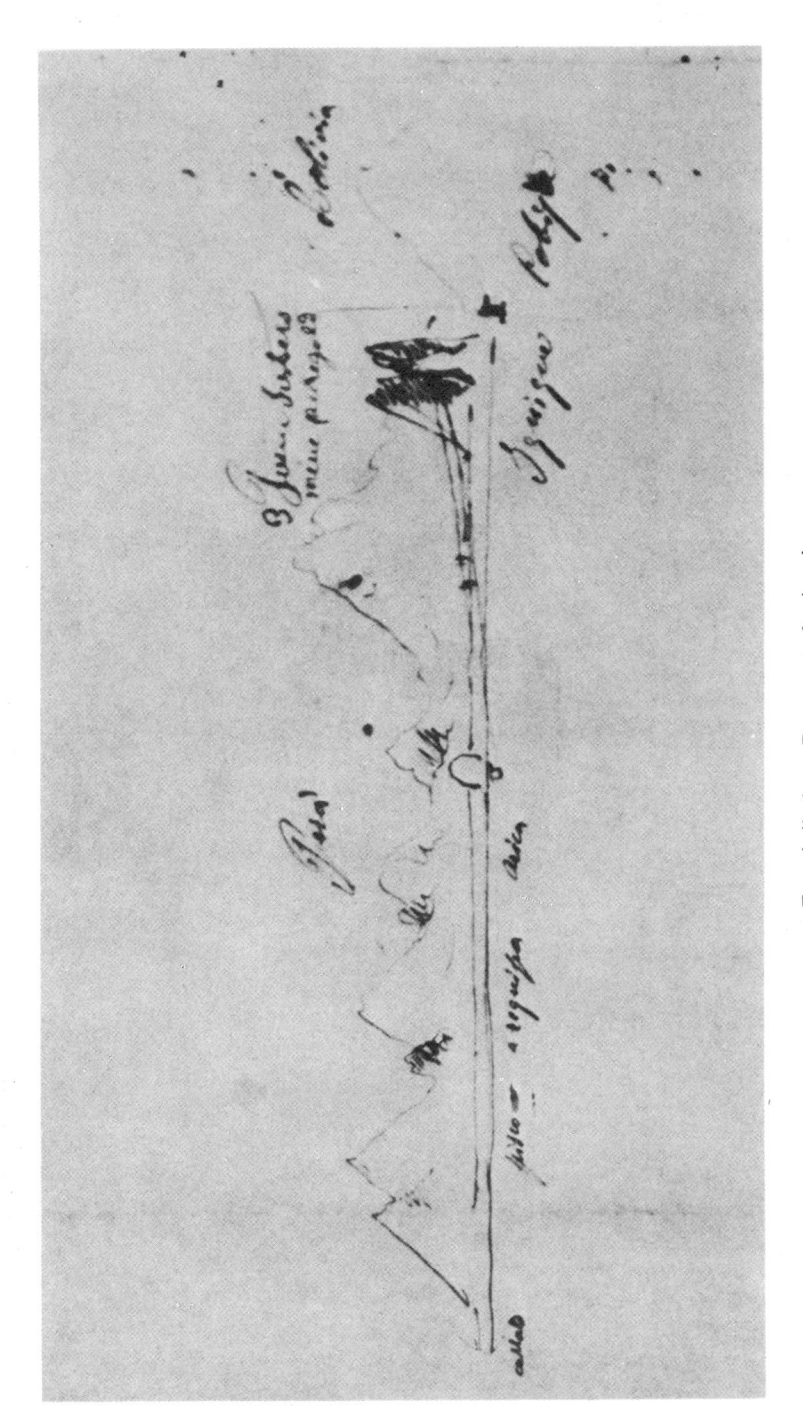

Fac-símile de um Documento dos Arquivos
da Sociedade Teosófica, Adyar
(*página quatro do documento, sendo branca a página três*)

Paredes em Ziguezague em Sacsayhuaman, perto de Cusco, Peru
De Heinrich Ubbelohde - Doering, *The Art of Ancient Peru*, 1952
(*cortesia de Ernst Wasmuth, editor, Tübingen, Alemanha*)

"Altera ele o curso natural dessas leis? 'Não, mas ele as faz agir utilizando forças que ainda nos são desconhecidas', dizem os crentes. Como quer que seja, assisti por vinte vezes a exibições similares, acompanhado dos homens mais distintos da Índia britânica – professores, médicos, oficiais. Não há um deles que não tenha assim resumido as suas impressões ao deixar a sala: 'Eis algo verdadeiramente terrível para a inteligência humana!' Todas as vezes que vi o faquir repetindo a experiência de reduzir as serpentes a um estado cataléptico, estado em que esses animais têm toda a rigidez de um ramo seco, meus pensamentos reportaram-se à fábula[?] bíblica que atribui um poder análogo a Moisés e aos sacerdotes do Faraó."[83]

De fato, deve ser tão fácil dotar a carne do homem, do animal e do pássaro com um princípio de vida magnético quanto a mesa inerte de um médium moderno. Os dois prodígios são possíveis e verdadeiros, ou devem soçobrar, juntamente com os milagres dos dias dos Apóstolos, ou os dos tempos mais modernos da Igreja Papal. Quanto às provas vitais de que dispomos em favor de tais possibilidades, citaríamos livros suficientes para encher toda uma biblioteca. Se Sisto V mencionou uma série formidável de espíritos vinculados a vários talismãs, a sua ameaça de excomungar todos os que praticavam a arte não foi feita porque ele desejava que esse segredo permanecesse confinado no seio da Igreja? O que aconteceria se esses milagres "divinos" fossem estudados e reproduzidos com sucesso por todos os homens dotados de perseverança, de um forte poder magnético positivo e de uma resoluta vontade? Os recentes acontecimentos de Lourdes (supondo-se, naturalmente, que tenham sido honestamente relatados) provam que o segredo não se perdeu por completo; e se não há nenhum mesmerizador mágico escondido sob a batina e a sobrepeliz, então a estátua de Notre-Dame movimenta-se pelas mesmas forças que movem as mesas magnetizadas numa sessão espiritista; e a natureza dessas "inteligências", pertençam elas à classe dos espíritos humanos, elementares ou dos elementais, depende de uma série de condições. Todo aquele que conhece um pouco do Mesmerismo e do espírito caritativo da Igreja Católica Romana, não teria dificuldade em compreender que as incessantes maldições dos sacerdotes e dos monges; e os amargos anátemas tão prodigamente lançados por Pio IX – ele próprio um poderoso mesmerizador e, ao que se acredita, um *jetattore* (mau-olhado) – colocaram as legiões de elementares e elementais sob o comando dos Torquemadas desencarnados. São eles os "anjos" que pregam peças com a estátua da Rainha do Céu. Todo aquele que aceita o "milagre" e pensa de outro modo comete blasfêmia.

Embora pareça certo que já fornecemos provas suficientes de que a ciência tem pouca ou nenhuma razão em vangloriar-se de originalidade, antes de fechar este volume aduziremos ainda mais algumas, a fim de não dar margem a dúvidas. Teremos apenas que recapitular, da maneira mais breve possível, as diversas pretensões a novas filosofias e descobertas, cujo anúncio fez o mundo arregalar os olhos nos últimos dois séculos. Assinalamos as descobertas nas artes, nas ciências, e na filosofia dos egípcios, dos gregos, dos caldeus e dos assírios; citaremos agora um autor que passou vários anos na Índia estudando a sua filosofia. Na célebre e recente obra *Crisna et le Christ*[84], descobrimos a seguinte tabulação:

"*Filosofia* – Os antigos hindus criaram, desde o princípio, os dois sistemas de Espiritismo e materialismo, de Filosofia Metafísica e de Filosofia Positiva. A primeira ensinada na escola védica, cujo fundador foi Vyâsa; a segunda ensinada na escola sankyâ, cujo fundador foi Kapila.

"*Ciência astronômica* – Eles fixaram o calendário, inventaram o zodíaco, calcularam a precessão dos equinócios, descobriram as leis gerais dos movimentos. Observaram e predisseram os eclipses.

"*Matemática* – Inventaram o sistema decimal, a álgebra, os cálculos diferencial, integral e infinitesimal. Descobriram também a Geometria e a Trigonometria, e nessas duas ciências construíram e provaram teoremas *que só foram descobertos na Europa nos séculos XVII e XVIII*. Foram os brâmanes de fato que deduziram pela primeira vez a área de superfície de um triângulo a partir do cálculo de seus três lados, e calcularam a relação da circunferência com o diâmetro. Além disso, devemos restituir-lhes o quadrado da hipotenusa e a tábua tão impropriamente denominada pitagórica, que descobrimos gravada no *goparama* da maior parte dos grandes pagodes.

"*Física* – Estabeleceram o princípio, ainda em vigor em nossos dias, de que o universo é um todo harmonioso, sujeito a leis que podem ser determinadas pela observação e pela experiência. Descobriram a hidrostática; e a famosa proposição de que todo o corpo submerso na água perde de seu próprio peso um peso igual ao volume d'água que desloca é apenas um empréstimo feito pelos brâmanes ao famoso arquiteto grego Arquimedes. Os físicos de seus pagodes calcularam a velocidade da luz, fixaram de maneira positiva as leis a que ela obedece em sua reflexão. E finalmente é fora de dúvida, segundo os cálculos de Sûrya-Siddharta, que eles conheciam e calcularam a força do vapor.

"*Química* – Conheciam a composição da água, e formularam para os gases a famosa lei, que só viemos a conhecer ontem, segundo a qual os volumes de gás estão na razão inversa da pressão que suportam. Sabiam como preparar os ácidos sulfúrico, nítrico e muriático; os óxidos de cobre, ferro, chumbo, estanho e zinco; os sulfuretos de zinco e ferro; os carboretos de ferro, chumbo, e soda; o nitrato de prata; e a pólvora.

"*Medicina* – Seus conhecimentos eram verdadeiramente surpreendentes. Em Caraka e Sushruta, os dois príncipes da Medicina hindu, encontra-se o sistema de que mais tarde Hipócrates se apropriou. Sushruta enuncia em especial os princípios da Medicina preventiva, ou higiene, que coloca bem acima da Medicina curativa – no mais das vezes, segundo ele, empírica. Estamos hoje mais avançados? Não é ocioso assinalar que os médicos árabes, que gozavam de uma merecida celebridade na Idade Média – Averróis, entre outros –, falam constantemente dos médicos hindus, considerando-os como mestres dos gregos e de si próprios.

"*Farmacologia* – Conheciam todos os símplices, suas propriedades, seus usos, e a esse respeito ainda não cessaram de dar lições à Europa. Muito recentemente, recebemos deles o tratamento da asma, pelo estramônio.

"*Cirurgia* – Nesse ramo não foram menos notáveis. Faziam a operação dos cálculos e lograram notável sucesso na operação da catarata, e na extração do feto, de que todos os casos incomuns e perigosos são descritos por Caraka com uma extraordinária exatidão científica.

"*Gramática* – Construíram a mais extraordinária língua do mundo – o sânscrito –, que deu origem à maior parte dos idiomas do Oriente, e dos países indo-europeus.

"*Poesia* – Praticaram todos os estilos, e revelaram-se mestres supremos em todos. *Śakuntalâ*, Avrita, a Fedra hindu, *Sâranga*, e um milhar de outros dramas não foram suplantados por Sófocles ou Eurípedes, por Corneille ou Shakespeare. Sua poesia descritiva jamais foi igualada. É preciso ler, no *Meghadûta*, 'O lamento de um exilado', que implora a uma nuvem passageira que lhe leve as lembranças ao seu lar, aos parentes e amigos, a quem ele jamais verá, para se ter uma idéia do esplendor que esse estilo atingiu na Índia. Suas fábulas foram copiadas por todos os povos modernos e antigos, que não se deram o trabalho de dar cores diferentes aos temas desses pequenos dramas.

"*Música* – Inventaram a escala com as suas diferenças de tons e semitons muito antes de Guido d'Arezzo. Aqui está a escala hindu:

Sa – Ri – Ga – Ma – Pa – Da – Ni – Sa.

"*Arquitetura* – Parecem ter esgotado tudo o que o gênio do homem é capaz de conceber. Zimbórios inacreditavelmente audaciosos; cúpulas cônicas; minaretes com rendas de mármore; torres góticas; hemiciclos gregos; estilo policromo – todos os gêneros e todas as épocas nela se encontram, indicando claramente a origem e a época das diferentes colônias que, emigrando, levaram consigo as lembranças de sua arte nativa".

Tais foram os resultados atingidos por essa antiga e imponente civilização bramânica. O que temos para oferecer em comparação? Ao lado dessas majestosas realizações do passado, o que podemos colocar que pareça tão grandioso e sublime para justificar nossas pretensões de superioridade sobre os ignorantes ancestrais? Ao lado dos descobridores da Geometria e da Álgebra, dos construtores da linguagem humana, dos pais da Filosofia, dos primeiros mestres de Religião, dos adeptos da ciência psicológica e física, como mesmo os maiores de nossos biólogos e teólogos parecem pequenos! Mencionai qualquer descoberta moderna, e arriscamo-nos a dizer que não é preciso muito tempo para, na história da Índia, descobrir-lhe o protótipo em seus anais. Aqui estamos na transição da ciência semi-realizada, e com todas as nossas idéias em processo de reajustamento às teorias da correlação de forças, seleção natural, polaridade atômica e evolução. E para zombar de nossos conceitos, de nossas apreensões, e de nosso desespero, eis que podemos ler o que disse Manu, talvez há 10.000 anos antes do nascimento de Cristo:

"O primeiro germe de vida desenvolveu-se devido à água e ao calor" (*Manu*, livro I, *śloka* 8).

"A água sobe ao céu em vapores; desce do Sol com chuva, e da chuva nascem as plantas, e das plantas os animais" (livro III, *śloka* 76).

"Cada ser adquire as qualidades do ser que o precede imediatamente, de modo que, quanto mais um ser se distancia do primeiro átomo de sua série, mais ele é dotado de qualidades e perfeições" (livro I, *śloka 20).*

"O homem atravessará o universo, ascendendo gradualmente e passando através das rochas, das plantas, dos vermes, insetos, peixes, serpentes, tartarugas, animais selvagens, gado, e animais superiores. (. . .) Tal é o *grau inferior*" (*Ibid.*).

"Estas são as transformações declaradas da planta ao Brahmâ que devem operar-se neste mundo" (*Ibid.*).

"O grego", diz Jacolliot, "é simplesmente o sânscrito. Fídias e Praxíteles estudaram na Ásia as obras-primas de Daouthia, Râmana, e Âryavosta[*]. Platão desaparece diante de Jaimini e Veda-Vyâsa, que ele copia literalmente. Aristóteles empalidece diante do *Pûrva-Mimânsâ* e do *Uttara-Mîmânsâ*, em que se descobrem todos os sistemas de filosofia que agora nos ocupamos em reeditar, desde o Espiritualismo de Sócrates e sua escola, o Ceticismo de Pirro, Montaigne, e Kant, *até o Positivismo de Littré*."

Que aqueles que duvidam da exatidão deste parágrafo leiam a seguinte frase, extraída textualmente do *Uttara-Mîmânsâ*, ou *Vedânta*, de Vyâsa, que viveu numa época que a cronologia bramânica fixa em 10.400 anos antes de nossa era:

"Podemos estudar os fenômenos, verificá-los e afirmar que são relativamente verdadeiros, mas como nada neste universo, nem pela percepção, nem pela indução, nem pelos sentidos, nem pela razão, é capaz de demonstrar a existência de uma Causa Suprema, que, num determinado ponto do tempo, teria dado origem ao universo, a Ciência não deve discutir nem a possibilidade, nem a impossibilidade desta Causa Suprema"[85].

Assim, gradual, mas seguramente, toda a Antiguidade será reabilitada. A verdade será cuidadosamente libertada dos exageros; muito do que hoje se considera uma ficção revelar-se-á um fato demonstrado, e descobrir-se-á que os "fatos e leis" da ciência moderna pertencem ao limbo dos mitos desacreditados. Quando, séculos antes de nossa era, o hindu Brahmagupta afirmou que a esfera estelar era imóvel, e que o nascer e o pôr cotidianos dos astros confirmam o movimento da Terra sobre o seu eixo; e quando Aristarco de Samos, nascido em 267 a.C., e o filósofo pitagórico Niceto de Siracusa afirmavam a mesma coisa, qual foi o crédito que se deu às suas teorias até a época de Copérnico e Galileu? E o sistema desses dois princípios da Ciência – sistema que revolucionou o mundo –, por quanto tempo permanecerá como um todo completo e ininterrupto? Nós temos, no presente momento, na Alemanha, um sábio erudito, um Prof. Schöpffer, que, em suas conferências públicas em Berlim, tenta demonstrar: 1) que a Terra é imóvel; 2) que o Sol é apenas um pouco maior do que como o vemos; e 3) que Tycho Brahe estava perfeitamente certo e Galileu perfeitamente errado[86]. E qual era a teoria de Tycho Brahe? Que a Terra permanece imóvel no centro do universo e que ao seu redor, como em torno de seu centro, toda a abóboda celeste gravita a cada vinte e quatro horas; e finalmente, que o Sol e a Lua, além de seu movimento, avançam em linhas curvas que lhe são peculiares, ao passo que Mercúrio, com os demais planetas, descreve um epiciclóide.

Não temos naturalmente nenhuma intenção de perder tempo ou de dedicar espaço para combater ou confirmar essa *nova* teoria, que se assemelha suspeitosa-

---

*   Esses três nomes estão corretamente citados de Jacolliot, mas não foram identificados a nada conhecido dos eruditos orientais. Essa incerteza também se aplica ao parágrafo seguinte, em que o nome Vyâsa está associado ao Uttara-Mîmânsâ ou Vedânta, ao passo que, na verdade, essa escola do pensamento filosófico está estreitamente ligada aos nomes de Bâdarâyana e do grande Śamkarâchârya.

Uma incerteza similar existe em relação aos termos *Avrita* e *Saranga* na última linha da página 289. O primeiro continua sem identificação. O segundo pode ser uma referência a *Sâranga-sâra* que, de acordo com Monier-Williams, é um poema. Ele também menciona uma obra chamada *Sâranga-samuccaya*, de Sâranga-pâni. (N. do Org.)

mente às *velhas* teorias de Aristóteles e mesmo do Venerável Bede. Deixaremos ao sábio exército dos Acadêmicos modernos a tarefa de "lavar a sua roupa suja em casa", para empregar uma frase do grande Napoleão. Aproveitaremos, no entanto, a ocasião para pedir mais uma vez à ciência o seu diploma ou a sua patente de infalibilidade. Ai de nós, então são esses os resultados de seu tão louvado progresso?

Foi apenas ontem, por força dos fatos de nossa própria observação, corroborados pelos testemunhos de uma multidão de observadores, que arriscamos timidamente a asserção de que as mesas, os médiuns e os faquires hindus levitam ocasionalmente. E quando acrescentamos que, se fenômenos semelhantes ocorressem ainda que apenas uma vez num século, "sem uma visível causa mecânica, essa levitação seria a manifestação de uma lei natural que os nossos cientistas ainda ignoram", fomos chamados de "iconoclastas", e acusados, por nossa vez, através da Imprensa, de ignorar a lei da gravidade. Iconoclastas ou não, jamais pensamos em acusar a ciência de negar a rotação da Terra em torno do Sol. Esperávamos, pelo menos, ver essas duas lâmpadas instaladas e queimando até o fim dos tempos no farol da Academia. Mas não! eis que chega um poderoso de Berlim e destrói as nossas últimas esperanças de que a ciência poderia mostrar-se exata em pelo menos algum particular. O ciclo encontra-se de fato em seu ponto mais baixo, e uma nova era está começando. A Terra está imóvel, e Josué foi vingado!

Outrora, em 1876, o mundo acreditava que a força centrífuga, e a teoria de Newton, que explicava o achatamento dos pólos pelo movimento rotatório da Terra em torno de seu eixo, eram ortodoxas. Segundo essa hipótese, acreditava-se que a maior parte da massa globular gravitava ao redor do Equador; e que, por sua vez, a força centrífuga, agindo sobre a massa com todo o seu poder, forçava essa massa a concentrar-se no Equador. Foi assim que os crédulos cientistas acreditaram que a Terra girava em torno de seu eixo, pois, se assim não fosse, não existiria força centrífuga, e sem essa força não haveria gravitação contra as latitudes equatoriais. Essa foi uma das provas admitidas da rotação da Terra, e é essa dedução, juntamente com várias outras, que o professor de Berlim declara "rejeitar", "em comum com muitos outros cientistas".

"Não é ridículo, cavalheiros", conclui ele, "que nós, confiando no que nos ensinaram na escola, aceitemos a rotação da Terra em torno do seu eixo como um fato plenamente demonstrado, quando, enfim, nada há que a prove ou que a *possa* demonstrar? Não é espantoso que os cientistas de todo o mundo instruído, a começar de Copérnico e Kepler, tenham aceito em princípio tal movimento de nosso planeta, e ainda estejam procurando, três séculos e meio depois, por provas? Mas, ai de nós! embora procuremos, não encontraremos nenhuma, como era de esperar. Tudo, tudo é em vão!"

Assim, de um só golpe, o mundo perde a sua rotação, e o universo é despojado de seus guardiões e protetores, as forças centrífugas e centrípetas! Mais ainda, o próprio éter, expulso do espaço, não passa de uma "falácia", um mito nascido do mau hábito de empregar palavras vazias; o Sol é um impostor que pretende dimensões a que jamais teve direito; as estrelas são pontos brilhantes, e "foram assim expressamente dispostas em distâncias consideráveis uma das outras pelo Criador do universo provavelmente com a intenção de que elas iluminassem os vastos espaços sobre a face de nosso globo" – diz o Dr. Schöpffer.

De modo que três séculos e meio não foram suficientes para que os homens da ciência exata construíssem uma teoria que nenhum professor universitário ousaria atacar? Se a Astronomia, a única ciência edificada sobre a fundação adamantina das matemáticas, a única de todas as outras tidas como tão infalível e inatacável quanto a própria verdade, pode ser assim irreverentemente acusada de falsas pretensões, o que ganhamos desacreditando Platão em proveito dos Babinets? Como, portanto, arriscam-se eles a zombar do observador mais humilde que, sendo ao mesmo tempo honesto e inteligente, vem dizer que viu um fenômeno mediúnico ou mágico? E como ousam prescrever os "limites da investigação científica", proibindo-lhe a ultrapassagem? E esses fazedores de hipóteses querelantes ainda denunciam como ignorantes e supersticiosos os intelectos gigantescos do passado, que manipulavam as forças naturais como os Titãs construtores do mundo, e elevavam a Humanidade a uma tal altura que ela se aliava com os deuses! Estranho destino de um século que se glorifica de ter elevado a ciência exata ao *cume da celebridade* e que agora é convidado a retroceder e a recomeçar o aprendizado de seu ABC.

Recapitulando as evidências contidas nesta obra, desde os tempos arcaicos e desconhecidos do hermético Pimander, até o ano de 1876, descobrimos que uma crença universal na Magia atravessou todos esses séculos. Apresentamos as idéias de Trismegisto em seu diálogo com Asclépio; e sem mencionar as mil e uma provas do predomínio dessa crença nos primeiros séculos do Cristianismo, basta, para atingir nosso propósito, citar um autor antigo e um moderno. O primeiro será o grande filósofo Porfírio, que, vários milhares de anos depois da época de Hermes, fez, a propósito do ceticismo dominante de seu século, a seguinte observação: "Não devemos nos surpreender com o fato de as massas vulgares (οἱ πολλοί) perceberem apenas pedra e madeira nas estátuas. Assim é geralmente com aqueles que, analfabetos, nada vêem nas *stylae* cobertas com inscrições a não ser pedra, e nos livros escritos nada senão a trama do papiro". E 1.500 anos depois, vemos o Sr. Sergeant Cox, ao relatar o caso da infame perseguição a um médium exatamente por um cego materialista, assim expressando suas idéias: "Seja [o médium] culpado ou não (...) a verdade é que o julgamento teve o inesperado efeito de dirigir a atenção de todo o público para o fato de que se *afirmou que os fenômenos existem* e de que um grande número de competentes investigadores *declarou que eles são verdadeiros*, e que toda pessoa pode, se lhe aprouver, convencer-se por si mesma de sua realidade, mediante um exame apropriado, demolindo assim para sempre as tenebrosas e degradantes doutrinas dos materialistas".

No entanto, de acordo com Porfírio e outros teurgistas, que afirmavam as diferentes naturezas dos "espíritos" manifestantes e o espírito pessoal ou vontade do homem, o Sr. Sergeant Cox acrescenta, sem se obrigar a uma decisão pessoal: "Na verdade, há diferenças de opiniões (...) e talvez sempre haverá, no que toca às fontes do poder que é exibido nesses fenômenos; mas se eles são o produto da força psíquica do grupo (...) ou se os espíritos dos mortos são os agentes, como dizem outros, ou espíritos elementais (o que quer que sejam eles) como afirma um terceiro grupo, este fato pelo menos está bem-estabelecido – que o homem não é totalmente material, que o mecanismo do homem é movido e dirigido por algo não material – isto é, uma estrutura não molecular, que não apenas é inteligente mas *pode exercer também uma força sobre a matéria;* esse algo ao qual, na falta de um melhor título, damos o nome de alma. Essas auspiciosas notícias foram levadas pelo processo ao conhecimento de milhares e milhares de pessoas, de quem os materialistas haviam arruinado a felicidade nesta vida e as esperanças de uma vida futura, pregando com tanta persistência que a alma não é senão uma superstição, o homem um autômato, a mente uma secreção, a presente existência puramente animal, e o futuro – um nada".

"Só a Verdade", diz Pimander, "é eterna e imutável; a *Verdade* é a primeira das bênçãos; mas a Verdade não existe e não pode existir sobre a Terra; é possível que Deus às vezes favoreça uns poucos homens com a faculdade de compreender as coisas divinas e de entender corretamente a Verdade; mas nada é verdadeiro sobre a Terra, pois todas as coisas são dotadas de matéria e vestidas com uma forma corporal sujeita à mudança, à alteração, à corrupção e às novas combinações. O homem não é *a* Verdade, pois apenas aquilo de que se retirou a essência e que ainda assim se mantém inalterável é verdadeiro. Como aquilo que muda a ponto de não mais ser reconhecido pode ser verdadeiro? A Verdade, portanto, é apenas aquilo que é imaterial, que não é encerrado num invólucro corporal, que é incolor e sem forma, isento de mudança e alteração; que é ETERNO. Tudo que perece é uma mentira; a Terra é apenas dissolução e geração; toda geração procede de uma dissolução; as coisas da Terra não passam de *aparências* e de imitações da Verdade; elas são o que a pintura é em face da realidade. As coisas da Terra não são a VERDADE! (...) A morte, para algumas pessoas, é um mal que as enche de um profundo terror. Isso é o efeito da ignorância. (...) A morte é a destruição do corpo; o ser que nele está *não morre* (...) O corpo material perde a sua forma, que se desintegra com o decorrer do tempo; os sentidos que o animavam voltam à sua fonte e reassumem as suas funções; mas perdem gradualmente as suas paixões e seus desejos, e *o espírito* sobe ao céu para tornar-se uma HARMONIA. Na primeira zona, ele abandona a faculdade de crescer e decrescer; na segunda, o poder de fazer o mal e as fraudes da ociosidade; na terceira, as decepções e a concupiscência; na quarta, a ambição insaciável; na quinta, a arrogância, a audácia, e a temeridade; na sexta, todos os desejos de aquisições desonestas; e na sétima, a *falsidade*. O espírito, assim purificado pelo efeito das harmonias celestes sobre ele, retorna uma vez mais ao seu estado primitivo, robustecido com o mérito e o poder que adquiriu por si e que devidamente lhe pertence; e apenas então ele começa a conviver com aqueles que cantam eternamente suas preces ao PAI. Nesse ponto, ele se coloca entre os poderosos, e como tal atinge a suprema bênção do conhecimento. Ele se torna um DEUS! (...) Não, as coisas da Terra não são a Verdade."[87]

Depois de terem devotado todas as vidas ao estudo dos registros da antiga sabedoria egípcia, Champollion-Figeac e Champollion Júnior declararam publicamente, sem embargo dos muitos juízos preconceituosos arriscados por certos críticos apressados e tolos, que os *Livros de Hermes* "contêm de fato inúmeras tradições egípcias que são fielmente corroboradas pelos mais autênticos registros e monumentos do Egito de remotíssima antiguidade"[88].

Encerrando seu volumoso sumário das doutrinas psicológicas dos egípcios, os sublimes ensinamentos dos livros herméticos, e as realizações dos sacerdotes iniciados na Filosofia Metafísica e Prática – Champollion-Figeac pergunta – com todo o direito, em vista das evidências então disponíveis – "se jamais houve no mundo outra associação ou casta de homens que pudesse igualar-lhes o mérito, o poder, a sabedoria, e a capacidade, no mesmo grau de bem e mal? Não, *jamais*! E esta casta só foi subseqüentemente *amaldiçoada* e estigmatizada por aqueles que, sob não sei que gênero de influências modernas, a consideram uma inimiga dos homens – e da ciência"[89].

Na época em que Champollion escreveu essas palavras, o sânscrito era uma língua, podemos dizer, quase desconhecida para a ciência. E pouco se poderia extrair de um paralelo entre os respectivos méritos dos filósofos bramânicos e egípcios. Desde então, contudo, descobriu-se que exatamente as mesmas idéias, expressas quase nos mesmos termos, podem ser lidas na literatura budista e bramânica. Essa mesma filosofia da irrealidade das coisas mundanas e da ilusão dos sentidos – cuja substância foi inteiramente plagiada em nossos tempos pelos metafísicos alemães – forma a base das filosofias de Kapila e Vyâsa, e pode ser encontrada na exposição de Gautama Buddha das "quatro verdades", os dogmas cardeais de sua doutrina. A frase de Pimander, "ele se tornou um deus", é epitomada numa única palavra, *Nirvâna*, que nossos eruditos orientalistas incorretamente consideram sinônima de *aniquilação*!

Essa opinião dos dois eminentes egiptólogos é da maior importância para nós, mesmo se fosse apenas uma resposta a nossos oponentes. Os Champollion foram os primeiros na Europa a tomar o estudante de Arqueologia pela mão, e, conduzindo-o ao interior das criptas silenciosas do passado, provar que a civilização não começou com as nossas gerações; pois, "embora as origens do antigo Egito sejam desconhecidas, descobre-se que ele possuía, nas épocas mais antigas ao alcance da pesquisa histórica, as suas grandes leis, os seus costumes regulamentados, as suas cidades, os seus reis, os seus deuses"; e antes, muito antes dessas mesmas épocas, descobrimos ruínas que pertencem a outros períodos de civilização ainda mais distantes e afastados. "Em Tebas, restos de edifícios arruinados permitem-nos reconhecer os vestígios de estruturas anteriores, cujos materiais foram utilizados para a ereção dos mesmos edifícios que contam hoje com uma existência de trinta e seis séculos!"[90] "Tudo que sabemos por intermédio de Heródoto e dos sacerdotes egípcios foi reconhecido como verdadeiro e corroborado pelos cientistas modernos", acrescenta Champollion[91].

De onde proveio a civilização egípcia, eis o que mostraremos mais adiante, e a esse respeito ver-se-á que as nossas deduções, embora baseadas nas tradições da doutrina secreta, correm paralelamente com as conclusões de algumas das mais respeitadas autoridades. Há a esse propósito uma passagem de uma obra hindu bem-conhecida que merece ser lembrada.

"Sob o reinado de Viśvamitra, primeiro rei da Dinastia de Soma-Vanśa, em conseqüência de uma batalha que durou cinco dias, Manu-Vena, herdeiro dos reis antigos, tendo sido abandonado pelos brâmanes, emigrou com todos os seus companheiros, atravessando Ârya, e os países de Barria, até chegar às costas de Masra."[92] *Manu-Vena* e *Menes*, o primeiro Rei egípcio, são inquestionavelmente a mesma pessoa[93].

Ârya é o Eran (pérsia); Barria é a Arábia, e Masra era o nome do Cairo, que ainda hoje se chama *Masr*, Musr e Misro. A história fenícia designa Maser como um dos ancestrais de Hermes.

E agora daremos adeus à taumatofobia e aos seus advogados, e consideraremos a taumatomania sob os seus múltiplos aspectos. No vol. III, pretendemos passar revista aos "milagres" do Paganismo e pesar as provas a seu favor na mesma balança com a Teologia cristã. Há um conflito não apenas iminente mas já iniciado entre a

Ciência e a Teologia por um lado, e o espírito e a sua venerável ciência, a Magia, por outro. Algumas das possibilidades dessa última já foram apresentadas, mas ainda há muitas outras. O mundo mesquinho e insignificante, para cuja aprovação os cientistas e os magistrados inclinam a cabeça, e pela qual competem os sacerdotes e os cristãos, iniciou a sua moderna cruzada sentenciando, no mesmo ano, dois homens inocentes, um na França, e outro em Londres, desprezando a lei e a justiça. Como o apóstolo da circuncisão, eles estão sempre prontos a negar três vezes uma relação impopular por meio do ostracismo de seus próprios colegas. Os psicomanticistas e os psicófobos travarão em breve um rude combate. O afã de ter os seus fenômenos investigados e apoiados pelas autoridades científicas deu lugar entre os primeiros a uma gélida indiferença. Como conseqüência natural do preconceito e da deslealdade que foram exibidos, o seu respeito pelos cientistas está declinando rapidamente, e os epítetos reciprocamente trocados pelos dois grupos estão longe de lisonjear a um e outro. Qual deles está certo e qual está errado, o tempo brevemente o dirá, e o comunicará às futuras gerações. Pode-se, no entanto, predizer que cumprirá buscar a *ultima Thule* dos mistérios de Deus e a chave destes, em outro lugar que não o turbilhão das moléculas de Avogadro.

As pessoas que, seja por ligeireza de julgamento, seja devido à sua impaciência natural, contemplariam o Sol resplandecente antes de os seus olhos serem capazes de enfrentar a luz de uma lâmpada, estão predispostas a queixar-se da exasperante obscuridade de linguagem que caracteriza as obras dos antigos hermetistas e de seus sucessores. Declaram que os seus tratados filosóficos sobre Magia são incompreensíveis. Recusamo-nos a perder nosso tempo com a primeira categoria; à segunda pediríamos que moderasse a ansiedade, lembrando estas palavras de Espagnet: "A Verdade repousa na obscuridade" e "Os filósofos não escrevem de maneira mais enganosa do que quando o fazem claramente, nem de maneira mais verdadeira do que quando o fazem obscuramente". Existe ainda uma terceira classe de pessoas, às quais se faria honra demais se se dissesse que pelo menos apreciam a questão. Elas simplesmente denunciam *ex cathedra*. Os antigos, elas os tratam como tolos sonhadores, e, embora não passem de físicos e positivistas taumatófobos, pretendem muito freqüentemente deter o monopólio da sabedoria espiritual!

Deixaremos que Irineu Filaletes responda a esta última classe. "No mundo, nossos escritos serão como um punhal de estranha lâmina; para alguns, ele esculpirá peças delicadas, e para outros apenas servirá para cortar-lhes os dedos; e, no entanto, não nos devem acusar, pois advertimos seriamente a todos que tentarem esta obra que ela empreende o trabalho mais elevado da Filosofia que existe na Natureza; e embora escrevamos em nosso idioma, nosso assunto será tão difícil como o grego para alguns, que pensarão, não obstante, que compreendem perfeitamente, quando, na verdade, deturpam o nosso pensamento da maneira mais perversa; pois é lícito imaginar que os que são tolos na Natureza seriam sábios nos livros, os quais são os testemunhos da Natureza?"[94]

Aos raros espíritos elevados que interrogam a Natureza ao invés de prescrever leis para regulamentá-la; que não limitam suas possibilidades pelas imperfeições de seus próprios poderes; e que não descrêem simplesmente porque não sabem, lembraremos este apotegma de Nârada, o antigo filósofo hindu:

"Jamais pronuncie tais palavras: 'Não conheço isso; – portanto é falso'.

"É preciso estudar para saber, saber para compreender, compreender para julgar".

NOTAS

1. [*Isaías*, LIII, 2-3.]
2. [Sumariado do *Gênese*, I, 28-9.]
3. Ver *Gálatas*, IV, 24, e *Mateus*, XIII, 10-5.
4. A. Wilder diz que "Gan-Dunîas" é um nome de Babilônia.
5. [*Gênese*, III, 21.]
6. [*Mélanges d'épigraphie et d'archéologie sémitique*, Paris, 1874.]
7. A definição apropriada do nome "Turaniano" é: qualquer família sobre a qual os etnólogos nada sabem.
8. Ver Berosus e Sanchoniathon em Cory, *Ancient Fragments*; Movers, *Die Phönizier*, e outros.
9. Movers, *Die Phönizier*, vol. I, p. 86.
10. *Ibid.*. I, p. 86 e 132.
11. Cory, *Anc. Fragm.*, p. 14; ed. 1832.
12. Num antigo livro bramânico intitulado *Profecias*, assim como nos manuscritos do sul, na lenda de Krishna, este dá quase palavra por palavra os dois primeiros capítulos do *Gênese*. Ele reconta a criação do homem – a quem chama *Adima*, em sânscrito, o "primeiro homem" – e a primeira mulher chama-se *Heva*, a que completa a vida (*La Bible dans l'Inde*, III, cap. 4). Segundo Louis Jacolliot, Krishna existiu, e sua lenda foi escrita mais de 3.000 anos antes da era cristã.
13. [*Gênese*, IV, 20-2.]
14. *Adah* em hebraico é עדה , , e *Éden*, עדן . O primeiro é um nome de mulher; o segundo, a designação de um país. Ambos se relacionam estreitamente entre si; mas não com Adão e Akkad — אקד, אדם , que se escrevem com *aleph*.
15. As duas palavras correspondem aos termos *Macroprosopus*, ou macrocosmo – o absoluto e ilimitado –, e o *Microprosopus* da "Cabala", a "pequena face", ou o microcosmo – o finito e condicionado. Ele não foi traduzido e dificilmente o será. Os monges tibetanos dizem que se trata dos verdadeiros *Sûtras*. Alguns budistas acreditam que Buddha foi, numa existência anterior, o próprio Kapila. Não vemos como diversos eruditos sanscritistas podem defender a idéia de que Kapila era um ateu, porquanto todas as lendas o mostram como um asceta profundamente místico, fundador do sistema filosófico Sânkhya-yoga.
16. Alguns dos *Brahmanas* foram traduzidos pelo Dr. Haug; ver o seu *Aitareya-Brâhmanam*, Bombay, 1863.
17. O *Bstan-hgyur* [pronuncia-se *Tanjur*] está repleto de regras de Magia, de estudos sobre os poderes ocultos, sua aquisição, encantamentos, sortilégios, etc.; e é tão pouco compreendido por seus intérpretes leigos como a "Bíblia" judaica o é pelo nosso clero, ou a "Cabala" pelos rabinos europeus.
18. "O Aitareya-Brâhmana", conferência de Max Müller, *Chips*, etc., vol. I, p. 116; ed. 1867.
19. Conferência sobre "Peregrinos budistas", em *Chips*, etc., vol. I, p. 225.
20. [Sumário.]
21. [I, p. 178-79.]
22. *The Progress of Religious Ideas, through Successive Ages*, vol. I, p. 16-7.
23. *La Bible dans l'Inde*, parte I, cap. I.
24. *La Bible dans l'Inde*.

25. *Presbyterian Banner*, 20 de dezembro de 1876.
26. [*The Works of Sir William Jones*, vol. III, p. 59-60, Londres, 1799.]
27. *La Bible dans l'Inde*, p. 76.
28. *Ibid.*, p. 33.
29. *Christna et le Christ*, p. 347.
30. [*The Works of Sir William Jones*, vol. III, p. 466.]
31. Ver Max Müller, "Lecture on the Vedas", em *Chips*, etc., I, p. 11.
32. [*La Bible dans l'Inde*, p. 33-47.]
33. [*Anno urbis conditae* – "desde a fundação da cidade", *i. e.*, Roma.]
34. Ver o artigo de Roth, "The Burial in India"; a conferência de Max Müller, "Comparative Mythology" [*Chips*, etc., vol. II]; e o artigo de H. H. Wilson, "The Supposed Vaidic Autority for the Burning of Hindu Widows", etc.
35. Bunsen indica 3645 a.C. como o primeiro ano de Menes; e Manetho, 3892. Cf. *Egypt's Place in Universal History*, vol. V, p. 33-4.
36. Louis Jacolliot, *La Bible dans l'Inde*, parte I, cap. VI, afirma o mesmo.
37. [Cf. *Collected Writings*, vol. V, p. 221.]
38. *Manu*, livro I, slokas 61 e 63.
39. *Purâna* significa história ou tradição antiga e sagrada. Ver as traduções de Manu; de A. Loiseleur Des-longchamps; também, L. Jacolliot, *La Genèse de l' humanité*, p. 328.
40. Existem arqueólogos que, como o Sr. James Fergusson, negam a antiguidade de todos os monumentos da Índia. Em sua obra, *Illustrations of the Rock-cut Temples of India* (texto), p. 1 e 4, o autor ousa expressar a deveras extraordinária opinião de que "o Egito cessara de ser uma nação antes que os primeiros templos subterrâneos [da Índia] fossem escavados". Em suma: ele não admite a existência de nenhuma caverna anterior ao reino de Asoka, e parece disposto a provar que muitos desses templos escavados em rocha foram executados a partir da época daquele piedoso rei budista, até a destruição da dinastia de Andhra de Magadha, no início do século V. Acreditamos que tais afirmações sejam perfeitamente arbitrárias. Descobertas posteriores deverão mostrar quão errôneas e injustificadas são elas.
41. É uma estranha coincidência que quando a América foi descoberta pela primeira vez algumas tribos nativas a chamassem de *Atlanta*.
42. J. D. Baldwin, *Ancient America*, cap. VII, p. 179; ed. 1872.
43. [Jules Marcou, e *Atlantic Monthly*, março, 1875. Cf. Thomas Belt, *The Naturalist in Nicaragua*, 2ª ed., 1888, p. 155 e 324.]
44. Torfaeus, *Historia Vinlandiae Antiquae*, cap. XII, p. 50; ed. 1705.
45. *2 Reis*, XXII, 14; *2 Crônicas*, XXXIV, 22.

*** Quando estávamos prontos para enviar ao prelo o presente capítulo, recebemos de Paris, graças à gentileza do ilustre John L. O'Sullivan, as obras completas de Louis Jacolliot em vinte e um volumes. Elas tratam principalmente da Índia e de suas antigas tradições, de sua filosofia e religião. Esse infatigável escritor recolheu um mundo de informações de diversas fontes, a maior parte delas autênticas. Embora não aceitemos as suas concepções pessoais a propósito de muitos pontos, reconhecemos, no entanto, o extremo valor de suas copiosas traduções dos livros sagrados da Índia. Ainda mais porque neles encontramos a corroboração em muitos aspectos das afirmações que temos feito. Entre outros exemplos está a questão do afundamento de continentes nos tempos pré-históricos.

Em sua *Histoire des Vierges: Les peuples et les continents disparus*, ele diz: "Uma das lendas mais antigas da Índia, preservada nos templos pela tradição oral ou escrita, relata que muitas centenas de milhares de anos atrás existia no Oceano Pacífico um imenso continente que foi destruído por sublevamento geológico, e cujos fragmentos devem ser procurados em Madagáscar, Ceilão, Sumatra, Java, Bornéu, e nas principais ilhas da Polinésia.

"Os elevados planaltos do Industão e da Ásia, de acordo com esta hipótese, representar-se-iam naqueles distantes épocas por grandes ilhas contíguas ao continente central (. . .) Segundo os brâmanes, esta região tinha atingido uma alta civilização, e a península do Industão, aumentada pelo deslocamento das águas, por ocasião do grande cataclismo, apenas deu continuidade à cadeia das tradições primitivas originadas neste local. Tais tradições dão o nome de *rutas* às populações que habitavam este imenso continente equinocial, e de sua língua *derivou-se o Sânscrito*. [Teremos algo a dizer sobre esta língua proximamente.]

"A tradição indo-helênica, preservada pela população mais inteligente que emigrou das planícies da Índia, relata igualmente a existência de um continente e de um povo, ao qual dá o nome de Atlântis e Atlântida, e que localiza no Atlântico na parte norte dos trópicos.

"Além do fato de que a suposição de um antigo continente naquelas latitudes, cujos vestígios podem ser encontrados nas ilhas vulcânicas e na superfície montanhosa dos Açores, das Canárias e do Cabo Verde, não está destituída de probabilidade geográfica, os gregos, que, aliás, nunca ousaram ultrapassar as colunas de Hércules, devido ao seu medo do misterioso oceano, apareceram muito tarde na Antiguidade para não se supor que as histórias preservadas por Platão eram apenas um eco da lenda indiana. Ademais, quando observamos um planisfério, pelo aspecto das ilhas e das ilhotas espalhadas do arquipélago malaio à Polinésia, dos estreitos de Sund à Ilha da Páscoa, é impossível, com base na hipótese dos continentes que precederam os que habitamos, não situar aí o mais importante de todos.

"Uma crença religiosa, comum a Málaca e à Polinésia, vale dizer, aos dois extremos opostos do mundo oceânico, afirma 'que todas essas ilhas formavam outrora dois imensos continentes, habitados por homens amarelos e negros, constantemente em guerra; e que os deuses, fatigados com suas querelas, enviaram Oceano para pacificá-los, o qual engoliu os dois continentes, tendo sido impossível desde então fazê-lo libertar os prisioneiros. Somente os picos das montanhas e os planaltos elevados escaparam à inundação, pelo poder dos deuses, que perceberam tarde demais o erro que haviam cometido'.

"Seja qual for o valor dessas tradições, e qualquer que possa ter sido o lugar em que uma civilização mais antiga do que Roma, Grécia ou Egito, ou Índia se desenvolveu, é extremamente importante para a Ciência descobrir-lhe os traços, por mais frágeis e fugidios que possam ser" (p. 13-5).

Esta última tradução, feita dos manuscritos sânscritos, por Louis Jacolliot, corrobora uma outra que demos segundo os "Relatos da doutrina secreta". A guerra entre os homens amarelos e negros a que se fez alusão reporta-se a uma batalha entre os "filhos de Deus" e os "filhos dos gigantes", ou os habitantes e mágicos de Atlântida.

A conclusão final de Jacolliot, que visitou pessoalmente todas as ilhas da Polinésia, e devotou anos ao estudo das religiões, das línguas e das tradições de quase todos os povos, é a seguinte:

"Quanto ao continente polinésio que desapareceu por ocasião dos últimos cataclismos geológicos, sua existência repousa sobre tantas provas que dela não podemos logicamente duvidar por mais tempo.

"Os três cumes deste continente, as Ilhas Sanduíche, a Nova Zelândia e a Ilha da Páscoa, distanciam-se entre si de 1.500 a 1.800 léguas, e os grupos de ilhas intermediárias, Viti, Samoa, Tonga, Futuna, Uvea, Marquesas, Taiti, Paumotu, Gambier, distanciam-se desses pontos extremos de setecentas ou oitocentas a mil léguas.

"Todos os navegadores concordam em dizer que os grupos extremos e centrais jamais se teriam podido comunicar, em face de sua atual posição geográfica, e com os meios insuficientes que possuíam. É fisicamente impossível cruzar tais distâncias numa piroga (...) sem um compasso, e viajar meses sem provisões.

"Por outro lado, os aborígines das Ilhas Sanduíche, de Viti, da Nova Zelândia, dos grupos centrais, de Samoa, Taiti, etc., *jamais se conheceram mutuamente, jamais ouviram falar uns dos outros* antes da chegada dos europeus. E, no entanto, todos esses povos sustentavam que suas ilhas formavam uma parte de um imenso estreito de terra que se estendia em direção do oeste, pelo lado da Ásia. E todos, reunidos, têm os mesmos usos, os mesmos costumes, a mesma crença religiosa. E todos, à pergunta 'Onde é o berço de vossa raça?', têm uma única resposta, *estendendo a mão para o poente*" (Ibid., p. 307-08).

46. Esses "espelhos mágicos", geralmente negros, são outra prova da universalidade de uma mesma crença. Na Índia esses espelhos são preparados na província de Âgra e são também fabricados no Tibete e na China. E encontramo-los no Antigo Egito, de onde, segundo o historiador nativo citado por Brasseur de Bourbourg, os ancestrais dos quíchuas os levaram ao México; os adoradores do Sol peruanos também os utilizavam. Quando os espanhóis desembarcaram, diz o historiador, o Rei dos Quíchuas ordenou aos seus sacerdotes que consultassem o espelho, a fim de conhecer o destino de seu reino. "O Demônio refletiu o presente e o futuro como num espelho", acrescenta ele (De Bourbourg, *Histoire des Nations civilisées du Méxique*, vol. I, cap. IV, p. 124).

47. Pay'quina, ou *Payaquina*, assim chamado porque as suas ondas costumavam trazer partícu-

las de ouro dos "Brasis". Encontramos algumas pepitas de metal genuíno num punhado de areia que havíamos trazido à Europa.

48. As regiões situadas nas cercanias de *Udyâna* e *Kashmîr*, como acredita o tradutor e editor de Marco Polo (o Coronel Yule). *The Book of Ser Marco Polo*, vol. I, p. 172-73; ed. 1875.

49. *Histoire de la vie de Hiouen-Thsang*, etc. Traduit du Chinois par Stanislas Julien. Cf. Yule, *op. cit.*, vol. I, p. 173-74.

50. Lao-Tsé, o filósofo chinês.

51. *The Book of Ser Marco Polo*, vol. I, p. 138, rodapé. Ver também, a esse respeito, as experiências do Sr. Crookes, descritas no cap. VI desta obra.

52. Max Müller, "Buddhist Pilgrims", em *Chips*, etc., I, p. 272-73.

53. W. Schott, *Über den Buddhaismus in Hochasien und in China*, Berlim, 1846.

54. O Cel. Yule faz uma observação a propósito desse misticismo chinês que por sua nobre eqüidade citamos de muito bom grado. "Em 1871", diz ele, "vi em Bond Street uma exibição dos (chamados) desenhos 'de espíritos', *i. e.*, desenhos pretensamente executados por um 'médium' sob influências estranhas e invisíveis. Um grande número dessas extraordinárias produções (pois elas eram indubitavelmente extraordinárias) pretendia representar as 'Flores Espirituais' de tais e tais pessoas; e a explicação que delas se dava era em substância exatamente a mesma que a dada no texto. É muito pouco provável que o artista tenha tido qualquer conhecimento dos Ensaios de Schott, e a coincidência era realmente notável." (*The Book of Ser Marco Polo*, vol. I, p. 442, rodapé; ed. 1875.)

55. Schott, *op. cit.*, p. 55-6.

56. *Ibid.*, p. 93.

57. *Ibid.*, p. 103.

58. [Sanang-Setzen, Chungtaidschi, *Geschichte der Ost-Mongolen*, p. 352; São Petersburgo, 1829.]

59. *The Book of Ser Marco Polo*, vol. I, Prefácio, p. viii, ed. 1875.

60. *The Book of Ser Marco Polo*, vol. I, p. 203; ed. 1875.

61. Visdelou: suplemento a B. d'Herbelot, *Bibliothèque orientale*, p. 139; Paris, 1780.

62. Cel. Yule, *op. cit.*, vol. I, p. 205.

63. *Nat. Hist.*, VII, ii.

64. *Les Prairies d'or*, III, p. 315 e 324; Paris, 1861.

65. Filóstrato, *Vita Apoll.*, II, iv.

66. *Voyages d'Ibn Batoutah*, IV, p. 382.

67. Existem alguns críticos piedosos que negam ao mundo o mesmo direito de julgar a "Bíblia" de acordo com o testemunho da lógica dedutiva como "qualquer outro livro". Mesmo a ciência exata deve curvar-se a este decreto. No parágrafo final de um artigo consagrado à terrível demolição da "Cronologia" do Barão Bunsen, que *não concorda inteiramente* com a "Bíblia", exclama um escritor: "o objetivo a que nos tínhamos proposto foi atingido (. . .) Esforçamo-nos por rejeitar as acusações do Cavalheiro Bunsen contra a inspiração da 'Bíblia' em seu próprio terreno (. . .) Um livro inspirado (. . .) jamais pode, como expressão de seus próprios ensinamentos, ou como parte de seus próprios relatos, atestar qualquer afirmação de fato inverídica ou ignorante, seja de história ou de doutrina. *Se ele fosse capaz de atestar um único fato errôneo, quem confiaria em sua autenticidade para testemunhar um outro?*" (*The Journal of Sacred Literature and Biblical Records*, editado pelo Rev. H. Burgess, outubro, 1859, p. 70).

68. [Yule, *Cathay and the Way Thither*, p. CCXLIV, 156 e 398.]

69. J. P. Abel-Rémusat, *Histoire de la ville de Khotan*, p. 74. Cf. Yule, *Marco Polo*, vol. I, p. 206.

70. *The Book of Ser Marco Polo*, vol. II, p. 314; ed. 1875.

71. Como os *psylli*, ou encantadores de serpentes da Líbia, cujo dom é hereditário. [H. P. B.]

72. Yule, *op. cit.*, vol. II, p. 321.

73. *The Spiritualist*, Londres, 10 de novembro de 1876.

74. *Vidas*, "Stilpo", §116.

75. [*Joel*, II, 28.]

76. [*João*, XIV, 12.]

77. Cf. L. Ménard, *Hermès Trismégiste*, Paris, 1867, p. 146, 167-68.

78. Ler qualquer jornal do verão ou do outono de 1876.

79. Tito Lívio, *História de Roma*, livro V, cap. xxii, §§5-7; Valério Máximo, *Feitos memoráveis*, livro I, cap. VIII, 3.

80. Ver *Les hauts phénomènes de la magie; La magie au XIXme siècle; Dieu et les dieux*, etc.

81. *Sancti C. Cypriani opera*: "De idolorum vanitate", Tratado VI, seção 7, p. 14; Oxoniae, 1682.

82. Estes, após a sua morte física, incapazes de se elevar mais alto, presos às regiões terrestres, comprazem-se na sociedade da categoria dos elementais que, por sua própria afinidade com o vício, os atraem mais ainda. Eles se identificam de tal forma com estes que perdem muito cedo a sua própria identidade, terminando por fazer parte dos elementais, de cuja ajuda necessitam para comunicar-se com os mortais. Mas como os espíritos da Natureza não são *imortais*, assim também os elementares humanos que perderam o seu guia divino – o espírito – não podem durar por mais tempo do que a essência dos elementos, que compõem os seus corpos astrais, se mantém coesa.

83. L. Jacolliot, *Voyage au pays des perles*, Paris, 1874, p. 95-7.

84. [Páginas 372-75.]

85. L. Jacolliot, *Voyage au pays des perles*, p. 38-9.

86. *Die Erde steht fest* [*A terra não se move*]. Conferência que demonstra que nosso globo não gira em torno de seu próprio eixo nem ao redor do Sol; pronunciada em Berlim pelo Doutor C. Schöpffer. Sétima Edição.

87. Champollion-Figeac, *Égypte ancienne*, p. 141-43; ed. 1847.

88. *Ibid.*, p. 139.

89. *Ibid.*, p. 143.

90. *Ibid.*, p. 2.

91. *Ibid.*, p. 11-2.

92. Kullûka-Bhatta, *History of India*.

93. [Cf. Jacolliot, *Les Fils de Dieu*, p. 215, 223, 323.]

94. [*Ripley Reviv'd*, etc., p. 159-60; ed. 1678.]

Leia também:

A DOUTRINA SECRETA
A obra clássica de H.P. Blavatsky

Resumida e comentada por *Michael Gomes*

A Doutrina Secreta, obra-prima de Helena Blavatsky sobre a origem e o desenvolvimento do Universo e da própria humanidade, é possivelmente o livro ocultista mais conhecido e talvez o mais importante já escrito. Sua publicação, em 1888, gerou no Ocidente uma onda de interesse pelas filosofias esotéricas cujos efeitos ainda se fazem sentir na literatura e na filosofia, em tradições religiosas alternativas e estabelecidas, e na cultura popular do mundo inteiro. No entanto, a disponibilidade desse livro sempre se limitou a edições volumosas e caras, o que com certeza contribuiu para limitar o número dos seus leitores.

Agora esta edição em um só volume, resumida e comentada pelo historiador e estudioso da teosofia Michael Gomes, põe as ideias e as principais seções de *A Doutrina Secreta* ao alcance de todos. Gomes fornece uma sondagem crítica dos intrigantes conceitos do livro sobre a gênese da vida e do cosmos, passagens misteriosas que, segundo afirmou Blavatsky, provêm de uma fonte primeva e consistem no cerne de *A Doutrina Secreta*. Gomes reduz ao essencial as ideias mais importantes do livro acerca do simbolismo, fornecendo também notas e um glossário que esclarecem referências arcanas. Sua introdução histórica e literária lança nova luz sobre algumas das fontes de *A Doutrina Secreta* e sobre a trajetória de sua brilhante e enigmática autora, uma das personagens mais intrigantes da história recente.

Ao mesmo tempo compacta e representativa da obra como um todo, esta nova edição de *A Doutrina Secreta* permite um acesso sem precedentes ao clássico esotérico da era moderna.

EDITORA PENSAMENTO

MANDALAS

Formas que representam a harmonia
do cosmos e a energia divina

Rüdiger Dahlke

O livro que vai abrir é um livro que está à espera do seu toque final. Ao contrário de todos os outros, este precisa do seu consentimento, da sua colaboração para chegar à sua verdadeira forma, pois, em vez de estar iniciando a leitura de um livro, você está iniciando um caminho. Se você fizer dele *o seu livro*, se quiser procurar através de suas páginas *o seu caminho*, basta que você aceite as sugestões que ele lhe faz sem avaliá-las.

* * *

A palavra "mandala" vem do sânscrito, e significa literalmente "círculo". Na consciência da maioria das pessoas, as mandalas têm, efetivamente, algo do Oriente. Isso, contudo, nem sempre foi assim, nem precisaria ser, pois as mandalas se encontram igualmente na raiz de todas as culturas e estão presentes em todo ser humano.

Foi sobretudo C. G. Jung que, nos tempos modernos, se ocupou com as mandalas e descobriu que elas surgem como imagens interiores espontâneas, particularmente em situações de profunda crise interior. Por isso ele ressalta o fato de o estilo gótico, com suas rosáceas, ter aparecido numa época particularmente difícil da história da humanidade. Desse modo, o enorme interesse pelas mandalas observado atualmente e seu uso cada vez mais freqüente nos domínios da arte e da meditação são particularmente eloqüentes.

Estamos num ponto de transição, no ponto de redescoberta das nossas raízes, da nossa mandala interior. Não é por acaso que nos sentimos hoje como pequenas rodas-círculos-mandalas, partes integrantes de uma gigantesca engrenagem.

Mandalas gostaria de ser um fio condutor; para muitos, talvez, o fio de Ariadne do labirinto pessoal – fio que conduz à vivência do Universo enquanto mandala.

EDITORA PENSAMENTO

A VOZ DO SILÊNCIO

Helena P. Blavatsky

Considera-se este livro uma das obras-primas da literatura mística mundial. Foi a última saída da brilhante pena da famosa autora de *A Doutrina Secreta*, que a apresenta nestas simples e significativas palavras: "As páginas seguintes são tomadas de *O Livro dos Preceitos Áureos*, uma das obras que se colocam em mãos dos estudantes místicos no Oriente. Seu conhecimento é obrigatório nessa escola, cujos ensinos são aceitos por muitos teósofos. Portanto, sabendo eu de cor muitos desses preceitos, foi-me fácil traduzi-los. (...) A obra da qual os estou agora traduzindo faz parte da mesma série da que se tomaram as estrofes *O Livro de Dzyan*, no qual se baseia *A Doutrina Secreta*. ... *O Livro dos Preceitos Áureos* contém cerca de noventa pequenos tratados".

A divisão do texto em versículos numerados, um glossário marginal e um índice remissivo no final, facilitarão sobremaneira a leitura e estudo do texto pelos interessados.

EDITORA PENSAMENTO

Impresso por :

gráfica e editora
Tel.:11 2769-9056